W0261312

Informatik – Fachberichte

Band 133: B. Freisleben, Mechanismen zur Synchronisation paralleler Prozesse. VIII, 357 Seiten. 1987.

Band 134: Organisation und Betrieb der verteilten Datenverarbeitung. 7. GI-Fachgespräch, München, März 1987. Herausgegeben von F. Peischl. VIII, 219 Seiten. 1987.

Band 135: A. Meier, Erweiterung relationaler Datenbanksysteme für technische Anwendungen. IV, 141 Seiten. 1987.

Band 136: Datenbanksysteme in Büro, Technik und Wissenschaft. GI-Fachtagung, Darmstadt, April 1987. Proceedings. Herausgegeben von H.-J. Schek und G. Schlageter. XII, 491 Seiten. 1987.

Band 137: D. Lienert, Die Konfigurierung modular aufgebauter Datenbanksysteme. IX, 214 Seiten. 1987.

Band 138: R. Männer, Entwurf und Realisierung eines Multiprozessors. Das System „Heidelberger POLYP". XI, 217 Seiten. 1987.

Band 139: M. Marhöfer, Fehlerdiagnose für Schaltnetze aus Modulen mit partiell injektiven Pfadfunktionen. XIII, 172 Seiten. 1987.

Band 140: H.-J. Wunderlich, Probabilistische Verfahren für den Test hochintegrierter Schaltungen. XII, 133 Seiten. 1987.

Band 141: E. G. Schukat-Talamazzini, Generierung von Worthypothesen in kontinuierlicher Sprache. XI, 142 Seiten. 1987.

Band 142: H.-J. Novak, Textgenerierung aus visuellen Daten: Beschreibungen von Straßenszenen. XII, 143 Seiten. 1987.

Band 143: R. R. Wagner, R. Traunmüller, H. C. Mayr (Hrsg.), Informationsbedarfsermittlung und -analyse für den Entwurf von Informationssystemen. Fachtagung EMISA, Linz, Juli 1987. VIII, 257 Seiten. 1987.

Band 144: H. Oberquelle, Sprachkonzepte für benutzergerechte Systeme. XI, 315 Seiten. 1987.

Band 145: K. Rothermel, Kommunikationskonzepte für verteilte transaktionsorientierte Systeme. XI, 224 Seiten. 1987.

Band 146: W. Damm, Entwurf und Verifikation mikroprogrammierter Rechnerarchitekturen. VIII, 327 Seiten. 1987.

Band 147: F. Belli, W. Görke (Hrsg.), Fehlertolerierende Rechensysteme / Fault-Tolerant Computing Systems. 3. Internationale GI/ITG/GMA-Fachtagung, Bremerhaven, September 1987. Proceedings. XI, 389 Seiten. 1987.

Band 148: F. Puppe, Diagnostisches Problemlösen mit Expertensystemen. IX, 257 Seiten. 1987.

Band 149: E. Paulus (Hrsg.), Mustererkennung 1987. 9. DAGM-Symposium, Braunschweig, Sept./Okt. 1987. Proceedings. XVII, 324 Seiten. 1987.

Band 150: J. Halin (Hrsg.), Simulationstechnik. 4. Symposium, Zürich, September 1987. Proceedings. XIV, 690 Seiten. 1987.

Band 151: E. Buchberger, J. Retti (Hrsg.), 3. Österreichische Artificial-Intelligence-Tagung. Wien, September 1987. Proceedings. VIII, 181 Seiten. 1987.

Band 152: K. Morik (Ed.), GWAI-87. 11th German Workshop on Artificial Intelligence. Geseke, Sept./Okt. 1987. Proceedings. XI, 405 Seiten. 1987.

Band 153: D. Meyer-Ebrecht (Hrsg.), ASST'87. 6. Aachener Symposium für Signaltheorie. Aachen, September 1987. Proceedings. XII, 390 Seiten. 1987.

Band 154: U. Herzog, M. Paterok (Hrsg.), Messung, Modellierung und Bewertung von Rechensystemen. 4. GI/ITG-Fachtagung, Erlangen, Sept./Okt. 1987. Proceedings. XI, 388 Seiten. 1987.

Band 155: W. Brauer, W. Wahlster (Hrsg.), Wissensbasierte Systeme. 2. Internationaler GI-Kongreß, München, Oktober 1987. XIV, 432 Seiten. 1987.

Band 156: M. Paul (Hrsg.), GI – 17. Jahrestagung. Computerintegrierter Arbeitsplatz im Büro. München, Oktober 1987. Proceedings. XIII, 934 Seiten. 1987.

Band 157: U. Mahn, Attributierte Grammatiken und Attributierungsalgorithmen. IX, 272 Seiten. 1988.

Band 158: G. Cyranek, A. Kachru, H. Kaiser (Hrsg.), Informatik und „Dritte Welt". X, 302 Seiten. 1988.

Band 159: Th. Christaller, H.-W. Hein, M. M. Richter (Hrsg.), Künstliche Intelligenz. Frühjahrsschulen, Dassel, 1985 und 1986. VII, 342 Seiten. 1988.

Band 160: H. Mäncher, Fehlertolerante dezentrale Prozeßautomatisierung. XVI, 243 Seiten. 1987.

Band 161: P. Peinl, Synchronisation in zentralisierten Datenbanksystemen. XII, 227 Seiten. 1987.

Band 162: H. Stoyan (Hrsg.), Begründungsverwaltung. Proceedings, 1986. VII, 153 Seiten. 1988.

Band 163: H. Müller, Realistische Computergraphik. VII, 146 Seiten. 1988.

Band 164: M. Eulenstein, Generierung portabler Compiler. X, 235 Seiten. 1988.

Band 165: H.-U. Heiß, Überlast in Rechensystemen. IX, 176 Seiten. 1988.

Band 166: K. Hörmann, Kollisionsfreie Bahnen für Industrieroboter. XII, 157 Seiten. 1988.

Band 167: R. Lauber (Hrsg.), Prozeßrechensysteme '88. Stuttgart, März 1988. Proceedings. XIV, 799 Seiten. 1988.

Band 168: U. Kastens, F. J. Rammig (Hrsg.), Architektur und Betrieb von Rechensystemen. 10. GI/ITG-Fachtagung, Paderborn, März 1988. Proceedings. IX, 405 Seiten. 1988.

Band 169: G. Heyer, J. Krems, G. Görz (Hrsg.), Wissensarten und ihre Darstellung. VIII, 292 Seiten. 1988.

Band 170: A. Jaeschke, B. Page (Hrsg.), Informatikanwendungen im Umweltbereich. 2. Symposium, Karlsruhe, 1987. Proceedings. X, 201 Seiten. 1988.

Band 171: H. Lutterbach (Hrsg.), Non-Standard Datenbanken für Anwendungen der Graphischen Datenverarbeitung. GI-Fachgespräch, Dortmund, März 1988, Proceedings. VII, 183 Seiten. 1988.

Band 172: G. Rahmstorf (Hrsg.), Wissensrepräsentation in Expertensystemen. Workshop, Herrenberg, März 1987. Proceedings. VII, 189 Seiten. 1988.

Band 173: M. H. Schulz, Testmustergenerierung und Fehlersimulation in digitalen Schaltungen mit hoher Komplexität. IX, 165 Seiten. 1988.

Band 174: A. Endrös, Rechtsprechung und Computer in den neunziger Jahren. XIX, 129 Seiten. 1988.

Band 175: J. Hülsemann, Funktioneller Test der Auflösung von Zugriffskonflikten in Mehrrechnersystemen. X, 179 Seiten. 1988.

Band 176: H. Trost (Hrsg.), 4. Österreichische Artificial-Intelligence-Tagung. Wien, August 1988. Proceedings. VIII, 207 Seiten. 1988.

Band 177: L. Voelkel, J. Pliquett, Signaturanalyse. 223 Seiten. 1989.

Band 178: H. Göttler, Graphgrammatiken in der Softwaretechnik. VIII, 244 Seiten. 1988.

Band 179: W. Ameling (Hrsg.), Simulationstechnik. 5. Symposium. Aachen, September 1988. Proceedings. XIV, 538 Seiten. 1988.

Band 180: H. Bunke, O. Kübler, P. Stucki (Hrsg.), Mustererkennung 1988. 10. DAGM-Symposium, Zürich, September 1988. Proceedings. XV, 361 Seiten. 1988.

Band 181: W. Hoeppner (Hrsg.), Künstliche Intelligenz. GWAI-88, 12. Jahrestagung. Eringerfeld, September 1988. Proceedings. XII, 333 Seiten. 1988.

Informatik-Fachberichte 217

Herausgeber: W. Brauer
im Auftrag der Gesellschaft für Informatik (GI)

Martin Zieher

Kopplung von Rechnernetzen

Techniken zu Planung, Entwurf,
Vermessung und Leistungsoptimierung

Springer-Verlag
Berlin Heidelberg New York
London Paris Tokyo Hong Kong

Autor
Martin Zieher
Schönfeldstraße 5, D–7500 Karlsruhe 1

CR Subject Classification (1987): C.2.0–3, C.2.5, C.4

ISBN-13:978-3-540-51873-0   e-ISBN-13:978-3-642-75209-4
DOI: 10.1007/978-3-642-75209-4

CIP-Titelaufnahme der Deutschen Bibliothek.
Zieher, Martin: Kopplung von Rechnernetzen: Techniken zu Planung, Entwurf, Vermessung und
Leistungsoptimierung / Martin Zieher. - Berlin; Heidelberg; New York; London; Paris; Tokyo:
Springer, 1989
  (Informatik-Fachberichte; 217)
  ISBN-13:978-3-540-51873-0 (Berlin ...) brosch.

NE: GT

2145/3140 – 543210 – Gedruckt auf säurefreiem Papier

Vorwort

Die Vergangenheit bei Rechnernetzen ist durch die Entwicklung und Normung verschiedenartiger Netztypen mit anwendungsspezifischen Eigenschaften sowohl bei *Lokalen Netzen* (LAN) als auch bei *Weitverkehrsnetzen* (WAN) gekennzeichnet.
Heute steht der Zusammenschluß beliebiger LAN und WAN zu einem sogenannten *Internetzwerk* im Mittelpunkt des Interesses und ist Gegenstand zahlreicher Forschungs- und Normungsaktivitäten (ECMA, IEEE, OSI). Dabei ergeben sich eine Fülle von Problemen bezüglich Architektur und Funktionalität sowie Leistungsfähigkeit und Stabilität eines Internetzwerks.

Dieses Buch gibt den Inhalt meiner im Februar 1989 von der Universität Karlsruhe angenommenen Dissertation mit dem Titel "Techniken zur Entwurfsplanung und Leistungsoptimierung heterogener Netzwerke" wieder. Sie befaßt sich sowohl mit Funktions- als auch mit Leistungsaspekten eines Internetzwerks und behandelt entwickelte Methoden und Werkzeuge für seine Planung, Entwurfsunterstützung, Leistungsanalyse und Optimierung. Das Buch beginnt mit einer zusammenfassenden Darstellung aller heute bekannten Techniken zur Kopplung von Netzen sowie bisher genormter Internetzwerkmodelle mit ihren verschiedenen Typen von Koppelsystemen, arbeitet ihre Eigenschaften heraus und gibt dem Netzwerkplaner Richtlinien für die optimale Auslegung eines Netzzusammenschlusses unter Berücksichtigung der Eigenschaften der zu verknüpfenden Teilnetze an die Hand. Danach folgt ein Überblick über heute bekannte Methoden und Werkzeuge zur Leistungsbewertung von Netzwerken, bei dem ihre Einsatzbereiche und -grenzen aufgezeigt sowie Anforderungen an zukünftige Werkzeuge zur Modellierung und Vermessung von Internetzwerken abgeleitet werden.
Als Hauptbestandteile der Dissertation werden das entwickelte und realisierte verteilte Leistungsmeßsystem *NETMON* (NETwork MONitor) sowie das simulative Modellierungssystem *NETSIM* (NETwork SIMulator) behandelt. NETMON ist ein Werkzeug zur Vermessung, Funktions- und Leistungsanalyse realer Internetzwerke, NETSIM ein Werkzeug zur Entwurfsplanung und Leistungsprognose zukünftiger sowie zur Optimierung bereits realisierter Internetzwerke.
Abschließend wird eine Anwendungsmethodik für den kombinierten Einsatz der beiden Werkzeuge NETMON und NETSIM vorgestellt, und als exemplarisches Anwendungsbeispiel wird ihr Einsatz bei der Entwurfsplanung, Realisierung und Leistungsoptimierung eines prototypischen Internetzwerks aus gekoppelten LAN und WAN behandelt.

Die Dissertation entstand während meiner Tätigkeit als wissenschaftlicher Mitarbeiter am Institut für Telematik der Universität Karlsruhe im Rahmen des Kooperationsprojekts *HECTOR* (Heterogeneous Computers Together) zwischen der Universität Karlsruhe und der Firma IBM.
Dem Hauptbetreuer der Arbeit, Herrn Prof. Dr. O. Drobnik, sei an dieser Stelle mein besonderer Dank ausgesprochen für die vielen Diskussionen und wertvollen Anregungen, die wesentlich zum Gelingen der Arbeit beigetragen haben.
Herrn Prof. Dr. G. Krüger sei zunächst für seine Tätigkeit als Korreferent und seine hilfreichen Ratschläge zur Gestaltung der Arbeit herzlich gedankt; vor allem aber hat er als

Leiter des Instituts für Telematik die Durchführung der Arbeit durch die Schaffung der dazu erforderlichen Rahmenbedingungen nachhaltig unterstützt.

Ebenfalls danken möchte ich den Projektmitarbeitern im IBM Forschungslabor Zürich für die sehr gute Zusammenarbeit und die vielen hilfreichen Diskussionen, namentlich den Herren Dr. W. Bux, D. Gantenbein, Dr. R. Hauser und Dr. E. Mumprecht sowie Frau Dr. L. Svobodova.

Auch gilt Herrn Dr. A. Lehmann und Frau Dr. H. Sczcerbicka sowie den Studenten G. Recktenwald und A. Freiberg am Institut für Rechnerentwurf und Fehlertoleranz der Universität Karlsruhe mein Dank für die kollegiale Zusammenarbeit und Unterstützung bei der Anpassung von Teilen des dort entwickelten INT3-Systems an die Bedürfnisse der NETSIM-Benutzerschnittstelle.

Ganz besonders bedanken möchte ich mich schließlich noch bei allen Mitarbeitern des Instituts für Telematik für ihre kollegiale Hilfs- und Diskussionsbereitschaft sowie insbesondere allen Studenten, die zur Realisierung und Erprobung des prototypischen OSI-Transportsystems sowie der beiden Werkzeuge NETMON und NETSIM - oft weit über den Rahmen ihrer studentischen Arbeiten hinaus - ganz wesentlich beigetragen haben: O. Endriss, H. Greis, M. Hinsberger, S. Jauch, G. Klug, A. Nock, F. Roll, O. Rose, A. Schill, M. Steinbrunn und M. Zitterbart.

Karlsruhe, im Juni 1989   M. Zieher

Inhaltsverzeichnis

Bildverzeichnis

1 Einleitung

Zur Einführung in die Thematik der vorliegenden Arbeit wird zunächst ein Überblick über bisher entstandene Typen von Rechnernetzen und die Problematik ihres Zusammenschlusses aufgezeigt. Nachfolgend werden die Ziele der Arbeit erläutert und ihre Gliederung vorgestellt.

1.1 Typen von Netzen

Die ersten Rechnernetze entstanden Ende der sechziger Jahre aus dem Bedürfnis, Daten und Betriebsmittel verschiedener Rechner gemeinsam zu nutzen und die Kommunikation zwischen entfernten Benutzern zu ermöglichen. Diese Rechnernetze verbanden Rechner *geschlossener* Benutzergruppen (Firmen oder Institutionen) an geographisch weit voneinander entfernten Orten und wurden daher auch als *Weitverkehrsnetze* oder *WAN* (Wide Area Networks) bezeichnet. Ein bekannter Vertreter dieser Klasse ist das amerikanische Rechnernetz ARPANET /POST81/.

Die Verbindung der Rechner erfolgte zunächst über öffentliche Fernsprechnetze, die für eine analoge Signalübertragung ausgelegt waren. Sie ermöglichten Datenübertragungsraten von weniger als 10 kbit/s bei hohen Bitfehlerraten im Bereich von 10E-3. Mit zunehmender Bedeutung und Verbreitung der elektronischen Datenverarbeitung wuchs der Bedarf an leistungsfähigeren, zur Datenkommunikation besser geeigneten Netzen. Daher sind in jüngerer Zeit *öffentliche Datennetze* geschaffen worden, die auch als *PDN* (Public Data Network) bezeichnet werden. Sie bieten Datenraten bis zu 64 kbit/s bei Bitfehlerraten von ca. 10E-6. Dabei haben sich zwei Netzklassen entwickelt, die sich hauptsächlich in der Art der Vermittlungstechnik und resultierend daraus in den Übertragungseigenschaften, den Übertragungskosten, und den angebotenen Diensten unterscheiden.

Die erste Klasse bilden die *leitungsvermittelnden* Netze (circuit switched networks). Hier wird zwei Teilnehmern eine physikalische Verbindung mittels einer durchgeschalteten Übertragungsleitung zur Kommunikation zur Verfügung gestellt. Diese Klasse ist in Deutschland durch das 1967 eingeführte *Datex-L-Netz* repräsentiert /DATE85/.

Die zweite Klasse umfaßt die etwa 10 Jahre später entstandenen *paketvermittelnden* Netze (packet switched networks). Hier werden rein logische, sogenannte *virtuelle* Verbindungen zwischen Benutzern etabliert, durch welche ein Nachrichtenpfad im Netz eingerichtet und Speicherkapazität in den Vermittlungsknoten entlang des Netzpfades belegt wird. Über diese virtuellen Verbindungen werden paketierte Nachrichten abschnittsweise (Hop-by-Hop) zwischen einzelnen Netzknoten (Teilnehmer und Vermittlungen) übertragen und zwischengespeichert. Daher werden solche Netze auch als speichervermittelnd bezeichnet. In Deutschland ist diese Klasse durch das 1980 eingeführte *Datex-P-Netz* vertreten /DATE85/.

Parallel zur Entwicklung der Weitverkehrsnetze entstand in den siebziger Jahren ein anderer Typus von Rechnernetzen, die sogenannten *Lokalen Netze* oder *LAN* (Local Area

Network) /Stal87/, /Kauf88/. Sie werden mit dem Terminus *lokal* gekennzeichnet aufgrund einer begrenzten geographischen Ausdehnung (im Bereich von wenigen hundert Metern bis zu einigen Kilometern) auf örtlich zusammenhängendem Areal eines privaten Betreibers.

LAN sind im allgemeinen für eine leistungsfähige Datenkommunikation im innerbetrieblichen (Inhouse) Bereich zur Büro- und Fertigungsautomatisierung (office and manufacturing automation) konzipiert. Leitidee hierbei ist die direkte gleichberechtigte (peer-to-peer) Kommunikation zwischen allen Stationen am LAN ohne die Einschaltung eines zentralen Vermittlers, wie es bei hierarchisch strukturierten Terminalnetzen eines Hostsystems zu finden ist. Diese Eigenschaft lokaler Netze unterstützt die Bildung verteilter DV-Systeme bestehend aus miteinander vernetzten intelligenten Arbeitsplatzrechnern (workstations, personal computers) zur Realisierung und Anwendung moderner dezentraler EDV-Konzepte.

Für die im privaten Bereich betriebenen LAN sind technische Lösungen möglich, die im öffentlichen Bereich nicht angeboten oder zugelassen werden (Fernmeldehoheit). Das hat zunächst zu einer Vielfalt von LAN verschiedener Leistungsfähigkeit mit unterschiedlichen Topologien, Übertragungsmedien und Zugriffsmethoden geführt. Die zu Beginn der 80er Jahre einsetzende Standardisierung unter Führung des IEEE802 Kommittees hat diese Entwicklung eingedämmt und 1985 zur Normung der drei gegenwärtig wichtigsten LAN-Typen geführt: *CSMA/CD-Bus* (Ethernet) /IEEE-3/, *Token-Bus* /IEEE-4/ und *Token-Ring* /IEEE-5/.

Bei diesen LAN sind alle Knotenrechner durch ein einziges Übertragungsmedium miteinander verbunden, welches im *Mehrfachzugriffsbetrieb* (multiple access) gemäß den unterschiedlichen Zugriffsverfahren der drei LAN-Typen gemeinsam benutzt wird. Es können bis zu mehrere hundert Stationen an ein LAN angeschlossen werden. Die Netztopologie weist eine Bus- oder Ringstruktur auf. Die Übertragungsleistung dieser LAN weist Datenraten von einigen Mbit/s und Bitfehlerraten von ca. 10E-9 auf und liegt damit um Größenordnungen über der Übertragungsleistung heutiger öffentlicher Datennetze.

Aktuelle *Entwicklungstendenzen* bei lokalen und öffentlichen Netzen beruhen insbesondere auf Fortschritten in der Mikroelektronik und der optischen Übertragungstechnik mit Lichtwellenleitern (Glasfasern).

Im LAN-Bereich erfolgt hier die Einführung von optischen Hochgeschwindigkeitsnetzen mit Datenraten von mehr als 100 Mbit/s, die zudem erheblich größere räumliche Ausdehnungen als heutige LAN erlauben und vorwiegend als *Backbone* -Netze zur Verbindung der bisher von IEEE standardisierten LAN eingesetzt werden. Ein wichtiges Beispiel hierzu ist der sich gerade in der Standardisierung befindliche *FDDI-Ring* /Flat86/.

Bei öffentlichen Netzen ist ebenfalls ein breitbandiges Glasfasernetz in Entwicklung, das alle bisherigen Netztypen durch ein einziges leistungsfähiges digitales Netz ersetzen und dem Benutzer eine Vielfalt von Diensten anbieten soll. Die Einführung dieses als *ISDN* (Integrated Services Digital Network) bezeichneten diensteintegrierenden Digitalnetzes soll in mehreren Stufen erfolgen /Rose85/, /ISDN-1/. Man unterscheidet hier im wesentlichen zwischen dem sogenannten *Schmalband-ISDN*, welches für das bereits vorhandene kupferbasierte Leitungsnetz mit einer Datenrate von 144 kbit/s konzipiert ist, dem Benutzer zwei Datenkanäle mit jeweils 64 kbit/s anbieten und dessen Regeldienst noch im Jahr 1988 eröffnet werden soll. Die zweite Stufe umfaßt das sogenannte *Breitband-ISDN*, welches neu zu installierende Glasfaserstrecken bedingt und für eine Datenrate von 140 Mbit/s ausgelegt ist. Seine Einführung ist für das Jahr 1995 geplant.

1.2   Zusammenschluß von Netzen

Die Gründe, die zur Entstehung einzelner Rechnernetze geführt haben, gelten auch für ihren Zusammenschluß zu einem sogenannten *Internetzwerk:* Nutzung von Daten und Betriebsmitteln verschiedener Rechner sowie Kommunikation zwischen entfernten Benutzern.   Für einen solchen Netzzusammenschluß lassen sich gemäß der aufgeführten Typklassifikation drei Fallbereiche unterscheiden:

LAN-LAN: Direkte Kopplung gleich oder verschiedenartiger LAN im lokalen Bereich.

LAN-WAN: Ankopplung eines LAN an ein WAN zur Nutzung der WAN-Dienste durch die Teilnehmer im LAN.

LAN-WAN-LAN: Kopplung weit entfernter LAN über ein WAN.

Dabei tritt die Forderung auf, daß der Zusammenschluß (möglichst) keine Änderung in der internen Struktur der zu koppelnden Netze und ihrer Netzknoten (Hardware und Software) erfordern soll. Dem steht entgegen, daß die bisherige Entwicklung einzelner Rechnernetze (LAN oder WAN) von verschiedenen Organisationen unter sehr unterschiedlichen Anforderungen und Randbedingungen betrieben wurde, wie folgende Beispiele zeigen:

- Hersteller von Rechnern wie z.B. IBM, DEC, XEROX, oder Siemens begannen mit der Entwicklung herstellerspezifischer Rechnernetze, um ihre Rechner zusammenzuschließen (IBM-SNA, DECnet, XEROX-XNS, Siemens-SNA).

- in vielen Ländern entstanden öffentliche Datennetze (PDN), deren Dienste zum Datentransfer allgemein bereitstehen (Datex-L/P).

- EDV-Anwender aus dem industriellen und militärischen Bereich entwickelten Netze zur Kopplung ihrer in Planung, Fertigung und Steuerung eingesetzten Rechner (Arpanet).

- Universitäten und Forschungseinrichtungen bauten Netze auf, um ihre Einrichtungen miteinander zu verbinden (BITNET, CSNET, DFN, EARN).

Diese Aktivitäten verliefen zunächst parallel und unkoordiniert, was zu einer Vielzahl verschiedener und inkompatibler Realisierungen von Rechnernetzen führte. Erst allmählich wurden die hieraus resultierenden Nachteile und Gefahren für einen Zusammenschluß von Rechnernetzen erkannt und Versuche unternommen, ihre Entwicklung zu vereinheitlichen. Dies erfolgte in verschiedenen Normungsgremien, die zuerst noch unabhängig voneinander arbeiteten. Wichtige Beispiele hierzu sind:

CCITT: Zusammenschluß der nationalen Postverwaltungen,
DARPA: Militärische Anwender in den USA,
ECMA: Zusammenschluß der 12 größten europäischen Rechnerhersteller,
IEEE: Amerikanische Vereinigung der Elektroingenieure.

Im Jahr 1977 begann die ISO (International Organization for Standardization) mit der Entwicklung einer 7-Schichten-Architektur für die Kommunikation rechnergestützter offener Systeme, dem sogenannten *ISO/OSI-Referenzmodell* (OSI-RM). Ziel dieser Architektur ist die Verknüpfbarkeit beliebiger Kommunikationssysteme, deren externes Verhalten mit dem im OSI-Referenzmodell festgelegten Verhalten konform ist. Die Normung der transport-orientierten unteren vier Schichten des OSI-Referenzmodells ist heute weitgehend erfolgt und entsprechende ISO/OSI-Standards für Dienste und Protokolle liegen vor. Auch bei den anwendungsorientierten Ebenen (5-7) zeichnen sich mittlerweile Normenentwürfe ab, doch ist der Standardisierungsprozeß insbesondere bei der Anwendungsschicht (Ebene 7) noch in vollem Gange /Pouz86/, /Gern87/.

Bis heute gibt es jedoch noch wenig Erfahrungen mit den Protokollen eines OSI-Transportsystems und eine Fülle von offenen Fragen bezüglich ihrer Spezifikation, Funktionalität und Leistungsfähigkeit, welche für die Planung, Implementierung und Leistungsoptimierung solcher Systeme von großer Bedeutung sind, wie folgender Überblick zeigt:

- Die bisherigen *Spezifikationen* der OSI-Dienste und OSI-Protokolle sind informaler Natur. Ihre syntaktische (Validierung) und funktionale (Verifikation) Überprüfung bezüglich Vollständigkeit und Konsistenz ist daher schwierig durchzuführen. Zudem ergeben sich Probleme für eine eindeutige Interpretation. Die Forschungsarbeiten konzentrieren sich hier auf die Entwicklung von Techniken und Werkzeuge zur formalen Spezifikation (ESTELLE, SDL, LOTOS) und zur automatisierten Verifikation /Brin86/, /Drob86/, /Rudi87/.

- Bei der *Funktionalität* der Protokolle ergeben sich Fragen aus dem Umfang und der Qualität der Funktionen einzelner Protokolle sowie aus dem vertikalen und horizontalen Zusammenspiel von Protokollen. Das vertikale Zusammenspiel beinhaltet die Interaktionen zwischen Instanzen (Dienstbenutzer und Diensterbringer) innerhalb eines Netzknotens. Das horizontale Zusammenspiel umfaßt die Interaktionen zwischen Instanzen derselben Schicht (Partnerinstanzen) in verschiedenen Netzknoten.

- Bei der *Implementierung* der Protokolle ergeben sich Probleme beim Protokolltest und bei der Leistungsbewertung. Aspekte beim Protokolltest sind vor allem "Erfüllung der Spezifikation " (Conformance), "Kompatibilität zwischen verschiedenen Implementierungen" (Compatibility), "Zuverlässige Erbringung des Dienstes bei Fehlersituationen" (Reliability), "Erbringung des Dienstes unter erschwerten Bedingungen" (Robustness) /StMp87/.

- Bei der *Leistungsfähigkeit* interessieren die Leistungskenngrößen (Durchsatz und Verzögerungszeit) einzelner Netzpfade und Transportverbindungen sowie die Leistungsfähigkeit und Stabilität des Transportsystems in seiner Gesamtheit. Hier ergeben sich vertikale Betrachtungsweisen über einzelne Netzknoten und horizontale über Funktions- oder Protokollebenen im Transportsystem.

Parallel zur Entwicklung der OSI-Standards haben die anderen Normungsgremien IEEE (Project 802), ECMA (TC 24) und CCITT ihre Arbeit fortgesetzt und selbst neue Standards für Netze und den auch als *Internetworking* bezeichneten Netzzusammenschluß insbesondere im Bereich der lokalen Netze entwickelt, die von der ISO teilweise für das OSI-Referenzmodell übernommen oder adaptiert worden sind. Heute gibt es daher eine Reihe verschiedener Koppeltechniken, Internetzwerkmodelle und zugehörige Typen von Koppelsystemen, die den teilweise sehr unterschiedlichen Eigenschaften zu verknüpfender Netze Rechnung tragen.

Für die *Planung* von Internetzwerken ist es deshalb sehr wichtig, die Eigenschaften dieser verschiedenen Kopplungslösungen und insbesondere ihre Kombinierbarkeit miteinander zu kennen, um den Netzzusammenschluß unter Berücksichtigung der Teilnetzcharakteristiken optimal zu gestalten. Dies erfordert eine systematische Analyse dieser Kopplungslösungen; verschiedene Aspekte hierzu sind in /Zieh86/, /GaSZ87/ und /Bier88/ behandelt, die jedoch miteinander kombiniert werden müssen.

Weitere Probleme aus dem Zusammenschluß von Netzen zu einem Internetzwerk ergeben sich sowohl bei der *Funktionalität* der OSI-Protokolle als auch der *Leistungsfähigkeit* einzelner Netzknoten eines Transportsystems; dies betrifft insbesondere die Aspekte Flußkontrolle, Staukontrolle und Fehlerbehandlung. Koppelsysteme stellen Verkehrsknotenpunkte und damit potentielle Engpässe in einem Internetzwerk dar. Bei nichtvorhandenen Mechanismen zur Drosselung ihres Verkehrsaufkommens (Backpressure) können diese Koppelsysteme im Überlastfall große Nachrichtenverluste verursachen und die Funktions- und Leistungsfähigkeit eines Transportsystems entscheidend beeinträchtigen, was in mehreren Arbeiten deutlich aufgezeigt ist /BuMW83/, /BuGr85/, /Schi86/, /Zieh87/.

Die bisher vorhandenen Methoden und Werkzeuge zur Unterstützung der Entwurfsplanung zukünftiger sowie der Funktionsanalyse und Leistungsoptimierung bereits spezifizierter oder realisierter OSI-Internetzwerke und Transportsysteme, welche insbesondere aus miteinander gekoppelten lokalen und öffentlichen Netzen zusammengesetzt sind, werden den hier auftretenden Anforderungen nicht gerecht, was im Verlauf der Arbeit noch ausführlich behandelt wird.

1.3   Ziele der Arbeit

Ziel dieser Arbeit ist daher die Entwicklung von Techniken zur Unterstützung der Entwurfsplanung und Leistungsoptimierung von heterogenen OSI-Netzwerken und -Transportsystemen, wobei der Begriff Techniken hier im Sinne der Entwicklung von Werkzeugen und Anwendungsmethoden verstanden wird. Dabei ergeben sich folgende Teilziele:

Z1: Durchführung einer systematischen *Analyse* bekannter Koppeltechniken, genormter Internetzwerkmodelle und zugehöriger Typen von Koppelsystemen für einen Netzzusammenschluß sowie der Untersuchung ihrer Verträglichkeit mit dem OSI-Referenzmodell, um Kriterien und Richtlinien zur Entwurfsplanung heterogener OSI-Internetzwerke und Transportsysteme zu schaffen.

Z2: Entwicklung und Realisierung eines *Modellierungssystems* als Werkzeug zur Funktionsanalyse und Leistungsprognose von OSI-Internetzwerken und Transportsystemen, um die Entwurfsplanung zukünftiger Netzwerke im Sinne der Auswahl von Entwurfsalternativen und die Leistungsoptimierung (Tuning) bereits realisierter Netze im Sinne einer Abschätzung der Effizienz von Optimierungsmaßnahmen zu unterstützen.

Z3: Entwicklung und Realisierung eines verteilten *Leistungsmeßsystems* als Werkzeug zur Funktions- und Leistungsanalyse LAN-basierter realer Netzwerke.

Z4: Entwicklung einer *Anwendungsmethodik* für den kombinierten Einsatz dieser beiden Werkzeuge zur Unterstützung der Entwurfsplanung, Implementierung, Leistungsanalyse und Betriebsoptimierung zu realisierender OSI-Transportsysteme und ihrer Komponenten.

1.4   Gliederung der Arbeit

In *Kapitel 2* werden die begrifflichen und inhaltlichen Grundlagen zur Kopplung und Leistungsbewertung von Netzen behandelt. Bei der *Kopplung von Netzen* werden insbesondere Möglichkeiten für den Netzzusammenschluß in OSI-Internetzwerken aufgezeigt und bewertet sowie Kriterien zur Auswahl alternativer Protokollarchitekturen von

OSI-Transportsystemen erläutert, um dem Planer Richtlinien für die Auslegung des Internetworking in einem OSI-Transportsystem an die Hand zu geben. Bei der *Leistungsbewertung* von Netzen werden zunächst heute bekannte Methoden und Werkzeuge zur Leistungsanalyse und Planung von Netzwerken vorgestellt und bewertet. Ausgehend von dieser Bestandsaufnahme werden nachfolgend Anforderungen an zu entwickelnde Werkzeuge zur Leistungsbewertung von Internetzwerken und Transportsystemen abgeleitet.

In *Kapitel 3* wird die Realisierung eines prototypischen *OSI-Transportsystems* in einer heterogenen LAN/WAN-Umgebung behandelt, die in einem gemeinsamen Forschungsprojekt zwischen dem IBM Forschungslabor Zürich und dem Institut für Telematik der Universität Karlsruhe in den letzten Jahren erfolgt ist. Dabei werden insbesondere die bei der Planung des Gesamtsystems und dem Entwurf seiner Komponenten aufgetretenen Probleme erläutert, zu deren Lösung die in dieser Arbeit behandelten Richtlinien, Werkzeuge und Anwendungsmethoden entwickelt wurden. Dieser Prototyp wird daher im weiteren Verlauf der Arbeit immer wieder als *Paradigma* herangezogen, um die Notwendigkeit und Anwendbarkeit der entwickelten Werkzeuge und Methoden exemplarisch aufzuzeigen.

In *Kapitel 4* werden Architektur, Realisierung, Kenngrößen und Einsatz des entwickelten verteilten Leistungsmeßsystems *NETMON* (NETwork MONitor) behandelt. Es stellt ein Werkzeug zur Funktions- und Leistungsanalyse LAN-basierter verteilter Systeme dar, die auch mehrere, lokal miteinander gekoppelte LAN umfassen können. Es ermöglicht die Messung von Leistungskenngrößen in den Knoten eines lokalen (Inter)-Netzwerks und auch die detaillierte Beobachtung des zeitlichen Ablaufgeschehens im untersuchten verteilten Objektsystem.

In *Kapitel 5* wird das entwickelte simulative Modellierungssystem *NETSIM* (NETwork SIMulator) behandelt. Es stellt ein Werkzeug zur Entwurfsplanung zukünftiger OSI-Transportsysteme und seiner Komponenten sowie zur Leistungsoptimierung realer Systeme dar. Ausgehend von der Architektur des Modellierungssystems werden die Strukturen detaillierer Modellbausteine für die Komponenten eines OSI-Transportsystems erläutert. Nachfolgend werden vereinfachte Ersatzmodelle dieser Komponenten behandelt, welche die Modellierung großer Netzwerke ermöglichen und einen wesentlichen Bestandteil der Arbeit darstellen. Im letzen Teil dieses Kapitels werden die Realisierung des Modellierungssystems NETSIM basierend auf dem IBM Simulationspaket *RESQ2* und die Werkzeuge seiner fortschrittlichen Benutzerschnittstelle behandelt, die bisher realisierten Modellbausteine zusammengefaßt und Kenngrößen des Modellierungssystems ermittelt.

In *Kapitel 6* wird zuerst eine *Anwendungsmethodik* zum kombinierten Einsatz der realisierten Werkzeuge NETMON und NETSIM erläutert und nachfolgend werden entsprechende *Anwendungen* insbesondere bei der Realisierung und Leistungsoptimierung des in Kapitel 3 behandelten prototypischen OSI-Transportsystems behandelt, um die Anwendbarkeit und Effizienz der entwickelten Werkzeuge zu demonstrieren. Die bei diesen Anwendungen erzielten *Ergebnisse* demonstrieren nicht nur die Brauchbarkeit der entwickelten Werkzeuge, sondern stellen einen Erkenntniswert an sich dar, der für die Entwurfsplanung zukünftiger OSI-Transportsysteme von Bedeutung ist.

In *Kapitel 7* wird eine *Zusammenfassung* und Bewertung der vorliegenden Arbeit gegeben. Ausgehend von der in Angriff genommenen Problemstellung werden die wichtigsten *Merkmale* der zur Problemlösung entwickelten Richtlinien, Werkzeuge und Anwendungsmethoden zusammengefaßt und bewertet. Abschließend wird ein Ausblick über mögliche Verbesserungen und Weiterentwicklungen gegeben.

2 Kopplung und Leistungsbewertung von Netzen

Im ersten Teil dieses Kapitels werden die begrifflichen und inhaltlichen Grundlagen zur Kopplung von Netzen gelegt und Möglichkeiten für den Netzzusammenschluß in OSI-Internetzwerken aufgezeigt.
Im zweiten Teil wird zunächst ein Überblick über heute bekannte Methoden und Werkzeuge zur Planung und Leistungsbewertung von Rechnernetzen gegeben, dann der aktuelle Stand der Forschung bei dieser Thematik aufgezeigt und abschließend Anforderungen an hierfür zu entwickelnde zukünftige Werkzeuge abgeleitet.

2.1 Kopplung von Netzen

In diesem Unterkapitel 2.1 wird einleitend das ISO/OSI-Referenzmodell als geschichtete Architektur offener Kommunikationssysteme erläutert. Dann werden die allgemeine Architektur eines Netzzusammenschlusses und die prinzipiellen Techniken zur Netzkopplung vorgestellt. Dem folgen eine Behandlung heute existierender Internetzwerkmodelle und ihrer Verträglichkeit mit dem OSI-Referenzmodell. Abschließend werden mögliche Protokollarchitekturen von heterogenen OSI-Transportsystemen bestehend aus gekoppelten LAN und WAN aufgezeigt und diskutiert.

2.1.1 Geschichtete Kommunikationssysteme: OSI-RM

Von der ISO (International Organization for Standardization) wurde das "Open Systems Interconnection Reference Model" (OSI-RM) als Modell für die Kommunikation zwischen rechnergestützten offenen Systemen entwickelt /DaZi83/, /GGHST85/. Die Grundlagen hierzu sind im Dokument "Information processing systems - Open Systems Interconnection - Basic Reference Model" /OSI-RM/ definiert.
Dieses OSI-Referenzmodell zerlegt ein rechnergestütztes Kommunikationssystem in sieben Schichten (layers), denen jeweils bestimmte Funktionen zugeordnet sind /EfFl86/. Diese Schichtung ist im linken Teil von Bild 7 auf Seite 16 dargestellt. Dabei bilden die oberen drei Schichten (session, presentation and application layer) das sogenannte *Anwendungssystem* und die unteren vier Schichten (physical, data link, network and transport layer) das sogennante *Transportsystem* , dessen Entwurfsplanung, Funktions- und Leistungsanalyse im Mittelpunkt dieser Arbeit steht.
Das abstrakte Schichtenkonzept des OSI-RM und die dabei auftretenden Interaktionen zwischen benachbarten Schichten sind in Bild 1 dargestellt. Für jede Schicht ist in einer *Dienstnorm* (service definition) festgelegt, welche Dienste diese Schicht an die nächst höhere Schicht bereitstellt. Eine (N)-Schicht erbringt an die nächst höhere (N + 1)-Schicht Dienste, indem sie wiederum auf die Dienste der unter ihr liegenden (N-1)-Schicht zurückgreift und die Dienstdifferenz zwischen (N + 1)-Schicht und (N-1)-Schicht selbst erbringt.

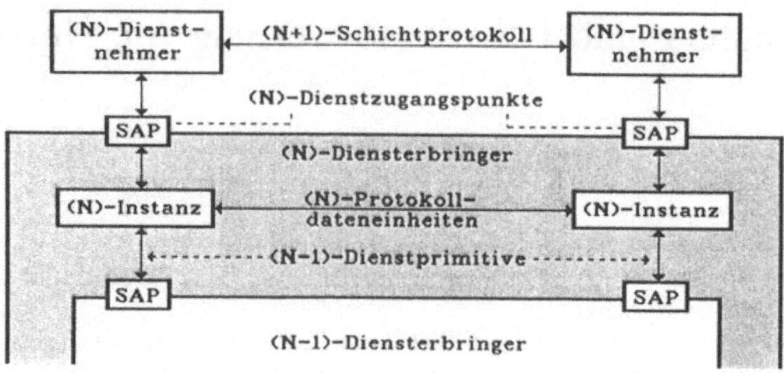

Bild 1. ISO-Modell einer Schicht und deren Interaktionen

Alle aktiven Elemente einer (N)-Schicht des Kommunikationssystems werden *(N)-Instanzen* ((N)-entities) genannt. Zur Erbringung des (N)-Dienstes kommuniziert eine (N)-Instanz mit (N)-Instanzen in anderen Systemen, den sogenannten *Partnerinstanzen* (peer entities). Die Regeln für diese Kommunikation und die Formate und Parameter der dazu zwischen Partnerinstanzen ausgetauschten Nachrichten, den sogenannten *Protokolldateneinheiten* (protocol data units: PDU's), sind für jede Schicht in einer *Protokollnorm* (protocol specification) als (N)-Schicht-Protokoll festgelegt. Die Gesamtheit der in den Schichten 1 - 7 verwendeten Protokolle eines Kommunikationssystems wird als seine *Protokollarchitektur* bezeichnet.

Die Interaktionen zwischen einer (N + 1)-Instanz, dem sogenannten *Dienstnehmer* , und einer (N)-Instanz, dem sogenannten *Diensterbringer* , werden in der Dienstnorm in Form von *Dienstprimitiven* (service primitives: SP's) beschrieben. Dienstprimitive bilden Klassen von Schnittstellenereignissen und werden durch Attribute und Daten beschrieben. Die Dienste der (N)-Schicht werden der (N + 1)-Schicht an den *Dienstzugangspunkten* (service access points: SAP's) bereitgestellt. Jeder (N)-Dienstzugangspunkt wird durch eine *(N)-Adresse* ((N)-adress) referenziert und stellt einen eindeutigen Bezug zwischen Dienstnehmer und Diensterbringer her. Daten des Dienstnehmers werden vom Diensterbringer als *Dienstdateneinheiten* (service data units: SDU's) in Protokolldateneinheiten eingebettet und durch diese über die Partnerinstanz des Diensterbringers transparent zur Partnerinstanz des Dienstnehmers übertragen. Protokolldateneinheiten sind daher aus Dienstdateneinheiten und Protokollkontrollinformationen (protocol control information: PCI) zusammengesetzt, die auch als Datenteil (data) und Kopf (header) von Nachrichten bezeichnet werden.

Wie Bild 1 zeigt, hat eine (N)-Instanz zwei Arten von Interaktionsstellen:

Dienstschnittstelle: Interaktionsstelle zur nächsthöheren (N + 1)-Schicht, dem Dienstnehmer.

Protokollschnittstelle: Interaktionsstelle innerhalb der (N)-Schicht zur Partnerinstanz.

Für den Zusammenschluß von Netzen ergeben sich hieraus verschiedene Koppeltechniken, die in Sektion 2.1.3 noch ausführlicher behandelt werden: Abbildung von Diensten (service mapping), Abbildung von Protokollen (protocol mapping) und Einbettung von Protokollen (protocol encapsulation).

2.1.2   Architekturmodell einer Netzkopplung

Ziel eines Netzzusammenschlusses ist es, zwei oder mehrere Netze so miteinander zu verknüpfen, daß dies für miteinander kommunizierende Instanzen in den verschiedenen Netzen transparent ist. Hierzu ergibt sich das in Bild 2 abstrakt dargestellte allgemeine Architekturmodell einer Netzkopplung, das aus /Zieh86/ und /Wolf86/ abgeleitet ist. Dabei wird von geschichteten Kommunikationssystemen im Sinne des OSI-RM ausgegangen, deren Schichtenstruktur aber nicht mit ihm übereinstimmen muß.
ES1 zeigt die Schichtenstruktur eines Endsystems am Netz 1, ES2 am Netz 2, KS die des Koppelsystems zur Verknüpfung der beiden Netze. (N)A bezeichnet die Schicht N der Protokollarchitektur A, (M)B die Schicht M der Protokollarchitektur B und (L)C die Schicht L der Protokollarchitektur C.

Gemäß dem OSI-RM bedient sich eine (N+1)-Instanz zur Kommunikation mit ihrer Partnerinstanz der Dienste, die von der (N)-Schicht bereitgestellt werden. Wie diese Dienste erbracht werden, ist für die (N+1)-Schicht nicht von Belang. Daher können die Schichten (1)-(N) einer Protokollarchitektur A durch die Schichten (1)-(M) einer Protokollarchitektur B ersetzt werden, wenn diese denselben Dienst an der Dienstschnittstelle zur (N+1)-Schicht erbringt. Über der Schicht des Netzzusammenschlusses müssen in allen Kommunikationssystemen gleiche Protokolle zwischen den jeweiligen Partnerinstanzen verwendet werden, die im Bild durch die Protokollarchitektur C gekennzeichnet sind.

In dieser abstrakten Darstellung besteht das für den Netzzusammenschluß erforderliche Koppelsystem, das auch als *Gateway* oder *Relay* oder *Interworking Unit* bezeichnet wird, aus je einer zu den zu verknüpfenden Netzen zugehörigen Protokollsäule. Es hat die Aufgabe, deren Protokollarchitekturen aufeinander abzubilden und stellt somit ein *Abbildungssystem* (mapping system) dar.
Bei geschichteten Kommunikationssystemen bedeutet dies bei dem hier aufgezeigten Beispiel den Zusammenschluß der Schichten (N)A und (M)B im Gateway. Hieraus resultiert die in /Baue85/ vorgeschlagene Namenskonvention *Schicht-N-Gateway,* die angibt, in welcher Schicht des OSI-RM die Abbildung der Protokollarchitekturen der zu koppelnden Netze im Gateway erfolgt.
Es bleibt anzumerken, daß die im Gateway aufeinander abzubildenden Schichten nicht notwendigerweise dieselbe Schicht im OSI-RM realisieren und auch nicht denselben Funktionsumfang aufweisen müssen.

Real besteht ein Gateway zumeist aus einem dedizierten Rechner, der direkt an die zu koppelnden Netze angeschlossen ist und dessen Kommunikationssoftware die netzspezifischen Protokollarchitekturen bis zur Schicht des Netzzusammenschlusses, der sogenannten *Koppelebene,* sowie die zur Abbildung erforderlichen *Koppelfunktionen* realisiert. Beispiele hierzu sind die in Kapitel 3.2 behandelten dedizierten Koppelsysteme MAC-Layer-Bridge (Bild 12) und OSI-Gateway (Bild 13).

Weitere Begriffe

Zur weiteren Behandlung von Netzkopplungen werden noch folgende Begriffe eingeführt. Ein *(Rechner)-Netz* oder auch *Netzwerk* besteht aus einer Menge von rechnergestützten *Stationen* oder *Netzwerkknoten,* die durch *Übertragungsmedien* miteinander verbunden sind. Die in einem Netz zwischen Stationen ausgetauschten Protokolldateneinheiten werden auch als *Nachrichten* bezeichnet.
Netze, die durch Gateways miteinander verbunden sind, bilden *Teilnetze* (subnetworks) eines *globalen Netzes* oder *Internetzwerks* (internetwork). Handelt es sich um gleichartige

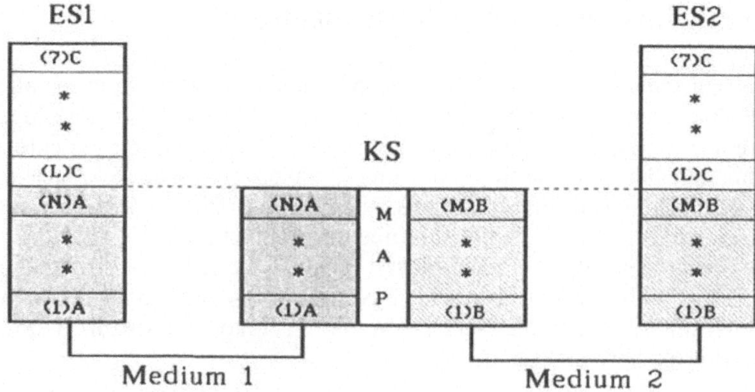

Bild 2. Allgemeines Architekturmodell einer Netzkopplung

Teilnetze, so heißt das Internetzwerk *homogen;* bei verschiedenartigen Teilnetzen heißt es *heterogen*. Der Zusammenschluß von Netzen wird daher auch als *Internetworking* bezeichnet. Zwischen Stationen ausgetauschte Nachrichten innerhalb eines Netzes bilden den *Intranetzverkehr*, solche zwischen verbundenen Netzen den *Internetzverkehr*.
Quell- und Zielstationen von Nachrichten werden auch als *Endsysteme* (end systems) bezeichnet. Der Weg einer Nachricht im Netzwerk zwischen Quell- und Zielstation wird *Pfad* genannt. Die Festlegung eines Pfades wird als *Wegewahl* (Routing) bezeichnet. Von einer Nachricht durchlaufene Netzwerkknoten entlang ihres Pfades bilden *Transitsysteme* (intermediate systems), die dazu eine *Weiterleitung* (Relaying) von Nachrichten ermöglichen.

2.1.3 Techniken zur Netzkopplung

Der Zusammenschluß von Netzen, deren Kommunikationssysteme geschichtet sind, wird durch den Zusammenschluß zweier Instanzen im Koppelsystem realisiert. Hierzu wurden drei verschiedene Koppeltechniken entwickelt. Für ihre nachfolgende Erläuterung wird angenommen, daß dieser Zusammenschluß zwischen der (N)A- und der (M)B-Schicht stattfindet.

2.1.3.1 Protokoll-Abbildung

Bild 3 zeigt eine schematische Darstellung der Koppeltechnik KT1, die als ***Abbildung der Protokolldateneinheiten*** (protocol mapping, protocol conversion) bezeichnet wird. Dabei werden die durch die Protokollschnittstelle - siehe Kap. 2.1.1 - festgelegten Protokolldateneinheiten der (N)A-Schicht und der (M)B-Schicht im Gateway aufeinander abgebildet. Die Gateway-Instanzen GI-(N)A' und GI-(M)B' führen dazu möglicherweise abgeänderte Versionen der (N)A- und (M)B-Protokolle aus, um den Erfordernissen verbindungsorientierter Protokolle zu genügen, was in /Bier88/ aufgezeigt wird.

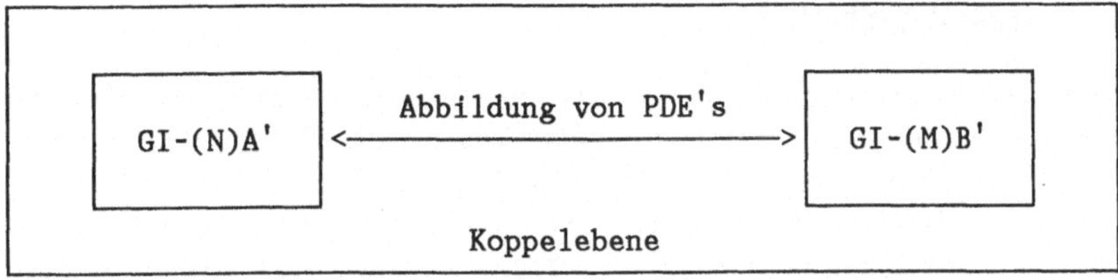

Bild 3. Abbildung der Protokolldateneinheiten

Voraussetzung für diese Koppeltechnik sind ähnliche Protokolle, die eine eindeutige und umkehrbare Abbildung ihrer Protokollelemente aufeinander ermöglichen, was nicht immer gegeben ist. Das Gateway ist dabei für die miteinander kommunizierenden Instanzen der (N)A- und der (M)B-Schicht *unsichtbar* (invisible) und für ihren Nachrichtenfluß völlig transparent. Dies schafft den Eindruck, daß die jeweiligen Partnerinstanzen sich im selben Teilnetz befinden. Man spricht in diesem Fall auch von einem *homogenen virtuellen Netz* .

2.1.3.2   Dienst-Abbildung

Bild 4 zeigt in schematisierter Form die Koppeltechnik KT2, die als **Abbildung der Dienstprimitive** (service primitive mapping) bezeichnet wird. Dabei werden die beiden Gateway-Instanzen GI-(N)A und GI-(M)B an ihrer Dienstschnittstelle verknüpft, indem ihre Dienstprimitive aufeinander abgebildet werden. Das Gateway ist dabei wie bei Koppeltechnik KT1 für miteinander kommunizierende Instanzen der (N)A- und (M)B-Schicht unsichtbar und es entsteht für sie der Eindruck, als ob sich die jeweiligen Partnerinstanzen am selben Netz befinden.

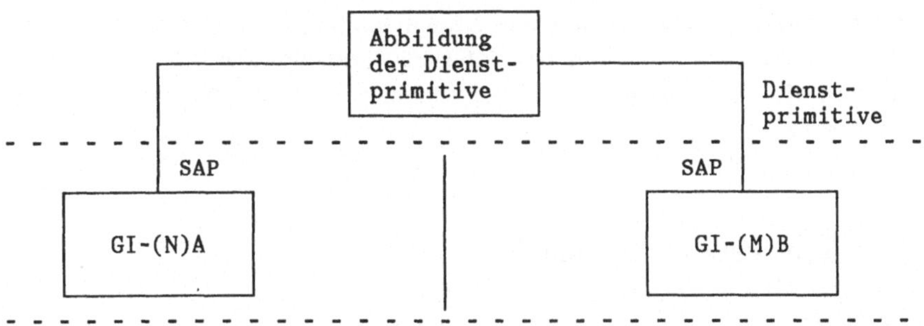

Bild 4. Abbildung der Dienstprimitive

Die Anwendung dieser Koppeltechnik setzt gleichartige Dienste in den zu verknüpfenden Netzen voraus, um eine eindeutige und umkehrbare Abbildung der Dienstprimitive zu ermöglichen. Sie bedingt, daß die (N)A- und die (M)B-Schicht im Gateway implementiert sind und ihre Dienstschnittstellen zugänglich sind. Dabei werden die zur Diensterbringung benötigten Protokollfunktionen indirekt über die Abbildung der Dienstprimitive umgesetzt. Sind vorhandene Protokollfunktionen nicht an den Dienstschnittstellen zugänglich, so können sie auch nicht umgesetzt werden. Dies kann zu Problemen inbesondere bezüglich Flußkontrolle und Fehlerbehandlung bei verbindungsorientierten Netzdiensten führen, die in /Zieh86/ und /Bier88/ ausführlich behandelt sind, im aktuellen Kontext aber nicht weiter verfolgt werden.

2.1.3.3 Protokoll-Einbettung

Bild 5 zeigt die Koppeltechnik KT3, die als *Einbettung von Protokolldateneinheiten* (protocol encapsulation) bezeichnet wird. Hier werden die Gateway-Instanzen GI-(N-1)A und GI-(M-1)B an ihrer Dienstschnittstelle zur (N)A- und (M)B-Instanz verknüpft. Dabei werden die in den (N-1)A-Dienstdateneinheiten enthaltenen (N)A-Protokolldateneinheiten in die (M-1)-Dienstdateneinheiten zur Weiterbeförderung eingebettet und umgekehrt.

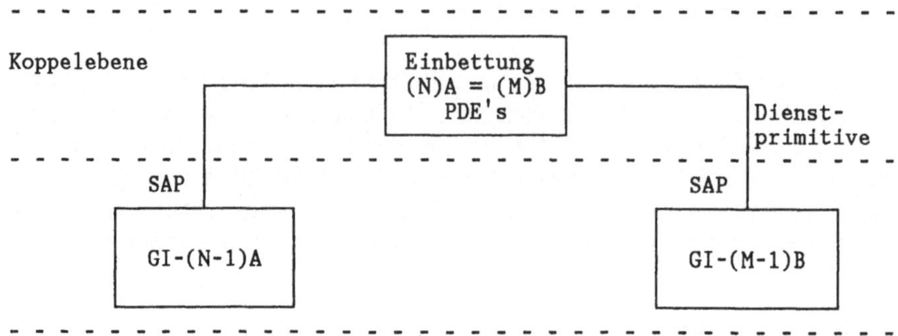

Bild 5. Einbettung von Protokolldateneinheiten

In Abweichung zu den Koppeltechniken KT1 und KT2 setzt KT3 damit dasselbe Protokoll in der den Netzzusammenschluß realisierenden Schichten (N)A und (M)B (Koppelebene) voraus, das auch häufig als *Internetzwerkprotokoll* bezeichnet wird. Hieraus ergeben sich folgende Eigenschaften der Netzkopplung.

Da keine Abbildung von Diensten erfolgt, können auch Netze mit sehr verschiedenen Dienstschnittstellen an der (N-1)A oder (M-1)B-Schicht miteinander verknüpft werden. Für die Instanzen der (N)A- und (M)B-Schicht stellt das Gateway eine Partnerinstanz dar, mit der Protokolldateneinheiten des Internetzwerkprotokolls ausgetauscht werden. Das Gateway ist also für sie sichtbar und nicht mehr transparent wie bei den Koppeltechniken KT1 und KT2.

2.1.4 Internetzwerk-Modelle

Das OSI-RM definiert, daß der Zusammenschluß von Netzen eine Aufgabe der OSI-Vermittlungsschicht (network layer) ist. Neuere Entwicklungen insbesondere im Bereich der lokalen Netze haben dies in Frage gestellt und alternative Möglichkeiten aufgezeigt, die zu Erweiterungen und Verallgemeinerungen des OSI-RM führen /IEEE-1/, /ECMA-FW/.

Es wird daher zunächst das OSI-Internetzwerkmodell aufgezeigt, dann alternative Modelle von IEEE und ECMA sowie ihre Verträglichkeit mit der OSI-Lösung behandelt. Diese Thematik ist in /GaSZ87/ ausführlich diskutiert und wird hier nur soweit behandelt, wie es zur Begriffsbildung und Typklassifikation von Netzkopplungen im Kontext des OSI-RM und dem Rahmen dieser Arbeit erforderlich ist.

2.1.4.1 OSI-Internetzwerkmodell

Die Aufgabe der OSI-Vermittlungsschicht (Netzwerkschicht) ist das Herstellen von Übertragungswegen Ende-zu-Ende in einem Internetzwerk bestehend aus verbundenen Teilnetzen. Der dies leistende OSI-Netzwerkdienst ist für eine verbindungsorientierte /OSI-NSCO/ und eine verbindungslose /OSI-NSCL/ Übertragung definiert unabhängig von der Charakteristik realer Übertragungswege.

Die interne Organisation der OSI-Netzwerkschicht /OSI-INLO/ spezifiziert, wie reale Netze mit unterschiedlichen Übertragungseigenschaften miteinander verknüpft werden können, um den abstrakten OSI-Netzwerkdienst im globalen Internetzwerk zu erbringen. Bild 6 zeigt hierzu das OSI-Achitekturmodell für den Netzzusammenschluß (siehe Bild 2 auf Seite 10).

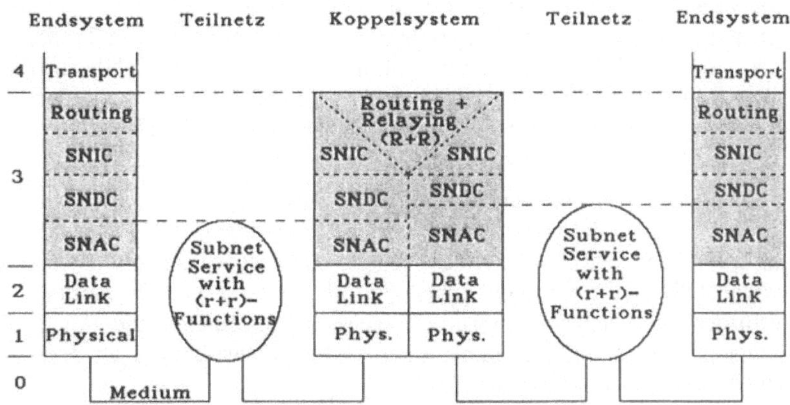

Bild 6.   OSI-Architekturmodell für den Netzzusammenschluß

Endsysteme sind an verschiedene Teilnetze angeschlossen, welche über Koppelsysteme miteinander verknüpft sind. Im Bild ist die Aufteilung der Netzwerkschicht in funktionale Unterebenen aufgezeigt und folgende Funktionen werden referenziert:

SNAC	Teilnetzzugriff (subnetwork access),
SNDC	Teilnetzabhängige Konvergenz (subnetwork dependent convergence),
SNIC	Teilnetzunabhängige Konvergenz (subnetwork independent convergence),
(r + r)	Routing und Relaying innerhalb eines Teilnetzes,
(R + R)	Routing und Relaying für das globale Internetzwerk.

Routing beinhaltet die Festlegung eines Nachrichtenpfades im Netzwerk basierend auf Netzwerkadressen, Dienstgüteparametern und Netzwerkstatusinformationen. *Relaying* bedeutet die Weiterleitung von Nachrichten im Koppelsystem, die zwischen kommunizierenden Instanzen der Netzwerkschicht in verschiedenen Teilnetzen ausgetauscht werden. Es ist nochmals hervorzuheben, das (r + r) teilnetzspezifische Funktionen sind und das Routing und Relaying von Nachrichten innerhalb eines Teilnetzes umfassen, was bei öffentlichen Datennetzen wie bzw. Datex-L/P mit vermaschter Topologie und internen Vermittlungsknoten durchaus komplexer Natur sein kann. (R + R) hingegen bezeichnet die Funktionen in den End- und Koppelsystemen, die zum Routing und Relaying von Nachrichten zwischen den verbundenen Netzen des Internetzwerks erforderlich sind.

In Bild 6 werden keine Aussagen gemacht, durch welche realen Protokolle die im Bild referenzierten Funktionen der in Unterebenen zerlegten Netzwerkschicht erbracht werden. Dies kann entweder nur durch das Teilnetzzugriffsprotokoll erfolgen, oder es werden darauf operierende zusätzliche Protokolle verwendet. Die Funktionalität der realen Teilnetze ist ein wesentliches Kriterium für die Art des Netzzusammenschlusses. In /OSI-INLO/ wird hierzu der Begriff des *OSI-Teilnetzes* (OSI-subnetwork) eingeführt - ein reales Netz heiße OSI-Teilnetz, wenn es den vollen OSI-Netzwerkdienst erbringen kann - und darauf basierend werden drei Möglichkeiten für einen Netzzusammenschluß aufgezeigt.

OSI-M1: *Verknüpfung von OSI-Teilnetzen* (concatenation of OSI-subnetworks): Jedes reale Teilnetz erbringt den vollen OSI-Netzwerkdienst durch sein Teilnetzzugriffsprotokoll (subnetwork access control protocol: SNACP); die Unterebenen SNDC und SNIC sind in diesem Fall leer (ihre Funktionen werden nicht benötigt). Im Koppelsystem erfolgt die Verknüpfung der Teilnetze an ihrer Dienstschnittstelle durch die Koppeltechnik KT2 (Abbildung der Dienstprimitive). Neben der transparenten Übertragung von Transport-PDU's als Netzwerk-SDU's wird vom SNACP die Übertragung von (R + R)-Information als Protokollkontrollinformation gefordert, die im Koppelsystem für das Routing und Relaying von Nachrichten im globalen Internetzwerk benötigt wird.

OSI-M2: *Verknüpfung von harmonisierten Teilnetzen* (hop by hop harmonization of subnetworks): In einer Kette durch Koppeltechnik KT2 miteinander verknüpfter Teilnetze müssen die Dienste derjenigen Teilnetze, welche nicht den vollen OSI-Netzwerkdienst erbringen, an diesen angepaßt werden. Die dazu erforderliche Diensterweiterung (service enhancement) oder auch -Beschränkung (service deenhancement) eines Teilnetzdienstes wird als *Harmonisierung* (harmonization) bezeichnet.
Sie wird durch ein Harmonisierungsprotokoll erzielt, welches in der Rolle eines teilnetzabhängigen Konvergenzprotokolls (subnetwork dependent convergence protocol: SNDCP) operiert und zwischen allen Knoten eines harmonisierten Teilnetzes über dessen Zugriffsprotokoll (SNACP) abgehandelt wird. Die Unterebene SNIC bleibt leer (ihre Funktion wird nicht benötigt). Die Verknüpfung der durch die Harmonisierung geschaffenen OSI-Teilnetze erfolgt dann wie bei Methode OSI-M1 durch Abbildung der Teilnetzdienste.

OSI-M3: *Internetzwerkprotokoll-Lösung* (internetwork protocol approach): Hier wird der OSI-Netzwerkdienst im globalen Netz durch ein Internetzwerkprotokoll (internetwork protocol) erbracht, das die Rolle eines teilnetzunabhängigen Konvergenzprotokolls (subnetwork independent convergence protocol: SNICP) einnimmt. Es muß in allen Knoten des Internetzwerks vorhanden sein und operiert über den jeweiligen Teilnetzzugriffsprotokollen. Zur Anpassung an den vom Internetzwerkprotokoll als Dienstnehmer geforderten Dienst kann ebenfalls eine Anpassung von unterliegenden Teilnetzdiensten durch ein SNDCP erforderlich sein.
Als Koppeltechnik kommt hier KT3 (Einbettung von Protokolldateneinheiten) zur Anwendung. (R + R)-Informationen sind hier PCI-Elemente des Internetzwerkprotokolls und müssen von den unterliegenden SNACP's oder SNDCP's weder syntaktisch noch semantisch behandelt werden.

Der wesentliche Unterschied dieser drei Methoden liegt in der Art der Koppeltechnik und der daraus resultierenden Übertragung von (R + R)-Informationen zwischen den Netzknoten. Bei den Methoden OSI-M1 und OSI-M2 haben die Zugriffsprotokolle (SNACP's) oder die Harmonisierungsprotokolle (SNDCP's) der Teilnetze

(R + R)-Informationen als PCI-Elemente zu behandeln. Sie müssen dies zwar nur syntaktisch tun und geben diese Informationen zur semantischen Bearbeitung an die Koppelfunktionen im Gateway weiter, was als passive und aktive Operation auf PCI-Elementen klassifiziert wird und in /ECMA-FW/ näher behandelt ist.
Bei Methode OSI-M3 werden (R + R)-Informationen als PCI-Elemente des Internetzwerkprotokolls übertragen und sind somit völlig transparent für die unterliegenden Teilnetze. Die hier verwendete Einbettungstechnik KT3 erfordert von den Teilnetzen daher nur einfache Datenübertragungsdienste und stellt so die geringsten Anforderungen an ihre Funktionalität. Sie ist damit die *offenste Methode* zur Kopplung eines breiten Spektrums verschiedenartiger Netze. Diesem Vorteil steht der Nachteil des zusätzlich benötigten Internetzwerkprotokolls gegenüber, dessen Abhandlung und Header in einer veringerten Übertragungsleistung des Netzwerkdienstes resultieren kann.

Bei allen drei Vernetzungsmöglichkeiten OSI-M1/M2/M3 findet der Netzzusammenschluß in der Netzwerkschicht statt. Hierzu erforderliche Koppelsysteme werden daher als Schicht-3-Gateway klassifiziert und im folgenden als *OSI-Gateway* (OSI network layer relay) bezeichnet.

2.1.4.2 IEEE-Lösungen

Die Funktionalität eines Netzwerkzugriffsprotokolls (SNACP) ist wesentlich von der Topologie des Netzes geprägt. Bei vermaschten Netzen mit einer Vielzahl von alternativen Übertragungswegen zwischen den Netzknoten ist hierzu ein Schicht-3-Protokoll für das Herstellen von Übertragungswegen Ende-zu-Ende im Netz erforderlich, wie es beim OSI-RM in Bild 6 dargestellt ist. Beispiele hierzu sind die verbindungsorientierten öffentlichen Daten- und Fernsprechnetze.

Bei den von IEEE standardisierten lokalen Netzen mit ihrer einfachen Ring- oder Bus-Topologie sind alle Stationen an ein einziges Übertragungsmedium angeschlossen, das im Mehrfachzugriffsbetrieb (multiple access) gemeinsam genutzt wird. So ergibt sich nur ein einziger Übertragungsweg mit Ende-zu-Ende-Signifikanz und eine Wegewahl ist nicht erforderlich; man spricht in diesem Fall von einem *impliziten* oder *inhärenten Routing*. Der Netzwerkzugriff ist dabei gleich dem Mediumzugriff und erfolgt durch ein Mediumzugriffsprotokoll (media access control: MAC), daß in der Datensicherungsschicht (Ebene 2) des OSI-RM angesiedelt ist. Diese Datensicherungsschicht ist entsprechend dem von IEEE genormten Referenzmodell für lokale Netze (LAN-RM) in die zwei Unterebenen *Media Access Control* (MAC) und *Logical Link Control* (LLC) aufgeteilt worden, was in Bild 7 dargestellt ist.
Zur Kopplung von lokalen Netzen untereinander ergeben sich daher im wesentlichen zwei Möglichkeiten, die in /IEEE-1/ genormt sind und nun kurz erläutert werden.

IEEE-M1: Als *Repeater* bezeichnete Koppelsysteme schließen lokale Netze auf physikalischer Ebene zusammen und werden als Schicht-1-Gateways klassifiziert. Als reine Signalverstärker und Pegelumsetzer führen sie eine Bitregeneration durch und leiten Bitströme unverzögert zwischen den verbundenen LAN weiter, führen also keine Zwischenspeicherung und kein Routing von Nachrichten durch. Als mit Bitübertragungsgeschwindigkeit und verzögerungsfrei arbeitende Signalwiederholer (Repeater) stellen sie die schnellstmöglichen Koppelsysteme dar, bilden keine potentiellen Engpässe in verbundenen Netzen und sind für kommunizierende Instanzen in den Endsystemen unsichtbar. Durch eine Repeaterkopplung werden die Übertragungsmedien der Teilnetze physikalisch zu einem einzigen Übertragungsmedium zusammengeschlossen.

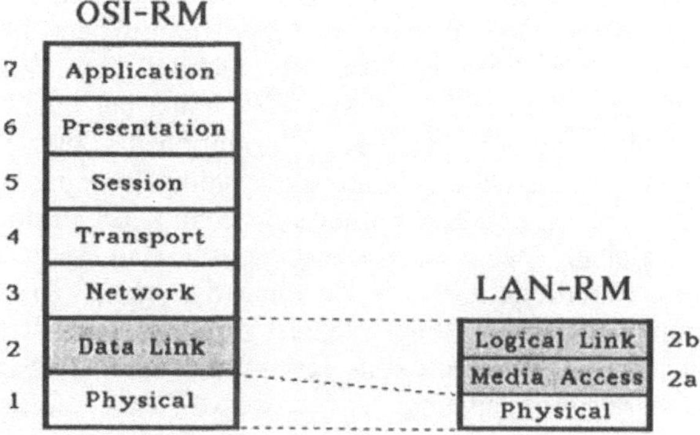

Bild 7.   Erweiterung des OSI-Referenzmodells für lokale Netze

Parallele Intranetzverkehrsströme in den Teilnetzen sind daher nicht möglich. Die Last im Verbundnetz ergibt sich dabei aus der Summe der Teilnetzlasten, wodurch sich die Netzverfügbarkeit für den einzelnen Teilnehmer verschlechtert.   Dieser Nachteil der bitorientierten physikalischen Netzkopplung kann durch eine nachrichtenorientierte logische Kopplung in der Datensicherungsschicht vermieden werden (siehe Bridges).

Repeater dienen daher hauptsächlich zur räumlichen Ausdehnung von LAN durch die Verknüpfung einzelner LAN-Segmente und ermöglichen auch den Einsatz verschiedenartiger Übertragungsmedien wie bzw. Kupfer und Glasfaser in einem dann als *hybrid* bezeichneten LAN /Zieh85/, /Zieh86/. Sie werden heute für alle etablierten LAN-Typen am Markt angeboten.

IEEE-M2: Als *Bridges* bezeichnete Koppelsysteme verknüpfen LAN logisch auf der MAC- oder der LLC-Ebene, werden entsprechend als *MAC-Layer-Bridge* oder als *LLC-Layer-Bridge* bezeichnet und als Schicht-2-Gateways klassifiziert. Im Gegensatz zu Repeatern führen Bridges eine Zwischenspeicherung und ein Routing von Nachrichten durch.   Die Übertragungsmedien der Teilnetze sind hier nicht mehr physikalisch miteinander verbunden und erlauben parallele Intranetzverkehrsströme.

Eine systematische Behandlung möglicher Bridgetypen und ihrer Eigenschaften ist in /Bier88/ gegeben.   Im Rahmen der vorliegenden Arbeit werden nur die in der Praxis vorrangig eingesetzten MAC-Layer-Bridges weiter betrachtet, deren Architektur und Koppelfunktionen in /HaKS84/, /BDPS85/, /Zieh86/ und /IEEE-1a/ ausführlich behandelt sind. Bei MAC-Layer-Bridges unterscheidet man weiterhin zwei Typen abhängig von der Art des ausgeführten Routing: *Baum-Routing* (spanning tree routing) und *Quell-Routing* (source routing).

a)   Beim Baum-Routing basieren die Routingentscheidungen in der Bridge ausschließlich auf der MAC-Adresse einer Nachricht (MAC-PDU). Die Bridge ist für kommunizierende MAC-Instanzen der Teilnetze unsichtbar und für ihren Nachrichtenfluß völlig transparent. Dies ist die in /IEEE-1/ vorgeschlagene Routing-Lösung, wobei zudem ein Algorithmus zum adaptiven Erfassen der Bridge-Umgebung definiert ist (adaptive learning) /IEEE-1a/, um eine automatische Anpassung des Routing an veränderte Netzkonfigurationen zu unterstützen. Ein Beispiel hierzu sind Ethernet-Bridges /Hawe86/.

b) Beim Quell-Routing wird die für das Routing in der Bridge erforderliche (R + R)-Information in den Endsystemen ermittelt und muß als PCI-Information des MAC-Protokolls zur Bridge übertragen werden. Daher ist eine solche Bridge für die MAC-Instanzen der Endsysteme sichtbar. Diese Lösung wird bei der Architektur des IBM Token Ring LAN /IBM-TR/ gewählt und ist derzeit noch Gegenstand der Standardisierung bei IEEE.

Verträglichkeit mit der OSI-Lösung

Nach den Definitionen des OSI-RM ist der Netzzusammenschluß eine Aufgabe der Netzwerkschicht. Zur Einbindung eines LAN als OSI-Teilnetz in ein OSI-Internetzwerk ist die Operation der LLC-Protokolle gemäß IEEE-802.2 /IEEE-2/ über dem LAN erforderlich /OSI-FW/, die mittlerweile als ISO-Standard IS 8802.2 übernommen wurden. Durch Repeater und Bridges miteinander gekoppelte LAN können (abgesehen von eventuellen Einschränkungen beim Quell-Routing) ein einziges *virtuelles* homogenes LAN bilden, da diese Koppelsysteme für kommunizierende Instanzen in den Teilnetzen unsichtbar und für ihren Nachrichtenfluß völlig transparent sind. Es können also nicht nur einzelne LAN, sondern auch solche virtuellen homogenen LAN ein OSI-Teilnetz bilden, wenn sie eine uneingeschränkte Operation der LLC-Protokolle ermöglichen, was durch transparente Koppelsysteme gewährleistet ist.

2.1.4.3   ECMA-Lösungen

Bisher wurden Möglichkeiten für einen Netzzusammenschluß auf den unteren drei Ebenen des OSI-RM aufgezeigt. Im Zusammenhang mit LAN-basierten Systemen hat die ECMA weitere Möglichkeiten vorgeschlagen, wenn heute existierende Kommunikationssysteme miteinander verbunden werden sollen, die einen *Black Box* -Charakter aufweisen und keinen Zugriff zu internen Dienstebenen ermöglichen. Man unterscheidet hier zwei wesentliche Koppelmodelle auf der Transportebene, die nun kurz erläutert werden.

ECMA-M1: *Koppung geschlossener Transportsysteme:* Bei der Verknüpfung von herstellerspezifischen Rechnernetzen wie bzw. DECnet, IBM Token Ring Network oder IBM PC Network, die verbindungsorientierte und zuverlässige Transportdienste anbieten, aber mit verschiedenen Protokollarchitekturen realisiert sind und keinen Dienstzugang zur internen Netzwerkschicht unterstützen, kann eine Kopplung mit Schicht-4-Gateways realisiert werden, die als *Transport Layer Relays* bezeichnet werden. Ein Beispiel hierzu ist in /Salm86/ gegeben.
Dabei werden einzelne Transportsysteme als Teilnetze betrachtet, die durch Anwendung einer der drei Methoden OSI-M1/2/3 miteinander verknüpft werden können. Für eine weitergehende Diskussion hierzu sei auf /Zieh86/ und /GaSZ87/ verwiesen. Ein zusammenfassender Vergleich zur OSI-Internetzwerkphilosopie ergibt folgende Nachteile dieser Lösung:

- Erweiterte Komplexität der Protokolltürme in den Endsystemen aufgrund zusätzlicher Funktionen für das globale Routing und die eventuell erforderliche Harmonisierung einzelner Transportdienste. Da diese Transportsysteme häufig intern solche Internetzwerkfunktionen realisieren, bedeutet dies eine Duplizierung bereits vorhandener Funktionen.

- Potentieller Verlust der Ende-zu-Ende-Zuverlässigkeit und Flußkontrolle im globalen Transportsystem, wenn die Dienstschnittstellen der Teilsysteme nicht alle dazu erforderlichen Protokollfunktionen zugänglich machen (siehe KT2).

- Verlust der Adressierbarkeit der Endsysteme durch ihre Netzwerkadresse (Geräteadresse) und damit der Portabilität der Endgeräte im System.

ECMA-M2: *Verteiltes OSI-Endsystem* (distributed OSI end system: DES): Internetworking auf der Transportschicht führt gemäß den Definitionen des OSI-RM zur Betrachtung jeder einzelnen *Domäne* (domain) eines Internetzwerks in ihrer Gesamtheit als ein einziges offenes System aus der Sicht anderer Domänen /ECMA-TR25/. Diese Betrachtung erscheint attraktiv bei der Verknüpfung homogener, voll verteilter, LAN-basierter Systeme, welche intern spezielle, für ihre Zwecke stark optimierte Protokolle verwenden.

Das ganze LAN mit der Gesamtheit aller Stationen wird dann als ein einziges OSI-Endsystem betrachtet, das ein Schicht-4-Gateway besitzt und als *DES-Gateway* bezeichnet wird. Dieses DES-Gateway maskiert die interne Struktur des verteilten Endsystems und bildet den internen Transportdienst auf den externen OSI-Transportdienst durch Kopplungstechnik KT2 (service primitive mapping) ab. Näheres hierzu ist in /ECMA-TR21/, /From85/ und /Baue85/ behandelt. Eine Relation zur OSI-Lösung zeigt Vor- und Nachteile:

- Die Verwendung optimierter Protokolle im verteilten Endsystem ergibt Vorteile bezüglich Implementierungsaufwand und Leistung innerhalb des DES, insbesondere bei der Verwendung zukünftiger Hochgeschwindigkeitsnetze wie FDDI;

- Dies wird erkauft durch ein Routing in der internen Transportschicht des DES, einem Verlust der Adressierbarkeit einzelner LAN-Stationen im DES von außen durch ihre Netzwerkadresse und damit dem Verlust ihrer Portierbarkeit im Netz.

Zusammenfassend ergibt sich folgendes Ergebnis: Das Kopplungsmodell ECMA-M1 steht im Widerspruch zu den Prinzipien des OSI-RM und weist ihm gegenüber nur Nachteile auf, kommt also für die Realisierung von Transportsystemen im ISO-Sinne nicht in Betracht. Das Modell ECMA-M2 kann bei bestimmten Anwendungen große Vorteile bieten und läßt sich mit den Prinzipien des OSI-RM vereinbaren.

2.1.5   Protokollarchitekturen von OSI-Transportsystemen

Bei der Kopplung von lokalen und öffentlichen Netzen zur Bildung heterogener OSI-Transportsysteme ergeben sich im wesentlichen zwei alternative OSI-Protokollarchitekturen, die den Eigenschaften dieser verschiedenen Netztypen Rechnung tragen.

Heutige *WAN* können charakterisiert werden durch niedrige Datenraten (< = 64 Kbit/s), hohe Bitfehlerraten (10E-6), hohe Netzlaufzeiten, viele alternative Wege Ende-zu-Ende aufgrund ihrer vermaschten Topologie und hohe Übertragungskosten. Es werden komplexe Netzwerkprotokolle zur Erbringung eines *verbindungsorientierten* Übertragungsdienstes verwendet, der folgende Operationsphasen und Attribute aufweist:

- Verbindungsaufbauphase mit Kontextaushandlung zwischen Sender und Empfänger.

- Datentransferphase mit wenig Overhead durch ausgehandelte Verbindungsreferenzen, Flußkontrolle, Reihenfolgeerhaltung und Fehlerbehandlung.

- Verbindungsabbauphase zur Freigabe der in der Verbindungsaufbauphase reservierten Resourcen in Netzwerkknoten.

Heutige *LAN* weisen demgegenüber hohe Datenraten (10 Mbit/s), niedrige Bitfehlerraten (10E-9), kleine Netzlaufzeiten, einen einzigen durch das Übertragungsmedium festgelegten Pfad (implizites Routing) und vergleichsweise geringe Übertragungskosten auf. Sie sind daher für eine *verbindungslose* Übertragung besser geeignet, die nur relativ einfache Protokolle erfordert. Dabei werden voneinander völlig unabhängige, als *Datagramme* bezeichnete Protokolldateneinheiten auf dem Netzwerk übertragen, die alle hierzu erforderlichen Informationen mit sich führen (self contained PDU's).

Die Aufgabe der OSI-Netzwerkschicht ist das Herstellen von Übertragungswegen Ende-zu-Ende in einem Internetzwerk von verbundenen Teilnetzen. Der dies leistende OSI-Netzwerkdienst ist für eine verbindungsorientierte /OSI-NSCO/ und für eine verbindungslose Übertragung /OSI-NSCL/ spezifiziert. Ihn erbringende Protokolle sind das verbindungslose OSI-Internetwork Protocol ISO/IS 8473 (INPCL) /OSI-NPCL/ und das verbindungsorientierte OSI-X.25 Packet Layer Protocol ISO/IS 8208 (X.25-PLP) /OSI-NPCO/.

Die OSI-Transportschicht ist letztendlich verantwortlich für die Art und Qualität des erbrachten Kommunikationsdienstes. Das verbindungsorientierte OSI-Transportprotokoll ISO/IS 8073 /OSI-TPCO/ muß einen zuverlässigen und transparenten Datentransfer Ende-zu-Ende erbringen. Wie stark die dazu erforderlichen Mechanismen in der Transportschicht selbst sind, die 5 verschiedene Funktionsklassen anbietet, hängt vom unterliegenden Netzwerkdienst ab.

Zur Kopplung von LAN und WAN ergeben sich nun die zwei in Bild 8 dargestellten alternativen Protokollhierarchien. Sie sind an anderer Stelle intensiv besprochen /GaSZ87/ und werden hier nur soweit diskutiert, wie es der aktuelle Kontext erfordert.

2.1.5.1   Verbindungsloser Netzwerkdienst

Bei verbindungslosem Netzwerkdienst mit ungesicherter Datagrammübertragung muß der verbindungsorientierte und zuverlässige OSI-Transportdienst durch entsprechende Protokollfunktionen in der Transportschicht der Endsysteme erbracht werden. Hierzu ist das komplexe OSI-Transportprotokoll Klasse 4, die sogenannte *Error Detection and Recovery Class* , (OSI-TP4) erforderlich.

Das zwischen allen Stationen des Internetzwerks abgehandelte verbindungslose OSI-Internetzwerkprotokoll (OSI-INPCL) entsprechend Methode OSI-M3 erbringt die für das Routing und Relaying im globalen Netz erforderlichen, symbolisch mit (R + R) bezeichneten Funktionen und verlangt von den unterliegenden Teilnetzen lediglich einen einfachen Datagrammdienst.

Im LAN-Bereich genügt hier das simple Sicherungsprotokoll ISO/IS 8802 Typ-1 (LLC-1) /IEEE-2/, das auf dem MAC-Protokoll des LAN operiert und ebenfalls einen ungesicherten Datagrammdienst erbringt. In dieser relativ einfachen und daher leistungsstarken Protokollstruktur im lokalen Bereich liegen die Vorteile dieser Lösung.

Im WAN-Bereich hingegen ist zur Erbringung des Datagrammdienstes ein teilnetzspezifisches Harmonisierungsprotokoll (SNDCP) über dem verbindungsorientierten Teilnetzdienst erforderlich, der im Bild beispielhaft durch das X.25-Netz erbracht wird.

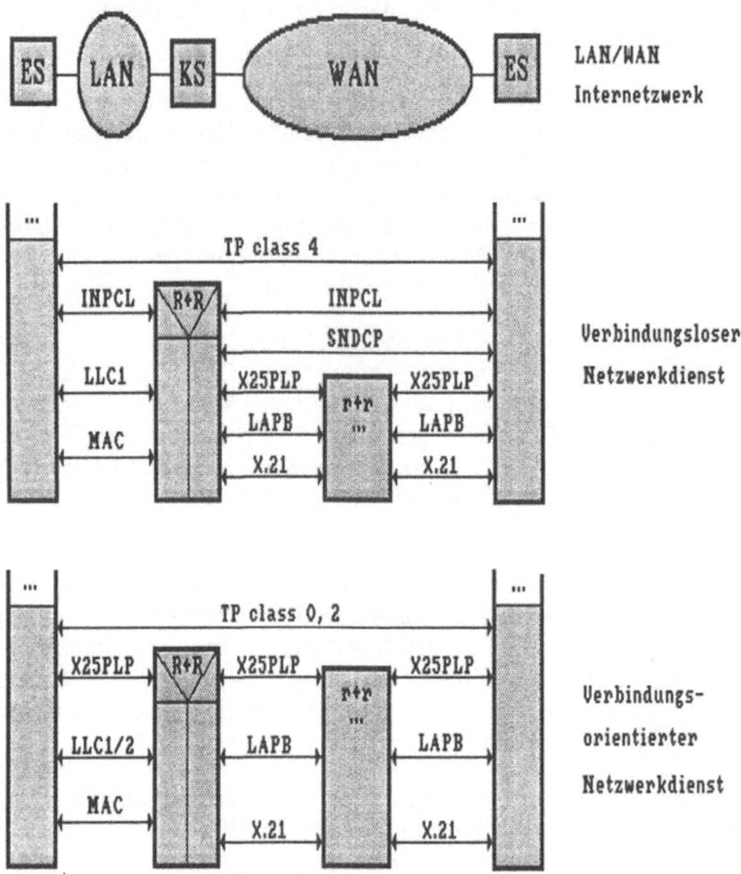

Bild 8.   Alternative OSI-Protokollarchitekturen zur Kopplung von LAN und WAN

Die Protokollsäule im X.25-Netz umfaßt das Paketprotokoll X.25-PLP, das Sicherungsprotokoll LAPB (Link Access Protocol Balanced) und das Bitübertragungsprotokoll X.21.
Die Aufgaben des Konvergenzprotokolls SNDCP beinhalten im wesentlichen das zur Datenübertragung auf dem Teilnetz erforderliche Verbindungsmangement sowie etwaige
Multiplexfunktionen zur quasisimultanen Übertragung von Datagrammen zu verschiedenen Zielstationen im WAN, wenn dies vom Teilnetzdienst nicht schon geleistet wird.

2.1.5.2   Verbindungsorientierter Netzwerkdienst

Bei verbindungsorientiertem Netzwerkdienst, erbracht durch das OSI-X.25 Packet Layer
Protocol (X.25-PLP) in allen Stationen des Internetzwerks gemäß Methode OSI-M3, wird
die Protokollwelt der WAN in den lokalen Bereich hineingetragen.   Das komplexe
X.25-Protokoll leistet eine gesicherte Ende-zu-Ende Übertragung im globalen Netz mit
Flußkontrolle, Kontext, Reihenfolgeerhaltung und Fehlerbehandlung.

In der Transportschicht genügt daher das OSI-Transportprotokoll Klasse 0 oder Klasse 2,
die als *simple class* bzw. *multiplexing class* bezeichnet werden, wobei die Klasse 2 neben

den Basisfunktionen des Verbindungsmanagements noch Funktionen zum Multiplexen von mehreren Transportverbindungen auf einer Netzwerkverbindung beinhaltet.

Im WAN-Bereich hat die Homogenität der Netzwerkschicht den Vorteil eines geringen Overheads, da das X.25 Protokoll selbst das Internetzwerkprotokoll repräsentiert und keinerlei Anpassungen erforderlich sind.

Im LAN-Bereich ist das X.25-Protokoll in allen Stationen erforderlich. Unterliegend kann entweder ein verbindungsorientiertes Sicherungsgsprotokoll wie im WAN-Bereich oder ein einfaches verbindungsloses Pendant eingesetzt werden, die beide in ISO/IS 8802.2, Typ-1 und Typ-2 /IEEE-2/ spezifiziert sind. Nachteilig ist hier, daß auch die LAN-interne Kommunikation mit dem komplexen X.25-Protokoll abgewickelt werden muß, dessen volle Funktionalität hier nicht immer erforderlich oder unter Berücksichtigung von Leistungsaspekten nicht immer wünschenswert ist.

2.1.5.3   Wahl des Netzwerkdienstes

Das wesentlichste Entscheidungskriterium für die Auswahl einer dieser beiden alternativen OSI-Protokollarchitekturen sind die erwarteten Verkehrsströme für den lokalen Bereich (lokale Domäne) und die LAN/WAN-Kommunikation. Bei überwiegendem Intra-LAN-Verkehr bietet der verbindungslose Netzwerkdienst Vorteile, bei überwiegendem LAN/WAN-Verkehr der verbindungsorientierte, wie die vorhergehenden Erläuterungen der Protokollarchitekturen gezeigt haben.
Die Standardisierungsgremien von MAP (manufacturing automation protocols) /MAP-V2/ und NBS (national bureau of standards) /NBS-OSI/ haben 1986 den verbindungslosen OSI-Netzwerkdienst zum Standard für lokale Netze gemacht und damit die Erfordernisse der lokalen Kommunikation - einfache Protokolle, hohe Leistungsfähigkeit - gegenüber denen einer WAN-Kommunikation priorisiert.

2.1.6   Zusammenfassung

In Unterkapitel 2.1 wurden heute bekannte verschiedenartige Koppeltechniken und Internetzwerkmodelle erläutert, die zur Bildung heterogener OSI-Internetzwerke und OSI-Transportsysteme angewendet werden können. Dabei wurden insbesondere die Kombinierbarkeit der verschiedenen Internetzwerkmodelle analysiert und ihre jeweiligen Vorzüge und Nachteile herausgestellt, um eine Optimierung von Netzkopplungen entsprechend der Charakeristik der zu verknüpfenden Netze zu unterstützen. Desweiteren wurden alternative Protokollarchitekturen für heterogene OSI-Transportsysteme bestehend aus gekoppelten LAN und WAN aufgezeigt sowie Kriterien für ihre Auswahl diskutiert.

Damit sind dem Netzwerkplaner Richtlinien an die Hand gegeben, um die Auslegung eines heterogenen OSI-Transportsystems unter Berücksichtigung der Eigenschaften seiner Teilnetze zu optimieren. Sie bilden auch die Grundlage für die Auslegung eines solchen prototypisch realisierten OSI-Transportsystems, das in Kapitel 3 näher behandelt wird.

2.2 Leistungsbewertung von Netzen

In Sektion 2.2.1 dieses Unterkapitels wird zunächst ein Überblick über die grundlegenden Methoden und Begriffe zur Leistungsbewertung von Rechensystemen und Netzwerken gegeben. In Sektion 2.2.2 wird der Stand der Forschung sowohl bei den heute bekannten Werkzeugen zur Leistungsbewertung von Netzen als auch der Leistungsanalyse und Planung von Netzen anhand eines Literaturüberblicks aufgezeigt. In Teil 2.2.3 erfolgt eine abschließende Zusammenfassung, in der Anforderungen an zu entwickelnde zukünftige Werkzeuge für die Planung und Leistungsbewertung von heterogenen Netzwerken abgeleitet werden.

2.2.1 Methoden zur Leistungsbewertung

Ziel der Leistungsbewertung von Hard- und Software-Systemen ist die Gewinnung von Aussagen über die Leistungskenngrößen untersuchter Systeme in Abhängigkeit ihrer Systemparameter (Entwurfs- und Betriebsparameter). Der Begriff Leistungsbewertung steht dabei als Oberbegriff für Leistungsanalyse und Leistungsprognose:

- Die *Leistungsanalyse* beinhaltet die Untersuchung spezifizierter oder bereits realisierter Systeme und dient zur Ermittlung konkreter Werte der Systemparameter für einen optimalen Betrieb (Tuning) der Systeme.

- Die *Leistungsprognose* beinhaltet die Untersuchung sich noch in der Planung oder Entwicklung befindlicher Systeme und zielt auf ihre optimale Auslegung ab im Sinne der Auswahl von Entwurfsalternativen. Sie stellt damit ein wesentliches Hilfsmittel für die Gestaltung zukünftiger Systeme dar.

Die Methoden zur Leistungsbewertung können nach folgendem Schema klassifiziert werden, das auf /Mühl86/ basiert:

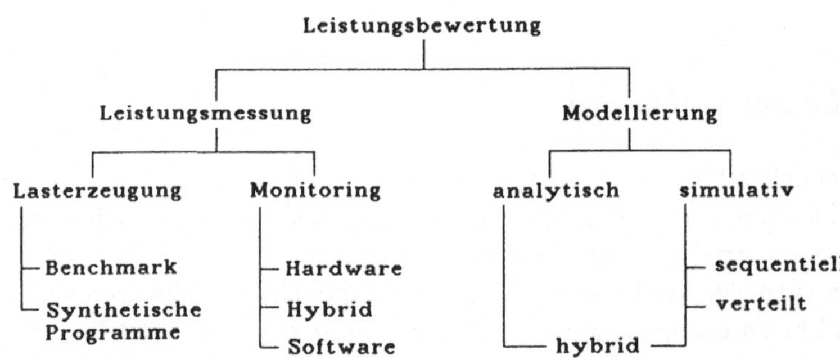

Bild 9. Methoden zur Leistungsbewertung

2.2.1.1 Leistungsmessung

Ziel von Leistungsmessungen kann sowohl die Ermittlung der Leistungskenngrößen eines bestimmten Objektsystems als auch eine vergleichende Bewertung verschiedener Systeme sein. Zur Durchführung von Leistungsmessungen wird das Objektsystem mit einer (konkreten) Systemlast beaufschlagt und seine (konkreten) Leistungskenngrößen meßtechnisch ermittelt. Voraussetzungen für Leistungsmessungen sind also die Existenz des Objektsystems, von zur Leistungsmessung geeigneten realen Systemlasten sowie von Meßeinrichtungen zur Ermittlung der Leistungskenngrößen aus den Abläufen im Objektsystem.

2.2.1.1.1 Lasterzeugung

Für Leistungsmessungen sind wohl definierte und reproduzierbare Lasten auf dem Objektsystem erforderlich. Daher wird die durch seine Benutzer erzeugte *natürliche Last* auf dem realen System mit **Lastmodellen** nachgebildet. Lastmodelle für netzbasierte Systeme (Rechnernetze) sollen z.B. ein bestimmtes Benutzerverhalten in Netzknoten reflektieren und die dadurch ausgelösten Aktionen in anderen Netzknoten und daraus resultierenden Verkehrsströme auf dem Netzwerk widerspiegeln (z.B. Zugriff auf eine entfernte Datenbank, Filetransfer zwischen Netzknoten, Dialog zwischen entfernten Benutzern, etc.). Gemäß diesen Lastmodellen wird *künstliche Last* auf dem System mit speziellen Lastprogrammen in den Knotenrechnern erzeugt. Bei diesen Lastprogrammen unterscheidet man zwei Klassen: Benchmarks und synthetische Programme.

- **Benchmarks** bestehen i.a. aus einem Bündel ausgewählter Applikationsprogramme, die eine möglichst repräsentative Auslastung des Objekts oder ein möglichst anwendungsspezifisches Benutzerverhalten erzeugen. Benchmarks werden vorwiegend zur vergleichenden Bewertung verschiedener Systeme eingesetzt.

- **Synthetische Programme** bestehen aus einer willkürlichen Mischung von möglichen Objektoperationen, die zumeist in keinem funktionalen Zusammenhang zueinander stehen. Sie sind parametrisierbar und ermöglichen die kontrollierte Erzeugung von Systemlasten beliebiger Ausprägung. Sie sind vor allem zur Erzeugung von Systemlasten geeignet, die vorgegeben Wahrscheinlichkeitsverteilungen entsprechen und sind daher ideale Lasterzeuger bei der Messung der Leistungskenngrößen eines Systems.

2.2.1.1.2 Monitoring

Monitoring ist definiert als Leistungsmessung und Beobachtung des zeitlichen Ablaufgeschehens in Rechensystemen /Klar85/. Die Leistungsmessung soll die Leistungskenngrößen des Objektsystems ermitteln. Die Beobachtung des Ablaufgeschehens soll Aufschluß über das Zustandekommen der gemessenen Kenngrößen geben sowie sporadische Fehler ermitteln. Bei den für das Monitoring erforderlichen Meßeinrichtungen unterscheidet man drei Typen: Hardware-, Software- und Hybrid-Monitore.

- Ein **Hardware-Monitor** ist ein elektronisches Meßinstrument, das mit Meßfühlern elektrische Signale in der Hardware des Objektsystems zur Ermittlung von Objektzuständen mißt. Diese Messung erfolgt interferenzfrei und verursacht daher keinerlei Laufzeitverfälschungen im Objekt. Es ist jedoch schwierig, eine Zuordnung zwischen gemessenen Zuständen in der Hardware (Befehle, Adressen, Daten) und verursachenden Programmen im Objektsystem zu ermitteln. Der Anwendungsbereich von Hardware-Monitoren ist daher auf hardwarenahe Analysen begrenzt oder erfordert erhebliche Intelligenz des Monitors. Beispiele für fortgeschrittene Hardware-Monitore, oft auch als Datenmonitore bezeichnet, sind moderne Logikanalysatoren /Ludw87/ für die Analyse von elektronischen Systemen oder Protokollanalysatoren zur Analyse von Datenleitungen in Netzen (siehe Sektion 2.2.2.2).

- Ein **Software-Monitor** besteht aus einem oder mehreren speziellen Meßprogrammen, die im Objektrechner abwechselnd mit vermessenen Objektprogrammen ablaufen. Software-Monitore ermöglichen eine detaillierte Erfassung von Rechner- und Programmzuständen ohne zusätzliche Hardware, benötigen aber Resourcen des vermessenen Systems (Prozessor, Speicher) und können so zu erheblichen Laufzeitverfälschungen im Objektsystem führen. Zudem kann die Auflösung der vom System abgeleiteten Meßzeit zur chronologischen Erfassung der Meßdaten unzureichend sein. Beispiele für Software-Monitore sind /IBM-SMART/, /VAX-MON/, /MiMS85/, /LeBl85/, /SiSS86/.

- Ein *Hybrid-Monitor* bildet eine Mischung aus einem Hard- und Software-Monitor. Ziel dabei ist, die positiven Eigenschaften der beiden aufgeführten Monitortypen zu vereinen und ihre Nachteile so weit als möglich zu eliminieren. Ein Hybrid-Monitor besteht dazu aus einer Software- und diese unterstützende Hardware-Komponente. Die Software (Meßprogramm) dient i.d.R. zur Ermittlung der gewünschten Meßdaten im Objektsystem und zur Steuerung der Zusatz-Hardware. Diese stellt i.a. eine geeignete Zeitbasis und Speicher zur chronologischen Erfassung und Speicherung der Meßdaten bereit. Hybrid-Monitore gibt es noch nicht sehr lange. Sie werden hauptsächlich zu genauen und weitgehend verzerrungsfreien Vermessungen von Realzeit- und netzbasierten verteilten Systemen verwendet (siehe Sektion 2.2.2.2).

2.2.1.2 Modellierung

Bei der Modellierung wird ein Modell des zu untersuchenden Objekts und seiner Umwelt erstellt, das anstelle des Objekts einer Analyse unterzogen wird /Mühl86/. Leistungsbewertung durch Modellierung ist insbesondere attraktiv, wenn Untersuchungen am real existierenden Objekt entweder gar nicht (gefährlich, technisch nicht möglich) oder nur eingeschränkt (begrenzte Manipulations- und Meßeinrichtungen, keine Unterbrechung der normalen Nutzung) oder sehr aufwendig sind (Kosten, Personal). Befindet sich das Objekt noch in Planung oder Entwicklung und ist daher noch gar nicht existent, so bleibt für funktionale Analyse und Leistungsprognose nur die Modellierung.

2.2.1.2.1 Analytische Modellierung

Bei der analytischen Modellierung wird mit mathematischen Methoden ein formelmäßiger Zusammenhang zwischen Entwurfsvariablen und Leistungskenngrößen des untersuchten Systems ermittelt, der für bestimmte Wertebereiche Gültigkeit besitzt. (Definitions- und Wertebereich der Funktion). Das untersuchte Objektsystem wird dabei in der Regel als Warteschlangennetz modelliert und mit den Methoden der Bedienungstheorie analysiert /Klci75/. Ein einheitliches Lösungsschema zur Berechnung von Warteschlangennetzen durch den Rechner stellt die BCMP-Theorie dar /BCMP75/. Ihre Anwendung bedingt aber Einschränkungen an die Charakteristik der Systemlasten und den Detaillierungsgrad (negativ exponentielle Ankunftsströme und bestimmte Klassen von Warteschlangen) zu modellierender Systeme, die der Realität oft nur unzureichend gerecht werden.

Neben der BCMP-Theorie haben Approximationstechniken, Dekompositionstechniken und rekursive Berechnungsverfahren die Lösbarkeit analytischer Modelle verbessert /KuMo88/, /Mühl88/. Für Modelle, die nicht den BCMP-Richtlinien entsprechen, existieren allerdings keine allgemeinen Lösungsschemata. Ihre Lösung erfordert viel manuelle Arbeit und gute mathematische Kenntnisse vom Modellierer.

2.2.1.2.2 Simulative Modellierung

Bci der rechnergestützten simulativen Modellierung wird das zu untersuchende System und seine Umwelt durch ein Simulationsprogramm repräsentiert, dessen Ablauf die zeitliche Dynamik des Objektsystems widerspiegelt. Die Zeit im realen System wird dabei auf die

Zeit im Modell, die sogenannte Simulationszeit, abgebildet. Gemäß der Technik zur Fortschaltung der Simulationszeit unterscheidet man zwischen zeitgesteuerter und ereignisgesteuerter Simulation:

- Bei der *zeitgesteuerten Simulation* (time driven simulation) wird die Simulationszeit in äquidistanten Intervallen fortgeschaltet unabhängig von den im Simulationsprogramm auftretenden Ereignissen.

- Bei der *ereignisgesteuerten Simulation* (event driven simulation) wird die Simulationszeit nur durch im Programm auftretende Ereignisse fortgeschaltet. Bei stark schwankender oder schlecht abschätzbarer Ereignisdichte ist diese Methode vorteilhaft; sie wird zur Simulation verteilter Systeme bevorzugt angewendet.

Im Gegensatz zur analytischen Modellierung wird bei der rechnergestützten Simulation der Detaillierungsgrad, die Art der Systemlast und die Komplexität der Modelle nicht durch Bedingungen der mathematischen Berechenbarkeit eingeschränkt. Auch ist das konzeptionelle Modell als Grundlage des Simulationsprogrammes nicht auf bestimmte Klassen von Warteschlangen beschränkt: das Spektrum reicht hier von erweiterten Warteschlangen- und Automatenmodellen beliebiger Ausprägung hin bis zu konkreten Algorithmen /KuMo88/.
Doch auch bei der simulativen Modellierung sind der Komplexität der Modelle Grenzen gesetzt aufgrund technischer und praktischer Randbedingungen wie Speicherbedarf und Laufzeit der Simulationsprogramme. Die Laufzeiten sind neben der Komplexität der Modelle wesentlich bedingt durch die Notwendigkeit zur statistischen Auswertung der Ergebnisse. Entsprechend der geforderten Genauigkeit (Konfidenz) sind hier typischerweise einige hundert Stichproben erforderlich. Im Gegensatz zur analytischen Modellierung liefert die Simulation keinen formelmäßigen Zusammenhang zwischen Entwurfsvariablen und Leistungskenngrößen, der für ganze Intervalle von Werten Aussagen liefert. Ein Simulationslauf (Experiment) ermittelt lediglich konkrete Leistungskenngrößen für einen konkreten Satz von Entwurfsvariablen. Für die Ermittlung von Wertebereichen sind daher ganze Experiment-Serien erforderlich.

- Bei der bisher gängigen Methode der *sequentiellen Simulation* wird das Simulationsprogramm auf einem einzigen Rechner ausgeführt. Zur Überwindung der aufgeführten Komplexitätsbegrenzungen wird gegenwärtig intensiv an der Entwicklung von Methoden zur parallelen oder verteilten Simulation und zur hybriden Modellierung gearbeitet.

- Bei der *parallelen Simulation* wird das Simulationsprogramm auf Multiprozessorsysteme und bei der *verteilten Simulation* auf verschiedene Rechner verteilt /Kaud87/. Dabei muß die Struktur des konzeptionellen Modells und des Simulationsprogrammes so ausgeprägt werden, daß möglichst viele Abläufe im Modell parallel auf den verschiedenen Rechnern ausgeführt werden können. Besondere Probleme ergeben sich hier aus der effizienten Synchronisation der Prozessoren oder Rechner zur Bildung einer systemweit einheitlichen Simulationszeit und ihrer Fortschaltung /Mühl86/.

2.2.1.2.3 Hybride Modellierung

Bei der *hybriden Modellierung* wird versucht, analytische und simulative Modellierungsverfahren im selben Experiment zu mischen /FrSh86/, /ReAm87/. Ziel dabei ist, die Vorteile der analytischen Modellierung - kurze Laufzeiten, genaue Ergebnisse wenn anwendbar - mit denen der simulativen Modellierung - hoher Detaillierungsgrad, keine Beschränkungen hinsichtlich der Berechenbarkeit - zu vereinen. Das Gesamtmodell wird dazu in Teilmodelle zerlegt, die entsprechend den Modellierungsanforderungen entweder simulativ oder analytisch untersucht werden. Probleme ergeben sich hier aus der unterschiedlichen Charakteristik der Ein- und Ausgabeparameter der beiden Modellierungsarten sowie der Nichterfüllung der mathematischen Randbedingungen für die analytischen durch die simulativen Teilmodelle /Schw78/, /NaKo82/.

2.2.1.2.4 Methodik der Modellierung

Bei der Modellierung wird ein Modell des zu untersuchenden Objektsystems und seiner Umwelt erstellt, das anstelle des Objekts einer Analyse unterzogen wird. Dieser komplexe Vorgang läßt sich in folgende Teilschritte zerlegen:

1. *Analyse des Objekts:* Es muß zunächst ein eingehendes Verständnis der Abläufe im zu modellierenden Objektsystem erworben werden.

2. *Spezifikation der Untersuchungsziele:* Nach der Analyse sind die Untersuchungsziele festzulegen und die sie beinflussenden Abläufe im Objekt aus der Gesamtheit der Abläufe zu extrahieren. (Beschränkung des Modells auf für Untersuchung signifikante Funktionen zur Reduktion der Modellkomplexität).

3. *Erstellung des konzeptionellen Modells:* Häufig werden die zu modellierenden Funktionen zunächst in einem abstrakten Modell nachgebildet. Sehr verbreitet sind hier Warteschlangennetze oder endliche Automaten (Petrinetze /Reis85/).

4. *Erstellung eines lauffähigen Programms:* Bei Erstellung eines konzeptionellen Modells erfolgt seine Umsetzung entweder in ein lauffähiges. Numerik- oder Simulationsprogramm. Das *Numerikprogramm* enthält den Lösungsalgorithmus für eine analytische Lösung des konzeptionellen Modells.
Das *Simulationsprogramm* repräsentiert die Ablaufdynamik des konzeptionellen Modells. Für seine Erstellung sind eine Reihe von speziellen Simulationssprachen entwickelt worden, die der Charakteristik des konzeptionellen Modells angepaßt sind (siehe Sektion 2.2.2.1).
Alternativ zur Erstellung eines konzeptionellen Modells und seiner Umsetzung in ein Simulationsprogramm können zu modellierende Abläufe auch direkt in konkrete Algorithmen (Programme) umgesetzt werden.

5. *Validierung des Modells:* Um gültige Aussagen über reale Objektsysteme machen zu können, ist das Modell mittels Kalibrierung und Gültigkeitsbestätigung zu validieren. Zur *Kalibrierung* werden systemspezifische Parameter dem zu untersuchenden realen Objektsystem entnommen und an das Simulationsprogramm übergeben. Die *Gültigkeitsbestätigung* erfolgt nun durch Vergleich zwischen kongruenten Experimenten am realen Objekt und am Simulator.

Bei der Existenz eines modellierten Objekts kann die Validierung seines Modells i.d.R. durch das reale System erfolgen. Ist das modellierte Objekt aber noch in Planung oder Entwicklung und daher noch nicht real vorhanden, so kann die Validierung des Modells nur durch Vergleich gegenüber den im 2. Schritt dieser Methodik spezifizierten Sollfunktionen erfolgen.

2.2.2   Stand der Forschung

In diesem Unterkapitel wird zunächst die Entwicklung bei den Werkzeugen zur Leistungsmessung und Modellierung und nachfolgend der Stand der Forschung bei der Leistungsbewertung von Netzen aufgezeigt.

2.2.2.1 Werkzeuge zur Modellierung

Zur Erstellung von Simulationsprogrammen sind in den letzten 10 Jahren spezielle Programmiersprachen verschiedener Ausprägung entwickelt worden. Man unterscheidet hier zwischen Sprachen der ersten, zweiten und dritten Generation /KuSh86/.

- Bei der ersten Generation handelt es sich um *allgemein anwendbare* (general purpose) *Simulationssprachen* wie SIMSCRIPT, SIMULA oder GPSS. Sie unterstützen den Modellierer mit simulationsspezifischen Funktionen wie z.B. der Verwaltung der Simulationszeit oder der Erzeugung von Zufallszahlen.

- Die zweite Generation umfaßt *anwendungsspezifische* Sprachen, die zur Modellierung von Rechnersystemen und Netzwerken auf der Basis von erweiterten Warteschlangennetzen spezielle high-level Sprachkonstrukte anbieten, um die Elemente dieser Warteschlangennetze effizient zu modellieren. Bekannte Beispiele für solche auch als *Simulationspakete* bezeichnete Sprachen sind RESQ2 /SaNa85b/, QNAB2 /VePo85/, COPE /BeMä84/ oder HIT /BeSc85/. Diese Simulationspakete unterstützen den Modellierer mit Hochsprachen bei der Erstellung des Simulationsprogrammes, der Durchführung der Simulationsläufe und der Auswertung der Ergebnisse. Bei Erfüllung der BCMP-Richtlinien (Poisson-Ankunftsströme, bestimmte Klassen von Warteschlangen) bieten diese Simulationspakete zumeist noch die Wahl zwischen analytischer oder simulativer Lösung.

- Die dritte Generation umfaßt gegenwärtige Entwicklungen, die anwendungsorientierten Sprachen der 2. Generation in folgenden drei Hinsichten zu erweitern. Bei den damit geschaffenen Werkzeugen spricht man auch von *Modellierungsumgebungen,* die aber noch Prototypcharakter aufweisen und nicht allgemein verfügbar sind.

  - Es werden neue Sprachelemente zu effizienten Modellierung von Kommunikationskanälen mit Mehrfachzugriff (LAN, Satellitennetze, paketvermittelnde Funknetze) eingeführt: NETSIM /IlMo85/, GENESIS /KuSh86/.

  - Es werden graphikgestützte Funktionen zur Modellerstellung, zur Visualisierung von Abläufen im Simulationsprogramm (Simulation Animation) sowie zur Auswertung der Ergebnisse angeboten: GENESIS /KuSh86/, INT3 /LeSz87/, RESQME /GNGK88/.

  - Alternativ zur Erstellung eines konzeptionellen Modells auf Warteschlangenbasis kann die Spezifikation des Objekts direkt in konkrete Algorithmen (Programme) umgesetzt werden (vgl. 2.2.1.2.4) Die Modellierungsumgebung unterstützt *logische* Prozesse zur geeigneten, dem Objekt angepaßten Modularisierung der Algorithmen und stellt eine Laufzeitumgebung mit Funktionen zur Interprozesskommunikation bereit, um eine Synchronization der logischen Prozesse zu ermöglichen. Die logische Prozeßstruktur kann dabei je nach Ausprägung des Laufzeitsystems entweder in einen physikalischen Prozeß als sequentielles Programm mit Koroutinen oder in mehrere nebenläufige physikalische Prozesse abgebildet werden. Beispiele für solche auch als *Emulatoren* bezeichnete Modellierungsumgebungen sind CONSIP /ChRo86/ zur Modellierung von LAN und DESIGN /Mühl86/ zur Modellierung verteilter Netzwerkanwendungen.

Verfahren zur verteilten Simulation als auch zur hybriden Modellierung sind gegenwärtig noch im Forschungsstadium und nicht allgemein anwendbar. Zudem erfordern diese Methoden spezielle, nicht allgemein verfügbare Simulationsumgebungen und Werkzeuge zur Modellerstellung.

2.2.2.2   Werkzeuge zur Leistungsmessung

Zur Vermessung netzbasierter verteilter Systeme sind ihrer Natur entsprechend verteilte Leistungsmeßsysteme mit Komponenten für Lasterzeugung und Monitoring erforderlich. Dabei unterscheidet man zwischen verbindungsorientierten und knotenorientierten Verfahren für Lasterzeugung und Monitoring /HKLM87/, die nun kurz erläutert werden.

- Beim *Verbindungs-Monitoring* werden die Verkehrsströme auf den Verbindungen zwischen den Knoten eines Netzes durch Verbindungs-Monitore (Leitungs-Monitore) erfaßt. Der Vorteil von Verbindungs-Monitoren liegt in ihrer einfachen und fast immer möglichen rückwirkungsfreien Betriebsweise, da diese auch als *Line-Analyzer* oder *Protocol-Analyzer* bezeichneten Hardware-Monitore in rein passiver weise die Verbindungsleitungen des Netzes beobachten. Falls das Verbindungssystem eine einfache Bus-, Stern- oder Ringstruktur mit Broadcast-Charakteristik aufweist, so kann das gesamte Netz mit einem einzigen Monitor an einem zentralen Abhörpunkt vermessen werden. Nachteilig beim Verbindungs-Monitoring ist, daß die Auswertung der erfaßten Verkehrsströme nur einen unvollständigen Aufschluß über die sie verursachenden Ereignisse in den Netzknoten liefert. Verbindungs-Monitore werden daher überwiegend zur Ermittlung der aktuellen Verkehrslast auf LAN eingesetzt, um eine Datenbasis für Zwecke des Netzwerkmanagements bereitzustellen. Fortgeschrittene Beispiele von Verbindungs-Monitoren für LAN sind /GoKö87/, /EXCELAN/, /Lack87/, /IBM-TRM/, /LAS-Z23/.

- Beim *Knoten-Monitoring* werden dagegen Abläufe in Knoten des Netzes durch ihnen zugeordnete Knoten-Monitore beobachtet. Als Knoten-Monitore werden zumeist Software- oder Hybrid-Monitore eingesetzt, um die detaillierte Erfassung der auftretenden Ereignisse in der vermessenen Kommunikations-Software der Knoten zu ermöglichen (die entweder durch Lastprogramme in den Knoten oder durch vom Netz empfangene Nachrichten verursacht werden). Durch die Auswertung der registrierten Sende- und Empfangsereignisse in den Knoten läßt sich implizit die resultierende Verkehrslast auf dem Netz ermitteln. Zudem kann neben der statistischen Ermittlung gesuchter Leistungskenngrößen auch die zeitliche Dynamik der Abläufe in den Knoten fast beliebig detailliert erfaßt und somit wertvolle Aufschlüsse über das Zustandekommen der Leistungskenngrößen oder über sporadische Fehlerzustände gewonnen werden.

- Bei der *verbindungs-orientierten Lasterzeugung* werden Netzlasten mit zusätzlichen Knoten auf Verbindungen des Netzes erzeugt. Dies erfordert keine Eingriffe in die Software untersuchter Netzknoten, wodurch wie beim Hardware-Monitoring Laufzeitverfälschungen vermieden werden können. Beispiele für solche Lasterzeuger bei LAN sind /EXCELAN/, /LAS-Z23/.

- Bei der *knoten-orientierten Lasterzeugung* werden Netzlasten direkt in untersuchten Objektknoten erzeugt. Dazu werden in Analogie zu Software-Monitoren spezielle Lastprogramme eingesetzt, die in den Objektknoten ablaufen. Wie beim Knoten-Monitoring können hierzu auch hybride Verfahren angewendet werden, wobei eine Zusatzhardware zur Steuerung des Software-Parts im Objektknoten eingesetzt wird, um die Laufzeitverfälschung im Objektknoten zu reduzieren.

Aus der Verteiltheit und Genauigkeit des Meßsystems zur Vermessung LAN-basierter Systeme ergeben sich jedoch erhebliche *Probleme:*

- Schaffung einer zentralisierten Kontrolle des verteilten Meßsystems bestehend aus einzelnen Lasterzeugern und Monitoren, die durch die Steuerung der Lasterzeuger auch eine zentralisierte Kontrolle des Meßexperiments ermöglicht.

- **Schaffung einer systemweiten einheitlichen Zeitbasis im verteilten Meßsystem für das Monitoring.**
- Schaffung einer systemweiten einheitlichen Datenbasis zur Auswertung der Meßdaten.
- Vermeidung von Laufzeitverfälschungen (Artifact) im Objektsystem durch das Meßsystem.

Heutige verfügbare Systeme für die Lasterzeugung und das Monitoring von LAN arbeiten *verbindungsorientiert* im aufgeführten Sinne (siehe obige Beispiele). Sind mehrere parallele Verkehrsströme bei logisch miteinander gekoppelten LAN möglich, ist mindestens ein Monitor pro LAN erforderlich. Die heutigen, als Einzelmonitore konzipierten Geräte weisen aber keine Mechanismen zur genauen zeitlichen Synchronisation, zentralisierten Kontrolle und zur Erfassung und Auswertung aller Meßdaten im System auf.
Erste Ansätze hierzu sind in /Soha87/ und /RiSe87/ zu finden, wobei eine Masterstation mehrere Teilnetz-Monitore kontrolliert. Als Kontroll- und Datenpfad zwischen den Monitorkomponenten wird dabei das vermessene LAN benutzt, was die Genauigkeit der zeitlichen Synchronisation stark einschränkt und zudem eine Beinträchtigung des Objektsystems aufgrund zusätzlicher Netzlasten darstellt.
Ein verbesserter Ansatz ist in /DGKLRSS87/ aufgezeigt, der ein separates LAN für die Kommunikation im verteilten Monitorsystem vorsieht. Eine exakte zeitliche Synchronisation der einzelnen Teilnetz-Monitore ist aber auch hier nicht vorgesehen.

Die Leistungsfähigkeit eines Netzwerks hängt neben den physikalischen Übertragungseigenschaften (Datenrate, Fehlerrate) in großem Maße von den in den Netzknoten ablaufenden Kommunikationsprotokollen ab. Das Verbindungs-Monitoring kann zwar die daraus resultierenden Nachrichtenströme auf dem Netzwerk erfassen. Ihre Auswertung kann jedoch nur begrenzte Aufschlüsse über ihr Zustandekommen geben. Für eine detaillierte Analyse eines komplexen Kommunikationssystems ist daher Knoten-Monitoring prinzipiell besser geeignet. Weitere Vorteile ergeben sich hier zudem bei der Vermessung heterogener Netze, weil Knoten-Monitore im Gegensatz zu Leitungs-Monitoren nicht an die physikalischen Schnittstellen der verschiedenartigen Teilnetze angepaßt werden müssen. Solche verteilten *knoten-orientierte Monitorsysteme* sind heute noch in der Entwicklung und Erprobung begriffen und es existieren erst wenige Ansätze hierzu, wie der folgende Literaturüberblick zeigt.

- Das in /Abra87/ entwickelte Konzept sieht den Einsatz von *Software-Monitoren* in PC-basierten Knoten eines Objekt-LAN vor, deren Zeitbasis auf mit Zusatzhardware realisierten lokalen Uhren beruht. Diese lokalen Uhren sind mit einer seriellen Busleitung zur Realisierung eines dedizierten Zeitkanals miteinander verbunden, über den eine beliebig auswählbare lokale Uhr (Master) alle anderen Uhren (Slaves) durch ausgesendete Steuersignale synchronisieren kann. Aussagen zur zentralisierten Erfassung und Auswertung der von den Software-Monitoren in den Objektknoten gespeicherten Meßdaten werden nicht gemacht.

- In /HaWy86/ und /HaWy88/ werden mikroprozessorgestützte Hardware-Monitore als sogenannte *TMP's* (Test and Measureing Processors) zur Vermessung von Multiprozessor- und Multicomputersystemen eingesetzt, die den Daten- und Adreßbus der Objektprozessoren beobachten. Um die beim reinen Hardware-Monitoring vorhandenen Einschränkungen hinsichtlich der Erfassung von Objektprogrammzuständen zu überwinden, sieht dieses Konzept die Instrumentierung der zu vermessenden Objektsoftware mit zusätzlichen Befehlen vor, um interessierende Daten in vordefinierte Speicherzellen des Objektsystems einzuschreiben. Diese vordefinierten Speicheroperationen können zeitlich und inhaltlich einfach von den TMP-Monitoren in den Objektknoten erfaßt werden. Es handelt sich also um ein *hybrides* Monitorverfahren. Das gesamte Monitorsystem besteht aus einzelnen TMP-Monitoren zur zeitlichen Erfassung und Vorverarbeitung von Meßdaten, einer Masterstation zur zentralen Systemkontrolle und Meßdatenauswertung, einem eigenen Netzwerk zur Realisierung eines Datenkanals für den systeminternen Steuer- und Meßdatenfluß sowie einem Zeitkanal zur Synchronisation der lokalen TMP-Uhren.

- In /HKLM87/ wird ein verteiltes Monitorkonzept *ZM4* (Zählmonitor 4) vorgestellt, welches ebenfalls auf der Beobachtung von Adreß- und Datenbus der Objektprozessoren beruht. In Abweichung zum hybriden Operationsprinzip des TMP-Systems handelt es sich hier aber um reines *Hardware-Monitoring* und es erfolgt keine Instrumentierung der vermessenen Objektsoftware. Zur Steuerung der Aufzeichnung werden die Hardware-Monitore in den Objektknoten mit einer sogenannten *CRAC*-Sonde (Chained Reference Adress Comparator) ausgerüstet. Diese CRAC-Sonden erkennen durch eine Adreßdereferenzierung den Zugriff auf bestimmte Datenstrukturen im Speicher und lösen beim Auftreten vorgegeber Treffermuster die zeitliche Erfassung dieser Zugriffsereignisse aus. Ansonsten entspricht die ZM4-Struktur der des TMP-Systems.

Zentral gesteuerte *knoten-orientierte Leistungsmeßsysteme* mit integrierten Komponenten für Lasterzeugung und Monitoring von LAN-basierten verteilten Systemen sind aus der Literatur bisher kaum bekannt.

Im Rahmen dieser Arbeit ist ein solches Leistungsmeßsystem namens *NETMON* mit integrierten verteilten Komponenten zur kontrollierten Lasterzeugung und zur detaillierten Erfassung der Abläufe in den vermessenen Netzknoten realisiert worden /Zieh87/, /ZiGS88/, /ZiZi88/, das in Kapitel 4 behandelt wird. Es verfügt über eine zentrale Systemkontrolle, schafft eine hochgenaue globale Zeitbasis, verursacht minimale Interferenz zum Objektsystem durch die Anwendung hybrider Techniken für knotenorientierte Lasterzeugung und Monitoring und bietet Funktionen für eine chronologische Erfassung, statistische Auswertung und graphikgestützte Darstellung aller aufgezeichneten Ereignisse. Diese Ereignisauswertung kann nach Beendigung einer Messung und insbesondere auch während einer laufenden Messung geschehen, um die zeitliche Dynamik ausgewählter Ereignisse aufzuzeigen. Für den dazu erforderlichen systeminternen Steuer- und Meßdatenfluß wird ein leistungsfähiger LAN-basierter Datenkanal und zur Schaffung einer globalen Systemzeit ein leitungsgebundener dedizierter Zeitkanal eingesetzt.

Diese Systemstruktur entspricht in ihren Grundzügen den reinen Monitorsytemen ZM4 und TMP, beinhaltet jedoch als wesentliche Erweiterung die Integration einer verteilten Laststeuerungskomponente. Zudem ergeben sich Vorteile hinsichtlich der allgemeinen Anwendbarkeit des NETMON-Systems gegenüber den drei aufgeführten reinen Monitorkonzepten, wie nachfolgende Betrachtung zeigt.

In /Abra87/ ist spezielle Zusatzhardware in den vermessenen Objektknoten erforderlich. Die weiter fortgeschrittenen Monitorkonzepte TMP und ZM4 benötigen zwar keine Zusatzhardware in den Objektknoten, ihre aufwendigen Hardware-Monitore müssen aber für die Hardware der beobachteten Objektprozessoren ausgelegt sein. Beim ZM4-Konzept ergeben sich zusätzliche Einschränkungen aus der Ableitung der Treffermuster für die Adreßdefererenzierung. Beim NETMON-System werden hybride Techniken für Laststeuerung und Monitoring verwendet. Die Ankopplung einer Meßstation an einen Objektknoten erfolgt hier über standardisierte parallele E/A-Schnittstellen des Objektsystems, wodurch sich ein breiter Anwendungsbereich ergibt.

Als einziger Ansatz mit teilweise ähnlicher Zielsetzung wie bei NETMON ist aus der Literatur das *TECS* -System (Transport Experiment Control System) /ArMW87/ bekannt. Es ergeben sich jedoch wesentliche Unterschiede in Zielsetzung und Konzeption der beiden Systeme.

Das TECS-System ist für die Messung von Leistungskenngrößen eines LAN-basierten Transportdienstes an dessen Dienstschnittstellen zum Anwendungssystem hin ausgelegt. Eine detaillierte Analyse der Abläufe im Transportsystem selbst ist nicht vorgesehen. Lasterzeugung und Monitoring beruhen hier auf reinen Softwarekomponenten, die in den vermessenen Objektknoten ablaufen und deren globale Zeitbasis wie in /Abra87/ auf Zusatzhardware beruht.

Das NETMON-System ist hingegen für eine detaillierte Erfassung des zeitlichen Ablaufgeschehens im verteilten Objektsystem konzipiert und ermöglicht sowohl die Messung von Leistungskenngrößen an beliebigen Dienstschnittstellen als auch eine detaillierte Analyse ihres Zustandekommens. Zur Minimierung von Laufzeitverfälschungen im Objektsystem werden hier im Gegensatz zum TECS-System hybride Techniken für Lasterzeugung und Monitoring angewendet.

2.2.2.3   Leistungsanalyse von Netzen

2.2.2.3.1   Lokale Netze

Bei der *Modellierung* einzelner LAN sind vor allem die Funktionalität und Leistungsanalyse verschiedener Mediumzugriffsverfahren intensiv untersucht und ihre Durchsatz/Verzögerungs-Charakteristiken einander gegenübergestellt worden. Solche Untersuchungen sind auch im Rahmen dieser Arbeit erfolgt /Schi86/, /ScZi87/, /Hins87/.

- Das nichtdeterministische *CSMA/CD* -Verfahren /IEEE-3/ ist zunächst analytisch im sogenannten Zeitschlitzverfahren (time slotted channel) modelliert worden /Lam80/, /ToHu80/, /Bux81/, /MeLe83/. Später durchgeführte simulative Modellierungen haben genauere Ergebnisse vor allem im Hochlastbereich und bei kleinen Netzlängen aufgezeigt durch detaillierte Berücksichtigung des Interframe Interspacing und des Jamming /BKMST83/, /DaKS83/, /Hins87/ und haben die Begrenztheit analytischer Modelle bei nichtdeterministischem Zugriff aufgezeigt.

- Das deterministische *Token Ring* -Verfahren /IEEE-5/ ist für eine analytische Modellierung besser geeignet /Bux81/, /BuTr83/, /SeSa85/. Ein umfassender Überblick über analytische Tokenring-Modelle ist in /Bux87/ gegeben. Für eine Einbeziehung des achtstufigen Prioritätsmechanismus beim Mediumzugriff sind heute beherrschte analytische Verfahren nicht ausreichend (und aus der Literatur nicht bekannt). Simulative Untersuchungen mit Prioritäten sind in /Schi86/ und /Gihr87/ zu finden.

- Beim deterministischen *Token Bus* -Verfahren /IEEE-4/ ist nur eine Arbeit zur analytischen Modellierung bekannt /SeSa85/, die wie beim Token Ring keine Prioritäten beim Mediumzugriff berücksichtigt. Simulative Modellierungen mit prioritätsgesteuertem Zugriff sind in /HeWa85/ und /Gihr87/ diskutiert.

- Für das Tokenprotokoll des *FDDI Ring* /FDDI-1/ ist bisher nur ein analytisches Modell bekannt, das ebenfalls keine Prioritäten berücksichtigt /DyBu87/. Wie bei Token Ring und Token Bus können sie bisher nur simulativ erfaßt werden /DyBu87/, /ScZi87/.

Lastmessungen in realen LAN (Ethernet /ShHu80/, /SiSS86/ und Tokenring /Feld86/) haben als wichtigste Ergebnisse bimodale Nachrichtenlängen und burstartige Ankunftströme auf dem LAN aufgezeigt. Diese auch als *packet trains* /JaRo85/, /Feld86/, bezeichnete Charakteristik ist hauptsächlich durch typische Benutzeraktivitäten (File Transfer, Dialog) und fenstergesteuerte Flußkontrollmechanismen der Protokollhierarchie (TCP/IP) bedingt und nur unwesentlich abhängig vom Mediumzugriff und der Topologie des Netzes.

Diese Ergebnisse stehen in klarem Widerspruch zu den Annahmen bei der analytischen Modellierung, wo Poisson-Ankunftsströme und exponentiell verteilte Nachrichtenlängen Voraussetzung für die mathematische Berechenbarkeit sind (BCMP).

Begründet auf die Ergebnisse der frühen Lastmessungen /ShHu80/ wurden universell anwendbare *Lastmodelle* zur Leistungsbewertung von LAN in /HeWa83/ entwickelt. Dabei wird im wesentlichen von vier verschiedenen Transaktionen in den Knoten eines LAN ausgegangen und die daraus resultierenden Nachrichten im Netz abgeleitet. Diese Nachrichten werden als Elemente von Benchmarks verwendet, die vergleichende Leistungsanalysen verschiedener LAN gestatten /HeWa85/. Eine Erweiterung dieser Benchmarks zur Ermittlung von Realzeiteigenschaften von LAN ist in /Boro85/ abgeleitet.
Des weiteren sind Lastmodelle zur Analyse von schnellen Backbone-LAN und zur Kopplung von LAN entwickelt worden. Hier wird speziell das Konzept der *burstartigen* Quelle eingeführt /VyDa86/, /Schi86/, /Gihr87/, um den Einfluß begrenzter Puffer in den Interfaces der Stationen und insbesondere den Koppelsystemen zu erfassen. Ein aktuelles Beispiel der Anwendung von LAN-Benchmarks zur vergleichenden Leistungsmessung verschiedener LAN ist in /DATA87/ gegeben.

Zusammenfassend zur Leistungsanalyse einzelner LAN kann konstatiert werden, daß analytische Modellierungen nur bei deterministischen Zugriffsverfahren ohne Berücksichtigung der Prioritätsmechanismen akzeptable Resultate aufweisen, die zudem nur für bestimmte Lastprofile Aussagen ermöglichen. Aufgrund der aus Lastmessungen ermittelten Lastprofile und der Bedeutung eines prioritätsgesteuerten Mediumzugriffs für Realzeitanwendungen können befriedigende Ergebnisse nur mit simulativen Modellierungen erzielt werden.

2.2.2.3.2 Öffentliche Netze

Die öffentlichen Datennetze weisen eine wesentlich komplexere Struktur und Funktionalität als die zuvor betrachteten LAN auf: vermaschte Topologie, komplexe Routingmechanismen, verbindungsorientierte Übertragung. Die Mechanismen zum Verbindungsauf- und Abbau werden bei Leistungsanalysen zumeist nicht betrachtet, da hier nur die Durchsatz/Verzögerungskenngrößen in der stationnären Datentransferphase ermittelt werden. Bei leitungsvermittelnden Netzen (X.21) sind dies einfache Konstanten, wobei die Netzlaufzeit entfernungsabhängig ist. Bei paketvermittelnden Netzen (X.25) kommt neben der entfernungsabhängigen Laufzeit die Zwischenspeicherung von Paketen in Vermittlungsknoten des Netzes als wesentlicher Faktor hinzu.

Versuche zur analytischen *Modellierung* der Dienstschnittstelle X.25 unter Verwendung von Dekompositionstechniken und hierarchischer Agreggierung weisen erhebliche Abstrahierungen auf und sind nur eingeschränkt aussagefähig /Diet86/. Zur Gewinnung der Realität besser entsprechender Leistungskenngrößen sind wie bei LAN simulative Analysen erforderlich /Wolf80/, /Diet86/.

Lastmessungen für diese Netze sind vorhanden: Meßwerte für das X.25-Netz sind in /Runk86/, /FTZ85/ und für das X.21-Netz in /FTZ85/ veröffentlicht. Sie enthalten typische Zeiten für Verbindungsauf- und Abbau sowie die Verweilzeiten von Paketen im Netz (unter Beachtung der Anzahl von Hops entlang des Netzpfades).

2.2.2.3.3 Gekoppelte Netze

Die Leistungsanalyse gekoppelter Netze mit speicherfähigen Koppelsystemen zur Entkopplung der Teilnetze bezüglich Datenrate und Auslastung ist noch weit weniger erforscht als die einzelner Netze. Aus der Literatur sind zu dieser Thematik mit Ausnahme von Veröffentlichungen im Rahmen dieser Arbeit bisher nur zwei wesentliche Arbeiten bekannt, die sich mit der MAC-Layer-Kopplung von Tokenringen befassen /BuMW83/, /BuGr85/. Die Kopplung von Netzen ist im Rahmen dieser Arbeit intensiv bearbeitet worden. Untersuchungen zur MAC-Layer-Kopplung von Tokenringen sind durch die Implementierung einer transparenten Bridge /Endr87/, ihrer Vermessung /Nock88/ und ihrer Modellierung /Schi86/ erfolgt. Entsprechende Arbeiten zur Kopplung heterogener LAN (Tokenring und Ethernet) durch ein OSI-Gateway sind in /Kirs86/ und /Hins87/ dokumentiert. Hinzu kommen Untersuchungen über die Leistungsfähigkeit von Datagrammdiensten auf den öffentlichen Datennetzen Datex-L und Datex-P, um sie als OSI-Subnetze in ein verbindungsloses heterogenes OSI-Internetzwerk bestehend aus gekoppelten LAN und WAN einzubeziehen /Rose87/, /Zitt87/. Des weiteren sind der Einfluß von Mechanismen zur Flußkontrolle und Fehlerbehandlung des OSI-Transportprotokolls bei der verlustbehafteten Kopplung von LAN untersucht worden /Roll88/.

Primäre *Ziele* all dieser Untersuchungen sind die Ermittlung der Leistungskenngrößen (Durchsatz- und Verzögerungscharakteristik) von Transportverbindungen und Übertragungswegen im Internetzwerk, die stark von den Eigenschaften der Verkehrsknotenpunkte darstellenden Koppelsysteme und der Protokollhierarchie des Netzwerks geprägt werden. Weitere Aspekte sind daher die Auslegung der Koppelsysteme (Größen und Verwaltung der Puffer, Leistungsfähigkeit des Prozessors, Staukontrolle und Überlastverhalten), die Priorität der Endsysteme und Koppler beim Mediumzugriff für eine faire Aufteilung der verfügbaren Bandbreite an Intra- und Internetzverkehr, sowie von Protokollmechanismen zur Flußkontrolle und Fehlerbehandlung in den Endsystemen.

Zusammenfassend ist hervorzuheben, daß die hier zitierten Arbeiten sämtlich auf *simulativen* Modellierungen beruhen, die auf Meßdaten aus realen Systemen abgestützt waren. Allgemein lösbare analytische Verfahren werden schon den Anforderungen bei der Modellierung einzelner Netze nicht gerecht. Dies gilt umso mehr bei der Modellierung komplexer Internetzwerke mit mehreren Netzen und vielen Stationen mit netzabhängiger Funktionalität.
In jüngster Zeit ist eine analytische Modellierung eines heterogenen Internetzwerks erfolgt /KFPS88/. Dabei wurden Teilmodelle separiert, einzeln gelöst und das Gesamtmodell auf diesen Teillösungen aufgebaut (Hierarchische Dekomposition und Aggregierung). Zur Lösung wurden spezielle Approximationstechniken angewendet, da die BCMP-Richtlinien nicht erfüllt werden konnten. Vergleiche mit einem simulativen Modell haben dennoch größere Abweichungen von 10 - 20 % ergeben.

2.2.2.4 Planung von Netzen

Ziel bei der Planung von Netzen ist ihre optimale Auslegung bezüglich Konfiguration und Funktionalität, um eine möglichst große Leistungsfähigkeit oder eine Minimierung des Aufwandes und damit der Kosten bei vorgegeber Leistungsfähigkeit zu erzielen. Für solche Planungen sind Leistungsprognosen erforderlich, die mit sogenannten Modellierungssystemen gewonnen werden.

Modellierungssysteme stellen Baukastensysteme mit vorgefertigten, parametrisierbaren Modellbausteinen wie Netze und Stationen dar und ermöglichen die Synthese und Untersuchung beliebiger Netzkonfigurationen. Sie befreien den Planer weitgehend von der eigentlichen Modellierungsarbeit und unterstützen ihn mit teilweise graphikgestützten Werkzeugen bei der Netzkonfiguration, Parametrisierung, Experimentdurchführung und Auswertung der Ergebnisse.

Es folgt nun ein kurzer Überblick über aus der Literatur bekannte Modellierungssysteme zur Leistungsprognose von Rechnernetzen.

- *LAN-PEP* (Local Area Network Performance Evaluation and Prediction) /Kell86/ und *PLANS* (Picturing Local Area Networks System) /NMMT85/ sind simulative Modellierungssysteme zur Leistungsbewertung und Prognose verschiedener LAN auf MAC-Ebene.

- *INSPECT* (Interactive Simulative Performance Evaluation of Computer Network Topologies) /BuMü84/ ist ein simulatives Modellierungssystem zur Leistungsbewertung der herstellerspezifischen Rechnernetzarchitektur DECnet /LaOP86/. Es enthält Modelle für Ethernet und X.25 und umfaßt transportorientierte Protokollfunktionen.

- *NETSAPE* (Network Simulation and Performance Evaluation) /SuRa86/ ist ein simulatives Modellierungssystem zur Leistungsbewertung eines anwenderspezifischen Rechnernetzes basierend auf Weitverkehrslinks. Die WAN-Übertragung (X.25) wird sehr vereinfacht modelliert.

- *NETCON* (NETwork CONfiguration) /JüLe86/ ist ein analytisches Modellierungssystem zur Konfigurationsplanung und Optimierung von großen paketvermittelnden Netzen (X.25) mit stark abstrahierten Netzkomponenten.

Diese Modellierungssysteme weisen folgende *Charakteristik* auf:

- Sie sind nur für die Modellierung einzelner standardisierter LAN oder WAN oder für spezielle Rechnernetze ausgelegt, die nicht internationalen Standards entsprechen.

- Die vorgefertigten Modelle der Netzwerkkomponenten weisen zumeist nur einen einzigen Detaillierungsgrad mit festgelegtem Funktionsumfang auf.

- Werden von Netzwerkkomponenten mehrere Modelle mit verschiedenen Detaillierungsgraden und/oder Funktionalitäten angeboten, so sind Modelle verschiedenen Abstraktionsgrades i.a. gar nicht oder nur mit Einschränkungen miteinander in einem Gesamtmodell kombinierbar (Kompatibilitätsproblem).

Aus Beschränkungen der Komplexität der synthetisierten Gesamtmodelle hinsichtlich Speicherbedarf und Laufzeit bei der hier verwendeten sequentiellen Simulation (siehe Sektion 2.2.1.2.2) und der Kompatibilität der Modellbausteine im obigen Sinne ergeben sich daher nur die zwei folgenden *Anwendungsmethoden:*

- Bei der *makroskopischen Betrachtung* erfolgt die Untersuchung eines ganzen Netzwerks unter Verwendung vieler, aber simpler Modellkomponenten mit starken Abstrahierungen. Dieser Modus wird hauptsächlich zur Leistungsprognose für die Konfigurationsplanung von Netzen verwendet.

- Bei der *mikroskopischen Betrachtung* , die zumeist nicht unterstützt wird, erfolgt die Untersuchung relativ weniger Netzwerkkomponenten mit detaillierten Modellbausteinen. Dieser Modus ist für das Tuning ausgewählter Komponenten zur Ermittlung von Parametern für ihren optimalen Betrieb von Interesse.

2.2.3 Anforderungen an zukünftige Werkzeuge

Aus den bisher aufgezeigten Entwicklungen resultieren Anforderungen und Entwurfskriterien an zu entwickelnde zukünftige Werkzeuge für die Planung, Funktions- und Leistungsanalyse heterogener Netzwerke und Transportsysteme, die jetzt abschließend zusammengefaßt werden.

2.2.3.1 Modellierung

Modellierungssysteme zur funktionalen Analyse und Leistungsbewertung komplexer Internetzwerke bestehend aus standardisierten, durch verschiedenartige Gateways miteinander gekoppelten Teilnetzen zur Bildung heterogener Transportsysteme gemäß OSI-Standards sind aus der Literatur - mit Ausnahme von Publikationen im Rahmen dieser Arbeit /Zieh87/, /ZiSG88/ - nicht bekannt. Wie die bisher durchgeführten Untersuchungen von gekoppelten Netzen (siehe Sektion 2.2.2.3) gezeigt haben, ergeben sich dabei eine Fülle von Untersuchungszielen, die neben einer globalen Betrachtung des Internetzwerks ausgewählte Netzknoten wie z.B. Gateways oder ausgewählte Funktionen der Protokollarchitektur betreffen.

Für solche Modellierungssysteme kommen nur simulative Verfahren in Betracht, da durch Rechner allgemein lösbare analytische Verfahren den hier auftretenden Anforderungen bezüglich Charakteristik der Systemlasten, dem Detaillierungsgrad, der Komplexität und daraus resultierend der Genauigkeit und somit Brauchbarkeit der Ergebnisse nicht gerecht werden (siehe Sektion 2.2.2.3, 2.2.2.4).
Zur Überwindung der hier auftretenden Komplexität des Gesamtmodells - mehrere Netze und Koppler sowie eine Vielzahl von Stationen mit netzabhängiger Funktionalität entsprechend der Protokollstruktur des jeweiligen Teilnetzes - erscheinen Verfahren zur hybriden Modellierung oder zur parallelen Simulation attraktiv. Doch sind entsprechende allgemein anwendbare Verfahren mit sie unterstützenden Werkzeugen zur Erstellung des Simulationsprogrammes sowie die erforderliche Laufzeitumgebung zur parallelen oder verteilten Simulation heute nicht verfügbar.
Bei der verbleibenden sequentiellen ereignisgesteuerten Simulation mit ihren fortgeschrittenen Entwicklungsumgebungen (siehe Sektion 2.2.2.1) ergeben sich zur Überwindung des Komplexitätsproblems bezüglich Speicher und Laufzeit daher folgende *Anforderungen* an ein solches Modellierungssystem, um effiziente oder möglichst genaue Untersuchungen unter Beachtung der technischen Rahmenbedingungen durchführen zu können:

- Makroskopische Betrachtung des Gesamtsystems.

- Mikroskopische Betrachtung einzelner Komponenten oder Funktionen des Netzwerks.

- Makroskopische Betrachtung des Gesamtsystems mit gleichzeitiger Mikroskopischer Betrachtung ausgewählter Netzkomponenten (vertikale Ebene).

- Makroskopische Betrachtung des Gesamtsystems mit gleichzeitiger mikroskopischer Betrachtung ausgewählter Funktions- oder Protokollebenen der Systemarchitektur (horizontale Ebene).

Die aus diesen Anforderungen resultierende *Lupen-Charakteristik* eines Modellierungssystems ermöglicht eine optimale Anpassung des Simulationsmodells an gegebene Untersuchungsziele und die technische Durchführbarkeit (Speicher, Laufzeit). Ein solches Modellierungssystem muß dazu geeignet strukturierte Modellkomponenten verschiedenen Abstraktionsgrades anbieten und ihre beliebige Verknüpfung in einem Gesamtmodell ermöglichen.

2.2.3.2   Leistungsmessung

Zentral gesteuerte verteilte Leistungsmeßsysteme mit integrierten Komponenten für Lasterzeugung und Monitoring zur möglichst interferenzfreien Vermessung LAN-basierter Systeme, deren verteilte Lasterzeugungskomponente wohl definierte und reproduzierbare
Lasten in den Netzknoten erzeugt und deren verteilte Monitorkomponente eine beliebig
detaillierte Erfassung des dynamischen Ablaufverhaltens des LAN-basierten Systems ermöglicht, sind aus der Literatur mit Ausnahme von Veröffentlichungen im Rahmen des
dieser Arbeit zugrunde liegenden bisherigen Forschungsvorhabens nicht bekannt.
Das hierzu erforderliche Knoten-Monitoring ist insbesondere zur Vermessung heterogener
gekoppelter Netze geeignet, da es knotenspezifisch und nicht netzspezifisch ist und somit
unabhängig von der Charakteristik der verschiedenen Teilnetze.

Für ein solches Meßsystem ergeben sich folgende *Anforderungen:*

- Schaffung einer zentralisierten Kontrolle für die einzelnen Komponenten (Lasterzeuger
  und Monitore) des verteilten Meßsystems und durch die Lasterzeuger auch indirekt
  über das Meßexperiment.

- Schaffung einer systemweiten einheitlichen Zeitbasis im verteilten Meßsystem für das
  Monitoring.

- Vermeidung von Laufzeitverfälschungen (Artifact) im Objektsystem durch das
  Meßsystem.

- Schaffung einer globalen Meßdatenbasis.

- Bereitstellung von Funktionen zur chronologischen Erfassung und statistischen Auswertung aller aufgezeichneten Ereignisse des Objektsystems.

Solche Leistungsmeßsysteme sind ideale Werkzeuge zur Ermittlung von konkreten
Systemparametern und Leistungskenngrößen, wie sie zur Validierung (Kalibrierung und
Gültigkeitsbestätigung) eines detaillierten Simulators für heterogene Netze erforderlich
sind.

3 Paradigma für ein OSI-Transportsystem

In diesem Kapitel wird der Prototyp eines heterogenen OSI-Transportsystems bestehend aus miteinander gekoppelten standardisierten lokalen und öffentlichen Netzen vorgestellt, das im Rahmen des Kooperationsprojekts *HECTOR* /HECTOR88/ als Teilprojekt F2 vom Institut für Telematik der Universität Karlsruhe und dem IBM Forschungslabor Zürich in den letzten Jahren gemeinsam realisiert worden ist.

Ziel dieses gemeinsamen Forschungsprojekts *HECTOR-F2: OSI Communication Services for Heterogeneous LAN-Based Environments* ist es, ein heterogenes Transportsystem bestehend aus miteinander gekoppelten LAN und WAN mit von der ISO standardisierten OSI-Protokollen zu realisieren und die dabei auftretenden Probleme hinsichtlich Spezifikation, Implementierung, Funktionalität und Leistungsfähigkeit dieser Protokolle zu untersuchen /DrSv88/. Eine ausführliche Beschreibung der einzelnen Projektziele und bisherigen Ergebnisse ist folgenden Publikationen zu entnehmen: /GaZS87/, /GaHM88/, /ZiSG88/, /StMu88/.

Die bei Entwurf, Implementierung, Funktions- und Leistungsanalyse dieses Prototyps aufgetretenen Probleme und gesammelten Erfahrungen sind in die entwickelten Werkzeuge zur Planung und Leistungsbewertung von heterogenen Netzwerken und OSI-Transportsystemen eingeflossen, die in den Kapiteln 4 und 5 ausführlich behandelt werden. Umgekehrt haben diese Werkzeuge alle Phasen der Prototyp-Realisierung entwicklungsbegleitend unterstützt und wesentlich zur erzielten Funktionalität und Leistungsfähigkeit dieses im folgenden als *HECTOR-TS* bezeichneten heterogenen Transportsystems beigetragen. Es wird daher im weiteren Verlauf dieser Abhandlung immer wieder als *Paradigma* herangezogen, um die Notwendigkeit und Anwendbarkeit der entwickelten Werkzeuge und Methoden exemplarisch aufzuzeigen.

3.1 Struktur und Komponenten

Bild 10 zeigt die *Konfiguration* des HECTOR-TS. Auf dem Campus der Universität Karlsruhe sind zwei Token Ringe und ein Ethernet-LAN installiert. Die damit verbundenen Endsysteme bestehen aus Rechnern der Typen DEC-VAX, IBM-S/370 und der IBM-PC-Familie. Diese Rechner befinden sich in drei weit voneinander entfernten Gebäuden. Die sie verbindenden LAN Token Ring und Ethernet müssen daher eine große räumliche Ausdehnung besitzen und Distanzen von mehreren Kilometern überbrücken, was den Einsatz von glasfaserbasierten optischen Übertragungsstrecken (LWL) in beiden LAN-Typen erfordert.

Ein weiterer Token Ring befindet sich im IBM Forschungslabor Zürich. Die Verbindung der lokalen Netze in den zwei Lokationen Karlsruhe und Zürich erfolgt durch das öffentliche X.25-WAN. Zur direkten lokalen LAN/LAN- und zur LAN/WAN/LAN-Kopplung werden verschiedene Typen von Koppelsystemen (KS) entsprechend den Anforderungen und Eigenschaften der zu verknüpfenden Netze verwendet.

Für dieses heterogene Internetzwerk wurde ein *verbindungsloser Netzwerkdienst* gewählt, um die in Kap. 2.1.5 erläuterten Vorteile dieser Lösung im lokalen Bereich voll nutzen zu können. Die daraus resultierende Protokollarchitektur ist in Bild 8 aufgezeigt. Als Vernetzungsmethode wird die Lösung OSI-M3 (Internetzwerkprotokoll) verwendet, um den Erfordernissen für die Einbindung sehr verschiedenartiger Teilnetze zu genügen.

Eine sorgfältige Analyse der aufgezeigten Internetzwerkmodelle von OSI, IEEE und ECMA - siehe 2.1.4 - hat dazu geführt, elektro-optische *Repeater* (IEEE-M1) für die räumliche Ausdehnung einzelner LAN durch LWL-Strecken, eine transparente *MAC-Layer-Bridge* (IEEE-M2) für die leistungsfähige Kopplung homogener LAN, und *OSI-Gateways* (OSI-M3) für die Verknüpfung heterogener Netze zu entwickeln. Die ebenfalls mit den Prinzipien des OSI-RM verträgliche Methode des verteiltes Endsystems (ECMA-M2) kommt hier nicht zur Anwendung, da sie nur bei einer homogenen Umgebung im lokalen Bereich attraktiv ist, hier aber eine starke Heterogenität von Netzen und Stationen vorliegt.

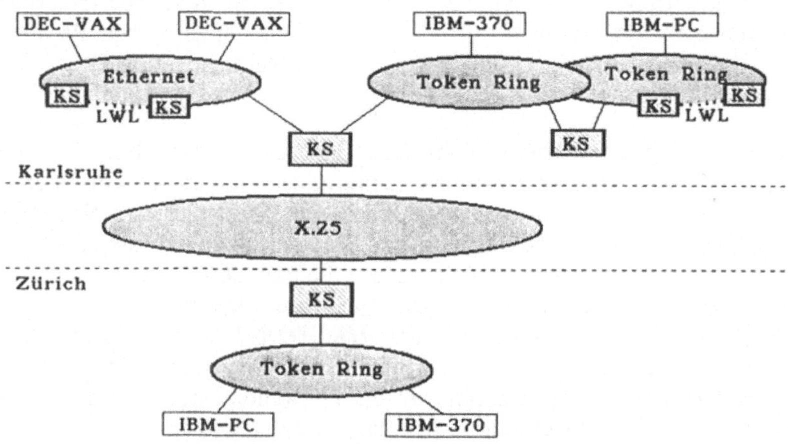

Bild 10.   Struktur und Komponenten des heterogenen Internetzwerks

3.2   Realisierung

In den folgenden Sektionen dieses Unterkapitels werden nun die Strukturen der implementierten End- und Koppelsysteme sowie die bei ihrem Entwurf und Betrieb aufgetretenden Fragestellungen aufgezeigt, für deren Lösung die in dieser Arbeit behandelten Werkzeuge und Methoden entwickelt worden sind.

3.2.1   Architektur von Netzwerkknoten

Der Realisierung von Endsystemen und intelligenten Koppelsystemen liegt die in Bild 11 gezeigte Hardware-Struktur eines Netzwerkknotens zugrunde. Sie besteht aus einem *Knotenrechner* und einem oder mehreren *Netzwerkadaptoren*.

- Alle Funktionen zum Netzwerkzugriff für ein LAN oder WAN sind in einer autonomen netzspezifischen Funktionseinheit realisiert, die im folgenden als *Netzwerkadapter* (NA) bezeichnet wird und als Schnittstelleneinheit (Interface-Board) für einen Hostrechner konzipiert ist. Ein solcher Netzwerkadapter besitzt einen eigenen Prozessor zur Realisierung des jeweiligen Netzwerkzugriffsprotokolls (LAN-MAC, X.25-PLP, X.21-LP), Speicher für lokale Sende- und Empfangspuffer und eine Schnittstelle (Interface: IF) zum Hostrechner.

- Ein oder mehrere Netzwerkadaptoren sind in einem Knotenrechner (Host) untergebracht, der entweder ein End- oder ein Koppelsystem darstellt.

- Zur Übertragung von Nachrichten über ein Netz fordern im Knotenrechner realisierte Protokollfunktionen lokalen Sendepuffer vom entsprechenden Netzwerkadapter an, füllen ihn mit den Sendedaten und erteilen dem Netzwerkadapter einen Sendeauftrag. Umgekehrt signalisiert der Netzwerkadapter dem Rechner den Empfang von Nachrichten und veranlaßt damit ihren Transfer von seinem lokalen Empfangspuffer in den Hauptspeicher des Knotenrechners.
  Für die Protokollfunktionen des Knotenrechners stellt sich der Netzwerkzugriff also nur aus einem kapazitätsmäßig begrenzten Pool von lokalen Sende- und Empfangspuffern dar, die vom Netzwerkadapter verwaltet werden. Hinzu kommen der Austausch von Steuer- und Statusinformationen zwischen Knotenrechner und Netzwerkadapter zur Organisation von Datentransfers zwischen diesen lokalen Puffern und dem Hauptspeicher des Knotenrechners.

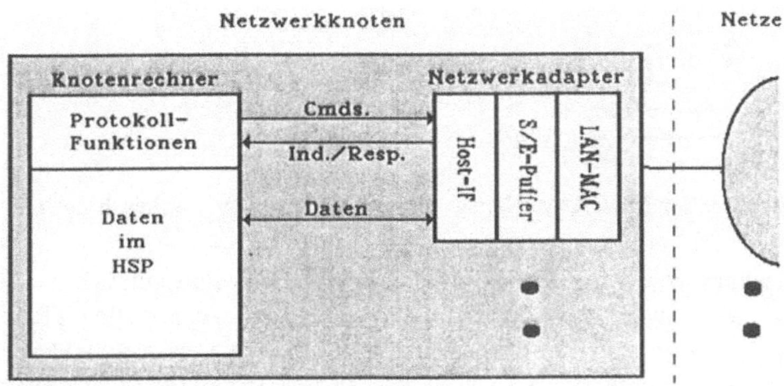

Bild 11. Hardware-Struktur eines Netzwerkknotens

3.2.2 Repeater

Zur Einfügung von glasfaserbasierten optischen Übertragungsstrecken in ein Tokenring-LAN wurden experimentelle elektro-optische Repeater (fiber optical repeaters) implementiert /Zieh85/. Der Betrieb eines großen hybriden Tokenringes mit einer optischen Pfadlänge von 2,6 km wurde 1985 auf der GI-Tagung "Kommunikation in verteilten Systemen" auf dem Campus der Universität Karlsruhe demonstriert. Später sind solche optischen Übertragungsstrecken in der in Bild 10 gezeigten Konfiguration des HECTOR-TS sowohl in Ethernet /HIRSCH85/ als auch Token Ring /IBM-FOR/ mit in der Zwischenzeit entwickelten Herstellerprodukten realisiert worden.

Als rein physikalische Signalumsetzer und verzögerungsfrei arbeitende Bitregeneratoren sind sie für die Leistungsfähigkeit eines Netzwerks nicht von belang und werden im folgenden daher nicht weiter behandelt.

3.2.3   MAC-Layer-Bridge

Eine transparente MAC-Layer-Bridge wurde implementiert /Endr87/, um eine möglichst durchsatzstarke (leistungsfähige) logische Kopplung von zwei homogenen LAN mit parallelem Intranetzverkehr zu ermöglichen. Im HECTOR-TS ist sie zur Kopplung der beiden Token Ringe in Karlsruhe eingesetzt. Ihre Struktur ist in Bild 12 dargestellt.

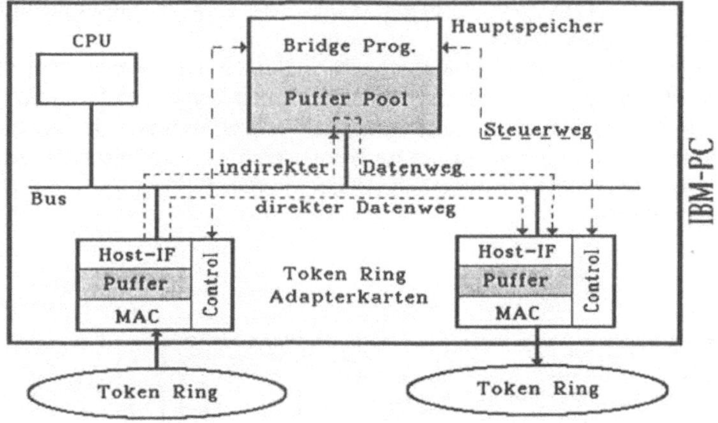

Bild 12.   Struktur der MAC-Layer-Bridge zur Kopplung von zwei Token Ringen

Als Knotenrechner wird ein IBM-PC/AT unter dem PC-Betriebssystem MS-DOS verwendet, der mit zwei IBM-Token Ring Adapterkarten /IBM-TRA/ für den Netzwerkzugriff ausgerüstet ist.   Diese Netzwerkadaptoren weisen sehr kleine lokale Pufferspeicher mit einer nutzbaren Kapazität von ca. 6.5 Kilobytes (KB) (mittlerweile 14.5 KB) auf und erlauben daher nur die Pufferung weniger Nachrichten bei einer maximalen Nachrichtengröße von 2 KB.   Sie werden daher durch einen zusätzlichen Pufferpool im Hauptspeicher des Koppelrechners virtuell erweitert.

Das Routing in der Bridge basiert auf der Auswertung der MAC-Adresse des Zielsystems in einem empfangenden Netzwerkadapter.   Eine weiterzuleitende Nachricht wird durch das im Knotenrechner ablaufende Bridge-Programm von einem lokalen Empfangspuffer eines Netzwerkadapters entweder direkt in den lokalen Sendepuffer des Zieladapters kopiert (direkter Datenweg) oder bei belegtem Sendepuffer in den Pufferpool im Hauptspeicher des PC's zwischengespeichert (indirekter Datenweg), um den lokalen Empfangspuffer schnellstmöglich wieder freizugeben und damit potentielle Nachrichtenverluste durch einen belegten Empfangspuffer zu verhindern.   Im Bild ist zur Veranschaulichung eine Nachrichtenweiterleitung vom linken zum rechten Token Ring dargestellt, die natürlich in beiden Richtungen erfolgen kann.

3.2.3.1 Fragestellungen

Für die Planung (Entwurfsunterstützung) und Leistungsanalyse (Optimierung des Betriebes) einer solchen Bridge lassen sich folgende *Fragestellungen* zusammenfassen:

- Priorität der beiden Token Ring Adapter beim Mediumzugriff, um eine faire Aufteilung der verfügbaren Übertragungsleistung zwischen Intra- und Internetzverkehr zu erzielen.

- Konfiguration des kleinen lokalen Pufferspeichers der Netzwerkadaptoren in Sende- und Empfangspart.

- Relative Priorität der beiden Bridge-Operationen *Empfang einer Nachricht* (Kommunikation des Knotenrechners mit dem empfangenden Netzwerkadapter) und *Senden einer Nachricht* (Kommunikation des Knotenrechners mit dem sendenden Netzwerkadapter).

- Größe und Verwaltung des Pufferpools im Hauptspeicher des Knotenrechners.

- Durchsatz und Verweilzeit von Nachrichten in der Bridge. Hier interessiert die Bearbeitungszeit weitergeleiteter Nachrichten in Abhängigkeit der

  - Datenkopierzeiten zwischen lokalen Puffern und dem Hauptspeicher,
  - Verwaltungszeiten zur Organisation dieser Datentransfers (Austausch von Steuer- und Statusinformation (Steuerwege) zwischen Bridgeprogramm und Netzwerkadaptoren).
  - Zeiten für die Adreßanalyse und das Routen einer Nachricht.

3.2.4 OSI-Gateway

Das OSI-Gateway ist ebenfalls mit einem IBM-PC/AT realisiert. Wie Bild 10 zeigt, ist ein OSI-Gateway in Karlsruhe installiert und verbindet dort drei verschiedenartige OSI-Teilnetze: das Ethernet-LAN, die beiden durch die Bridge transparent miteinander verbundenen Token Ring-LAN, und das öffentliche X.25-WAN. Ein zweites OSI-Gateway befindet sich in Zürich und verbindet dort die beiden OSI-Teilnetze Token Ring-LAN und X.25-WAN.

Die transparenten Koppelsysteme Bridge und Repeater sind für alle anderen Instanzen auf der jeweiligen Koppelebene unsichtbar und haben somit keine Auswirkungen auf die Funktionalität anderer Netzknoten. Das zur Erbringung des verbindungslosen OSI-Netzwerkdienstes erforderliche verbindungslose OSI-Internetzwerkprotokoll ISO/DIS8473 muß dagegen in allen Instanzen der Netzwerkschicht - Endsysteme und OSI-Gateways - vorhanden sein. Auf den DEC-VAX Rechnern wird es durch das DEC-Produkt *VOTS* (VAX OSI transport service) /DEC-VOTS/ realisiert, welches das Transport- und Netzwerkprotokoll umfaßt. Die IBM-S/370 Systeme sind durch IBM-PC/AT basierte *Front Ends* an die Token Ringe angeschlossen. Daher müssen die Protokolle zur Erbringung des Netzwerkdienstes nur für die IBM-PC-Familie implementiert werden.

Für das Internetzwerkprotokoll sind hier zwei verschiedene Versionen realisiert. Die erste Version /Kirs86/ kann sowohl als Endsystemlösung oder als Gatewaylösung oder auch für beides zugleich - ein Gateway mit Benutzerinstanzen über der Netzwerkschicht - eingesetzt werden. Die zweite Version /Klug87/ ist eine reine Endsystemlösung mit reduziertem Funktionsumfang, um in Endsystemen mit begrenztem Hauptspeicher eingesetzt werden zu können.

3.2.4.1 Implementierungsstruktur

Die Implementierung der Netzwerkdienst-Software erfolgt in der *Multitask* -Erweiterung CP88 des PC-Betriebssystems DOS. /Burk85/. Ihre Struktur zeigt Bild 13. Sie umfaßt das verbindungslose Internetzwerkprotokoll (INP-CL) in der Rolle eines SNICP sowie sogenannte *Netzwerktreiber* (SNACP) zur Steuerung der den Teilnetzzugriff realisierenden Netzwerkadaptoren (Adapterkarten) für die beiden LAN-Typen Ethernet und Token Ring sowie für das paketvermittelnde X.25-WAN und das leitungsvermittelnde X.21-WAN. Im Falle der WAN schließen die beiden Treiber noch ein Harmonisierungsprotokoll (SNDCP) zur Erbringung des vom verbindungslosen Internetzwerkprotokoll geforderten Datagrammdienstes über dem verbindungsorientierten Teilnetzdienst ein.

SNICP: INP-CL			
SNACP Token Ring	SNDCP X.25	SNDCP X.21	SNACP Ethernet
	SNACP X.25	SNACP X.21	
Token Ring Adapter	X.25 Adapter	X.21 Adapter	Ethernet Adapter
			DOS-CP88

Bild 13. Struktur der Netzwerkdienst-Software im Gateway

Das in Endsystemen erforderliche Transportprotokoll /GaHM88/, das Internetzwerkprotokoll /Kirs86/, /Klug87/ sowie die einzelnen Netzwerktreiber /Rose87/, /Zitt87/ sind als unabhängige Module implementiert, die zur Laufzeit zusammengebunden werden. Neben Aspekten des *Software-Engineering* hat dies den Vorteil, daß die einzelnen Module verschiedenen Tasks zugeordnet werden können, denen wiederum verschiedene Bedienungsprioritäten zuweisbar sind, um die Leistungsfähigkeit des Systems zu optimieren (Tuning). Zudem reflektiert diese Software-Struktur strikt das Schichtenkonzept des OSI-RM und die Aufteilung der OSI-Netzwerkschicht in funktionale Unterebenen. All dies bietet eine gute Basis zur Untersuchung des Einflusses der Prozeßstruktur und der Dienstschnittstellen auf die Leistungsfähigkeit der OSI-Protokollsäule.

3.2.4.2 Internetzwerkprotokoll

Im Modul INP-CL sind folgende *Funktionen* des Internetzwerkprotokolls implementiert:

* Komposition und Dekomposition von Datagrammen (IPDU's),
* Analyse des Datagrammheaders (header format analysis),
* Lebensdauerkontrolle (lifetime control) von Datagrammen,
* Wegewahl (routing) und Weiterleitung (forwarding) von Datagrammen,
* Zerlegung (segmentation) und Zusammensetzung (reassembly) von Datagrammen,
* Fehlererkennung durch Prüfsummenkontrolle (header error detection).

Als Optionen in der Norm spezifizierte weitere Funktionen wie z.B. *Source Routing* oder *Error Reporting* sind nicht implementiert, um den Speicherbedarf für den Einsatz in Endsystemen in Grenzen zu halten.

3.2.4.3   Pufferverwaltung

Das Übergeben von Daten an den Dienstschnittstellen der Protokolle und eine Flußsteuerung zwischen benachbarten Instanzen ist eng mit der *Pufferverwaltung* im Netzknoten verknüpft. Für diese Pufferverwaltung ergeben sich im wesentlichen zwei Strategien unter der Prämisse, möglichst wenig Datenkopiervorgänge in einem einheitlichen Adreßraum (Hauptspeicher des Knotenrechners) vornehmen zu müssen:

PV1: *Protokollspezifische Pufferpools:* Jedes Protokoll (Instanz) eines Knotens verwaltet seinen eigenen Pufferpool. In einem Puffer enthaltene Daten werden zwischen benachbarten Instanzen durch die Übergabe ihres Pufferzugriffsrechts ausgetauscht, das in Form eines Kontrollblockes für diese Datenstruktur übergeben wird.
Im Sendepfad übergibt ein Dienstnehmer einen Datenpuffer seines Pools an den unterliegenden Diensterbringer. Diensterbringer bilden PDU's durch eine mittels Zeigern (Pointer) realisierte Verkettung von Puffern bestehend aus vom Dienstnehmer übernommenen SDU's und PCI-Elementen, die sie ihrem eigenen Pufferpool entnehmen. Dieser Vorgang setzt sich sukzessive von oben nach unten durch die Protokollarchitektur fort. Nach erfolgter Aussendung einer Nachricht werden die SDU's bildenden Puffer in umgekehrter Richtung sukzessive vom unterliegenden Diensterbringer an seinen Dienstnehmer zurückgegeben.
Im Empfangspfad ergibt sich dasselbe Operationsprinzip. Empfangswillige Instanzen geben dabei leere Datenpuffer an ihre unterliegenden Diensterbringer und erhalten sie im Empfangsfall gefüllt wieder zurück.
Auf diese Weise wird eine strenge Flußsteuerung zwischen benachbarten Instanzen erzielt. Die hier verwendete starre Pufferzuteilung an einzelne Instanzen bedingt aber auch eine nicht optimale Nutzung der insgesamt vorhandenen Pufferkapazität im Knotenrechner.

PV2: *Globaler Pufferpool:* Es gibt nur einen einzigen, zentral verwalteten globalen Pufferpool, aus dem alle Instanzen im Bedarfsfall Puffer anfordern. Die Übergabe von Daten zwischen benachbarten Instanzen erfolgt durch die Übergabe ihres Zugriffsrechts.
Strategie PV2 weist dieselben Pufferübergabemechanismen zwischen benachbarten Instanzen wie PV1 auf, doch gibt es Abweichungen bei der Rückgabe von Puffern. Im Sendepfad gibt die unterste Instanz alle verketteten Puffer einer Nachricht nach ihrer Aussendung an den globalen Pool zurück. Im Empfangspfad werden nicht mehr benötigte PCI-Puffer beim Durchlaufen der Protokollsäule von den jeweiligen Diensterbringern dem globalen Pool zurückgegeben.
Stategie PV2 ermöglicht eine dynamische, bedarfsorientierte Pufferzuteilung und kann damit die insgesamt vorhandene Pufferkapazität besser ausnutzen. Es muß jedoch darauf geachtet werden, daß eine faire Aufteilung dieser Pufferkapazität an verschiedene Instanzen erfolgt, um eine Majorisierung des Pools durch einzelne Instanzen zu vermeiden, was zu Verklemmungen (deadlocks) des Knotens führen kann.

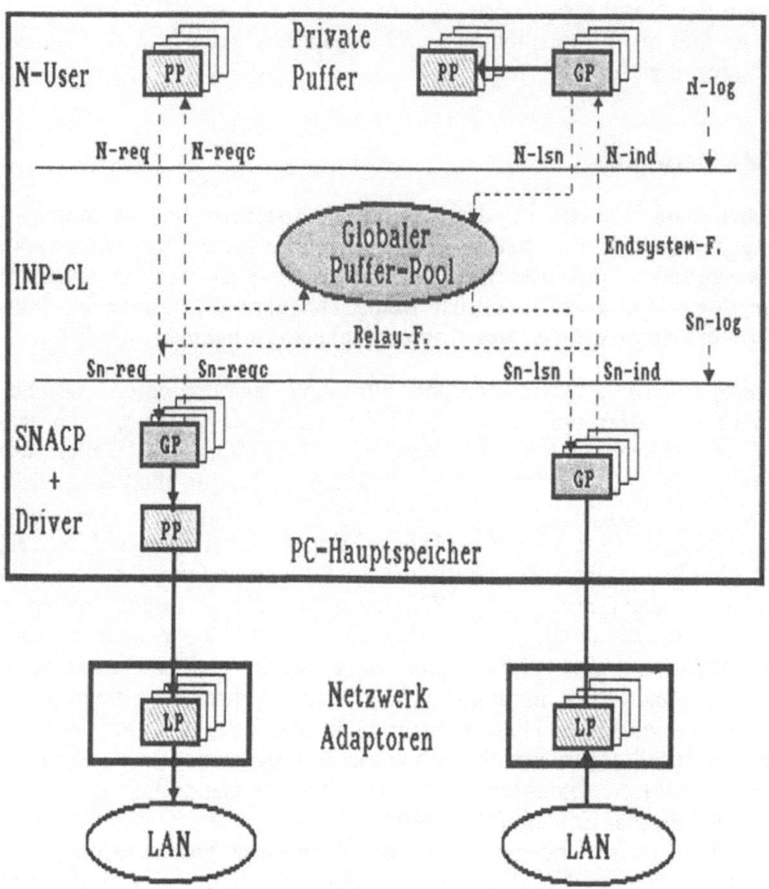

Bild 14. Pufferverwaltung der Netzwerkdienst-Software

Bild 14 zeigt die Pufferverwaltung der Netzwerkdienst-Software, in der **beide Strategien** miteinander kombiniert sind. Die Netzwerkdienst-Software benutzt einen globalen Pufferpool gemäß Strategie PV2, der vom Internetzwerkprotokoll (INP-CL) verwaltet wird und dessen Kapazität dynamisch an die Anzahl der am Pool beteiligten Instanzen angepaßt wird. Um eine Majorisierung des Pools durch eine einzelne Instanz zu verhindern, werden für jede Instanz eine Mindestmenge von Puffern reserviert. Der Rest wird dynamisch entsprechend den Anforderungen vergeben.

Bei der Initialisierung des Netzknotens melden sich alle Netzwerktreiber (SNACP) und Benutzerinstanzen der Netzwerkschicht (N-User) - Transportprotokoll oder andere - beim Internetzwerkprotokoll mit den Dienstprimitiven N-log und Sn-log (Network/Subnetwork-logon) an und erhalten ihre Mindestmenge an freien Puffern aus dem Pool zugeteilt, um die Empfangsbereitschaft des Knotens herzustellen.

In einem Netzwerktreiber erfolgt der Datentransfer zwischen ihm zugeteilten Puffern des globalen Pools (GP) und den lokalen Puffern (LP) seines Netzwerkadapters. Abhängig von der Schnittstelle eines Netzwerkadapters können noch zusätzliche private Puffer (PP) eines Netzwerktreibers im Hauptspeicher des Knotenrechners erforderlich sein, was zusätzliche Datenkopiervorgänge zwischen diesen privaten Puffern und denen des globalen Pools bedingt.

Von einem Netzwerktreiber empfangene Nachrichten (rechter Bildteil) werden mit dem Dienstprimitiv Sn-ind (Subnet-indication) ans Internetzwerkprotokoll übergeben und von diesem entweder an eine Benutzerinstanz im Knoten (Endsystem-Funktion) mit dem Primitiv N-ind (Network-indication) oder an einen anderen Netzwerktreiber (Relay-Funktion) mit dem Primitiv Sn-req (Subnet-request) weitergereicht. Der empfangende Netzwerkadapter erhält baldmöglichst einen freien Puffer mit dem Primitiv Sn-lsn (Subnet-listen) aus dem globalen Pool zurück. Nach erfolgter Weiterleitung wird der zugehörige Puffer vom aussendenden Netzwerktreiber mit dem Primitiv Sn-reqc (Subnet-request-complete) ebenfalls dem globalen Pool zurückgegeben.

Benutzerinstanzen der Netzwerkschicht haben zusätzliche private Puffer. An sie im Empfangspfad mit dem Primitiv N-ind übergebene Puffer des globalen Pools werden in private Puffer umkopiert und nachfolgend dem globalen Pool mit dem Primitiv N-lsn zurückgegeben. Im Sendepfad werden dagegen die privaten Puffer gemäß Strategie PV1 vom Dienstnehmer sukzessive unterliegenden Diensterbringern übergeben (Primitive N-req, Sn-req) und nach der Dienstleistung wieder in Empfang genommen (Primitive Sn-reqc, N-reqc).

Die Mischung beider Strategien PV1 und PV2 resultiert aus der kombinierten Endsystem/Koppelsystem-Lösung der Netzwerkdienst-Software. Im Koppelsystem ist bei verbindungslosem Netzwerkdienst keinerlei Information über das zu erwartende Verkehrsaufkommen existent, mit der eine entsprechende Pufferverwaltung gesteuert werden könnte. Um eine ständige Empfangsbereitschaft herzustellen, werden daher jedem Netzwerktreiber eine Mindestmenge von Puffern aus dem globalen Pool jederzeit zur Verfügung gestellt und es kann mit Strategie PV2 eine dynamische Verwaltung des Pools angepaßt an die aktuellen Internetzverkehrsströme erfolgen.

In einem Endsystem ist durch verbindungsorientierte Transportinstanzen mit Mechanismen zur Flußsteuerung Information zur Pufferverwaltung vorhanden. Hier kann Verwaltungsstrategie PV1 sinnvoll angewendet werden, die eine einfachere Implementierung erlaubt.

3.2.4.4 Harmonisierungsprotokoll

Die Hauptaufgabe der Harmonisierungsprotokolle (SNDCP's) beinhaltet das *Verbindungsmanagement* der verbindungsorientierten unterliegenden Teilnetze X.21 und X.25 zur Erbringung der vom Internetzwerkprotokoll geforderten Datagrammübertragung. Dies umfaßt die Steuerung des Verbindungsaufbaus zur Zielstation am WAN, der Übertragung des Datagramms und dem nachfolgenden Abbau der Verbindung.

Dabei ist es oft sinnvoll, nicht für jedes Datagramm einen eigenen Verbindungsaufbau- und Abbau durchzuführen, sondern einmal aufgebaute Verbindungen über längere Zeiträume hinweg bestehen zu lassen. Die Häufigkeit des Verbindungsaufbaus- und Abbaus sowie die Haltezeit etablierter Verbindungen ist wesentlich von der Charakteristik des zu übertragenden Datagrammstromes (Zwischenankunftszeit und Zielstation der Datagramme) und der des Teilnetzes (Zeiten und Kosten für den Verbindungsaufbau- und Abbau sowie Kosten für das Halten ungenutzter Verbindungen) abhängig und beeinflußt wesentlich die Leistungsfähigkeit des erbrachten Datagrammdienstes (siehe Kap. 6.3).

3.2.4.5 Fragestellungen

Für die Planung (Entwurfsunterstützung) und Leistungsanalyse (Optimierung des Betriebes) lassen sich folgende *Fragestellungen* zusammenfassen:

- Wahl der Prozeßstruktur (Aufteilung der einzelnen Instanzen der Netzwerkschicht in Tasks und Priorität dieser Tasks),

- Einfluß des Betriebssystems (Task-Umschaltzeiten, Zeitscheibe, Intertaskkommunikation),

- Größe und Verwaltung von globalen Pufferpools und privaten Puffern im Hauptspeicher sowie der lokalen Puffer der Netzwerkadaptoren,

- Haltezeiten etablierter Verbindungen gemäß der Teilnetzcharakteristik,

- Durchsatz und Verweilzeit von Nachrichten im Koppelsystem in Abhängigkeit folgender Einflüsse:

  - Protokollfunktionen (Adressierung und Routing, Datagrammzerlegung und -Zusammensetzung),
  - Pufferverwaltung und Datenkopiervorgänge,
  - Kommunikation (Austausch von Steuernachrichten) mit den Netzwerkadaptoren,
  - Hardware-Abhängigkeiten (Prozessorgeschwindigkeit, Speicherzugriffszeiten),
  - Betriebssystemkenngrößen (Zeitscheibe, Task-Umschaltungen).

3.2.5 Endsysteme

Neben der bereits behandelten Netzwerkdienst-Software ist in Endsystemen das verbindungsorientierte OSI-Transportprotokoll Klasse 4 realisiert. Seine wichtigsten Funktionen lassen sich kurz zusammenfassen:

- Verbindungsaufbau mit Kontextaushandlung (Verbindungsreferenzen, TPDU-Größe, Fenstergröße, Timeout-Werte).

- Datentransfer mit Reihenfolgeerhaltung, Flußsteuerung und Fehlerbehandlung.

- Verbindungsabbau entweder nach Beendigung des Datentransfers oder vorzeitig im nicht behebbaren Fehlerfall.

In dieser Arbeit wird nur die Implementierung für den IBM-PC weiter behandelt /GaHM88/. Hier ist das Transportprotokoll (OSI-TP4) wie die anderen Protokolle des Netzwerkdienstes als eigenständiges Modul realisiert. *Fragen* bei seiner Entwurfsplanung und dem Betrieb ergeben sich aus:

- Auswahl spezifizierter Varianten von Protokollfunktionen. Ein wichtiges Beispiel hierzu ist der Einsatz von Timern zur Fehlerbehandlung. Die Protokollnorm erlaubt eine TPDU- oder verbindungsorientierte Zeitüberwachung ausgesendeter Datenpakete, was signifikant für die Anzahl zu realisierender Timer ist (siehe Kap. 6.2).

- Größe und Verwaltung der privaten Puffer (siehe Bild 14).

- Werte der Protokollparameter für Flußsteuerung und Fehlerkorrektur (Fenstergröße und Timeout) zur Optimierung des Betriebes. Hier ergeben sich insbesondere Probleme aus dem Zusammenschluß von Netzen:

  - Die Netzlaufzeiten bei WAN und LAN weisen große Unterschiede auf.

- Die speicherfähigen Koppelsysteme können bei großer Pufferkapazität und hoher Auslastung große Nachrichtenverweilzeiten besitzen.
- Kleine Pufferspeicher von wenigen Kilobytes in einzelnen Netzwerkadaptoren können zu einer Begrenzung der Fenstergröße führen.

3.3   Zusammenfassung

In diesem Kapitel wurden Architektur und Realisierungsaspekte des prototypischen heterogenen OSI-Transportsystem HECTOR-TS vorgestellt.

Im Unterkapitel 3.1 wurde die Struktur des zugrundeliegenden OSI-Internetzwerks bestehend aus standardisierten LAN und WAN aufgezeigt. Seine Konfigurations- und Auslegungsplanung basiert auf den in Kap. 2.1 behandelten Kopplungstechniken, Internetzwerkmodellen und OSI-Protokollarchitekturen. In diesem heterogenen Internetzwerk werden verschiedene Typen von Koppelsystemen eingesetzt, um der Charakteristik der zu verknüpfenden Netze Rechnung zu tragen und den Netzzusammenschluß optimierend zu gestalten.

Aus dem in Sektion 3.2 behandelten Entwurf der Endsysteme und Koppelsysteme und ihrer Leistungsoptimierung ergeben sich eine Fülle von aufgezeigten Fragestellungen, zu deren Lösung bisher keine speziell dafür konzipierten Methoden und Werkzeuge zur Verfügung stehen, wie der in Kap. 2.2 gegebene Überblick über heutige Werkzeuge zur Leistungsbewertung von Netzen und ihrer Kopplung zeigt.

Ziel des Forschungsprojektes HECTOR-F2 ist es, die bei der Realisierung von heterogenen OSI-Transportsystemen auftretenden Probleme zu erforschen. Als Beitrag hierzu wurden im Rahmen dieser Arbeit zwei Werkzeuge realisiert und eine Anwendungsmethodik für ihren kombinierten Einsatz entwickelt, um die Entwurfsplanung und Leistungsoptimierung solcher Transportsysteme und ihrer Komponenten zu unterstützen.
Es handelt sich hierbei um das verteilte Leistungsmeßsystem *NETMON* und das simulative Modellierungssystem *NETSIM* , die in den nun folgenden Kapiteln 4 und 5 ausführlich behandelt werden.

4 Verteiltes Leistungsmeßsystem NETMON

In diesem Kapitel wird das verteilte Leistungsmeßsystem *NETMON* (NETwork MONitor) behandelt. Es stellt ein **Werkzeug** zur Funktions- und Leistungsanalyse LAN-basierter verteilter Systeme dar, die auch mehrere, lokal miteinander gekoppelte LAN umfassen können. Es ermöglicht die Messung von Leistungskenngrößen in den Knoten eines lokalen (Inter)-Netzwerks und auch die detaillierte Beobachtung des zeitlichen Ablaufgeschehens im untersuchten verteilten Objektsystem.

Seine Realisierung beruht auf am Institut für Telematik geleisteten Vorarbeiten, was in Sektion 4.2 näher behandelt wird. Der wesentliche Beitrag dieser Arbeit liegt daher nicht in der Entwicklung der Operationsprinzipien einzelner Bausteine dieses Meßsystems, sondern in der Einbeziehung und Weiterentwicklung dieser Bausteine zu einem einsatzfähigen Gesamtsystem mit integrierten Komponenten für die Lasterzeugung und das Monitoring in LAN-basierten Objektsystemen.

In Unterkapitel 4.1 werden Architektur und Funktionsprinzipien des NETMON-Systems erläutert. In Sektion 4.2 wird die aktuelle Realisierung dieses Leistungsmeßsystems aufgezeigt. In Teil 4.3 werden seine Kenngrößen zusammengefaßt und der Meßfehler bei Lasterzeugung und Monitoring diskutiert. In Teil 4.4 werden Voraussetzungen für die Anwendung des NETMON-Systems behandelt und sein Einsatz zur Vermessung des HECTOR-TS aufgezeigt. Sektion 4.5 beinhaltet eine abschließende Zusammenfassung der wichtigsten Merkmale des NETMON-Systems und ihre Bewertung.

4.1 Architektur und Komponenten

In diesem Unterkapitel werden zunächst die Entwurfskriterien des NETMON-Systems aufgezeigt. Dann werden Struktur und Komponenten des Systems vorgestellt und seine Funktionsprinzipien behandelt.

4.1.1 Entwurfskriterien

Für die Konzeption und Entwicklung des NETMON-Systems ergeben sich folgende Ziele und Entwurfskriterien gemäß den in Kapitel 2.2 abgeleiteten Anforderungen an solche verteilten Leistungsmeßsysteme:

- Schaffung einer *verteilten Lasterzeugungskomponente* zur Erzeugung wohl definierter und reproduzierbarer Lasten in den Knoten des zu vermessenden verteilten Objektsystems, die zur Messung von Leistungskenngrößen geeignet sind.

- Schaffung einer *verteilten Monitorkomponente* zur detaillierten und genauen zeitlichen Erfassung der in den vermessenen Objektknoten ablaufenden Operationen.

- Schaffung einer *zentralisierten Kontrolle* des verteilten Leistungsmeßsystems und des Meßexperiments.

- Minimierung von *Laufzeitveränderungen* im Objektsystem durch das Meßsystem (Artifact), um die Realzeiteigenschaften des Objektsystems möglichst wenig zu beinträchtigen und damit die Meßergebnisse nicht zu verfälschen.

- Schaffung von Funktionen zur *statistischen Auswertung* und *graphischen Aufbereitung* der Meßdaten sowohl *Online* als auch *Offline*. Die Online-Auswertung soll in vorgebbaren Zeitintervallen anfallende ausgewählte Meßdaten während einer laufenden Messung statistisch auswerten und graphisch aufbereiten, um die zeitliche Dynamik ausgewählter Abläufe im Objektsystem aufzuzeigen. Die Offline-Auswertung soll die Gesamtheit aller bei einer Vermessung anfallenden Meßdaten für die statistische Auswertung und graphische Aufbereitung berücksichtigen.

4.1.2   Struktur und Komponenten

Die aus den Entwurfskriterien resultierende Struktur des realisierten Leistungsmeßsystems NETMON ist in Bild 15 dargestellt. In seinem oberen Teil befindet sich das verteilte Meßsystem, in unteren Teil das LAN-basierte Objektsystem.

Dieses **Objektsystem** ist hier exemplarisch aus zwei miteinander gekoppelten LAN zusammengesetzt, um die Fähigkeit des Meßsystems zur Vermessung lokaler heterogener Internetzwerke zu verdeutlichen. Alle zu vermessenden Objektknoten (Endsysteme ES und Koppelsysteme KS) sind charakterisiert mit einem Interface zum jeweiligen LAN (LAN-IF), der zu vermessenden Kommunikationssoftware (KO-SW) sowie einem Interface zum Meßsystem (NETMON-IF). Endsysteme enthalten zusätzlich parameterisierbare synthetische Lastprogramme (SLP), um die für Leistungsmessungen erforderlichen wohl definierten und reproduzierbaren Lasten im Objektsystem zu erzeugen.

Das verteilte **Meßsystem** ist der Natur des Objektsystems entsprechend ebenfalls ein LAN-basiertes System. Es umfaßt Meßstationen, eine Leitstation, ein LAN zur Realisierung eines Datenkanals und eine Zweidrahtleitung zur Realisierung eines Zeitkanals.

- **Meßstationen** dienen zur Vermessung zugeordneter Objektknoten und weisen drei Funktionseinheiten auf. Die Funktionseinheit *Laststeuerung* (LAST) realisiert Funktionen zur Steuerung der Lasterzeugung im Objektknoten. Die generierte Steuerinformation beinhaltet Parameter und Anstösse (PA) und wird über das NETMON-IF dem synthetischen Lastprogramm SLP im Objektknoten zugeführt.
  Die Funktionseinheit *Monitor* (MON) realisiert die chronologische Erfassung von Ereignissen, die in der vermessenen Objektsoftware auftreten und deren Ereigniskennungen über das NETMON-IF zur Meßstation geleitet werden. Zudem stellt sie eine parameterisierbare Filterfunktion bereit, um eine Reduktion der anfallenden Meßdaten für die nachfolgende Abspeicherung und Auswertung entsprechend verschiedenen Untersuchungszielen zu ermöglichen.
  Die Funktionseinheit *Kommunikation* (KOMM) realisiert die für eine zentralisierte Systemsteuerung und Meßdatenerfassung erforderlichen Kommunikationsfunktionen auf dem NETMON-internen LAN.

- Die **Leitstation** dient zur zentralisierten System- und Experimentkontrolle sowie zur zentralen Erfassung und Auswertung der Meßdaten. Die Funktionseinheit *Kommunikation* (KOMM) ist wie in den Meßstationen für die Bereitstellung der NETMON-internen Kommunikationsfunktionen erforderlich.

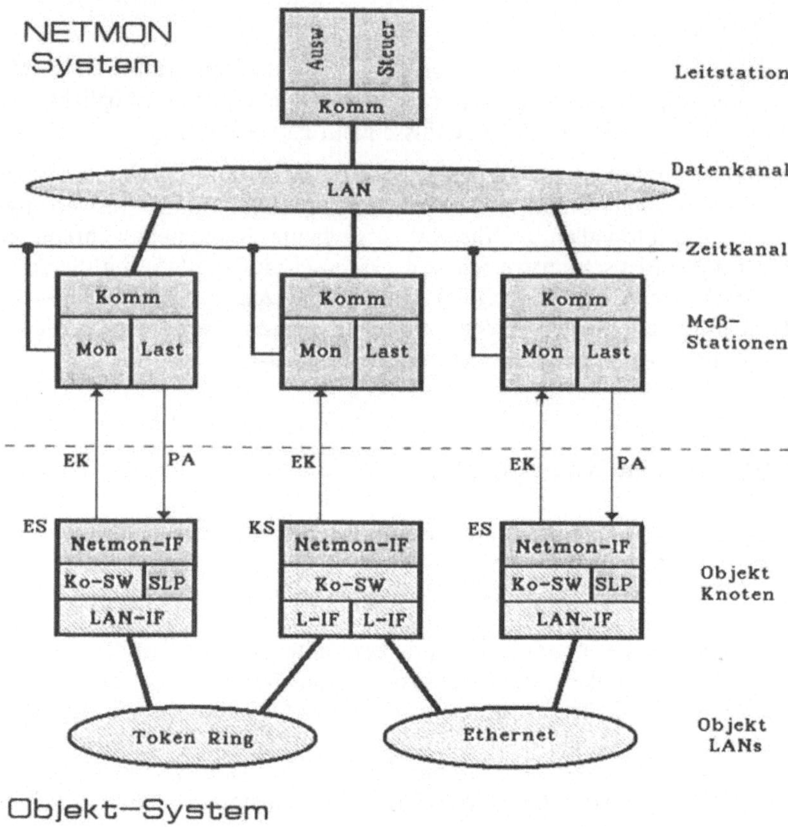

Bild 15. Struktur und Komponenten des Leistungsmeßsystems NETMON

Die Funktionseinheit *Steuerung* (Steuer) beinhaltet die Benutzerschnittstelle des
Meßsystems. Sie realisiert die Funktionen zur Fernbedienung aller Meßstationen und
ermöglicht eine zentralisierte Steuerung des verteilten Systems.
Die Funktionseinheit *Auswertung* (AUSW) realisiert die Funktionen zur zentralen Er-
fassung und Auswertung der Meßdaten. Der dazu erforderliche Meßdatentransfer
zwischen Meßstationen und Leitstation kann sowohl während einer laufenden Messung
(Online-Transfer) als auch erst nach ihrem Ende erfolgen (Offline-Transfer). Bei der
Online-Auswertung ist ein Online-Transfer aller Meßdaten zur Leitstation erforderlich,
wo eine dynamische Auswertung partiell ausgewählter Meßdaten in vorgebbaren
Zeitintervallen stattfindet. Für die erst nach dem Ende einer Messung ausführbare
Offline-Auswertung genügt ein Offline-Transfer und es können alle Meßdaten zur
Auswertung herangezogen werden.

- Über den LAN-basierten *Datenkanal* wird die Kommunikation zwischen Meßstationen
  und Leitstation abgewickelt. Dies beinhaltet die Übertragung von Steuerinformationen
  und Meßdaten, die große Volumina erreichen können. Zur Realisierung dieses Datenkanals wird daher ein vom Objektsystem getrenntes LAN benutzt, um erstens keine
  durch das Meßsystem bedingten Zusatzlasten auf dem Objekt-LAN zu erzeugen, und

zweitens die zur Online-Auswertung erforderliche Übertragungskapazität unabhängig vom Objekt-LAN und seiner aktuellen Auslastung bereitzustellen.

- Der *Zeitkanal* dient zur Übertragung von Synchronisationsinformation zwischen den lokalen Uhren der Meßstationen, um eine gemeinsame Zeitbasis im verteilten Meßsystem zu schaffen. Aus Realzeitgründen ist er unabhängig vom Datenkanal als serieller Bus mit einer verdrillten Doppelader (twisted pair) realisiert.

4.1.3 Funktionsprinzipien

4.1.3.1 Verteilte Lasterzeugung

Für die meßtechnische Ermittlung von Leistungskenngrößen eines Kommunikationssystems werden häufig Objektlasten benötigt, deren Kenngrößen (Zwischenankunftszeit, Zieladresse, Typ, Priorität, Länge, etc. erzeugter Nachrichten) vorgebbaren Wahrscheinlichkeitsverteilungen entsprechen. Die Erzeugung solcher Lastprofile durch synthetische Programme in den Objektknoten kann sehr rechen- und speicherintensiv sein und dadurch zu großen Laufzeitverfälschungen in den Objektknoten führen. Daher werden bei NETMON die rechen- und/oder speicherintensiven Teile eines solchen synthetischen Lastprogrammes in der Funktionseinheit Laststeuerung der zugeordneten Meßstation realisiert. Dort werden Zufallszahlen gemäß vorgebbaren Wahrscheinlichkeitsverteilungen knotenspezifisch errechnet und zudem wahlweise in Zeitintervalle umgesetzt, was in Bild 20 schematisch dargestellt ist.

Die *Zufallszahlen* werden dem nun sehr einfachen und laufzeitarmen Lastprogramm SLP als Eingabeparameter zur Synthese entsprechender Lastmuster (Nachrichten) über das NETMON-IF übergeben. Die Emission der vom SLP generierten Lastmuster an die zu vermessende Objektsoftware wird durch die in der Meßstation erzeugten *Zeitintervalle* gesteuert, wodurch beliebige Zwischenankunftszeitverteilungen des Laststromes im Objektknoten erzeugt werden können.

4.1.3.2 Verteiltes Monitoring

Für das Monitoring eines Objektknotens werden Spuren in der zu vermessenden Objektsoftware gelegt. Dazu wird der zu untersuchende Quellcode mit vordefinierten *Ereigniskennungen* (EK's) instrumentiert, die typischerweise die für eine Analyse interessierenden Operationen im Knoten markieren. Dies ist in Bild 16 beispielhaft dargestellt.

```
Beginn Programmfunktion PF
        Ausgabe an NETMON-IF: EK1 = (Start PF) ------> Monitor
        Befehl 1
                   .

                   .    Rumpf der Programmfunktion

                   .
        Befehl n
        Ausgabe an NETMON-IF: EK2 = (Ende PF)  ------> Monitor
Ende Programmfunktion PF
```

Bild 16. Funktionsprinzip des Monitoring

Zur Erfassung der Ausführung einer Programmfunktion PF und ihrer Ausführungsdauer wird sie zu Beginn und am Ende mit einem Befehl zur Ausgabe vordefinierter Ereigniskennungen versehen. Bei der Ausführung dieser Programmfunktion werden diese Ereigniskennungen mit einem einzigen Maschinenbefehl in ein Register des NETMON-IF eingeschrieben und von dort hardwaregesteuert über eine Parallelschnittstelle an die Monitorkomponente der Meßstation zur exakten zeitlichen Registrierung und Aufzeichnung übergeben, was in Bild 18 schematisch dargestellt ist. Eine Ereigniskennung umfaßt beim realisierten NETMON-System zwei Bytes und spannt damit einen Ereignisraum von 64 K Ereignissen auf, was als ausreichend betrachtet wird, um auch umfangreichere Programme genügend detailliert zu instrumentieren.

Die durch diese sogenannte *Realzeit* -Ausgabe von Ereigniskennungen verursachte Laufzeitverfälschung in der vermessenen Objektsoftware ist minimal und wird als vernachlässigbar betrachtet unter der Annahme, daß damit markierte Operationen einige zehn bis einige hundert Maschinenbefehle umfassen, wie es zur Realisierung von Protokollfunktionen in Kommunikationssoftware typischerweise erforderlich ist. Die Zulässigkeit dieser Annahme ist durch die in Kapitel 4.3 aufgezeigten Untersuchungen bezüglich des Meßfehlers voll bestätigt worden.

4.1.3.3   Klassifikation

Sowohl die verteilte Lasterzeugungskomponente als auch die verteilte Monitorkomponente des NETMON-Systems beinhalten in den Objektknoten ausgeführte Softwareparts, die von zusätzlicher Hardware und Intelligenz in den Meßstationen unterstützt werden, um die durch die Vermessung bedingten Laufzeitverfälschungen im Objektsystem zu minimieren.

Gemäß den Definitionen in Kapitel 2 kann NETMON daher als *hybrides* Leistungsmeßsystem klassifiziert werden, dessen verteilte Lasterzeugungskomponente auf dem Prinzip der *Knoten-Last* und dessen Monitorkomponente auf dem Prinzip des *Knoten-Monitoring* beruhen.

4.2   Realisierung

Die Entwicklung und Realisierung dieses verteilten Meßsystems ist in mehreren Stufen erfolgt. Zur Realisierung eines ersten Prototyps, im folgenden mit NETMON-I bezeichnet, konnte auf am Institut bereits vorhandene fragmentarische Komponenten für die Funktionseinheiten MON /Künk83/, LAST /Hein83/ und KOMM /KüRi85/ zurückgegriffen werden, die jeweils mit Z80-basierten Mikrorechnern realisiert und für einen *stand alone*-Betrieb ausgelegt waren. Sie wurden für den Einsatz als Komponenten in diesem zentral gesteuerten Meßsystem adaptiert und repliziert, um mit der zusätzlich entwickelten, ebenfalls Z80 gestützten zentralen Steuereinheit /Schu88/ als Bausteine zur Synthese von Meßstationen und Leitstation verwendet werden zu können. Der damit realisierte Prototyp wies eine begrenzte Leistungsfähigkeit der Meßstationen, eingeschränkte Steuerfunktionen der Leitstation für die zentralisierte Systemkontrolle und nur eine Offline-Auswertung auf einem der Leitstation nachgeschalteten DEC/VAX-Rechner auf. Er wurde auf dem *HECTOR-Congress* /HECTOR88/ im April 1988 in Karlsruhe erfolgreich demonstriert, ist in mehreren Publikationen beschrieben und wird hier nicht mehr weiter behandelt /Zieh87/, /ZiSG88/, /ZiZi88/.

Basierend auf den Erfahrungen mit NETMON-I erfolgte in jüngster Zeit eine als NETMON-II bezeichnete weiterentwickelte *Neuimplementierung* des Meßsystems /Endr88/ mit folgenden Zielsetzungen:

- Ersatz der prototypischen Hardware von NETMON-I durch standardisierte Produkt-komponenten soweit als möglich, um die Zuverlässigkeit, Wartbarkeit, Leistungsfähigkeit und Reproduzierbarkeit des Systems zu verbessern.

- Implementierung der Software-Komponenten in einer standardisierten Software-Entwicklungsumgebung, um die Wartbarkeit und Weiterentwicklung des Systems zu unterstützen.

- Schaffung einer komfortablen Benutzerschnittstelle in der Leitstation, die insbesondere eine automatisierte Steuerung des Meßsystems und des Meßexperiments durch die Ausführung von in Dateien abgelegten Meßszenarios unterstützt.

- Bereitstellung eines leistungsfähigen Online-Datentransfers zur zentralen Erfassung der Meßdaten in der Leitstation während der laufenden Messung und die Realisierung von Online-Auswertefunktionen in der Leitstation zur dynamischen Verfolgung von ausgewählten Abläufen im beobachteten Objektsystem.

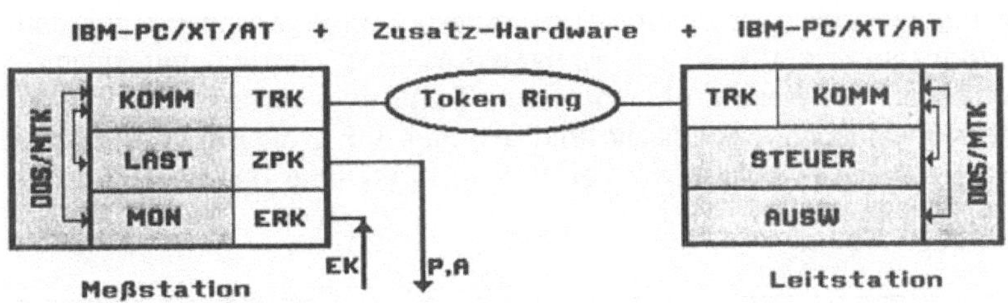

Bild 17. Hard- und Softwarestruktur von NETMON-II

Für diese Neuimplementierung, deren Struktur in Bild 17 aufgezeigt ist, ergibt sich folgende *Hardware-Basis*. Meßstationen und Leitstation sind mit Personal Computern der IBM-Familie realisiert, die mit als Einschubkarten ausgelegter Zusatzhardware für Monitoring (ERK) und Laststeuerung (ZPK) ausgerüstet sind. Zur Kopplung der PC's wird ein IBM Token Ring LAN und entsprechende Adapterkarten in den PC's (TRK) eingesetzt, mit dem der leistungsfähige NETMON-interne Datenkanal realisiert ist. Hier ist ebenso jedes andere standardisierte LAN denkbar.
Software-seitig wird das PC-Betriebssystem DOS verwendet, das um einen Multitasking-Kern erweitert wurde (DOS-MTK). Die Software-Parts der einzelnen Funktionseinheiten (MON, LAST, KOMM, STEUER, AUSW) sind dabei als separate Tasks implementiert, die mit den vom Multitasking-Kern bereitgestellten Funktionen eine Intertask-Kommunikation durchführen.

4.2.1   Monitor-Einheit

Die Struktur der Funktionseinheit *Monitor* ist in in Bild 18 dargestellt. Sie besteht aus einer im PC ablaufenden *Monitor-Task* und einer von ihr gesteuerten Zusatzhardware, dem sogenannten *Ereignis-Recorder*.

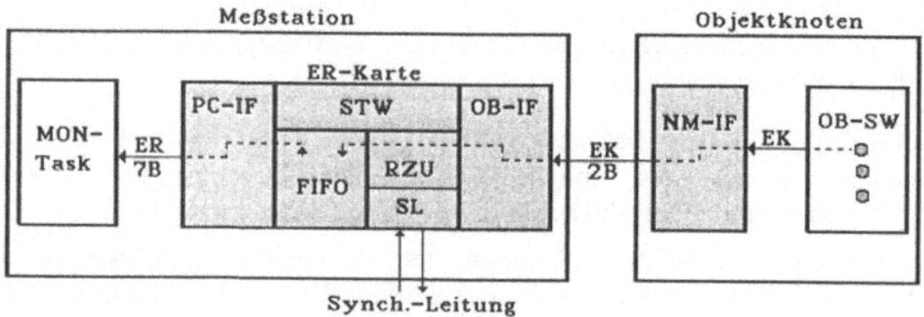

Bild 18. Funktionale Struktur der Ereignis-Recorder-Hardware

Die *Ereignis-Recorder-* Karte (ERK) besteht aus einer Schnittstelle (Interface) zum Objektknoten (OB-IF), einer Realzeituhr (RZU) mit Synchronisationslogik (SL), einem Dual-Port-Pufferspeicher mit First-In-First-Out-Zugriffsdisziplin (FIFO), einer speicherprogrammierten Steuerung (STW) und einem Interface zu seinem Wirtsrechner, dem IBM-PC (PC-IF). Alle drei Interfaces NM-IF, OB-IF, und PC-IF beinhalten 8 oder 16 Bit breite standardisierte Parallelschnittstellen zur Übertragung von Ereigniskennungen EK und Ereignisrecords ER.

Vom Objektknoten über das Meßinterface (NM-IF) ausgegebene Ereigniskennungen EK (2 Bytes) gelangen zum OB-IF des Ereignis-Recorders, werden mit einem 2 - 4 Bytes langen Zeitstempel der Realzeituhr und einem Statusbyte versehen, und als $< = 7$ Bytes umfassender Ereignisrecord ER (siehe Bild 19) im 4 KB großen FIFO-Puffer zwischengespeichert, aus dem sie byteweise von der Monitor-Task über das PC-IF zur weiteren Verarbeitung ausgelesen werden.

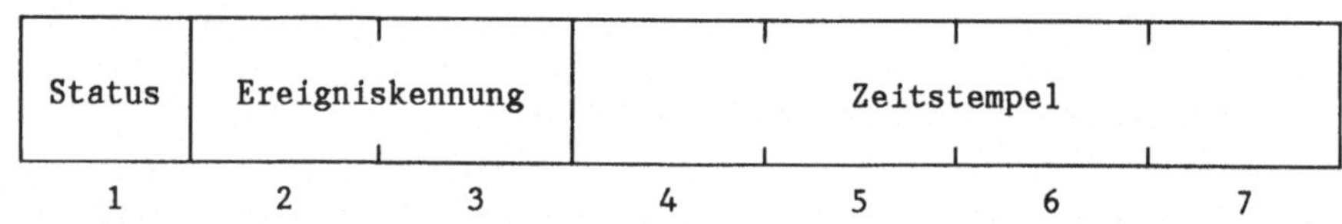

Bild 19. Struktur eines Ereignisrecords

Für die Dauer der Abspeicherung eines Ereignisrecords im FIFO-Puffer ist der Ereignis-Recorder maskiert und zwischenzeitlich eintreffende Ereigniskennungen gehen verloren. Die Zeitspanne dieser *Blindphase* beträgt weniger als 15 us und wird selbst beim Tracing von Interrupt Service Routinen herkömmlicher Knotenrechner kaum unterschritten, weshalb solche Verluste sehr selten auftreten. Sollte dieser Fall jedoch eintreten, wird dies im Statusbyte des nächsten Ereignisrecords registriert, um bei der Auswertung berücksichtigt werden zu können. Analog dazu werden weitere Statusinformationen wie der Überlauf des FIFO-Puffers, der Verlust der Zeitsynchronisation oder der Überlauf der Realzeituhr registriert.

Die *Realzeituhr* basiert auf einem 2 MHz Quartz-Oszillator, einem Frequenzteiler und einem 32-Bit-Zähler. Der abgeleitete Uhrtakt beträgt 125 KHz, die Zeitauflösung 8 Mikrosekunden und die maximale Meßzeit bis zum Zählerüberlauf ca. 9,5 Stunden. Diese in jeder Meßstation vorhandene Uhr kann vom Benutzer als *Vater-Uhr* oder als *Sohn-Uhr* konfiguriert werden. Eine in einer beliebigen Meßstation ausgewählte Vater-Uhr steuert mit Hilfe der Synchronisationslogik SL alle anderen als Sohn-Uhren konfigurierten Realzeituhren im verteilten Meßsystem durch Synchronisationsbefehle, die sie im Zeitraster von 16 ms (64 Hz) über den mit einer verdrillten Doppelader realisierten Zeitkanal aussendet. Diese Steuerbefehle beinhalten Start, Stop, Reset und Taktsynchronisation der Sohn-Uhren und ermöglichen die Schaffung einer globalen Zeitbasis im verteilten Meßsystem.

Die *Monitor-Task* steuert die Ereignis-Recorder-Hardware, stellt eine vom Benutzer parameterisierbare Filterfunktion zur Online-Datenreduktion der erfaßten Ereignisse bereit und sorgt entweder für den Online-Datentransfer zur Leitstation oder für eine lokale Abspeicherung im PC für einen späteren Offline-Transfer.
Die *Filterfunktion* dient zur Vorselektion von Meßdaten und hat folgenden Zweck. In der Regel wird der Quellcode der examinierten Objektsoftware einmalig für die Ausgabe aller für eine Analyse interessierenden Ereigniskennungen instrumentiert. Bei der Durchführung verschiedener Untersuchungen wird davon i.d.R. nur jeweils ein Teil aller Ereignisse für die aktuelle Auswertung benötigt, der mit Hilfe dieser Filterfunktion aus der Gesamtheit aller Ereignisse ausselektiert wird, um die Meßdatenflut für die nachfolgende Aufzeichnung und Auswertung auf das notwendige zu reduzieren.

4.2.2 Laststeuerungs-Einheit

Die Funktionseinheit *Laststeuerung* dient zur Erzeugung von Parametern und zeitlichen Anstössen, die dem synthetischen Lastprogramm SLP im Objektknoten über das NETMON-IF zugeleitet werden. Sie besteht aus einer im PC ablaufenden *LAST-Task* und einer von ihr gesteuerten prozessorgestützen Zusatzkarte *ZPK* /Hein83/ für die Realisierung eines Zufallszahlenprozessors und Zeitgebern, was in Bild 20 dargestellt ist.

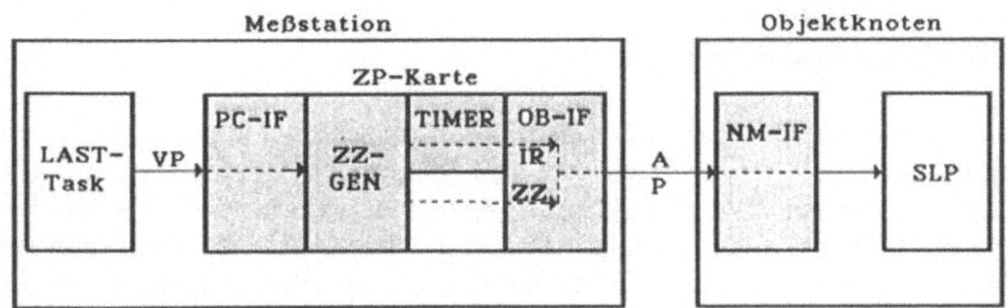

Bild 20. Funktionale Struktur der ZP-Karte

Der Zufallszahlenprozessor (ZZ-GEN) ermöglicht die simultane Operation von bis zu sieben Zufallsprozessen, die Zufallszahlen gemäß vorgebaren Wahrscheinlichkeitsverteilungen berechnen und zum Abruf in Warteschlangen bereitstellen. Folgende *Verteilungen* werden unterstützt, die häufig für die Synthese von zur Leistungsbewertung erforderlichen Objektlasten verwendet werden: Gleichverteilung, Gaußverteilung, Poissonverteilung und Boolsche Verteilung. Hinzu kommen Konstanten sowie zählergestützte Variablen, deren vorgebbarer Startwert sukzessive um eine vorgebbare Konstante erhöht wird. Vorgebbare *Verteilungsparameter* (VP) sind Mittelwert, Varianz, Intervallgrenzen, und Wahr/Falsch-Wahrscheinlichkeit von boolschen Variablen.

Bei der *Laststeuerung* gibt es die zwei Betriebsarten *Parameter-Modus* und *Zeit-Modus*. Im Parameter-Modus werden dem Lastprogramm Zufallszahlen (ZZ) auf dessen Anforderung hin geliefert. Im Zeit-Modus werden Zufallszahlen durch das Setzen von Zeitgebern (Timer) in Zeitintervalle umgesetzt. Beim Ablauf der Zeitgeber lösen sie eine Unterbrechung (IR) des Lastprogrammes aus.

Zur Laststeuerung können die für beide Betriebsarten konfigurierbaren Zufallsprozesse wie folgt verwendet werden. Das Lastprogramm fordert von allen im Parameter-Modus arbeitenden Zufallsprozessen eine oder mehrere Zufallszahlen zur Aufbereitung eines Lastmusters an (z.B. Zieladresse, Priorität, Typ, Länge, etc. einer Nachricht) und emittiert es an die Objektsoftware zeitlich gesteuert durch einen Interrupt von einem im Zeit-Modus arbeitenen Zufallsprozeß. Für jedes neue Lastmuster wird dieser Zyklus wiederholt.

Durch die mögliche Superposition mehrerer Zufallsprozesse in beiden Betriebsarten sind sowohl *kontinuierliche* als auch *burstartige* Lastmuster (siehe Kap. 2.2.2.3 und 5.2.2.1) beliebiger Ausprägung durch ein sehr einfaches und laufzeitarmes synthetisches Lastprogramm im Objektknoten erzeugbar. Zudem kann jeder Knoten individuell stimuliert werden und so beliebige Lastverteilungen auf dem Objekt-LAN erzeugt werden.

Die *Last-Task* beinhaltet in der hier gewählten Implementierungsstruktur lediglich die Funktionen zur Fernsteuerung der ZP-Karte durch die Leitstation über den NETMON-internen Datenkanal. Alternativ ist aber auch eine Realisierung des Zufallszahlenprozessors in der Last-Task im PC möglich, wodurch sich die Zusatzhardware auf eine einfache Parallelschnittstelle zum Transfer der Lastparameter reduziert, die für die PC-Familie als Produkt bereits verfügbar ist. Für diese Lösung ist aber entweder ein sehr leistungsfähiger PC erforderlich, um genügend Rechenkapazität für einen uneingeschränkten gleichzeitigen Betrieb von Monitorfunktion und Laststeuerung zu ermöglichen. Oder es müssen große Mengen von Zufallszahlen vor Beginn des Meßexperiments errechnet und abgespeichert werden, was wiederum zu Speicherbegrenzungen für den Monitorpart führen kann.

4.2.3   Kommunikations-Einheit

Die Funktionseinheiten *Kommunikation* in Meßstationen und Leitstation realisieren einen verbindungsorientierten Transportdienst im OSI-Sinne über dem Tokenring LAN, der die Kommunikation zwischen allen Funktionseinheiten im verteilten NETMON-System ermöglicht (siehe Bild 17). Sie bestehen aus einer Task *KOMM* zur Realisierung der Protokollfunktionen und einer von ihr gesteuerten Adapterkarte *TRK* /IBM-TRA/ zum Anschluß des PC's an das Tokenring LAN. Dieses Transportsystem spiegelt voll die Prinzipien des OSI-RM wider und realisiert die Funktionen des OSI-Transportprotokolls Klasse 4 (Error Detection and Recovery Class).

Die als Benutzer des Transportsystems agierenden Tasks LAST, MON, STEUER und AUSW melden sich bei ihren jeweiligen Transportinstanzen KOMM an und können beliebig viele transparente und zuverlässige Transportverbindungen untereinander aufbauen für den Austausch von Steuerinformationen und Meßdaten.

4.2.4   Steuerungs-Einheit

Die Funktionseinheit *Steuerung* in der Leitstation besteht aus einer Task *STEUER* (siehe Bild 17), die Funktionen zur zentralisierten Steuerung des verteilten Meßsystems und des Meßexperiments realisiert und eine komfortable Benutzerschnittstelle anbietet, welche einen Dialog- und einen Batch-Betrieb unterstützt. Ihre Steuerungsfunktionen umfassen:

- Initialisierung des Meßsystems.

- Individuelle Parameterisierung und Steuerung aller Laststeuerungseinheiten (Festlegung der Verteilungstypen und ihrer Parameter, der Betriebsart der Zufallsprozesse sowie Start und Stop der Laststeuerung).

- Individuelle Parameterisierung und Steuerung aller Monitoreinheiten (Festlegung der Filtermasken, des Datentransfermodus, der Konfiguration der Realzeituhren und ihrer Steuerung über die Vateruhr sowie Start und Stop der Meßdatenerfassung).

- Parameterisierung und Steuerung der Auswerteeinheit für die zentralisierte Datenerfassung und Auswertung (Online-Auswertung mit zugehörigen Parametern).

- Indirekte Kontrolle des Meßexperiments durch die direkte Kontrolle der Laststeuerungseinheiten, über welche die Erzeugung von Lasten im Objektsystem gesteuert wird.

Im *Dialog-Betrieb* werden diese Steuerungsfunktionen dem Systembenutzer menügestützt zur interaktiven Benutzung angeboten. Bild 21 aus /Endr88/ zeigt die verschiedenen Menü-Typen und ihre Kopplung, um die Komplexität und Mächtigkeit der zentralen Systemsteuerung zu veranschaulichen. Die eigentliche Steuerung umfaßt die drei Konfigurationsmenüs *Knotendefinition, Parameterisierung und Überwachung* , von denen Übergänge zu Hilfsmenüs oder einzelnen Meßstationen zugeordneten virtuellen Terminals möglich sind. Ein exemplarisches Beispiel für ein einzelnes Menü ist in Bild 23 dargestellt..

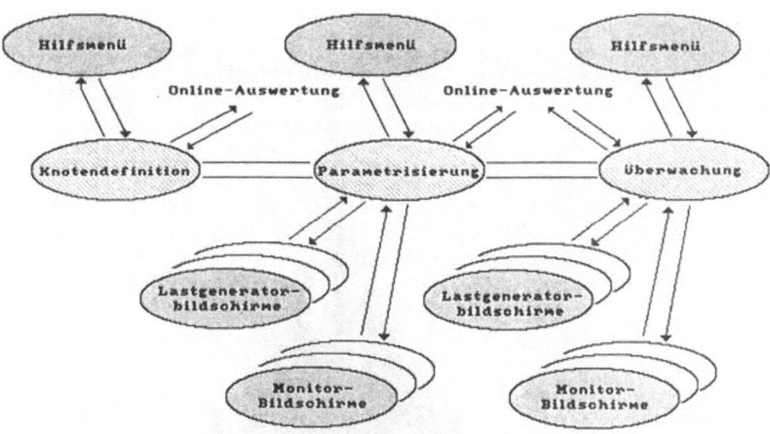

Bild 21. **Menü-Typen der NETMON-Benutzerschnittstelle und ihre Kopplung**

Im *Batch-Betrieb* werden vordefinierte, in Eingabedateien abgelegte *Meßszenarios* automatisch abgearbeitet. Dies hat sich für die praktische Handhabung des Systems als sehr wichtig erwiesen, da eine interaktive Parameterisierung aller einzelnen Funktionseinheiten bei einer größeren Systemkonfiguration und umfangreichen Messungen sehr mühsam, zeitraubend und oft fehlerbehaftet ist. Zudem wird so die Dokumentation einer Messung durch die hier spezifizierten Parameter für Konfiguration, Lasterzeugung, Monitoring, Auswertung und Ergebnisdateien unterstützt.

4.2.5 Auswertungs-Einheit

Die Task *AUSW* in der Leitstation realisiert die Funktionen zur zentralisierten Meßdatenerfassung und zu ihrer Auswertung. Die *zentrale Datenerfassung* kann sowohl während einer laufenden Messung im sogenannten Online-Transfer oder erst nach ihrem Ende im Offline-Transfer erfolgen. Die Task AUSW realisiert hierzu einen File-Server. Die Monitoreinheiten eröffnen Transportverbindungen zur Auswerteeinheit und legen die gebildeten Ereignisrecords dort in knotenspezifischen Meßdateien ab. Diese Operation entspricht einem *entfernten Dateizugriff* (Remote File Access: RFA).

4.2.5.1 Online-Auswertung

Bei der *Online-Auswertung* werden ausgewählte Paare von Ereigniskennungen *dynamisch* während einer laufenden Vermessung ausgewertet, weshalb hier ein Online-Transfer der Ereignisrecords von den Meßstationen zur Leitstation erforderlich ist. Die von solchen *Ereignispaaren* (EP) gebildeten Zeitintervalle - z.B. die Zeitdifferenz zwischen Beginn und Ende einer Objektoperation, wie es in Bild 16 dargestellt ist - werden dabei zu *Histogrammen* graphisch aufbereitet.
Ein solches Histogramm ist in Bild 22 dargestellt. Auf seiner X-Achse ist die Länge eines von einem Ereignispaares gebildeten Zeitintervalls aufgetragen, auf seiner Y-Achse die relative Häufigkeit einer gemessenen Intervallgröße bezogen auf die Gesamtanzahl des Auftretens des Ereignispaares.

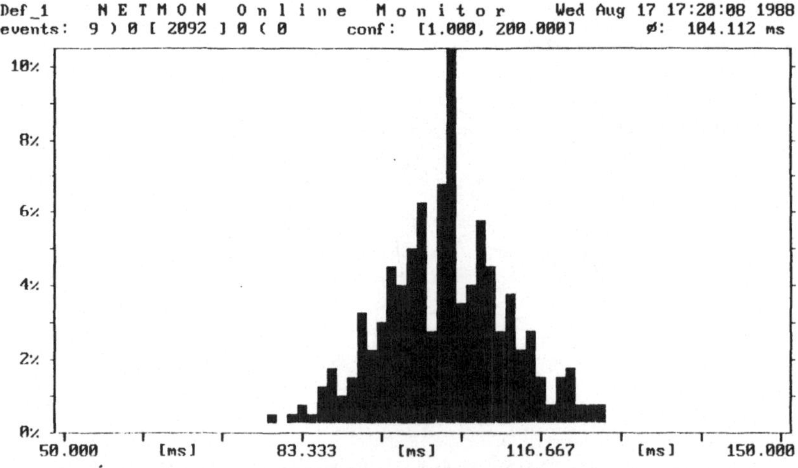

Bild 22. Histogramm bei einer Online-Auswertung

Das hier abgebildete Histogramm zeigt die in einem Objektknoten gemessene Zwischenankunftszeit von Lastanstössen, die von einer Laststeuerungseinheit einer Meßstation an ein synthetisches Lastprogramm im zugeordneten Objektknoten geliefert wurden. Vorgegebene Parameter der Laststeuereinheit waren eine Gaußverteilung mit einem Mittelwert von 100 ms und einer Standardabweichung von 10 ms. Links oben im Bild ist der Umfang der Stichprobe (events: 2092) und rechts oben der Mittelwert (Phi: 104,1 ms) ausgewiesen.

Bei der Online-Auswertung kann der Benutzer mit dem in Bild 23 gezeigten Menü (Dialogmodus) der Benutzeroberfläche

- bis zu drei solcher Ereignispaare aus der Gesamtheit aller in der instrumentierten Objektsoftware vorkommenden Ereigniskennungen in allen Objektknoten spezifizieren (Def_1,2,3 mit Predecessor, Successor, Node, Type, IdExt),
- eine Auswerteperiode angeben (Update Interval),
- und unter folgenden drei Auswertungsarten auswählen (Mode).

```
  NETMON   EVENT   DEFINITION   MENU

Mode:    Accumulate data              Update Interval:    5.0 sec

State:   stopped


Name    Event   Node  Type    IdExt   Mask    Match     Confidence   Display
-----------------------------------------------------------------------------

Def_1   Pred:   03    08      08 00   FF 00   ff 00        1.000        50.00
        Succ:   03    08      08 00   FF 00                200.000     150.000

Def_2   Pred:   03    16      54 00   FF 00   00 ff        1.000        1.000
        Succ:   03    16      54 00   FF 00                500.000     500.000

Def_3   Pred:   05    16      57 00   FF 00   00 ff        1.000        1.000
        Succ:   05    16      57 00   FF 00                500.000     500.000
```

Bild 23. Benutzeroberfläche der Online-Auswertung

Im Auswertemodus *Restart* werden nur alle innerhalb der Zeitdauer der angegebenen Auswerteperiode aufgezeichneten ausgewählten Ereignispaare zur Histogrammbildung herangezogen, die periodisch fortgesetzt wird. Diese Histogramme basieren also auf voneinander unabhängigen, relativ begrenzten Stichproben. Ihre Bildfolge zeigt schnapschußartig die in einzelnen Meßperioden ermittelte Auftrethäufigkeit und Ausführungsdauer ausgewählter Abläufe im Objektsystem. Mit der geeigneten Wahl der Auswerteperiode kann die Dynamik der Auswertung der Dynamik der beobachteten Abläufe angepaßt werden.

Im Auswertemodus *Accumulate* werden ebenfalls periodisch solche Histogramme erstellt. Die ihnen unterliegende Stichprobe akkumuliert jedoch alle seit Beginn der Messung bis zur aktuellen Auswerteperiode erfaßten Ereignispaare. Mit zunehmender Zeitdauer einer Messung vergrößert sich die Stichprobe und damit ihre Konfidenz stetig.

Für beide Auswertungsarten können Wertebereiche von Intervallängen (Confidence) angegeben werden, um transiente Vorgänge oder irrelevante Werte für die Berechnung auszuschließen sowie Wertebereiche für die Erstellung der Graphiken (Display). Das gezeigte Histogramm wurde im Accumulate-Modus erstellt, der Confidence-Bereich umfaßte (1, 200) ms und der Display-Bereich (50, 150) ms.

Im Auswertemodus *Event Trace* wird eine Liste aller bisher erfaßten Ereignisrecords erstellt. Sie stellt eine vereinfachte Form der im folgenden behandelten Ereignisliste dar.

4.2.5.2   Offline-Auswertung

Die *Offline-Auswertung* erfolgt nach dem Ende einer Messung und berücksicht die Gesamtheit aller aufgezeichneten Ereignisrecords für die Auswertung, die im wesentlichen drei Funktionen umfaßt:

- Bildung einer Ereignisliste,
- Bildung einer Ereignispaarliste,
- Bildung von Histogrammen.

```
Messwerte-Liste der Datei : 223100.mer                        Seite  2
Mampf's Auswerteprogramm Version 3.0              17-AUG-1988 20:25:33.58

Spalte  1 (e)=1)&(e<-255) --------------------+
                                              !
Re-   SDTS      Zeitstempel    n    i    e !
cord  LOOT hh:mm:ss.lll,uuu                   !

    51         0: 0:18.780,312   1   50   64 *
    52         0: 0:18.780,736   1    0   65 *
    53         0: 0:18.781,128   2    7   64 *
    54         0: 0:18.781,416   2   50   64 *
    55         0: 0:18.781,872   2    0   81 *
    56         0: 0:18.784,184   2    0   82 *
    57         0: 0:18.784,240   2   11   86 *
    58         0: 0:18.785,256   2   50   86 *
    59         0: 0:18.785,920   2   50   82 *
    60         0: 0:18.785,944   2   51   81 *
    61         0: 0:18.786, 88   2    0   66 *
    62         0: 0:18.786,736   2   50   66 *
    63         0: 0:18.787,416   2    1   26 *
    64         0: 0:18.789,568   2    0   27 *
```

Bild 24. Auszug aus einer Ereignisliste

Bild 24 zeigt einen Auszug aus einer *Ereignisliste*. Sie beinhaltet eine nach Zeitstempeln chronologisch geordnete Folge von Ereignisrecords mit folgendem Layout: Laufende Nummer, Statusbyte, Zeitstempel (vier Bytes), Knotennummer und Ereigniskennung, welche zu Auswertungszwecken in die zwei Bytes ID und EX unterteilt ist. Diese Ereignisliste stellt einen *Trace* des Objektsystem dar, der eine detaillierte Analyse seines zeitlichen Ablaufgeschehens ermöglicht.   Damit ist eine der beiden wesentlichen Anforderungen an ein Monitorsystem gemäß der Definition des Monitoring in Kap. 2.2.1.1 erfüllt.

```
  2 7955        0: 0: 4. 14,656  51  84 149 7989     0: 0: 8.521,720  51  18
  5 7962        0: 0: 4.144,880  51   8   0 8019     0: 0: 8.638,128  51   8
  5 8019        0: 0: 8.638,128  51   8   0 8020     0: 0: 8.837, 48  51   8
<FF>
Paerchen-Summary der Datei : GAUS200A.mer                     Seite 25
Mampf's Auswerteprogramm Version 3.0              4-NOV-1988 00:12:37.59

Paerchen  1 ---> (i=84) , i=(87) , 1
Paerchen  2 ---> (i=84) , (i=18) , 1
Paerchen  3 ---> (i=25) , (i=1) , 1
Paerchen  4 ---> (i=2) , (i=87) , 1
Paerchen  5 ---> (i=8) , (i=8) , 1

# Plau_min  Minimum   Mittel   Maximum Plau_max    Sigma nop nos ..[] [..] []..

 1   0.000    0.000    0.000    0.000  100.000     0.000   0 247    0    0    0
 2   0.000    3.568    4.891   63.248  100.000     5.509   0   0   38  191  263
 3   0.000    0.000    0.000    0.000  100.000     0.000   0   0    0    0    0
 4   0.000    0.000    0.000    0.000  100.000     0.000   0   0    0    0    0
 5   0.000    2.504  170.590  199.944  200.000    40.133   0   0   48  132  315
```

Bild 25. Auszug aus einer Ereignispaarliste

Bild 25 zeigt einen Auszug aus der *Ereignispaarliste*. Sie gibt die ermittelten statistischen Kenngrößen aller spezifizierten Ereignispaare an. Im gezeigten Beispiel sind fünf Paare spezifiziert. Die Kenngrößen der von einem Ereignispaar gebildeten Stichprobe umfassen

Minimum, Maximum, Mittelwert und Varianz (Sigma). Wie bei der Online-Auswertung kann auch hier für jedes Ereignispaar ein Wertebereich (Plausibilitätsintervall: Plau_min, Plau_max) angegeben werden, um für die Auswertung irrelevante Werte auszuschließen.

Die *Histogrammbildung* (siehe Bild 22) entspricht dem akkumulierten Histogramm-Mode der Online-Auswertung, wobei die Stichprobe jedoch immer alle Meßdaten umfaßt. Im Gegensatz zur Online-Auswertung können hier beliebig viele Paare für eine sukzessive Auswertung gebildet werden.

Ereignispaarliste und Histogramm erfüllen die zweite Anforderung an ein Monitorsystem gemäß der zitierten Definition.

Die Offline-Auswertung erfolgt gegenwärtig noch wie bei NETMON-I auf einem der Leitstation nachgeordneten Auswerterechner DEC/VAX. Ihre Verlagerung in die Leitstation ist jedoch ohne Einschränkung möglich und augenblicklich in der Vorbereitung.

4.3 Kenngrößen

Wichtige Kenndaten bei der Anwendung jedes Meßinstruments sind sein Meßbereich, die Genauigkeit des Instruments und die durch seine Anwendung erzeugte Beeinflußung des vermessenen Objekts. Diese Kenngrößen werden nun aufgezeigt.

4.3.1 Leistungsfähigkeit

4.3.1.1 Monitor-Komponente

In Bild 26 sind die Kenndaten des Monitorparts aufgelistet. Die *Zeitauflösung* der Realzeituhr sowie die *Blindphase* des Ereignisrecorders mit der daraus resultierenden *Spitzenankunftsrate* von Ereigniskennungen sind für die Vermessung von Netz-basierten Systemen herkömmlicher Leistungsfähigkeit (PC's, Workstations, IEEE-LAN) ausreichend, können aber durch die Verwendung schnellerer Hardware noch verbessert werden.

Die *mittlere Ankunftsrate* von Ereignissen gibt an, wieviele vom Objektknoten ausgegebene Ereigniskennungen pro Zeiteinheit im stationären Betrieb von einer zugeordneten Monitoreinheit ohne Verluste erfaßt werden können. Wie die Tabelle ausweist, ist dieser Wert wesentlich von der Leistungsfähigkeit des Prozessors abhängig, auf der die Monitortask abläuft. Hier zahlt sich der Übergang von der prototypischen Implementierungsumgebung bei NETMON-I zur standardisierten bei NETMON-II voll aus. Dabei ist nicht der an sich schon beachtliche Leistungssprung zwischen NETMON-I und NETMON-II signifikant, da hier neben verschiedenen Prozessoren auch andere Implementierungsstrukturen vorliegen, sondern die Steigerungen bei NETMON-II. Durch den einfachen Übergang von einem PC/XT (8086 CPU) zu einem PC/AT (80286 CPU) bei gleichbleibender Umgebung (kein Entwicklungs- und Adaptionsaufwand) wird die Leistungsfähigkeit einer Monitoreinheit um das dreifache gesteigert; und ein ähnlicher Sprung ist bei einem Übergang auf einen 80386-basierten PC zu erwarten.

Die *mittlere Verarbeitungsrate* von Ereigniskennungen gibt an, wie viele Ereigniskennungen im stationären Zustand bei der Online-Auswertung in der Leitstation verarbeitet werden können. Da dieser Grenzwert von 1000 EK's pro Sekunde für nur maximal drei Ereignis-

```
- Zeitauflösung der Realzeituhr                         8      Mikrosekunden

- maximale Meßzeit der RZU                            <=  9,5  Stunden

- Zeitdifferenz zwischen aufeinander-                >= 16     Mikrosekunden
  folgenden Ereigniskennungen
  (Blindphase)

- mittlere Ankunftsrate von
  Ereigniskennungen pro Meßstation:
  (Dauerlastbetrieb)
     NETMON-I  mit Prototyp-H (Z80)                    300     EK/Sekunde
     NETMON-II mit IBM-PC/XT  (8086)                   780     EK/Sekunde
     NETMON-II mit IBM-PC/AT  (80286)                 2200     EK/Sekunde

- Spitzenwert der Ankunftsrate von
  Ereigniskennungen pro Meßstation
  bei burstartigem Ankunftsstrom:
     garantierte Burstlänge durch FIFO                 585     EK's
     Ankunftsrate (begrenzt durch Blindphase)        65000     EK/Sekunde

- mittlere Verarbeitungsrate von                      1000     EK/Sekunde
  Ereigniskennungen in der Leitstation
  für die Online-Auswertung
```

Bild 26. Kenngrößen der Monitorkomponente von NETMON

paare zur Verfügung steht, hat er sich bei den bisherigen Anforderungen als völlig ausreichend erwiesen. Aber auch hier kann durch einen Übergang zu einem schnelleren Prozessor die Leistungsfähigkeit erheblich gesteigert werden.

Der über dem NETMON-internen LAN erbrachte *Kommunikationsdienst* bietet leistungsfähige Transportverbindungen mit einem Durchsatz von einigen 100 Kbit/s, der weit über der geforderten Übertragungsleistung liegt. Als potentieller Leistungsengpaß des Meßsystems kommt er daher nicht in Betracht.

4.3.1.2 Laststeuerungs-Komponente

In Bild 27 sind die Kenndaten der Laststeuerungskomponente aufgelistet. Wie die Steigerung der Leistungsfähigkeit beim Monitorpart aufgezeigt hat, spielt die Prozessorgeschwindigkeit einer Meßstation eine entscheidende Rolle. Würde dieser Prozessor zur Erzeugung von Zufallszahlen während einer laufenden Vermessung eingesetzt, hätte dies großen Einfluß auf die Leistungsfähigkeit der Monitorkomponente und rechtfertigt damit die bei NETMON-II getroffene Entwurfsentscheidung, hierfür eine prozessorgestützte Zusatzkarte zu verwenden.

<table>
<tr><td>

- Erzeugung von parallel
  operierenden Zufallsprozessen

- Unterstützte Verteilungen

- Zeitintervalle für die Erzeugung
  von Zwischenankunftszeiten

</td><td>

<= 7

Normal
Poisson
Gleich
Boolsch
Zähler

1 ms bis 65 Sek.

</td></tr>
</table>

Bild 27. Kenngrößen einer Laststeuereinheit bei NETMON

4.3.2   Meßfehler

4.3.2.1   Monitoring

Ein wesentliches Entwurfskriterium für die Monitorkomponente des NETMON-Systems war die Minimierung von Laufzeitverfälschungen im vermessenen Objektsystem durch das Monitoring. Der durch die Ausgabe von Ereigniskennungen in einem Objektknoten verursachte prinzipielle *Laufzeitfehler Fm* errechnet sich bei einem wie in Bild 16 gezeigten, sequentiell abgearbeitetem Codestück zu:

$$Fm \; = \; \frac{\texttt{Zeit zur Ausgabe der beiden Ereigniskennungen}}{\texttt{Zeit zur Ausführung des damit markierten Codes}}$$

Bei der Vermessung komplexer Programme wie der Protokollsoftware eines Kommunikationssystems, die typischerweise einige 10000 Zeilen Code und mehrere auf einem Prozessor parallel ausgeführte Tasks beinhalten, ist eine solch einfache Berechnung nicht mehr möglich und auch eine Abschätzung schwierig. In solch einem Code gibt es zahlreiche Funktionen mit verschiedener Ausführungszeit bedingt durch ihre Codelänge und ihre Aufrufparameter. Zudem ist ihre Aufrufhäufigkeit abhängig vom dynamischen Verhalten anderer Protokollfunktionen im selben Knoten und sogar der Partnerinstanzen in anderen Objektknoten.

Zur Erfassung der durch Kennungsausgaben bedingten Laufzeitveränderung bei einer solch komplexen Kommunikationssoftware wurden *vergleichende Messungen* mit *dicht* instrumentiertem gegenüber *nicht* instrumentiertem Code des OSI-Gateways zur Kopplung von Ethernet und Tokenring im HECTOR-TS durchgeführt /Hins87/. Für die Bewertung ergeben sich folgende Merkmale:

- Die Zeit zur Ausgabe einer Kennung betrug ca. 20 Mikrosekunden. Diese sehr hohe Zeit beinhaltete sowohl die Synthese als auch die Ausgabe einer Ereigniskennung, die neben einer vordefinierten Ereignis-Identifikation (1. Byte) noch ereignisbezogene Zusatzinformation (2. Byte) enthielt wie z.B. die Nummer des von der Kommunikationsfunktion bearbeiteten Pakets. Solche Zusatzinformationen werden bei der Vermessung von Kommunikationssoftware häufig benötigt.

- Beim Durchlaufen einer Nachricht durch das Gateway wurden ca. 50 Kennungen ausgegeben. Bei ca. 10 000 Zeilen Programmcode ergibt sich damit eine mittlere Ereignisdichte von ca. 200 C-Befehlen/Kennung.

- Die ermittelte Erhöhung der Bearbeitungszeit eines Pakets betrug in allen Fällen weniger als *4 %* und hatte keinen meßbaren Einfluß auf den Durchsatz des Koppelrechners.

Dieses sehr gute Ergebnis rechtfertigt die dem Entwurf und Operationsprinzip der Monitorkomponente zugrundeliegenden Annahmen und zeigt ihre Anwendbarkeit zur praktisch fehlerfreien Vermessung von Objektknoten auf.

4.3.2.2   Lasterzeugung

Die Laufzeiten zur Ausführung des ebenfalls im Objektknoten ablaufenden synthetischen Lastprogrammes können wie die zu vermessende Objektsoftware während der Messung vom Monitorpart mitaufgezeichnet werden. Dies liefert die Grundlage für die Abschätzung des dadurch verursachten Laufzeitfehlers.

Entsprechende Untersuchungen in Endsystemen des HECTOR-TS /Gerb88/ haben gezeigt, daß die Erzeugung einer Nachricht mit dem in Kap. 4.4 behandelten synthetischen Lastprogramm ca. 0,5 ms benötigt. Die gemessene Bearbeitungszeit einer Nachricht im Sendepfad der OSI-Software (TP4, INPCL, LLC-1, MAC) betrug dagegen ca. 20 ms. Die Lasterzeugung hat hier also ebenfalls einen vernachläßigbaren Einfluß auf das Laufzeitverhalten und die Leistungsfähigkeit des Objektknotens.

4.4   Anwendungen

4.4.1   Voraussetzungen

Voraussetzung für die Ermittlung exakter Meßergebnisse mit NETMON sind *tranparente* Objektknoten. Damit sind Rechner gemeint, deren E/A-Architektur den direkten Zugriff des Instruktionsprozessors auf externe Speicher und Register ermöglicht (memory mapped I/O), um die Ereigniskennungen in *Realzeit* in ein Register des NETMON-IF einzuschreiben und damit an die zugeordnete Monitoreinheit auszugeben (siehe Kap. 4.1.3.2: Funktionsprinzipen/Monitoring).
Rechner mit E/A-Kanalarchitekturen führen zu nicht exakten Meßergebnissen aufgrund der gepufferten E/A-Operationen und sind somit nur bedingt für Vermessungen geeignet.

4.4.2 Vermessung des HECTOR-TS

4.4.2.1 Monitoring

Für eine Vermessung des HECTOR-TS mit NETMON sind aufgrund obiger Voraussetzung nur IBM-PC's und DEC-VAX Rechner geeignet, da die IBM-S/370-Systeme gepufferte E/A-Wege aufweisen. Der Quellcode der DEC-VOTS-Software war für eine
Instrumentierung nicht verfügbar. Daher hat sich die Anwendung des NETMON-Systems
auf die Vermessung von IBM-PC basierten Netzknoten beschränkt.

Bild 15 zeigt eine typische Meßkonfiguration, wobei sowohl die beiden Endsysteme als
auch das Koppelsystem aus IBM-PC's bestehen. Das NETMON-IF in den Objekt-PC's
besteht hier aus einfachen Parallelschnittstellen, die mit Standardkarten realisiert werden
können. Zur Ausgabe von Ereigniskennungen kann auch der in den PC's bereits vorhandene Druckerport (Centronics-Schnittstelle) verwendet werden.

4.4.2.2 Lasterzeugung

Für die Lasterzeugung in den Objektknoten wurde ein universell einsetzbares *synthetisches
Lastprogramm* (SLP) implementiert /KaKu87/, daß ebenfalls ein selbständiges Modul wie
die zu vermessenden Protokollmodule der Netzwerk-Software bildet. Seine Struktur ist in
Bild 28 dargestellt.

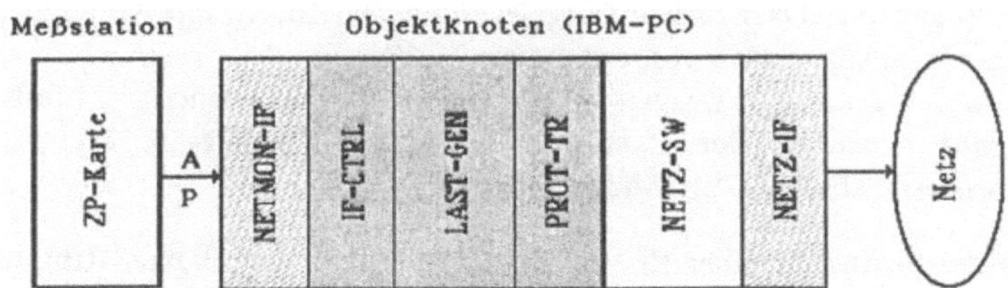

Bild 28. **Struktur des synthetischen Lastprogrammes SLP in Objektknoten**

Es besteht aus einer Funktionseinheit *IF-CTRL* zur Steuerung des NETMON-IF, das die
Kommunikation mit der Laststeuereinheit der zugeordneten Meßstation zum Austausch
von Lastparametern und zeitlichen Anstößen durchführt (siehe Sektion 4.2.2). Die Aufbereitung zu sendender Nachrichten gemäß diesen Lastparametern (Zufallszahlen) erfolgt
in der Funktionseinheit *LAST-GEN,* welche diese Nachrichten anschließend an einen
protokollspezifischen Teiber *PROT-TR* weiterreicht. Dieser Protokolltreiber übergibt der
Funktion LAST-GEN bei der Initialisierung alle für eine protokollspezifische Lasterzeugung notwendigen Daten (maximale Nachrichtenlänge, existente Zieladressen, mögliche
Prioritäten, etc.), womit eine flexible Anpassung des Lastprogrammes an verschiedene
Protokolle unterstützt wird.

Gestützt auf die vom aktuell verwendeten Protokolltreiber gelieferten Informationen bietet
die Funktion LAST-GEN eine komfortable menügesteuerte Benutzerschnittstelle an, die
eine flexible Zuordnung und Abbildung der von der Meßstation gelieferten Zufallszahlen
auf die zu variierenden Parameter der zu erzeugenden Nachrichten ermöglicht. Als
exemplarisches Beispiel hierzu zeigt Bild 29 den Bildschirmabzug eines solchen Menüs für
die Lasterzeugung auf dem Internetzwerkprotokoll.

```
                      Lastgenerator   V1.0

     Treibermodul:   3c-Treiber

     Anzahl der veränderbaren Parameter:   3

     Parametergrenzen                          Min     Max     ZZ Nr
        Paketlänge                              1    14144       0
        log. Adresse                            1       2        0
        Burstlänge (0 = unendl.)                0    65535.      0

     Aktuelle Parametergrenzen                 Min     Max     ZZ Nr
        Paketlänge                              1    14144       1
        log. Adresse                            1       2        2
        Burstlänge (0 = unendl.)                0    65535       0


     Start   Lasterzeugung mit  F10     Beenden des Programmes mit F5
     Beenden Lasterzeugung mit  F1               Hilfe mit F6
```

Bild 29. **Parametrisierung des synthetischen Lastprogrammes SLP für das Internetzwerkprotokoll**

In der oberen Schirmhälfte sind die vom Protokolltreiber des Internetzwerkprotokolls (3c) gelieferten Informationen zur Laststeuerung eingeblendet. Dies beinhaltet die Anzahl variierbarer Protokollparameter (3), ihre Namen (Paketlänge, Zieladresse, Burstlänge), die Grenzwerte dieser Parameter (Min/Max) sowie die Kennzeichnung ihrer Variierbarkeit durch einen Zufallsprozeß der NETMON-Laststeuerung.
In der unteren Schirmhälfte können neue Parametergrenzen für die aktuelle Lasterzeugung innerhalb der vorgegeben Grenzwerte festgelegt und die Zuordnung von Parametern und sie variierenden Zufallsprozessen vorgenommen werden.
Wie in Kap. 4.2.2 erläutert, müssen die hier im Menü zugeordneten Zufallsprozesse im Parameter-Modus arbeiten. Der Lastausstoß damit aufbereiteter Nachrichten erfolgt durch Zufallsprozesse, die im Zeit-Modus arbeiten.

Bisher sind solche Protokolltreiber für die MAC-Protokolle von Token Ring und Ethernet sowie ihre OSI-Teilnetztreiber (OSI-SNACP), das Internetzwerkprotokoll (OSI-INP) und das Transportprotokoll (OSI-TP4) des HECTOR-TS implementiert. Mit diesem universellen Lastprogramm ist die in Kap. 6 behandelte Vermessung des HECTOR-TS durchgeführt worden.

4.5 Zusammenfassung

In diesem Kapitel wurden Architektur, Realisierung, Kenngrößen und Anwendungen des hybriden verteilten Leistungsmeßsystems NETMON vorgestellt.

Wichtigstes Merkmal dieses Leistungsmeßsystems ist die *Integration* von verteilter Lasterzeugungs- und Monitorkomponente in einem Gesamtsystem zur *zentral* gesteuerten Vermessung LAN-basierter Objektsysteme. Hinzu kommt die *hybride* Ausprägung seiner verteilten Laststeuerungs- und Monitorkomponente zur Schaffung einer *globalen Zeitbasis* und zur *Minimierung von Laufzeitverfälschungen* in den vermessenen Objektknoten. Ebenfalls signifikant ist die Fähigkeit des Meßsystems, neben der Offline-Auswertung mit der ***Online-Auswertung*** die zeitliche Dynamik ausgewählter Ereignisse im Objektsystem während einer laufenden Messung aufzuzeigen.

Wie der Überblick bei den aus der Literatur bekannten Ansätzen für verteilte knotenorientierte Monitor- und Leistungsmeßsysteme in Kap. 2.2.2.2 zeigt, stellt das NETMON-System mit den hier aufgeführten Merkmalen eine wesentliche ***Neuerung*** auf diesem Gebiet dar.
Zudem zeichnet es sich durch seine einfache Anschlußmöglichkeit an zu vermessende Objektsysteme über standardisierte parallele E/A-Schnittstellen aus und schafft damit die Voraussetzungen für eine breite ***Anwendbarkeit*** , was weder bei den Hardware-Monitoren der Systeme TMP /HaWy88/ und ZM4 /HKLM87/ noch von den Software-Monitoren bei /Abra87/ und /ArMW87/ gegeben ist.

5   Simulatives Modellierungssystem NETSIM

In diesem Kapitel wird das realisierte simulative Modellierungssystem NETSIM behandelt.
In Sektion 5.1 werden Entwurfskriterien, Modell- und Systemstruktur überblicksartig aufgezeigt. In Sektion 5.2 wird die Modellstruktur der standardisierten
Netzwerkkomponenten erläutert. In Sektion 5.3 werden vereinfachte Ersatzmodelle
eingeführt, um dem Komplexitätsproblem bei großen Netzwerken zu begegnen. In Sektion
5.4 wird die Realisierung des NETSIM-Systems behandelt, seine Benutzerschnittstelle
vorgestellt, Elemente der Modelldatenbank aufgeführt und Kenngrößen des
Modellierungssystems aufgezeigt. Abschließend wird in Sektion 5.5 eine Zusammenfassung
und Bewertung der wichtigsten NETSIM-Merkmale gegeben.

5.1   Architektur

NETSIM (NETwork SIMulator) ist ein simulatives Modellierungssystem für Transportsysteme im Sinne des ISO/OSI-RM, welche aus einzelnen lokalen Netzen oder insbesondere aus miteinander direkt gekoppelten oder über öffentliche Datennetze hinweg
miteinander verknüpften LAN zusammengesetzt sind.

Es stellt ein *Werkzeug* zur Funktionsanalyse und Leistungsbewertung bereits realisierter
Transportsysteme und seiner Komponenten sowie zur Planung und Auslegung zukünftiger
Internetzwerke dar. Grundgedanke bei seiner Entwicklung ist die Schaffung eines
Baukastensystems mit OSI-Standards entsprechenden vorgefertigten und
parameterisierbaren Netzwerkkomponenten, das die Synthese und Untersuchung belie-
biger Netzkonfigurationen ermöglicht.

5.1.1   Entwurfskriterien

Für die Konzeption des NETSIM-Systems ergeben sich gemäß den in Kapitel 2.2 abgeleiteten Anforderungen an ein solches Modellierungssystem zur Untersuchung komplexer
Netzwerke folgende *Entwurfskriterien:*

- Modellierung der realen Netzwerkkomponenten *Endsysteme, Koppelsysteme, Netze* als
  parameterisierbare Modellbausteine mit einer Funktionalität gemäß
  ISO/OSI-Standards.

- Ableitung einer *funktionsorientierten Struktur* der Modellbausteine zur geeigneten
  Variation ihrer Funktionalität.

- Entwicklung von Modellbausteinen *verschiedenen Abstraktionsgrades,* die beliebig miteinander in einem Gesamtmodell mischbar sind.

- Bereitstellung der vorgefertigten Modellbausteine in einer *Modelldatenbank* zur Synthese beliebiger Netzwerke.

- Schaffung einer *Benutzerschnittstelle* mit Werkzeugen zur:

  - Graphikgestützten Modellsynthese (Konfiguration und Parameterisierung des Netzwerks),
  - Erstellung und Durchführung des Simulationsprogrammes,
  - Graphischen Darstellung der Simulationsergebnisse.

5.1.2 Modellstruktur

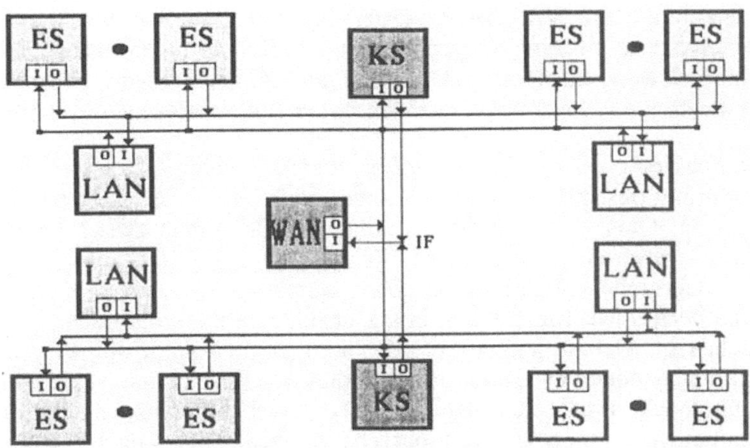

Bild 30. Struktur eines abstrakten Netzwerkmodells

Bild 30 zeigt die aus den Entwurfskriterien resultierende Struktur eines Netzwerkmodells. Die **Komponenten** des Modells umfassen Endsysteme (ES), Koppelsysteme (KS) und Netze (LAN und WAN) verschiedener Funktionalität. Alle Komponenten bilden (voneinander unabhängige) **generische Module** , die ihre interne Struktur und Funktionalität verbergen und einheitliche Modulschnittstellen aufweisen, um eine beliebige Verknüpfung untereinander zu ermöglichen. Eine Modulschnittstelle besteht aus zwei gerichteten Ports (I/O), über die Informationseinheiten ein Modul betreten oder verlassen.

Informationseinheiten (IF) eines NETSIM-Modells repräsentieren entweder Protokolldateneinheiten oder Steuerinformationen. Sie sind durch ein einheitlich strukturiertes Parameterfeld charakterisiert, mit dem ihre Bearbeitung in den generischen Modulen sowie ihr Austausch zwischen ihnen gesteuert wird. Mit PDU's wird wie in einem realen Netzwerk die Übertragung von Nachrichten im Netzwerk abgewickelt. Mit Steuerinformationen erfolgt die Verwaltung von Resourcen wie bzw. Datenpuffer oder Übertragungskanäle.

In *Endsystemen* modellierte Funktionen umfassen die Erzeugung von Benutzernachrichten, ihre Umsetzung in auf dem Subnetz zu übertragende Protokolldateneinheiten gemäß der verwendeten OSI-Protokollarchitektur (siehe Kap. 2.1.5) und dem unterliegenden Subnetz sowie das entsprechende Laufzeitverhalten des Netzwerkknotens. Modellierte Protokollfunktionen umfassen (siehe Kap. 5.2): Flußsteuerung, Reihenfolgeerhaltung und Fehlerbehandlung gemäß OSI-TP4, Adressierung und Routing, Fragmentierung und

Reassembly, Lebensdauerkontrolle und Funktionen zum Netzwerkzugriff gemäß verbindungslosem OSI-Netzwerkdienst.

In den verschiedenen Netzwerkmodulen für *LAN* und *WAN* wird die netzspezifische Übertragung von in den Endsystemen erzeugten PDU's modelliert. Bei LAN umfaßt dies den jeweiligen Mediumzugriff (MAC) einschließlich Prioritätssteuerung und die physikalische Übertragung unter Einbeziehung der aktuellen Topologie und Stationszahl. Bei WAN mit verbindungsorientierten Diensten werden Verbindungsaufbau, Datenübertragung und Verbindungsabbau modelliert. Zur Nachbildung der netzspezifischen Leistungsfähigkeit werden Angaben der Netzbetreiber zugrunde gelegt.

In *Koppelsystemen* werden Netzwerkzugriff, Zwischenspeicherung, Wegewahl (routing), Abbildung (mapping) und Weiterleitung (Relaying) von PDU's in Nachbarnetze je nach Art des Koppelsystems mit dem entsprechenden Laufzeitverhalten nachgebildet. Gemäß der OSI-Internetzwerkphilosophie kommen als Koppelsysteme nur transparente MAC-Layer-Bridges oder Network-Layer-Gateways (OSI-Gateways) in Betracht.

Alle für eine *Funktions-* oder *Leistungsanalyse* interessierenden Daten werden im Parameterfeld der Informationseinheiten während ihres Laufs durch das Netzwerk beginnend bei der Erzeugung im Quellsystem bis zur Ankunft im Zielsystem zwischengespeichert und anschließend ausgewertet. Neben den *Kenngrößen von PDU's* (protokollspezifische Header, Benutzerdaten, Trailer) bestehen solche Daten aus *Zeitstempeln* und *Statusinformationen* . Mit Kenngrößen und Zeitstempeln kann das nachrichtenspezifische Ablaufgeschehen im Netzwerk erfaßt werden und daraus die Ausführungszeit einzelner Protokollfunktionen oder der Durchsatz und die Verweilzeit von Nachrichten im Netz aufgeschlüsselt nach Protokollebenen oder Netzwerkkomponenten ermittelt werden. Statusinformationen umfassen Resourcebelegungen in oder Zustände von Netzwerkkomponenten wie bzw. Pufferbelegungen, Wartezustände bei Lastsituationen, bisher aufgetretene Paketverluste, etc. und ermöglichen Aussagen über das Zustandekommen der ermittelten Leistungskenngrößen.

5.1.3   Systemstruktur

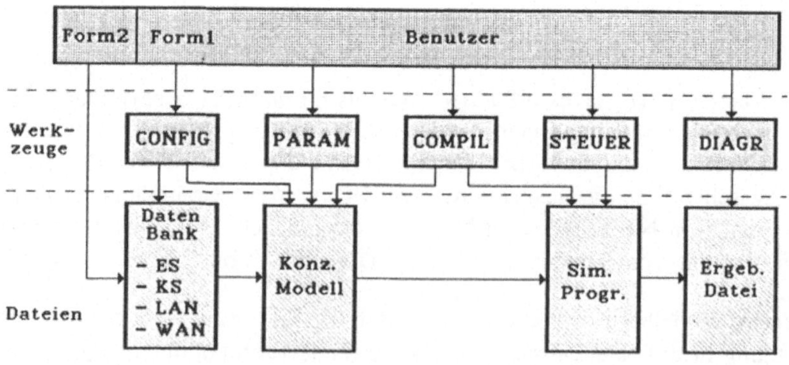

Bild 31.   Struktur und Komponenten des Modellierungssystems NETSIM

Bild 31 zeigt die aus den Entwurfskriterien resultierende Struktur des Modellierungssystems NETSIM. Im oberen Teil des Bildes sind der Benutzer, im mittleren die Werkzeuge der Benutzerschnittstelle und im unteren die damit erzeugten oder bearbeiteten Objektdateien einer Modellierung dargestellt. Zur Durchführung einer simulativen Untersuchung ergibt sich folgendes Ablaufschema, dessen Sequenz in einer Links-Rechts-Bewegung im Bild resultiert.

Mit dem Werkzeug *CONFIG* erzeugt der Benutzer graphikgestützt die zu synthetisierende Netzwerkkonfiguration aus den vorgefertigten generischen Modellbausteinen (ES, KS, Netze), die in der Modell-Datenbank bereitgestellt werden.

Mit dem Werkzeug *PARAM* erfolgt die Parameterisierung des konfigurierten Netzwerkmodells. Dies beinhaltet die Parameterisierung der vorgefertigten Modellbausteine, die Festlegung der Nachrichtenpfade im globalen Netzwerk anhand von Routingtabellen sowie die Festlegung der für eine Analyse zu erfassenden Größen (Zeitstempel, Statusinformationen) im Parameterfeld der Informationseinheiten, die das Netzwerkmodell durchlaufen.

Das mit diesen Werkzeugen erstellte konzeptionelle Modell des Netzwerks stellt ein erweitertes Warteschlangennetz dar, welches mit dem Werkzeug *COMPIL* in ein ausführbares Simulationsprogramm übersetzt wird. Zur Simulation wird das IBM Simulationspaket RESQ2 verwendet, das für BCMP-Netzwerke auch eine numerische Lösung unterstützt (vgl. Kap. 2.2.2.1).

Mit dem Werkzeug *STEUER* werden die Ein- und Ausgabegrößen des Simulationsprogrammes festgelegt. Die Eingabegrößen enthalten im wesentlichen Parameter zur Laststeuerung und zur Modifikation von Systemvariablen des modellierten Netzwerks, deren Einfluß auf seine Leistungskenngrößen ermittelt werden soll. Hinzu kommen Parameter zur Experimentsteuerung wie Abbruchkriterien, Angaben zur Konfidenzberechnung oder Trace-Optionen. Die Ausgabeparameter legen die im Simulationsexeperiment zu ermittelnden Leistungskenngrößen des Modells fest, die in der Ergebnisdatei niedergelegt werden.

Mit dem graphikgestützten Werkzeug *DIAGR* können die in der Ergebnisdatei gespeicherten Daten in Diagramme umgesetzt werden, um die Auswertung zu unterstützen.

Beim Gebrauch des Systems werden zwei Nutzungsformen unterschieden, die unterschiedliche Anforderungen an den Anwender stellen:

NF1:   *Nutzungsform NF1* beschränkt sich auf den in der Modelldatenbank bereitgestellten Satz von Modellbausteinen, die von gewissen Annahmen bei der Modellierung ausgehen und dem Benutzer nur einen begrenzten Satz von Modellparametern anbieten.

NF2:   *Nutzungsform NF2* bedingt Eingriffe in die bereitgestellten Modellbausteine, um den angebotenen Parametersatz zu erweitern, vorhandene Funktionen zu modifizieren, zusätzliche Funktionen einzufügen oder gänzlich neue Bausteine in die Datenbank einzugliedern. Hierzu werden erfahrene Benutzer vorausgesetzt, die sowohl gute Kenntnisse der modellierten OSI-Protokolle und Netze als auch des Modellierungssystems und seiner Implementierungsumgebung basierend auf RESQ2 besitzen.

5.2 Modellierung der Netzwerk-Komponenten

Für die Modellierung der Endsysteme und Koppelsysteme wird die in Kapitel 3.2.1 erläuterte und in Bild 11 gezeigte Architektur realer Netzwerkknoten zugrundegelegt. Für einen Knotenrechner stellt sich ein Netz also nur aus einem lokalem Sende- und Empfangspuffer begrenzter Kapazität sowie zugehörigen Sende- und Empfangsaufträgen dar. Des weiteren sind die im Rahmen dieser Arbeit bisher realisierten Modellkomponenten für einen verbindungslosen Netzwerkdienst ausgelegt, um die Realisierung und Leistungsoptimierung des in Kapitel 3 vorgestellten HECTOR-TS zu unterstützen. Daraus ergeben sich die im folgenden behandelten Modellstrukturen von Endsystemen, Koppelsystemen und Netzen.

Dies stellt jedoch keine prinzipielle Beschränkung des NETSIM-Systems dar, dessen Architektur sowohl die Modellierung verbindungsloser als auch verbindungsorientierter Internetzwerke erlaubt. Wesentliche Unterschiede ergeben sich hier lediglich bei der Modellierung von Flußkontrolle und Fehlerkorrektur, die vom OSI-Transportprotokoll in unterliegende Protokolle (LLC-2, X.25) verlagert werden.

5.2.1 Endsysteme

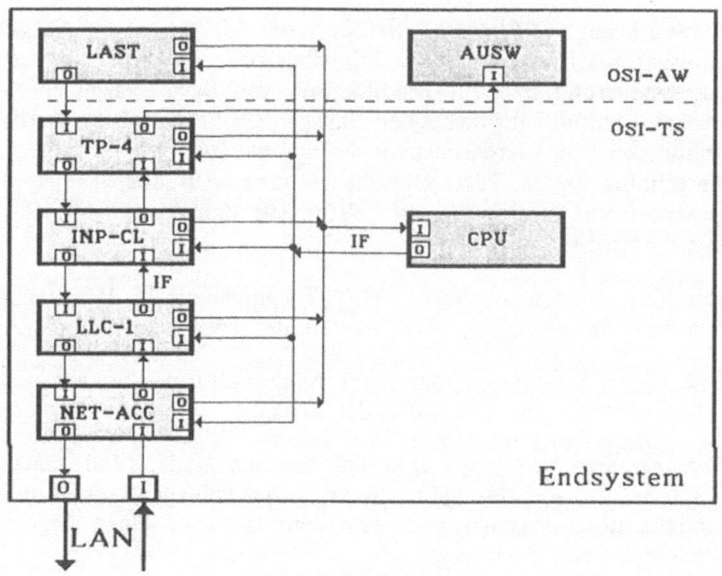

Bild 32. Struktur eines Endsystems mit Funktionseinheiten

Bild 32 zeigt die entwickelte interne Modellstruktur eines Endsystems. Es ist in einzelne Funktionseinheiten gegliedert, die im Bild als Blöcke dargestellt sind. *Funktionseinheiten* (FE) bilden generische Module mit als gerichteten Ports ausgelegten vereinheitlichten Modulschnittstellen wie das gesamte Endsystem-Modul oder andere TS-Komponenten, durch welche die PDU's und Steuerinformationen repräsentierenden Informationseinheiten (IF) eines NETSIM-Modells die Module betreten oder verlassen. Einzelne Funktionseinheiten können so unabhängig voneinander in verschieden detaillierten Ausführungen modelliert werden und die Funktionalität und Komplexität eines Endsystem-Modells kann durch das Einbinden oder Weglassen ganzer Funktionseinheiten und der Variation ihres Detaillierungsgrades den Untersuchungszielen und technischen Rahmenbedingungen im Sinne der Lupencharakteristik optimal angepaßt werden.

Diese Endsystemstruktur reflektiert die Schichtenstruktur des OSI-RM und die in Bild 8 aufgezeigte Protokollarchitektur für einen verbindungslosen OSI-Netzwerkdienst. Die Funktionseinheit *LAST* modelliert die Instanzen des OSI-Anwendungssystems (OSI-AW) und erzeugt vorgebbare Lastprofile auf den Instanzen des Transportsystems (OSI-TS). Das Modul *AUSW* beinhaltet Funktionen zur statistischen Auswertung der in den Informationseinheiten gesammelten Zeitstempel und Statusinformationen.
Die Protokollfunktionen für das OSI-Transportsystem werden in den Modulen *TP-4, INP-CL, LLC-1* und *NET-ACC* modelliert. Das Modul *CPU* modelliert die Rechenkapazität des Netzwerkknotens und dient zur Ausführung der in den einzelnen Funktionseinheiten auftretenden Bearbeitungszeiten für Protokolldateneinheiten. (Dabei kann sowohl die Prozessorarchitektur des Knotens als auch die Programmstruktur einer Implementierung zur Erfassung von Nebenläufigkeiten nachgebildet werden. Dies ermöglicht die Berücksichtigung von in der Realität häufig vorkommenden *Pipeline-Strukturen*). Die Strukturen dieser Module werden nachfolgend genauer behandelt.

Der dynamische Fluß von Informationseinheiten im Endsystem ergibt sich wie folgt. Im *Sendepfad* werden Nachrichten im Modul *LAST* erzeugt, durchlaufen von oben nach unten nacheinander die Module der modellierten Protokollarchitektur und verlassen das Endsystem an dessen Ausgangsport *O* , von dem sie zum Eingang eines LAN-Modells geroutet werden, was in Bild 30 gezeigt ist.
Im *Empfangspfad* betreten vom LAN kommende Informationseinheiten das Endsystem über dessen Eingangsport *I* und durchlaufen die Protokollmodule in umgekehrter Richtung bis zum Auswertemodul *AUSW*.
Beim Durchlaufen von Last- und Protokollmodulen werden protokollzustands- und pufferzugriffsbedingte Wartezeiten modelliert und die zur Bearbeitung der PDU's erforderlichen Prozessorzeiten einschließlich Bedienungspriorität im Parameterfeld der sie repräsentierenden Informationseinheiten vermerkt. Zur Ausführung dieser Bedienungsanforderungen werden die Informationseinheiten von den eintragenden Modulen über ihre in Bild 32 seitlich eingezeichnete Schnittstelle zum CPU-Modul geschickt, wo eine entsprechende Verzögerung unter Einbeziehung eventuell auftretender Wartezeiten bis zur Prozessorzuteilung erfolgt. Nach erfolgter Bedienung werden sie zu den anforderndenen Modulen zurückgeführt.

5.2.1.1 Lasterzeugung

Die Funktionseinheit *LAST* erzeugt zu übertragende Nachrichtenströme (Lastprofile) verschiedener Ausprägung, mit denen das Transportsystem beaufschlagt werden kann. Veränderbare *Parameter* erzeugter Nachrichten sind (Nutzungsform NF1):

- Zwischenankunftszeit,
- Länge,
- Priorität,
- Empfängeradresse,
- Bedienzeit und Priorität der Prozessorzuteilung für die Erzeugung einer Nachricht.

Diesen Parametern können neben konstanten Werten auch Zufallsvariablen zugewiesen werden, die verschiedenen parametergesteuerten Wahrscheinlichkeitsverteilungen genügen (Exponential-, Normal-, Gleich-, Diskret-, Erlang-Verteilung).

a) Ankunftstrom bei kontinuierlicher Last

```
    1  2    3     4  5   6      7  8     9          10    11    Nachricht
    ───────────────────────────────────────────────────────>  Zeit
```

b) Ankunftstrom bei burstartiger Last

```
    1 2 3 4 5            6 7 8 9 10            11 12 13 14 15   Nachricht
    ───────────────────────────────────────────────────────>  Zeit
```

Bild 33. Kontinuierliche und burstartige Ankunftsströme

Es können sowohl Lastprofile mit *kontinuierlichen* als auch mit *burstartigen* Ankunftsströmen erzeugt werden, was in Bild 33 dargestellt ist. Bei kontinuierlicher Last sind die Zwischenankunftszeiten erzeugter Nachrichten entweder konstant oder entsprechen einer der obigen Verteilungen. Bei burstartiger Last werden Nachrichtengruppen erzeugt, wobei das Zeitinterval zwischen Nachrichtengruppen sehr viel größer ist als zwischen einzelnen Nachrichten einer Gruppe. Beide Intervalle sind wie bei kontinuierlicher Last parameterisierbar.

Kontinuierliche Lasten dienen hauptsächlich zur Validierung der Modelle, entweder durch Vergleich mit aus der Literatur bekannten Modellierungen oder durch Vergleich mit realen Meßwerten. Burstartige Lastprofile dienen zur Ermittlung von der Realität entsprechenden Aussagen, wie die Betrachtungen bei der Leistungsbewertung von LAN in Kap. 2.2.1.1 gezeigt haben. Insbesondere sind sie zur Analyse von Koppelsystemen mit begrenzten Pufferspeichern wichtig, was noch näher erläutert wird.

Die Vorgabe von Rechenzeit und Priorität bei der Erzeugung von Nachrichten dient dazu, die prioritätsgesteuerte Prozessorbelegung des mit dem Lastmodell nachgebildeten OSI-Anwendungssystems zu berücksichtigen.

Bei geeigneter Wahl all dieser Parameter lassen sich mit diesem Lastgenerator sowohl das Laufzeitverhalten einer Anwendung als auch das von ihr erzeugte Lastprofil nachbilden.

5.2.1.2 Transportschicht

Die Funktionseinheit *TP-4* modelliert Funktionen des verbindungsorientierten OSI-Transportprotokolls Klasse 4. Von den drei Operationsphasen Verbindungsaufbau, Datenübertragung und Verbindungsabbau wird nur die Datenübertragung mit den in Bild 34 gezeigten *Mechanismen* modelliert:

- Sendeseitige Komposition und empfangsseitige Dekomposition von TPDU's für gesendete und empfangene Datenpakete (Data) und Quittungen (Ack) zur Berücksichtigung des Header-Overheads erfolgt in den Modellfunktionen *PDU-C* und *PDU-D*. Die Länge des Protokollheaders beim OSI-TP4 umfaßt jeweils 8 Bytes,

- Reihenfolgeerhaltung und fenstergesteuerte Flußkontrolle durch Sendekredit, Numerierung gesendeter Datenpakete, Quittierung empfangener Datenpakete und Fortschaltung des Sendefensters durch empfangene Quittungen gemäß bestätigten

Paketnummern. Die Reihenfolgeerhaltung erfolgt durch eine FIFO-Bedienung des sendeseitigen Eingangspuffers und der Vergabe von Sequenznummern, die von der Funktion *Sequence* im Empfangspfad für die folgerichtige Weitergabe an das Auswertemodul benutzt wird. Der Fenstermechanismus der Flußsteuerung wird durch die Modellfunktionen *Window* und *Ack-S* nachgebildet.

- Fehlererkennung und Korrektur durch senderseitige Zeitüberwachung von gesendeten Datenpaketen und Timeout-gesteuerte Sendewiederholung (Retransmission) bei ausbleibender Quittung. Diese Zeitüberwachung erfolgt in der Modellfunktion *Timer*.

Zur Nachbildung der Bearbeitungszeit werden die Informationseinheiten (IF) vor dem sendeseitigen Verlassen oder nach dem empfangsseitigen Betreten der Funktionseinheit TP-4 über eine Modulschnittstelle zum CPU-Modul geroutet, die zur Vereinfachung der Darstellung doppelt eingezeichnet ist (siehe Bild 32).

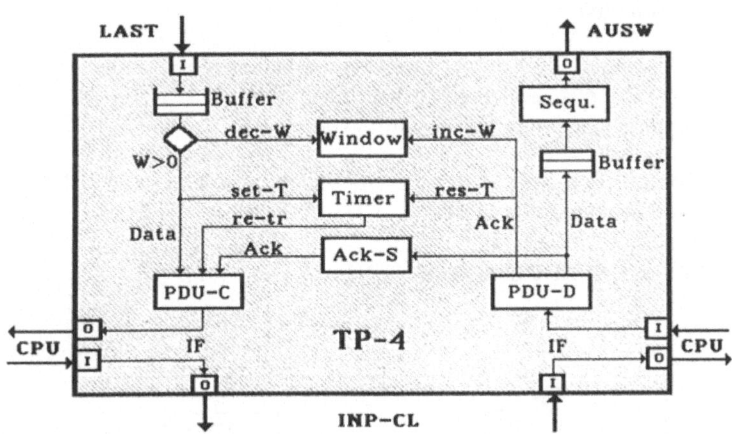

Bild 34. Modellierte Funktionen des OSI-Transportprotokolls Klasse 4

Veränderbare *Parameter* dieser Funktionseinheit TP-4 sind (Nutzungsform NF1):

- Größe des Sendekredits (Window Size),
- Größe des Retransmission Timeout,
- Zeit und Priorität der Prozessorzuteilung zur Bearbeitung einer TPDU (Datenpakete und Quittungen) im Sende- und Empfangspfad unter Berücksichtigung ihrer Datenlänge (Angabe einer Fixzeit pro PDU für die Header-Behandlung und einer Bedienrate zur Berücksichtigung der Datenlänge).

Die Zerlegung und Zusammensetzung (segmentation, reassembly) einer Benutzernachricht (TSDU) in kleinere Protokolldateneinheiten (TPDU's) wird nicht modelliert. Verschiedene TPDU-Größen können durch eine entsprechende Parameterisierung des Lastgenerators erzeugt werden. Ebenso wird auf die Verkettung (concatenation and separation) mehrerer TPDU's zur Übertragung in einer Dienstdateneinheit des Netzwerks (NSDU) verzichtet.

Beim OSI-Transportprotokoll wird zwar der prinzipielle, in Bild 34 dargestellte Mechanismus für Flußkontrolle und Fehlerkorrektur spezifiziert. Für eine Implementierung und Operation ergeben sich jedoch in der Norm erlaubte *Alternativen* , die für die Leistungsfähigkeit und den Implementierungsaufwand (siehe Kapitel 6.2.1) eine wichtige Rolle spielen:

- ein Timer pro gesendetem Datenpaket,
- ein Timer pro etablierter Transportverbindung,
- eine Quittung pro empfangenem Datenpaket,
- eine Summenquittung für mehrere Datenpakete.

Weitere in der Protokollnorm nicht behandelte Variationen betreffen eine dynamische Anpassung der Fenstergröße und des Retransmission Timeout an die Auslastung des unterliegenden Netzes, die ebenfalls in Kapitel 6.2.1 behandelt sind.
All diese Optionen können durch relativ einfach durchzuführende Modifikationen der Funktionen des TP-4 Moduls nachgebildet werden. Es ist zwar möglich, entsprechend viele Variationen in der Datenbank anzubieten, erscheint aber wenig sinnvoll. Für solch detaillierte Untersuchungen sollte der Modellierer die entsprechenden Modifikationen selbst vornehmen, um genau die Funktionskombination nachzubilden, die er für seine Experimente benötigt (Nutzungsform NF2).

5.2.1.3   Netzwerkschicht

In der Funktionseinheit *INP-CL* werden Mechanismen des verbindungslosen OSI-Internetzwerkprotokolls modelliert. Ihre interne Struktur ist in Bild 35 schematisch dargestellt. Folgende Funktionen werden modelliert:

- Sendeseitige Komposition und empfangsseitige Dekomposition von IPDU's,
- Adressierung und Routing von IPDU's,
- Lebensdauerkontrolle von IPDU's,
- Zerlegung und Zusammensetzung von IPDU's.

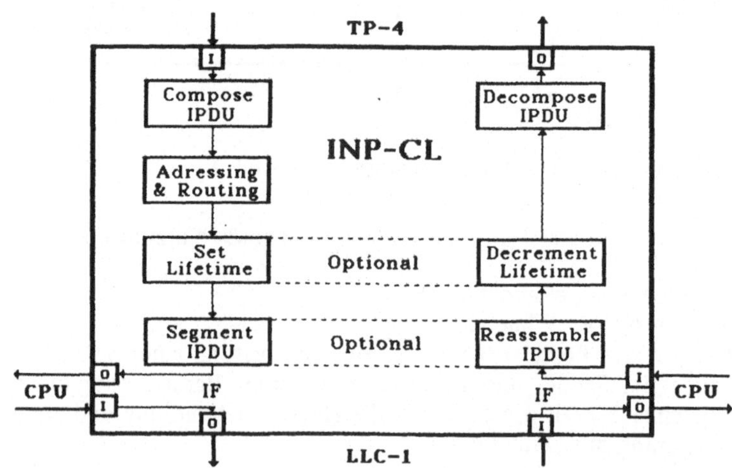

Bild 35.   Modellierte Funktionen des verbindungslosen Internetzwerkprotokolls

Bei der Komposition und Dekomposition von IPDU's wird ein minimaler *Protokollheader* von 51 Bytes angenommen (fixed part, adresses, segmentation, options: 9, 36, 6, 0 Bytes), der folgende Informationen beinhaltet: Globale Netzwerkadressen als Grundlage des Routing, Statusinformation und Segmentnummer für Fragmentierung und Reassembly eines Datagrammes, Lebensdauer eines Datagrammes oder Fragments sowie weitere Parameter für optionale Protokollfunktionen wie z.B. Source Routing.

Bei *Routing und Adressierung* wird aus der globalen Internetzwerkadresse des Empfängers das Subnetz und die Subnetzadresse der lokalen Zielstation ermittelt. Dies ist entweder ein lokales Endsystem oder ein lokales Koppelsystem entlang des Pfades im Internetzwerk.

Bei der *Lebensdauerkontrolle* wird im Sendepfad der Startwert der Lebensdauer (Lifetime) einer IPDU gesetzt und im Empfangspfad die Lebensdauer in bestimmten Zeitintervallen zyklisch dekrementiert. Bei abgelaufener Lebenszeit einer empfangenen IPDU oder auch eines Fragmentes bei einer Reassemblierung wird die gesamte IPDU zerstört und später eintreffende Fragmente werden verworfen.

Die *Zerlegung* einer IPDU in mehrere Segmente sowie die zugehörige Reassemblierung findet statt, wenn ihre Länge größer als die maximale Nachrichtenlänge des unterliegenden Subnetzes ist.

Vorgebbare *Modellparameter* sind (Nutzungsform NF1):

- Länge des IPDU-Headers: 51 - 255 Bytes,
- Startwert der Lifetime und Zeitintervall für die Dekrementierung,
- Maximale Nachrichtenlänge des Subnetzes zur Steuerung der Fragmentierung,
- Routingtabelle zur Zuordnung von lokalen und globalen Netzwerkadressen,
- Zeit und Priorität der Prozessoranforderung zur Bearbeitung von Datagrammen und Fragmenten in Sende- und Empfangspfad unter Berücksichtigung der Datenlänge (Angabe einer Fixzeit pro IPDU und einer Bedienrate (Zeit/Bit)).

Wie bereits bei der Gesamtstruktur des Endsystems und beim TP-4 Modul aufgeführt, kann Funktionalität und Abstraktionsgrad einer Funktionseinheit verschieden ausgeprägt werden. So können zum Beispiel verschiedene INP-CL Module erzeugt werden, welche die im Bild als optional gekennzeichneten Funktionen Lebensdauerkontrolle oder Fragmentierung wahlweise beinhalten oder ausschließen. Die Durchführung der Modifikationen erfolgt mit Nutzungsform NF2.

5.2.1.4   Datensicherungsschicht

Die Funktionseinheit *LLC-1* modelliert Funktionen des verbindungslosen Logical Link Protocols LLC-1. Hier wird nur die Komposition und Dekomposition des 3 Bytes umfassenden Protokollheaders nachgebildet, der Dienstzugangspunkte von Sender und Empfänger sowie ein Kontrollfeld zur Typklassifizierung der LLC-PDU umfaßt.
Vorgebbare *Parameter* hierzu sind lediglich Zeit und Priorität der Prozessoranforderung.

5.2.1.5   Netzwerkzugriff

In der Funktionseinheit *NET-ACC* werden die im Knotenrechner auftretenden Operationen für den Netzwerkzugriff modelliert. Wie bei der Struktur realer Netzwerkknoten in Bild 11 aufgezeigt, wird ein Netzwerk im Knotenrechner durch die kapazitätsmäßig begrenzten Sende- und Empfangspuffer des Netzwerkadapters repräsentiert. Daraus resultiert die in Bild 36 aufgezeigte Modulstruktur.

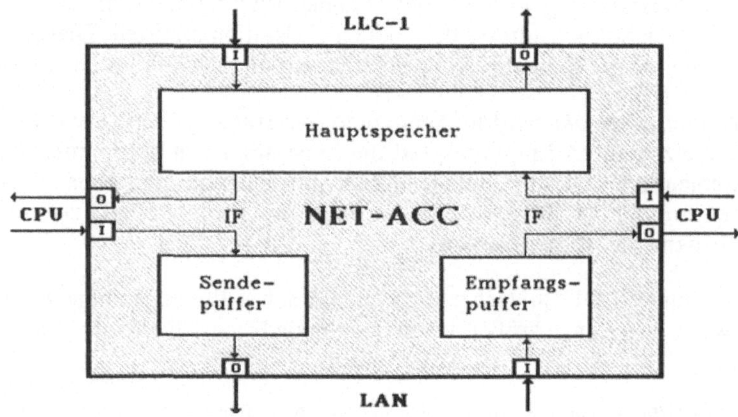

Bild 36. Modellierte Funktionen des Netzwerkzugriffs

Es werden *modelliert:*

- begrenzte Pufferkapazität im Hauptspeicher des Knotenrechners,
- begrenzte Sende- und Empfangspuffer des Netzwerkadapters,
- Transfer von Protokolldateneinheiten zwischen dem Hauptspeicher des Knotenrechners und den Sende- und Empfangspuffern.

Vorgebbare *Parameter* sind:

- Kapazität des Datenpufferpools im Hauptspeicher,
- Kapazität der Sende- und Empfangspuffer des Netzwerkadapters,
- Priorität und Ausführungszeit der Datentransfers vom und zum HSP (Angabe einer Fixzeit pro Transfer für seine Organisation und eine Kopierrate (Zeit/Bit) zur Berücksichtigung der Datenlänge).

5.2.1.6 Laufzeitsystem

Die Funktionseinheit *CPU* repräsentiert die Rechenkapazität eines Knotenrechners und dient zur Ausführung der in den einzelnen Funktionseinheiten auftretenden Bearbeitungszeiten von Protokolldateneinheiten. Dabei kann sowohl die Prozessorarchitektur eines Knotens als auch die Programmstruktur einer Implementierung zur Berücksichtigung von Nebenläufigkeiten detailliert nachgebildet werden.

Modellierbare Prozessor/Programmstrukturen sind:

- ein Prozessor, auf dem nur eine Task ausgeführt wird,
- ein Prozessor, auf dem mehrere Tasks ausgeführt werden,
- mehrere Prozessoren mit je einer Task,
- mehrere Prozessoren mit jeweils mehreren Tasks.

Die diesen Anforderungen zugrunde liegende Struktur des CPU-Modells ist in Bild 37 aufgezeigt. Ein Prozessor ist durch eine Bedienstation repräsentiert und eine auf ihm ausgeführte Task durch eine Warteschlange, in der sich ihre Bedienungsanforderungen sammeln.

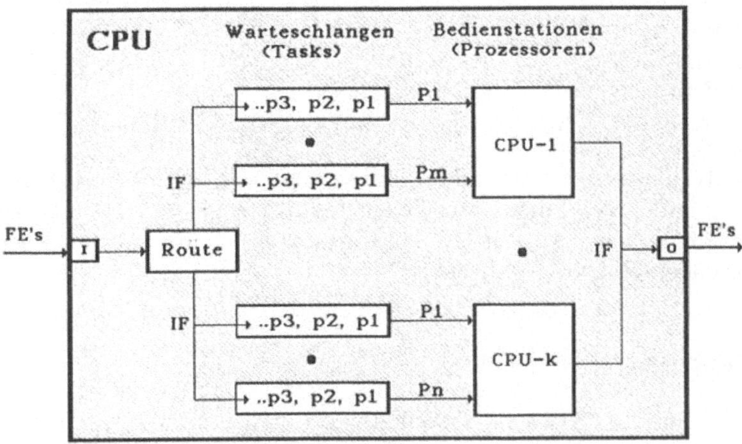

Bild 37. Struktur des CPU-Modells

Die Bedienung der Warteschlangen erfolgt prioritätsgesteuert mit vorgebbarer Task-Priorität *Pi* und *unterbrechender Bedienung* (preemtive priority queueing discipline); dadurch können höherpriore Tasks solche niederer Priorität jederzeit unterbrechen. Bei gleicher Priorität der Tasks erfolgt eine zeitscheibengesteuerte zyklische Bedienung (processor sharing discipline).
Die Bedienungsdisziplin innerhalb einer Warteschlange erfolgt ebenfalls prioritätsgesteuert mit *nichtunterbrechender Bedienung* (nonpreemptive priority queueing discipline); die Prioritäten *pi* der Task-spezifischen Anforderungen werden in den einzelnen Funktionseinheiten gesetzt.
Zur Erfassung des sogenannten *Overheads* von Mehrprozeßsystemen kann die Zeitdauer von Prozeßumschaltungen (Task Switches) berücksichtigt werden.

In anderen Funktionseinheiten des Stationsmodells bei der Bearbeitung von PDU's erzeugte Bedienungsanforderungen werden durch die Informationseinheiten eines NETSIM-Modells repräsentiert. In ihrem Parameterfeld werden dort alle zur Nachbildung der funktionsspezifischen Laufzeit erforderlichen Daten wie die Kennung des anfordernden Moduls, die Priorität der Anforderung und ihre Bedienzeit eingetragen. Durch entsprechende Prioritätenzuordnung bei der Parameterisierung einzelner Funktionseinheiten lassen sich z.B. der Sende- oder der Empfangspfad von Nachrichten in der Station priorisieren, was zur Vermeidung von Verklemmungen erforderlich sein kann.
Danach gelangen diese Informationseinheiten (IF) zum CPU-Modell und werden an dessen Eingang durch die Funktion *Route* zur zugeordneten Warteschlange (Task eines Prozessors) geroutet basierend auf der mitgeführten Modulkennung. Nach erfolgter Bedienung werden sie am Modulausgang zur anfordernden Funktionseinheit zurückgeroutet.
Die Zuordnung der Funktioneinheiten zu Prozessoren und Tasks erfolgt tabellengesteuert in der eingangsseitigen Route-Funktion des CPU-Modells.

In der Nutzungsform NF1 unterstützt das CPU-Modell nur einen Prozessor und benötigt keine Parameter, da die Bedienung nur anhand der von den Informationseinheiten mitgeführten Größen erfolgt.

Die Nutzungsform NF2 offeriert ein universelles CPU-Modell mit folgenden *Parametern:*

- Anzahl der Prozessoren,
- Tasks pro Prozessor,
- Prioritäten von Tasks,
- Größe der Zeitscheibe bei gleichprioren Tasks,
- Zeit für Task-Umschaltungen zur Berücksichtigung des Overheads.

Zudem muß als Eingabeparameter auch die Routingtabelle am Moduleingang für die Zuordnung der anfordernden Funktionseinheiten zu Prozessoren und Tasks geliefert werden, wodurch die Programmstruktur einer Implementierung auf die Prozessorarchitektur des Knotens abgebildet wird.

5.2.1.7   Auswertung

Die Funktionseinheit *AUSW* stellt Funktionen zur statistischen Auswertung der in einer Informationseinheit mitgeführten Kenngrößen von PDU's und den entlang des Übertragungsweges vom Quell- zum Zielsystem gesammelten Analysedaten bereit (siehe Kap. 5.4.2, Bild 60). Diese *Funktionen* beinhalten im wesentlichen die Ermittlung von

- Verweilzeit und
- Durchsatz

übertragener Nachrichten in

- einzelnen Protokollinstanzen oder
- einzelnen Netzwerkkomponenten oder
- im gesamten Übertragungsweg zwischen den Anwendungsinstanzen in Quell- und Zielsystem.

Verweilzeiten werden durch die statistische Auswertung der nachrichtenspezifischen Zeitstempel, Durchsatzwerte durch die Aufsummation der einzelnen Nachrichtenlängen und die Dauer der Übertragung ermittelt. Berechenbare Größen einer Stichprobe sind Mittelwert und Varianz unter Angabe von Vertrauensintervall und Sicherheitswahrscheinlichkeit.

Aufgrund der Vielfalt von Konfigurationsmöglichkeiten eines Netzwerks, der Variation von Komponentenfunktionen, den Untersuchungszielen und dazu ermittelten Analysedaten ist es schwierig, für alle Fragestellungen ein vorgefertigtes Auswertemodul bereitzustellen. Es wird daher nur ein Rumpfmodul angeboten, welches exemplarisch jeweils eine Funktion zur Auswertung von Zeitstempeln und eine zur Durchsatzberechnung beinhaltet.

In der Nutzungsform NF1 werden diese Exemplarfunktionen zur Ermittlung von Durchsatz und Verweilzeit von Nachrichten im globalen Netzwerk oder Transportsystem angeboten. Benötigte *Parameter* hierfür sind:

- Zeitstempel einer Nachricht erzeugt durch die Anwendungsinstanzen LAST im Quellsystem und AUSW im Zielsystem,
- Länge einer übertragenen Benutzernachricht.

Für detailliertere Analysen ist dieses Rumpfmodul gemäß Nutzungsform NF2 zu erweitern, indem Kopien dieser Exemplarfunktionen für die Berechnung zusätzlicher Verweilzeiten und Komponentendurchsätze hinzugefügt und entsprechend parametrisiert werden. Dies ist sinngemäß auf die Erfassung und Auswertung von gesammelter Statusinformation in der Informationseinheit zu übertragen.

5.2.2 Netze

In einem heterogenen OSI-Internetzwerk können lokale und öffentliche Netze eingebunden sein. Entsprechend der unterschiedlichen Charakteristik beider Netztypen ergeben zwei verschiedene Modellstrukturen.

5.2.2.1 Lokale Netze

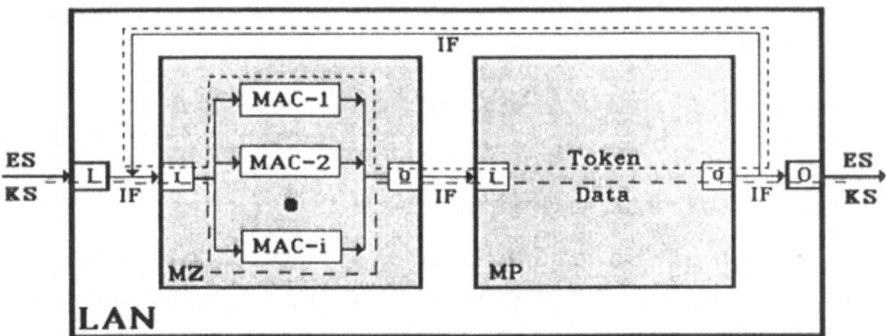

Bild 38. Funktionale Struktur eines LAN-Modells

Bild 38 zeigt schematisiert die Struktur der LAN-Modelle. In der Funktionseinheit *Medium-Zugriff* (MZ) wird das verteilte Zugriffsverfahren (MAC) auf das Übertragungsmedium einschließlich der MAC- spezifischen Prioritätssteuerung modelliert. Die Zugriffspriorität einer Nachricht wird dabei dem Parameterfeld der sie repräsentierenden Informationseinheit entnommen. Innerhalb des MZ-Moduls ist jeder Netzwerkadapter eines am LAN angeschlossenen Knotenrechners in einem Untermodul MAC-i repräsentiert, der den vollen Satz von Zugriffsfunktionen einer Station nachbildet.

In der Funktionseinheit *Medium-Physik* (MP) werden die physikalischen Gegebenheiten des Übertragungsmediums modelliert. Dies beinhaltet die Laufzeit von Daten-Frames und MAC-spezifischen Steuerinformationen wie Token- oder Jamming-Frames auf dem Medium unter Berücksichtigung von Datenrate, Distanz und Ausbreitungsgeschwindigkeit sowie der Verzögerungszeit durch in Ringnetze aktiv eingekoppelte Stationen bei der Signalwiederholung.

Medium-Zugriffs-Mechanismen

Zur Veranschaulichung der Funktionsweise sind in Bild 38 die Wege von Daten- und Steuer-Frames bei tokengesteuertem Mediumzugriff schematisch widergegeben. In Stationen erzeugte PDU's betreten das LAN am Port I und werden zu den stationsspezifischen MAC-Modulen geroutet, wo sie auf den Mediumzugriff warten (Die begrenzten Sende- und Empfangspuffer eines Netzwerkadapters sind im Modul NET-ACC von End- oder Koppelsystemen modelliert). Dieser Zugriff wird im Modell wie bei realen Token-LAN durch einen zirkulierenden Token gesteuert. Ein Schleifenlauf des Tokens im

Modell entspricht der Weitergabe des Tokens zwischen zwei aufeinanderfolgenden Stationen im realen LAN. Ein sendewilliger Netzwerkadaptor (MAC-i) wartet auf das Eintreffen des Tokens, womit ihm der Mediumzugriff erteilt ist. Er sendet ein oder mehrere Daten-Frames aus und gibt anschließend den Token wieder frei entsprechend den verschiedenen Tokensteuerungen bei IEEE-Token Ring, IEEE-Token Bus und FDDI-Token Ring /Schi86/.

Bei wahlfreiem Zugriff wie dem CSMA/CD-Verfahren (Ethernet) ergibt sich die gleiche Grundstruktur des LAN-Modells, jedoch mit anderer Ausprägung des MZ-Moduls. Hier wird ein Sendefenster pro Netzwerkadapter realisiert, um immer nur ein Paket pro Station am aktuellen Wettbewerb um den Mediumzugriff teilnehmen zu lassen. Bei diesem Wettbewerb dürfen alle sendewilligen Netzwerkadaptoren innerhalb des durch die Signallaufzeit auf dem Medium und damit der Mediumlänge festgelegten Kollisionsintervalls zu senden beginnen. Kommt dabei eine Kollision zustande, wird dies unmittelbar durch ein Jamming-Frame allen Netzwerkadaptoren mitgeteilt zur Einleitung ihrer Backoff-Phase, nach deren Ende sie erneut am Wettbewerb um den Mediumzugriff teilnehmen können /Hins87/.

Vorgebbare *Parameter* eines LAN-Modells sind (Nutzungsform NF1):

- Anzahl von angeschlossenen Stationen,
- Distanzen zwischen den einzelnen Stationen.

Durch einfache Modifikation der Funktionseinheiten (Nutzungsform NF2) lassen sich weitere Parameter verschiedener LAN-Typen wie z.B. die Datenrate und Ausbreitungsgeschwindigkeit auf dem Medium oder die Verzögerungszeit einer Station bei der Frameweiterleitung verändern. In der Nutzungsform NF1 werden sie nicht angeboten, da diese Werte in den jeweiligen Standards festgelegt sind.

5.2.2.2   Öffentliche Netze

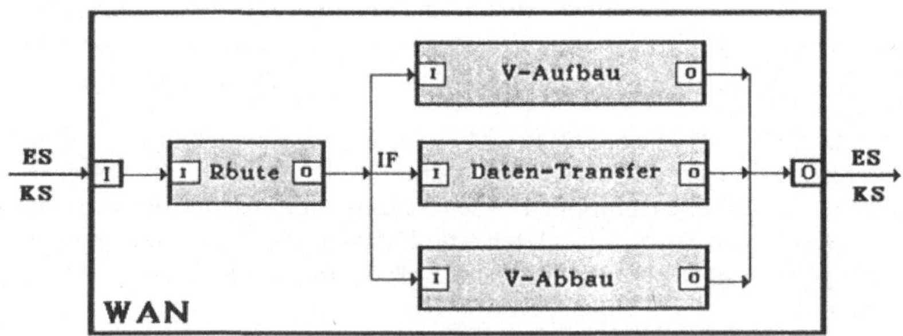

Bild 39.   Funktionale Struktur eines WAN-Modells

Im Gegensatz zu den vorher behandelten LAN erfolgt bei den öffentlichen Datennetzen eine verbindungsorientierte Übertragung mit den drei Operationsphasen Verbindungsaufbau, Datenübertragung und Verbindungsabbau (siehe Kapitel 2.1.5), woraus die in Bild 39 gezeigte Struktur der WAN-Modelle resultiert.

Die Funktionseinheiten *Verbindungs-Aufbau* und *Verbindungs-Abbau* modellieren die netzspezifischen Zeiten zur Ausführung (Übertragung) von Verbindungsaufbau- und Abbauwünschen gemessen zwischen den Teilnehmerschnittstellen eines Netzes. Das Modul *Daten-Transfer* modelliert die Nachrichtenübertragung in der Datentransferphase. Die Funktionseinheit *Route* steuert das Routing zu übertragender PDU's entsprechend der mitgeführten Typkennung (Data, Conn, Disc) im Parameterfeld der Informationseinheit.

Für eine alleinige Leistungsbewertung dieser Netze anhand ihrer Durchsatz- und Verzögerungscharakteristik sind die Phasen Verbindungsaufbau und -Abbau nicht erforderlich. Bei ihrer Einbindung als OSI-Subnetze in ein verbindungsloses Internetzwerk muß jedoch ein Datagrammdienst über diesen verbindungsorientierten Teilnetzen durch ein *Konvergenz-Protokoll* (siehe Kap. 2.1.5) erbracht werden, das zwischen den zur LAN/WAN/LAN-Kopplung eingesetzten Koppelsystemen abgehandelt wird und das hierzu erforderliche Verbindungsmanagement ausführt. Die Leistungsfähigkeit des so erbrachten Datagrammdienstes ist wesentlich von den Verbindungsaufbau - und Abbauzeiten des unterliegenden Subnetzes beeinflußt, weshalb ihre Berücksichtigung in einem Netzmodell erforderlich ist. Dies wird in Kap. 6.3.2 beim SNDCP-Entwurf noch ausführlich behandelt.

Vorgebbare *Parameter* eines WAN-Modells sind (Nutzungsform NF1):

- Mittlere Verbindungsaufbauzeit,
- Mittlere Verbindungsabbauzeit,
- Übertragungsrate in der Datentransferphase,
- Mittlere Netzlaufzeit von Nachrichten (einschließlich der Zwischenspeicherung bei paketvermittelnden Netzen).

5.2.3 Koppelsysteme

Die modellierten Koppelsysteme umfassen MAC-Layer-Bridge und OSI-Gateway. Beide Typen von Koppelsystemen können in OSI-Internetzwerken zur logischen Kopplung von Teilnetzen entsprechend der OSI-Internetzwerkphilosophie eingesetzt werden (siehe Kap. 2.1.4). Ihre Modellstrukturen werden nun aufgezeigt.

5.2.3.1 MAC-Layer-Bridge

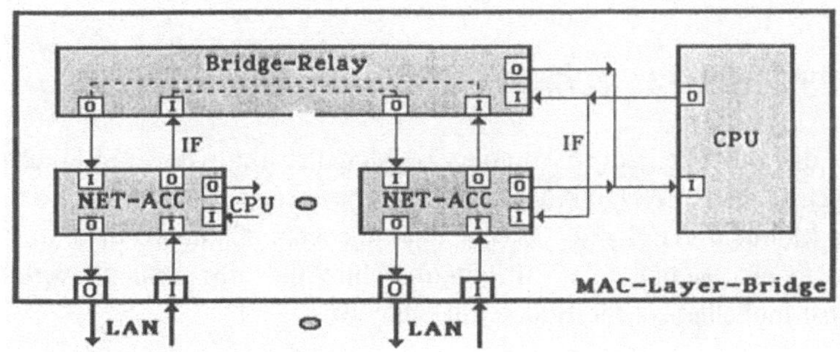

Bild 40. Struktur eines Bridge-Modells

Bild 40 zeigt die interne Struktur eines Bridge-Modells. Der Netzwerkzugriff auf die Teilnetze erfolgt wie bei einem Endsystem mit dem Modul *NET-ACC* (siehe Sektion 5.2.1.5), das den Datentransfer zwischen dem Hauptspeicher des Knotenrechners und den lokalen Sende- und Empfangspuffern des Netzwerkadapters modelliert.

Im Modul *Bridge-Relay* werden alle zum Routing und Relaying erforderlichen Bridge-Funktionen modelliert. Dies beinhaltet im wesentlichen Adreßanalyse und Routing sowie ein bei der Kopplung verschiedenartiger LAN erforderliches Frame-Mapping.

Die Verzögerung gemäß den in den Funktionseinheiten auftretenden Bearbeitungszeiten erfolgt wie beim Endsystem im CPU-Modul (Kap. 5.2.1.6), um beliebige Programm- und Prozessorstrukturen nachzubilden.

Veränderbare *Modellparameter* sind:

- Größe der lokalen Sende- und Empfangspuffer der Netzwerkadaptoren,
- Größe von LAN-spezifischen Bufferpools im Hauptspeicher des Knotenrechners,
- Priorität und Zeit der Prozessorbelegung für die Ausführung der in den einzelnen Funktionseinheiten modellierten Funktionen (Datentransfer zwischen lokalen Puffern der Netzwerkadaptoren und Datenpuffern im Hauptspeicher des Knotenrechners, Adressierung, Routing, und Weiterleitung von MAC-Frames im Bridge-Relay).

5.2.3.2 OSI-Gateway

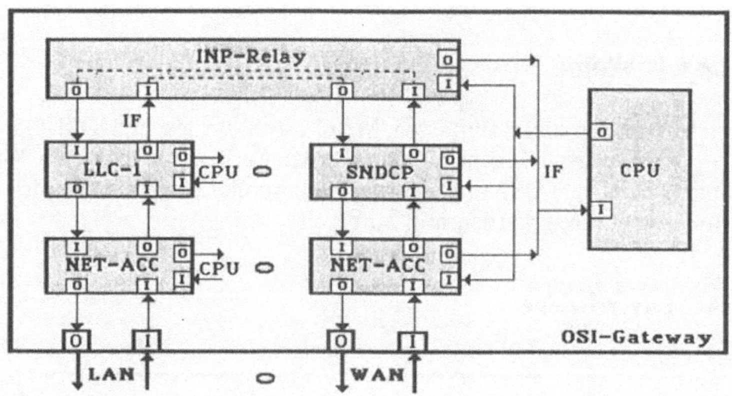

Bild 41. Struktur eines Gateway-Modells

Bild 41 zeigt die ähnliche, jedoch komplexere Modellstruktur des OSI-Gateways für den Fall einer (mehrfachen) LAN/WAN-Kopplung. Nach dem Netzwerkzugriff auf die Teilnetze in den Modulen *NET-ACC* werden hier die vom Knotenrechner auszuführenden Protokollfunktionen gemäß der Protokollarchitektur für einen verbindungslosen Netzwerkdienst modelliert (siehe Bild 8 auf Seite 20).

Auf der LAN-Seite erfolgt dies mit dem bereits beim Endsystem beschriebenen Modul *LLC-1* . Auf der WAN-Seite ist ein teilnetzspezifisches Modul **SNDCP** erforderlich, welches Verbindungsmanagement-Funktionen zur Übertragung von Datagrammen auf dem verbindungsorientierten WAN beinhaltet.

In der Funktionseinheit **INP-Relay** werden alle zum Relaying in einem Transitsystem erforderlichen Funktionen des Internetzwerkprotokolls modelliert. Diese umfassen Adreßanalyse und Routing, Lebensdauerkontrolle und teilnetzspezifische Fragmentierung bei der Weiterleitung von IPDU's. Auf eine Reassemblierung von Datagrammen wurde hier verzichtet, da sie i.d.R. nur in Endsystemen ausgeführt wird.

Vorgebbare **Modellparameter** sind (Nutzungsform NF1):

- Größe der lokalen Sende- und Empfangspuffer der Netzwerkadaptoren,
- Größe von subnetz-spezifischen Pufferpools im Hauptspeicher des Knotenrechners,
- Priorität und Zeit der Prozessorbelegung für die Ausführung der in den einzelnen Modulen modellierten Protokollfunktionen.

Hinzu kommen Parameter der teilnetzspezifischen SNDCP-Module, die jetzt aber nicht weiter behandelt werden. Beispiele hierzu sind die Haltezeit ungenutzer Verbindungen nach erfolgter Datagrammübertragung oder die Anzahl von logischen Kanälen bezüglich der zu erbringenden Multiplexfunktion, die in Kap. 6.3.2 diskutiert werden und in /Rose87/, /Zitt87/ ausführlich dokumentiert sind.

5.3   Vereinfachte Ersatzmodelle

In diesem Unterkapitel werden Entwurfskriterien, Modellstruktur, Kalibrierung und Leistungskenngrößen entwickelter Ersatzmodelle der Netzwerkkomponenten behandelt, die für die Modellierung großer Netzwerke mit einer Vielzahl von Stationen von großer Bedeutung für das NETSIM-System sind.

5.3.1   Entwurfskriterien

Die in Kapitel 5.2 vorgestellten Komponentenmodelle für Endsysteme, Koppelsysteme und Netze weisen eine Untergliederung in mehrere Funktionseinheiten auf, um die Funktionalität und den Detaillierungsgrad dieser Komponenten optimal an die gegebenen Untersuchungsziele und technischen Randbedingungen anpassen zu können. Für die Kalibrierung dieser Funktionseinheiten werden eine Vielzahl von entwurfsspezifischen Systemparametern benötigt, wie folgende Liste zeigt:

- Kapazität der Datenpuffer in den Netzwerkadaptoren und dem Hauptspeicher des Knotenrechners,

- Verwaltungszeiten und Kopierraten für den Datentransfer zwischen diesen Datenpuffern,

- Bearbeitungszeiten von Protokolldateneinheiten in den verschiedenen Protokollmodulen,

- Prozessorarchitektur des Knotenrechners und Prozeßstruktur der Implementierung zur Festlegung der Bedienprioritäten und der Auslegung des Prozessormoduls CPU.

Bei der Entwurfsplanung und Entwicklung von Netzwerkkomponenten liegen diese Kenndaten dem Modellierer i.d.R. vor oder werden zur Entwurfsoptimierung angenommen und variiert.

Zur Leistungsanalyse als Produkt verfügbarer realer Transportsysteme und ihrer Komponenten wie z.B. DEC-VOTS /DEC-VOTS/ (oder anderer, allerdings nicht den OSI-Standards entsprechenden Transportdiensten wie DECnet oder IBM-NETBIOS) sind diese Kenndaten i.a. jedoch nicht bekannt. Solche Systeme weisen eine **Black Box** -Charakteristik auf. In Endsystemen wird den Anwendungsinstanzen nur eine Schnittstelle zum Transportdienst angeboten und Koppelrechner im Transportsystem weisen überhaupt keine zugänglichen Software-Schnittstellen auf. Schnittstellen innerhalb der Protokollarchitektur wie z.B. der Datensicherungsschicht oder der Netzwerkschicht, eine Entwurfsdokumentation zur Prozeßstruktur sowie der Quellcode einer Implementierung sind i.d.R. nicht verfügbar. Bei solchen Transportsystemen können Leistungskenngrößen wie Durchsatz und Verweilzeit von Nachrichten lediglich durch Messungen an den angebotenen Dienstschnittstellen durchgeführt werden. Eine Ermittlung detaillierter Systemparameter mit hierzu geeigneten Meßsystemen wie NETMON ist jedoch nicht möglich.

Um auch für solche Systeme eine Konfigurationsplanung und Leistungsprognose vornehmen zu können, sind in dieser Arbeit *vereinfachte Ersatzmodelle* für die Netzwerkkomponenten entwickelt worden. Für ihren Entwurf wurden die Erkenntnisse zugrunde gelegt, die bei der Implementierung des HECTOR-TS sowie seiner Funktions- und Leistungsanalyse durch Vermessungen mit NETMON und simulative Untersuchungen mit NETSIM gewonnen wurden. Einzelergebnisse hierzu sind neben einer eigenen Veröffentlichung /ZiSG88/ mehreren am Institut für Telematik durchgeführten Studien- und Diplomarbeiten zu entnehmen, die in Kapitel 6 teilweise noch diskutiert werden /Schi86/, /Endr87/, /Hins87/, /Rose87/, /Zitt87/, /Nock88/, /Roll88/.

Diese Ersatzmodelle enthalten in stark abstrahierter Form die für eine (makroskopische) Leistungsbewertung signifikanten Elemente und Funktionen der Netzwerkkomponenten. Die Werte für ihre Kalibrierung können durch einen Satz von Messungen an zugänglichen Schnittstellen eines realen Netzwerks ermittelt werden. Das Grundprinzip dieser Vorgehensweise entstammt der Zwei- und Vierpoltheorie, die z.B. in der Elektrotechnik zur Charakterisierung von Bauelementen und zur Berechnung von Netzwerken große Bedeutung erlangt hat. Bekannte Beispiele hierzu sind die Ersatzschaltbilder für Strom- und Spannungsquellen /Grav71/, /Küpf73/.

Ein weiterer Grund zur Entwicklung dieser vereinfachten Ersatzmodelle war es, die Komplexität der in Kap. 5.2 behandelten Komponentenmodelle zu reduzieren. Deren im Verhältnis zu den Ersatzmodellen relativ komplexe Struktur erlaubt zwar eine detaillierte Analyse und Optimierung einzelner Netzwerkkomponenten, ist aber für eine rein makroskopische Betrachtung zur Konfigurationsplanung, Leistungsprognose und Erkennung von Engpässen bei umfangreichen Netzwerken mit mehreren Netzen, Koppelsystemen und einer Vielzahl von Endsystemen häufig nicht erforderlich.

Zusammenfassung

Es ergeben sich also folgende *Gründe* für die Entwicklung der vereinfachten Ersatzmodelle:

- Keine Verfügbarkeit von Kenndaten (Systemparametern) zur Kalibrierung detaillierter Komponentenmodelle.

- Reduzierung der Modellkomplexität auf einen Satz aggregierter Funktionen (Minimalsatz von Funktionalität), der die Leistungsfähigkeit eines Netzwerks signifikant beeinflußt.

Wesentliche *Entwurfsanforderungen* an diese Ersatzmodelle sind:

- Die Werte zu ihrer Kalibrierung müssen durch einen Satz von Messungen gewinnbar sein, die an zugänglichen Stellen eines realen Netzwerks ausführbar sind.

- Die Ersatzmodelle müssen die an den Schnittstellen erbrachten Leistungskenngrößen der repräsentierten Netzwerkkomponenten in guter Näherung erbringen.

5.3.2 Endsystem

5.3.2.1 Ersatzmodell

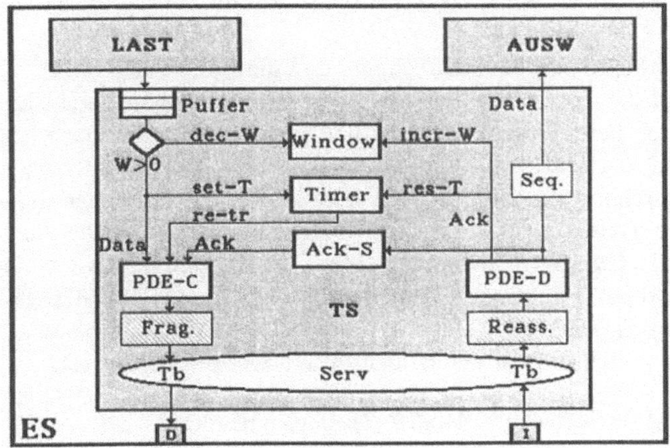

Bild 42. Vereinfachtes Ersatzmodell eines Endsystems

Bild 42 zeigt das entwickelte Ersatzmodell eines Endsystems. Es beinhaltet die bereits in Kap. 5.2.1 behandelten Module zur Lasterzeugung (LAST) und Auswertung (AUSW), die unabhängig vom Detaillierungsgrad und Funktionsumfang der modellierten Protokollarchitektur sind. Die modellierten *Funktionen des Transportsystems* sind in nur einem Modul (TS) aggregiert und reduziert auf:

- PDU-Komposition im Sendepfad (PDU-C) und Dekomposition (PDU-D) im Empfangspfad zur Berücksichtigung des insgesamt auftretenden Header-Overheads der Protokollsäule.

- Reihenfolgeerhaltung, Flußkontrolle und Fehlerbehandlung im Transportsystem, die bei den für das HECTOR-TS realisierten Modellen gemäß OSI-TP4 erfolgen. Die dazu erforderlichen Modellfunktionen *Window, Ack-S, Timer und Seq* sind dem detaillierten TP-4 Modul (siehe Kap. 5.2.1.2) entnommen.
In Analogie sind aber auch andere Mechanismen wie beim LLC-2 oder beim X.25-PLP Protokoll modellierbar.

- Aufsummierte Bearbeitungszeit Tb von Protokolldateneinheiten zum Durchlaufen aller im Knotenrechner befindlichen Protokollinstanzen im Sendepfad und Empfangspfad.

Es wird dazu nur eine prioritätsgesteuerte Bedienstation *Serv* verwendet, damit eine der beiden Flußrichtungen im Bedarfsfall bevorzugt bedient werden kann.

Nicht mehr explizit modelliert werden:

- Begrenzte Datenpuffer im Hauptspeicher und dem Netzwerkadapter,
- Prozessorarchitektur und Prozeßstruktur des Knotenrechners,
- Fragmentierung, Reassemblierung und Lebensdauerkontrolle von PDU's.

Auf die explizite Modellierung von begrenzten Puffern wird verzichtet, da in einem Ziel-ES ein Pufferüberlauf und dadurch bedingte PDU-Verluste durch die Flußkontrolle und die daraus resultierende Drosselung des sendenden Quell-ES verhindert wird. Dies gilt unter der Voraussetzung, daß die Anzahl der pro Verbindung verfügbaren freien Datenpuffer im Endsystem immer mindestens so groß wie die aktuelle Fenstergröße der Flußkontrolle ist. Da die maximale Fenstergröße beim Verbindungsaufbau unter Berücksichtigung vorhandener Puffer ausgehandelt wird, erscheint obige Voraussetzung erfüllt und die Vereinfachung zulässig.

Die Prozessorarchitektur des Knotenrechners und die Prozeßstruktur der Implementierung gehen implizit auf die daraus resultierende Bearbeitungszeit von PDU's im Knoten ein, die in ihrer Gesamtheit beim Durchlaufen der Bedienstation *Serv* berücksichtigt wird.

Die Einflüsse von Segmentierung und Lebensdauerkontrolle in der Netzwerkschicht können durch entsprechend gewählte Nachrichtenlängen (Schnittmenge aus den maximalen Paketlängen aller Teilnetze) und Lebenszeiten (wesentlich höher als maximale Netzlaufzeiten) in realen Netzwerken eliminiert werden. Sollten sie für Untersuchungen benötigt werden, können diese Funktionen dem detaillierten Modul INP-CL (Kap.5.2.1.3) entnommen und in das TS-Modul eingefügt werden, was durch die schraffiert markierten Funktionen *Frag* und *Reass* vor der Bedienstation *Serv* angedeutet ist.

Damit werden nur noch folgende ***Modell-Parameter*** benötigt:

HL   Aufsummierte Länge aller Protokollheader (TP4, INPCL, LLC1),

W, T   Fenstergröße W der Flußkontrolle und Timeout T zur Fehlerbehandlung,

Tp, Tc   Bearbeitungszeit einer PDU im Knotenrechner unterteilt in
einen konstanten Anteil Tp zur Ausführung der Protokollfunktionen und
einen längenabhängigen Anteil Tc zur Berücksichtigung der Datenkopiervorgänge.

Dieses Ersatzmodell ist zwar nicht zur Funktionsanalyse und Leistungsoptimierung eines einzelnen Endsystems geeignet, erfüllt aber die Anforderungen zur Modellierung und Leistungsprognose einzelner Datenwege (Netzpfade) und der Erkennung von Verkehrsengpässen in einem komplexen Netzwerk. Mit den modellierten Funktionen ist es möglich, den Lastausstoß eines Endsystems auf dem Netz bei unbekannten Implementierungsstrukturen und Kenndaten sowohl für zuverlässige Transportdienste mit Flußkontrolle und Fehlerbehandlung als auch für einfache Datagrammübertragungen (W, T --> oo) nachzubilden.

Neben der möglichen ***Kalibrierbarkeit*** anhand von Schnittstellenmessungen führen die gegenüber dem detaillierten Modell vorgenommenen Vereinfachungen und Abstraktionen zudem zu einer ***Komplexitätsreduktion*** von ca. 1 / 2.5, was bei der Modellierung großer Netze mit einer Vielzahl von Stationen große Auswirkungen hat. Dies wird in Sektion 5.4.4 noch genauer behandelt.

5.3.2.2 Kalibrierung

Die aufsummierte *Headerlänge HL* aller Protokollheader kann den jeweiligen Protokollstandards entnommen werden.

Die Protokollparameter *Fenstergröße W* und *Timeout T* sind i.d.R den Initialisierungsdaten der Protokollsoftware zu entnehmen, da diese Größen i.a. applikationsspezifisch einstellbar sind. Wenn nicht, so sind sie meßtechnisch ermittelbar, was im folgenden noch aufgezeigt wird.

Die in den konstanten Anteil *Tp* und den längenabhängigen Anteil *Tc* unterteilte *Bearbeitungszeit Tb* von Nachrichten zum Durchlaufen der Protokollsäule muß i.d.R. durch Messungen am realen System gewonnen werden.

Benötigte *Hilfsmittel* zur Durchführung dieser Messungen sind ein Lastprogramm zur Erzeugung einer geeigneten Benutzerlast im Endsystem und ein Meßinstrument zur zeitlichen Erfassung seines Nachrichtenausstosses auf dem Netz, wie es in Bild 45 auf Seite 93 dargestellt ist. Das Lastprogramm LAST-S muß Nachrichten vorgebbarer Länge erzeugen und damit den Transportdienst so schnell bedienen, wie sie dort abgenommen werden können. Die zeitliche Erfassung des Nachrichtenausstoßes auf dem Netz kann entweder durch die Beobachtung des Übertragungsmediums mit einem sogenannten *Line Monitor* (siehe Kap. 2.2.2.2) oder durch eine Empfängerstation mit bekanntem Zeitverhalten und Einrichtungen zur zeitlichen Erfassung ankommender Nachrichten erfolgen (LAST-E), wobei natürlich sendendes und empfangendes Endsystem sich am selben Medium (Netz) befinden sollten.

a) Bearbeitungszeit Tb

Zur Messung der Bearbeitungszeit Tb muß die Flußkontrolle ausgeschaltet werden. Dazu sollten Fenstergröße W und Timeout T mit möglichst großen Werten initialisiert werden, um ihre drosselnde Wirkung auf den Ausstoß des Netzknotens möglichst lange zu eliminieren. Auch sollte das unterliegende Netz zum Meßzeitpunkt möglichst wenig belastet sein, um Wartezeiten des Endsystems beim Mediumzugriff zu vermeiden. Innerhalb der ungedrosselten Sendephase entspricht die auf dem Netz beobachtbare Zwischenankunftszeit Tzwa von Nachrichten dann ihrer insgesamt im Knoten auftretenden Bearbeitungszeit Tb, da keine protokollzustandsbedingten und mediumzugriffsbedingten Wartezeiten enthalten sind.

Für die von der Nachrichtenlänge L abhängige Bearbeitungszeit Tb gilt:

$$\text{Tb(L)} \quad = \quad \text{Tp} + \text{Tc(L)} \quad = \quad \text{Tzwa (gemessen)} \tag{1}$$

Begründet auf die in Kap. 6.5 (Bild 82 auf Seite 150) behandelten Analsyse-Ergebnisse bei der Vermessung von Netzknoten des HECTOR-TS sowie simulativer Untersuchungen mit detaillierten Modellen wird die Abhängigkeit der Bearbeitungszeit Tb von der Nachrichtenlänge L in linearer Näherung angenommen. Damit lassen sich die Anteile Tp und Tc(L) leicht durch Messungen der Zwischenankunftszeit bei verschiedenen Nachrichtenlängen berechnen.

$$\text{Tp} \quad = \quad \text{Tb(L=0)} \qquad\qquad \text{Konstanter Anteil} \tag{2}$$

$$\text{Tc(L=n)} = \text{Tb(L=n)} - \text{Tp} \qquad \text{Kopierzeit für n Bytes} \tag{3}$$

$$\text{Rc} \quad = \quad (\text{Tb(L=n)} - \text{Tp}) \ / \ \text{n} \qquad \text{Kopierrate (Zeit/Byte)} \tag{4}$$

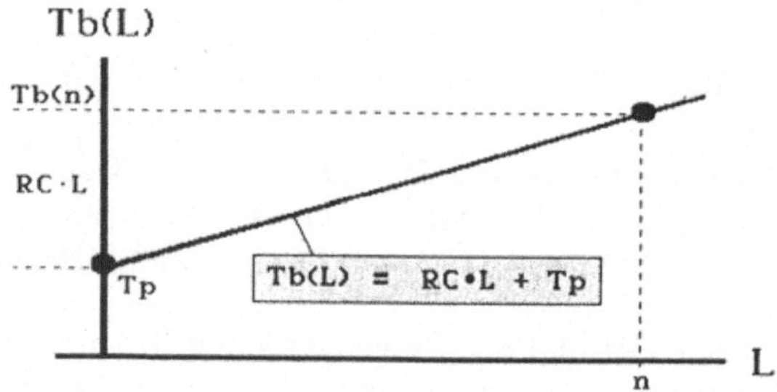

Bild 43. Ermittlung der Bearbeitungszeit Tb als Funktion der Nachrichtenlänge L

Bild 43 zeigt in einem Diagramm die Meßpunkte Tb(L=0) = Tp, Tb(L=n) und die bei linearer Näherung resultierende Gerade

$$Tp(L) = Rc * L + Tp \tag{5}$$

deren Steigung die Kopierrate Rc bildet.

b) Fenstergröße W und Timeout T

Fenstergröße W und Timeout T können ebenfalls anhand des Knotenausstosses auf dem Netz ermittelt werden. Dazu muß zunächst eine Transportverbindung zwischen zwei Endsystemen am selben Medium etabliert werden. Dann wird im beobachteten Quellsystem ein langer Nachrichtenburst an das Zielsystem erzeugt und der Ausstoß des Knotens mit dem Monitor aufgezeichnet (siehe Bild 45). Die Zahl in Sequenz ausgestoßener Datenpakete auf dem Netz bis zum Einsetzen der Flußkontrolle reflektiert die Fenstergröße W. Deaktiviert man während einer ausgelasteten Transportverbindung das Zielsystem und zeichnet den Paketstrom auf dem Netz auf, so ergibt sich der Timeout T aus dem Zeitintervall für die Paketwiederholungen.

5.3.3   Koppelsystem

5.3.3.1   Ersatzmodell

Bild 44 zeigt das Ersatzmodell eines Koppelsystems zur Verknüpfung zweier Netze. Es beinhaltet pro Übertragungsrichtung lediglich eine endliche *Warteschlange P* zur Nachbildung eines Pufferspeichers begrenzter Kapazität und einer prioritätsgesteuerten *Bedienstation KP* zur Nachbildung der insgesamt beim Durchlaufen des Koppelsystems auftretenden Bearbeitungszeit Tb einer Nachricht (Adreßdekodierung, Routing, Mapping, Relaying) durch einen oder mehrere Prozessoren des realen Koppelsystems.

Vom einem Netzmodell empfangene Nachrichten werden in einem Datenpuffer des zugeordneten Pufferspeichers P zwischengespeichert, an der nachfolgenden Bedienstation KP mit FIFO-Bedienungsdisziplin in Abhängigkeit ihrer Nachrichtenlänge L um die Bearbeitungszeit Tb(L) verzögert und anschließend an das Modell des Nachbarnetzes weitergeleitet. Der Datenpuffer wird aber erst nach erfolgter Aussendung der Nachricht auf dem

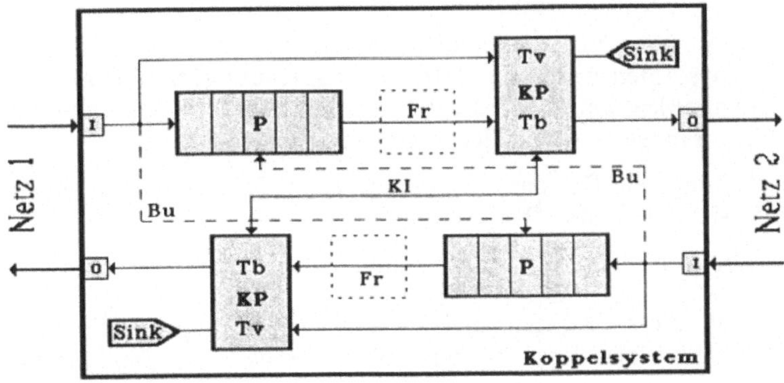

Bild 44. Vereinfachtes Ersatzmodell eines Koppelsystems

Nachfolgernetz durch die im Netzmodell enthaltenen Zugriffsfunktionen des Netzwerkadapters wieder freigegeben, indem eine entsprechende Steuernachricht (Bu) an das sendene Koppelsystem geleitet wird, die dort die Pufferfreigabe bewirkt.

Kann eine ankommende Nachricht aufgrund eines vollen Puffers P nicht zwischengespeichert werden, so wird sie verworfen. Diese *Verlustbehandlung* erfordert die Prozessorzeit Tv und erfolgt mit unterbrechender Priorität. Dadurch wird die Verzögerungszeit Tb einer gerade bearbeiteten gepufferten Nachricht entsprechend erhöht. Dieser Mechanismus dient zur Berücksichtigung des Überlastverhaltens eines Koppelrechners, das hier im Gegensatz zum vereinfachten Endsystem nicht vernachlässigbar ist, wie folgende Betrachtung zeigt:
Koppelsysteme stellen Verkehrskonzentratoren und damit potentielle Engpässe in einem Internetzwerk dar. Bei verbindungslosem Netzwerkdienst mit ungesicherter Datagrammübertragung bietet die Protokollarchitektur den Koppelsystemen keine Möglichkeit zur *Backpressure* der sendenden Endsysteme und damit einer Drosselung ihres Verkehrsaufkommens, was im Überlastfall zu Pufferüberlauf und daraus resultierenden großen Paketverlusten führt. Die Behandlung dieser Verluste kann zu einem starken Absinken des Kopplerdurchsatzes im Überlastbereich führen (abhängig von der jeweiligen Implementierungsstruktur), was Vermessungen und darauf basierte simulative Untersuchungen des OSI-Gateways im HECTOR-TS mit detaillierten Modellkomponenten gezeigt haben /Hins87/, /ZiGS88/ und anhand von Bild 85 auf Seite 156 in Kapitel 6.5.2.3 dargestellt ist.

Die beiden gerichteten Übertragungswege dieses Ersatzmodells sind getrennt voneinander modelliert, um auch Koppelsysteme mit mehreren Prozessoren und voneinander unabhängigen Übertragungswegen nachbilden zu können. In realen Koppelsystemen ist jedoch häufig nur ein Prozessor vorhanden, der alle Operationen im Koppelrechner ausführt. Bei unidirektionalem Internetzverkehr spielt dies keine Rolle. Bei bidirektionalen Verkehrsströmen muß die Prozessorleistung jedoch an beide Übertragungswege aufgeteilt werden. Zur Berücksichtigung dieser *Nachbarkanalbeeinflussung* überwacht jeder Kanal des Ersatzmodells die Aktivität seines Nachbarn. Bei vorhandener Kanalinterferenz werden die Bearbeitungszeit Tb und die Verlustbehandlungszeit Tv eines Kanals um einen meßtechnisch ermittelten Interferenzfaktor Ki erhöht, solange der Nachbarkanal aktiv ist.

Für dieses Ersatzmodell eines Koppelsystems ergeben sich folgende *Parameter:*

P   Kapazität der Pufferspeicher in den Übertragungswegen.

Tp, Tc   Bearbeitungszeit einer weiterzuleitenden Nachricht unterteilt in
einen konstanten Anteil Tp (Adressierung, Routing, Mapping) und
einen variablen Anteil Tc(L) zur Erfassung aller im Koppelrechner auftretenden
Kopiervorgänge in Abhängigkeit der Nachrichtenlänge L.

Tv   Bearbeitungszeit für das Wegwerfen einer Nachricht bei vollem Puffer zur
Berücksichtigung des Überlastverhaltens.

Ki   Interferenzfaktor zur Berücksichtigung der Nachbarkanalbeeinflussung.

Die Mechanismen dieses Ersatzmodells ermöglichen es, die meßtechnisch erfaßbare
Relay-Charakteristik eines Koppelsystems bei *unbekannter Implementierungsstruktur*
nachzubilden, wenn verbindungslose Teilnetze mit ungesicherten
Datagrammübertragungen verknüpft werden. Dabei werden Segmentierung und Lebensdauerkontrolle von Nachrichten nicht berücksichtigt. Wie bereits beim vereinfachten Modell eines Endsystems aufgeführt wurde, können diese Funktionen im Bedarfsfall dem
detaillierten INP-CL Modul entnommen und hinzugefügt werden. Dies ist in Bild 44
durch die gestrichelt eingezeichnete Funktion *FR* angedeutet.
Neben der *Kalibrierbarkeit* anhand von Schnittstellenmessungen ergibt sich bei dem hier
behandelten Ersatzmodell eine *Komplexitätsreduktion* gegenüber einem vergleichbaren detaillierten Modell von etwa 1/5.

5.3.3.2   Kalibrierung

Die meßtechnische Ermittlung dieser Modellparameter unterliegt folgender Berechnungs-
grundlage für einen gerichteten Übertragungsweg. Die Verweilzeit Td (Delay) einer
weiterzuleitenden Nachricht im Koppelsystem setzt sich zusammen aus der Bearbeitungszeit Tb durch den Koppelprozessor und der Wartezeit Tw im Datenpuffer.

$$Td \quad = \quad Tw + Tb \tag{6}$$

Die Wartezeit Tw hängt von der Anzahl N im Datenpuffer gespeicherter Nachrichten und
ihrer Bedienzeit Tb ab. Bei nichtvorhandener Verlustbehandung durch den Prozessor KP
und damit alleiniger Bedienung der gepufferten Nachrichten mit FIFO-Disziplin ergibt
sich die Wartezeit Tw bei konstanter Nachrichtenlänge L zu:

$$Tw \quad = \quad (N-1) * Tb \tag{7}$$

Daraus folgt die Verweilzeit Td:

$$Td \quad = \quad N * Tb \tag{8}$$

Glg.(8) stellt das bekannte *Little'sche Gesetz* dar, wonach die mittlere Verweilzeit von
Kunden in einem Bediensystem gleich ihrer Anzahl multipliziert mit ihrer Bedienzeit ist
/Klei75/.

a) Bearbeitungszeit Tb

Die Bearbeitungszeit Tb ist wie beim Endsystem aus einem konstanten Anteil Tp und
einem längenabhängigen Anteil Tc zusammengesetzt und kann wie beim Endsystem aus
der Zwischenankunftszeit Tzwa vom Koppelsystem ausgestoßener Pakete bei verschie-

denen Nachrichtenlängen L gemessen werden unter der Voraussetzung, daß der Koppelprozessor immer ausgelastet ist. Die entsprechende Meßanordnung zeigt Bild 45.

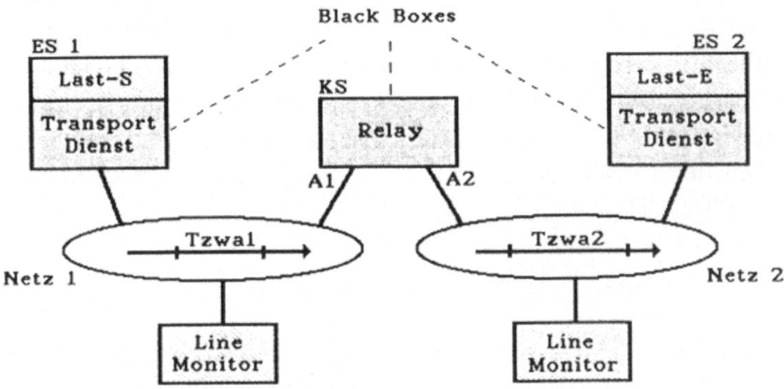

Bild 45. Meßanordnung zur Ermittlung der Modell-Parameter eines End- oder Koppelsystems

Es wird dazu ein Endsystem ES1 mit einem synthetischen Lastprogramm zur Erzeugung des Ankunftsstroms A1 am Koppelsystem benötigt sowie ein Line-Monitor oder ein empfangendes Endsystem ES2 zur zahlenmäßigen und zeitlichen Erfassung des Abgangsstromes A2. Der Ankunftsstrom A1 soll einstellbare konstante Zwischenankunftszeiten und Nachrichtenlängen aufweisen. Im Gegensatz zum Endsystem sind im Koppelsystem keine Mechanismen zur Flußkontrolle vorhanden und die Messung kann daher im stationären Betrieb durchgeführt werden.

Zur Ermittlung der anteiligen Bearbeitungszeiten Tp und Tc wird in zwei Messungen mit verschiedener Nachrichtenlänge der Ankunftsstrom A1 bis zur Grenzlast des Koppelsystems gesteigert, die durch das Einsetzen von Nachrichtenverlusten anhand eines Vergleichs der beiden Lastströme A1 und A2 festgestellt werden kann. Eine größere Überlastung des Koppelsystems sollte vermieden werden, damit der Koppelprozessor zwar immer ausgelastet ist, aber noch keine Verlustbehandlungen in nennenswertem Umfang durchführen muß, die das Meßergebnis verfälschen könnten. Aus der Zwischenankunftszeit Tzwa2 des Ausgangsstromes A2 ergibt sich die längenabhängige Bearbeitungszeit Tb(L) gemäß Bild 43.

b) Pufferkapazität P

Die Kapazität P des Pufferspeichers ergibt sich aus der Anzahl N speicherbarer Nachrichten mit vorgegebener Länge L.

$$P = N * L \qquad (9)$$

Unter Einbeziehung von Glg.(8) ergibt sich die Pufferkapazität P aus der meßbaren Verweilzeit Td und der ebenfalls meßbaren Bearbeitungszeit Tb bei bekannter Nachrichtenlänge L:

$$P = Td / Tb(L) * L \qquad (10)$$

Eine Möglichkeit zur Messung der Verweilzeit Td ist die Verwendung von zwei Line-Monitoren, die eine einheitliche Zeitbasis besitzen. Wie der Überblick bei den Werkzeugen zur Leistungsmessung gezeigt hat (Kapitel 2.2.2.2), sind solche Monitore mit gemeinsamer Zeitbasis aber heute noch wenig vorhanden.

Eine Alternative zur Ermittlung der Pufferkapazität P bietet folgende Überlegung: Es wird ein Ankunftsstrom A1 am Koppelsystem erzeugt, der größer als dessen Abgangsstrom A2 ist. Der zu Meßbeginn leere Pufferspeicher beginnt sich aufgrund der Überlast zu füllen. Aus dieser meßbaren Füllzeit Tf und meßbaren Zwischenankunftszeiten Tzwa1 und Tzwa2 von Eingangslast A1 und Ausgangslast A2 läßt sich die Pufferkapazität P als die Differenz zwischen der Anzahl abgesendeter und angekommener Nachrichten der Länge L innerhalb der Füllzeit Tf gewinnen:

$$P \quad = \quad (1/Tzwa(A1) \ - \ 1/Tzwa(A2)) \ * \ L \ * \ Tf \qquad (11)$$

Zur Messung der Füllzeit Tf müssen die im Endsystem ES1 erzeugten Nachrichten eine Laufnummer mit sich führen. Im Endsystem ES2 muß anhand der Laufnummer die erste Unterbrechung in der Folgesequenz und damit der erste Pufferüberlauf festgestellt werden. Zudem ist eine Uhr zur Messung der Füllzeit Tf erforderlich. Die Zwischenankunftszeiten der beiden Lastströme A1 und A2 können entweder durch Line-Monitore oder durch Uhren in den Endsystemen ermittelt werden.

c) Verlustbehandlungszeit Tv

Zur Ermittlung der Verlustbehandlungszeit Tv muß eine Überlastsituation (Index ü) am Koppelsystem erzeugt werden (A1 > A2). Aus dem meßbaren Ankunftsstrom A2 als Durchsatz eines Übertragungskanals ergibt sich die Bearbeitungszeit Tbü einer Nachricht im Überlastfall zu:

$$Tbü \quad = \quad L \ / \ A2 \qquad (12)$$

Dabei kommen auf eine erfolgreich übertragene Nachricht eine Anzahl n von Nachrichtenverlusten, die sich aus der Differenz von Eingangs- und Ausgangsstrom ergibt:

$$n \quad = \quad (A1 \ - \ A2) \ / \ A2 \qquad (13)$$

Die Bearbeitungszeit Tb(ü) einer Nachricht setzt sich aus der meßbaren Bedienzeit Tb im verlustfreien Fall und der insgesamt erforderlichen Verlustbehandlungszeit während ihrer Bearbeitung zusammen:

$$Tbü \quad = \quad Tb \ + \ n \ * \ Tv \qquad (14)$$

Aus den Glg.(12) und (14) ergibt sich dann die Verlustbehandlungszeit Tv zu:

$$Tv \quad = \quad (L/A2 \ - \ Tb) \ * \ A2/(A1 \ - \ A2) \qquad (15)$$

Sie läßt sich also bei gegebener Nachrichtenlänge L aus den meßbaren Größen Eingangslaststrom A1, Ausgangslaststrom A2 und der Bearbeitungszeit Tb im verlustfreien Fall ermitteln.

d) Kanalinterferenz Ki

Nach der Ermittlung der Parameterwerte für die beiden unidirektionalen Übertragungswege muß abschließend noch die Kanalinterferenz Ki bestimmt werden, mit der das Absinken des Kanaldurchsatzes beim Übergang vom Simplex- zum Duplexbetrieb des Koppelsystems quantitativ erfaßt werden kann.

Der maximale Durchsatz Dmax eines Übertragungskanals berechnet sich aus der Anzahl bedienter Nachrichten/Zeiteinheit und ihrer Länge L:

$$Dmax \;=\; L \;/\; Tb(L) \tag{16}$$

Mit Glg.(5) ergibt sich damit Dmax als Funktion der Nachrichtenlänge L:

$$Dmax \;=\; L \;/\; (Tp + Rc * L) \tag{17}$$

Das Diagramm dieser Kurve ist in Bild 46 dargestellt. Für große Nachrichtenlängen L wird der Durchsatz asymptotisch durch die Kopierrate Rc begrenzt. Mit absinkender Länge L nimmt der durch die Protokollfunktionen bedingte Overhead Tp zu und der Durchsatz nähert sich dem Nullpunkt.

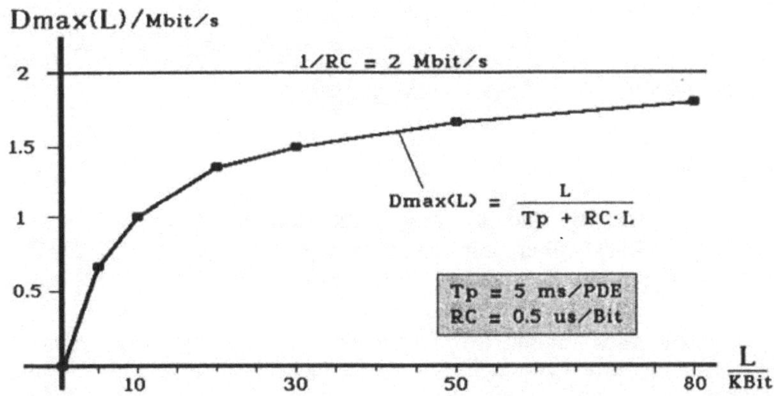

Bild 46. Maximaler Durchsatz Dmax eines Übertragungskanals als Funktion der Nachrichtenlänge L

Die Bedienzeit Tb eines Übertragungskanals wird im Ersatzmodell bei aktivem Nachbarkanal um den Wert Ki verlängert:

$$Tbi \;=\; (1 + Ki) * Tb \tag{18}$$

Daraus ergibt sich die Kanalinterferenz Ki zu:

$$Ki \;=\; Tbi/Tb \;-\; 1 \tag{19}$$

Unter Verwendung von Glg.(16) läßt sich die Kanalinterferenz Ki aus dem meßbaren maximalen Durchsatz eines Übertragungskanals bei Simplexbetrieb und bei Duplexbetrieb des Koppelsystems gewinnen:

$$Ki \;=\; Dmax(Simplex) \;/\; Dmax(Duplex) \;-\; 1 \tag{20}$$

Bei völlig entkoppelten, mit getrennten Prozessoren realisierten Übertragungswegen bleibt der Kanaldurchsatz unabhängig von der Betriebsweise und die Kanalinterferenz beträgt den Wert $Ki = 0$.

Ist das Koppelsystem mit nur einem Prozessor realisiert, so reduziert sich der maximale Durchsatz eines Übertragungskanals im Duplexbetrieb. Bei idealisierten Annahmen sinkt der Durchsatz pro Kanal auf die Hälfte ab und die Kanalinterferenz beträgt den Wert $KI = 1$. Ki kann auch Werte > 1 annehmen bedingt durch den Overhead bei der Zuteilung des Prozessors an die beiden Übertragungswege (Umschaltverluste).

Bei der Realisierung eines Koppelsystems mit nur einem Koppelprozessor können Wartezeiten in der im Simplexbetrieb ermittelten Nachrichtenbearbeitungszeit Tb eines Kanals enthalten sein bedingt durch Synchronisationszeiten zwischen den Netzwerkadaptoren und dem eigentlichen Koppelprozessor, was in Kap. 6.5.1 (Bild 79 auf Seite 147) behandelte Vermessungen von MAC-Layer-Bridges gezeigt haben. Arbeitet das Koppelsystem im Duplexbetrieb, so können diese Wartezeiten zur Bedienung des Nachbarkanals genutzt werden. In diesen Fällen bewegen sich die Ki-Werte zwischen 0 und 1.

5.3.3.3 Leistungskenngrößen

Abschließend wird die Leistungscharakteristik dieses vereinfachten Ersatzmodells für Koppelsysteme (bei verbindungslosem Dienst der Koppelebene) und der Einfluß seiner Parameter P, Tp, Rc, Tv und Ki anhand von Simulationsergebnissen aufgezeigt. Bild 47 zeigt hierzu den Einfluß der Kanalinterferenz, Bild 48 den Einfluß der Verlustbehandlung auf Durchsatz und Verweilzeit eines Übertragungskanals.

a) Kanalinterferenz

Das obere Diagramm in Bild 47 zeigt den *Durchsatz* eines Übertragungskanals (ARR_STHPUT: Mbit/s) über der angebotenen Last (DEP_STHPUT: Mbit/s) in Abhängigkeit der Kanalinterferenz Ki als Scharparameter (Kurve 1, 2, 3, 4, 5: Ki = 0, 0.5, 1, 2, 4).

Das Koppelsystem wird dabei im Duplexbetrieb mit symmetrischen Lastströmen beaufschlagt, die konstante Zwischenankunftszeiten bei gegebener Last und eine konstante Nachrichtenlänge von 1 KByte aufweisen. Für die Bearbeitungszeit Tb sind ein konstanter Anteil $Tp = 4$ ms/Nachricht und eine Kopierrate $RC = 0.5$ us/Bit angenommen. Bei der Nachrichtenlänge von 1 KByte ergeben sich damit gleiche Werte für die Kopierzeit Tc und die Protokollzeit Tp. Der Einfluß der Verlustbehandlung ist hier eliminiert durch $Tv = 0$.

Bei völlig entkoppelten Übertragungswegen ist $Ki = 0$ (Kurve 1) und es ergibt sich der gemäß Glg.(17) erwartete maximale Durchsatz $Dmax(L = 1 KB) = 1$ Mbit/s. Mit steigender Kanalinterferenz fällt der Grenzdurchsatz ab und erreicht bei $Ki = 1$ (Kurve 3) seinen Halbwert, was die Aufteilung nur eines Koppelprozessors an beide Übertragungskanäle reflektiert. Eine weitere Erhöhung von Ki verdeutlicht den verwaltungsbedingten Overhead bei der Kanalumschaltung und senkt den Grenzdurchsatz weiter ab.

Das untere Diagramm in Bild 47 zeigt die zugehörigen *Verweilzeiten* (M_STIME: ms) von Nachrichten beim Durchlaufen des Übertragungskanals, wobei sich folgender prinzipieller Verlauf ergibt:
Unterhalb des Grenzdurchsatzes treten keine Wartezeiten auf und die Verweilzeit entspricht der Bearbeitungszeit Tb, die gemäß Glg.(18) linear mit der Kanalinterferenz Ki ansteigt. Bei Überschreitung der Grenzlast erhöht sich die Verweilzeit um die Wartezeit

Tw, die von der Anzahl speicherbarer Nachrichten und damit der Pufferkapazität P gemäß Glg.(9) abhängt, die hier 8 KBytes beträgt.

Bei entkoppelten Kanälen (Kurve 1: Ki=0) ergibt sich in diesem Fall die Verweilzeit Td = 64 ms gemäß Glg.(8). Mit wachsender Kanalinterferenz steigt sie gemäß Glg.(18) linear an, erreicht bei Ki=1 (Kurve 3) den doppelten Wert und klettert bis auf 320 ms bei Ki=4 (Kurve 5).

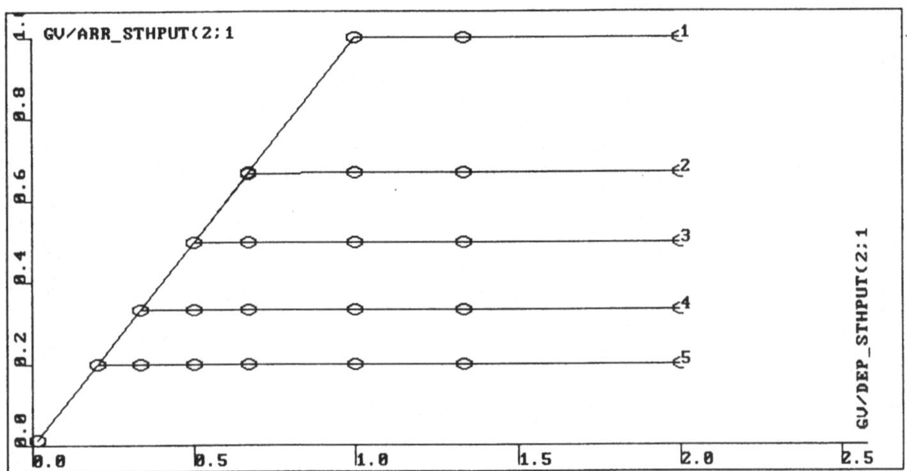

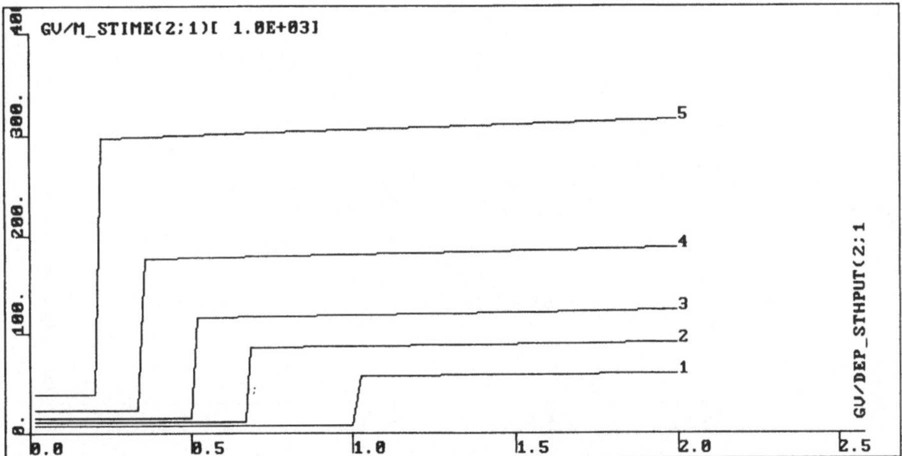

Bild 47. Einfluß der Kanalinterferenz auf Durchsatz (oberes Diagramm) und Durchlaufverzögerung (unteres Diagramm) eines Übertragungskanals

b) Verlustbehandlung

Das obere Diagramm in Bild 48 zeigt den *Durchsatz* eines Übertragungskanals (ARR_STHPUT: Mbit/s) über der angebotenen Last (DEP_STHPUT: bit/s) bei Variation der Verlustbehandlungszeit Tv und eliminierter Kanalinterferenz (Ki=0). Wird zum Verwerfen von Nachrichten keine Prozessorzeit benötigt, so bleibt der Durchsatz im Überlastbereich auf seinem Maximalwert von 1 Mbit/s (Kurve 1: Tv = 0). Mit zunehmender Verlustbehandlungszeit (Kurve 2: Tv = 2ms, Kurve 3: Tv = 4 ms und Kurve 4:

Tv = 6 ms) fällt der Durchsatz nach dem Auftreten von Verlusten jenseits des Grenzdurchsatzes von 1 Mbit/s mit zunehmender Überlast linear ab. Erreicht die Zwischenankunftszeit Tzwa1 des Laststromes A1 am Kanaleingang die Größe der Verlustzeit Tv, so ist der Kanal nur noch mit Verlustbehandlungen beschäftigt und der Durchsatz fällt auf Null ab.

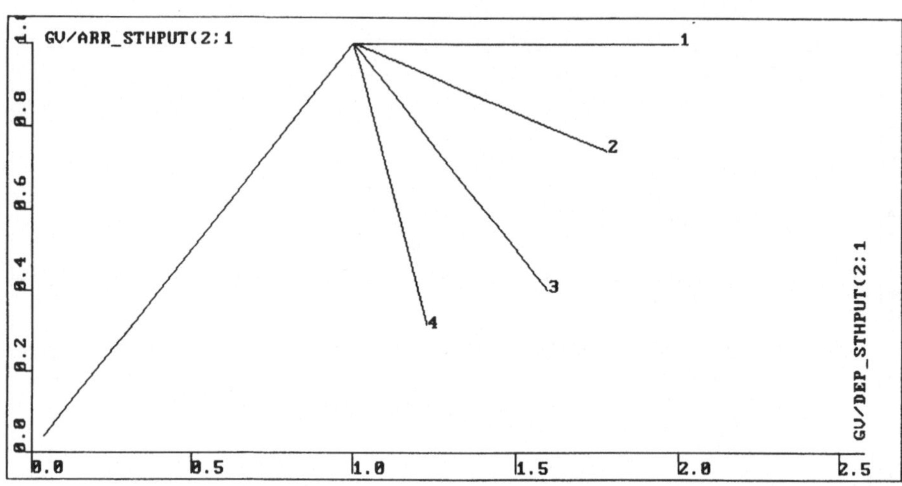

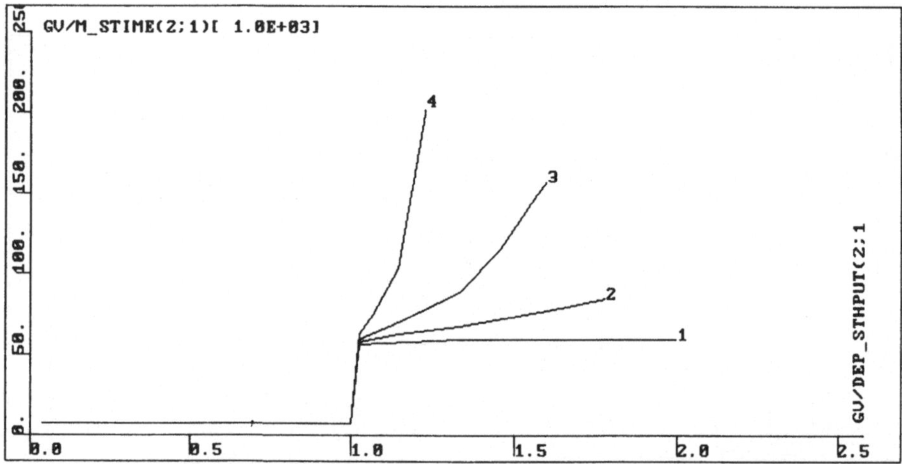

Bild 48. Einfluß der Verlustbehandlung auf Durchsatz (oberes Diagramm) und Durchlaufverzögerung (unteres Diagramm) eines Übertragungskanals

Das untere Diagramm in Bild 48 zeigt die zugehörigen *Verweilzeiten* gemäß Glg.(14). Für Tv = 0 (Kurve 1) ergibt sich derselbe Verlauf wie bei Ki=0 (unteres Diagramm in Bild 47, Kurve 1) und die Verweilzeit Td erreicht im Überlastbereich den Wert von 64 ms. Für Tv > 0 steigt die Verweilzeit jenseits der Grenzlast von 1 Mbit/s mit steigender Überlast an und kann bei größeren Tv-Werten (Kurve 4: Tv = 6) schnell ein Vielfaches des Wertes bei Tv=0 erreichen, da der Kanalprozessor dann stark mit Verlustbehandlungen beschäftigt ist.

Diese beiden Diagramme lassen sich auch analytisch überprüfen, wie folgende Herleitung von Durchsatz und Verweilzeit belegt. Bild 49 zeigt hierzu die Aktivität der prioritätsgesteuerten Bedienstation KP eines Übertragungskanals (siehe Bild 44 auf Seite 91).

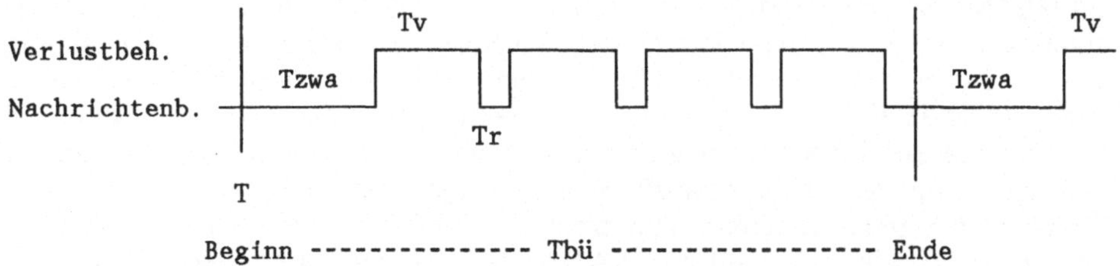

Bild 49. Zeitlicher Verlauf der Bedienung bei Überlast

Zum Zeitpunkt T beginnt die Bearbeitung einer Nachricht. Nach Ablauf der Zwischenankunftszeit Tzwa des Eingangslaststromes Al treten Verlustbehandlungen der Dauer Tv auf. Pro Verlust bleibt die Restzeit Tr zur weiteren Bearbeitung der Nachricht.

$$Tr \quad = \quad (Tzwa - Tv) \tag{21}$$

Aus der verbleibenden Bedienzeit (Tb - Tzwa) und der Restzeit Tr folgt die Anzahl Verlustzyklen der Dauer Tzwa. Daraus ergibt sich für die Bearbeitungsdauer Tbü der Nachricht insgesamt:

$$Tbü \quad = \quad Tzwa \ + \ (Tb - Tzwa)/Tr * Tzwa \tag{22}$$

$$= \quad Tzwa \ (1 \ + \ (Tb - Tzwa)/(Tzwa - Tv)) \tag{b}$$

Aus der Anzahl N gepufferter Nachrichten gemäß Glg.(9) ergibt sich die Verweilzeit Tdü im Überlastfall zu:

$$Tdü \quad = \quad P/L \ * \ Tbü \tag{23}$$

und der Durchsatz Dü im Überlastfall entsprechend Glg.(16) zu:

$$Dü \quad = \quad L/Tzwa \ * \ (Tzwa - Tv)/(Tb - Tv) \tag{24}$$

Damit lassen sich die mit Simulationen erzeugten Kurven der beiden Diagramme verifizieren.

5.3.4 Lokale Netze

5.3.4.1 Ersatzmodell

Viele mit NETMON durchgeführte Messungen im HECTOR-TS /Hins87/, /Gerb88/ sowie Simulationsexperimente mit detaillierten LAN-Modellen /Schi86/ haben gezeigt, daß die Leistungskenngrößen des erbrachten Transportdienstes in wesentlichem Maße von den Bearbeitungszeiten in End- und Koppelsystemen bestimmt werden und nur unwesentlich von den unterliegenden LAN abhängig sind, da die hier bei der Übertragung auftretenden Zeiten (Wartezeit für den Mediumzugriff, Sendezeit und Laufzeit auf dem Medium) nur einen Bruchteil der gesamten Übertragungszeit im Transportsystem bilden, solange das insgesamte Verkehrsaufkommen auf dem LAN seine Leistungsfähigkeit nicht übersteigt.

Bei der in Bild 38 auf Seite 81 gezeigten LAN-Struktur sind alle N Netzwerkadaptoren der angeschlossenen Endsysteme mit dem vollen Satz von Mediumzugriffsfunktionen in N Untermodulen MAC-i explizit modelliert, um eine exakte Nachbildung der verschiedenen Zugriffsmethoden und ihrer Prioritätsmechanismen für Analysezwecke und vergleichende Untersuchungen zu ermöglichen. Bei einer großen Anzahl von Stationen resultiert daraus eine hohe Komplexität des LAN-Modells, die bei der Modellierung großer Netzwerke aufgrund obiger Ergebnisse zu einer nicht notwendigen Komplexitätsbegrenzung führen kann. Ziel beim Entwurf der Ersatzmodelle für die verschiedenen LAN-Typen war es daher, die Modellkomplexität durch eine vereinfachte Modellierung der verteilten Zugriffsverfahren zu reduzieren, ohne wesentliche Funktionseinbußen oder Verhaltensverfälschungen in Kauf nehmen zu müssen.

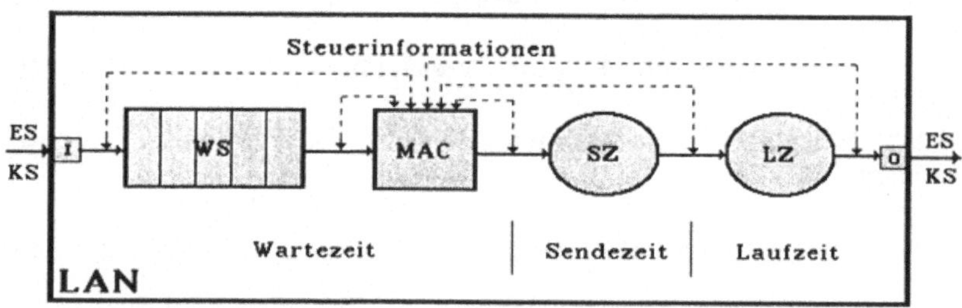

Bild 50. Struktur eines LAN-Ersatzmodells

Bild 50 zeigt in schematisierter Form das vereinfachte Ersatzmodell eines LAN. Es ist unterteilt in drei Zonen zur Modellierung der Wartezeit für den Mediumzugriff, der Zeit zum Aussenden eines MAC-Frames und seiner Laufzeit auf dem Medium zwischen Quell- und Zielstation. Diese Struktur basiert auf aus der Literatur bekannten Ansätzen zur Modellierung von LAN und reflektiert das Kanalprinzip /Bux81/, /ToHu80/ (siehe Kap. 2.2.2.3.1).
Grundgedanke bei diesem Ersatzmodell ist es, die Sendeanforderungen aller angeschlossenen Stationen in einer einzigen Warteschlange WS zu sammeln und dort die Wartezeit auf den Mediumzugriff nachzubilden. Die Kanalzuteilung entsprechend den verschiedenen Zugriffsmethoden erfolgt in der nachfolgenden Funktion MAC. Sie legt die Sendefolge der Nachrichten fest und steuert die Sendezyklen unter Einbeziehung des aktuellen Kanalstatus. Zur Modellierung der Sendezeit SZ und der Laufzeit LZ werden nur noch jeweils ein Server benötigt. Die Sendezeit errechnet sich aus dem Quotienten von

Framelänge und Datenrate. Zur Berechnung der Laufzeit werden die Ausbreitungsgeschwindigkeit auf dem Medium, die Distanz zwischen Quell- und Zielstation sowie die Verzögerungszeit in Stationen entlang der Übertragungsstrecke berücksichtigt.

Zur *Funktionalität* der mit dieser Struktur realisierten LAN-Ersatzmodelle ergeben sich folgende Aussagen, die durch Vergleiche mit der detaillierten Version und aus der Literatur bekannten Leistungsanalysen gemäß Kap. 2.2.2.3.1 bestätigt wurden:

- Die Sendefolge von zu übertragenden Nachrichten durch die MAC-Funktion wird bei allen LAN unter Einbeziehung der jeweiligen Prioritätsmechanismen nachgebildet.

- Die Wartezeit einer Nachricht beim Mediumzugriff setzt sich zusammen aus der Gesamtheit der Sendezeit aller Vorgängernachrichten in der Warteschlange WS und den Zeiten zur Kanalzuteilung zwischen aufeinanderfolgenden Sendeoperationen. Bei tokengesteuertem Zugriff beinhaltet die Kanalzuteilungszeit die Zeit zur Token-Weitergabe, beim CSMA/CD-Verfahren das sogenannte *Frame Interspacing*.
  Bei IEEE-LAN liegen Token-Weitergabezeit, Frame-Interspacing-Zeit, Stationsverzögerung und Mediumlaufzeit im Bereich von wenigen Mikrosekunden und damit um Zehnerpotenzen unter den Sendezeiten von bis zu einigen Millisekunden. Sie werden daher für die Nachbildung der Verweilzeit vernachlässigt, sofern sie nicht wesentlich für die Zugriffssteuerung sind wie beim CSMA/CD-Verfahren.
  Bei Hochgeschwindigkeits-LAN wie dem FDDI-Ring müssen jedoch Token-Weitergabezeit, Stationsverzögerung und Mediumlaufzeit aufgrund der hohen Datenrate und großen räumlichen Ausdehnung in die Kanalzuteilung einbezogen werden, da ihre Vernachlässigung große Verfälschungen bewirkt.

- Die Modellierung der Sendezeit erfolgt bei allen LAN korrekt.

Benötigte *Modell-Parameter* sind:

- Anzahl der angeschlossenen Stationen,
- Distanzen zwischen den Stationen (modellspezifisch).

Den nur geringfügigen Genauigkeitseinbußen gegenüber den detaillierten Modellen gemäß Kap. 5.2.3.1 steht eine *große Komplexitätsreduktion* gegenüber. Der insgesamte Modellierungsaufwand für ein Ersatzmodell ist vergleichbar dem eines einzigen MAC-Moduls zur Modellierung eines Netzwerkadapters beim detaillierten Modell, woraus sich ein Reduktionsgewinn proportional zur Anzahl angeschlossener Stationen ergibt (1/n), was bei der Modellierung großer Netzwerke mit vielen Stationen große Auswirkungen hat (siehe Kap. 5.4.4).

5.3.4.2 MAC-Funktion

Als relativ einfaches Beispiel zur Modellierung des Zugriffsverfahrens wird hier exemplarisch die MAC-Funktion beim IEEE-Token Ring vorgestellt. Zur Nachbildung dieses deterministischen *Round Robin* -Zugriffs wird ein Prioritätsmechanismus verwendet. Von Stationen erzeugten Sendeanforderungen wird vor dem Betreten der Warteschlange WS (siehe Bild 50) eine Bedienpriorität zugewiesen, gemäß der sie vom prioritätsgesteuerten Server SZ zur Nachbildung der Sendezeit bedient werden. Die Berechnung dieser *Bedienpriorität Pq* erfolgt mit folgendem Algorithmus, wobei die Bedienpriorität mit fallenden Werten von Pq ansteigt:

$$Pq = \text{maximum}(Ps + Nq - Ns, Pqv + N) \qquad \text{für } nq >= ns \quad (25)$$

$$Pq = \text{maximum}(Ps + Nq - Ns + N, Pqv + N) \qquad \text{für } nq < ns \quad (26)$$

Parameter dieser Berechnung sind:

Pq = zugewiesene Bedienpriorität an eintreffende Sendeanforderung der Quellstation Nq,

Pqv = höchste Priorität aller noch in der Warteschlange aufgestauter Vorgängeranforderungen der Quellstation Nq,

Nq = Nummer der erzeugenden Quellstation,

Ps = Priorität der gerade bedienten Sendeanforderung,

Ns = Nummer der gerade bedienten Station,

N = Gesamtanzahl aller LAN-Stationen.

In Glg.(25) wird bei der Prioritätszuweisung das Maximum zweier Terme gebildet. Im ersten Term wird zunächst die Priorität der aktuell sendenden Station Ps erfaßt und dann die Anzahl aller möglichen Sendeanforderungen von zwischen der aktuell bedienten Station und der anfordernden Quellstation liegenden LAN-Stationen ermittelt (Nq - Ns).
Der zweite Term berücksicht den Fall, daß noch nicht gesendete Vorgängerframes der Quellstation Nq in der Warteschlange stehen. In diesem Fall wird die zuletzt zugewiesene Priorität um die Stationszahl N erhöht, um einen weiteren Token-Umlauf zu berücksichtigen.
In Glg.(26) wird der Fall berücksichtigt, daß die aktuell sendene Station Ns eine höhere Stationsnummer als die Station Nq hat, was in die Berechnung der Anzahl möglicher Sendeanforderungen zwischenliegender Stationen eingeht (Nq - Ns + N).

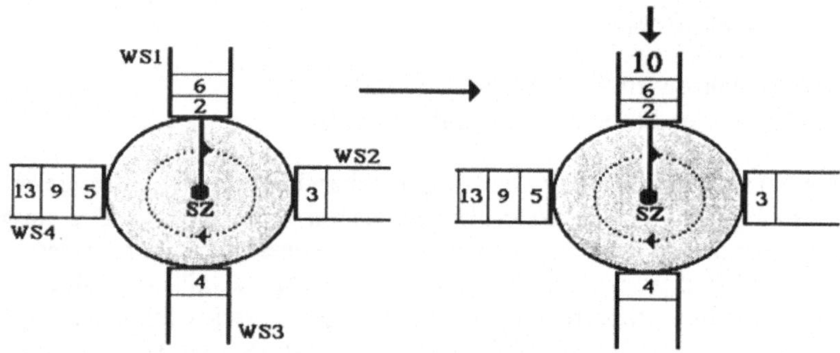

Bild 51. Nachbildung der Token-Steuerung beim IEEE-Token Ring

Bild 51 zeigt ein hierzu ein Beispiel. Der prioritätsgesteuerte Server SZ zur Nachbildung der Sendezeit (Mediumbesitzes) ist von vier Stationen umgeben, deren zu sendende Nachrichten sich in stationsspezifischen Warteschlangen WSi stauen (und die in ihrer Gesamtheit die Warteschlange WS des Ersatzmodells bilden). Diese Nachrichten sind mit der Priorität markiert, die ihnen gemäß obigem Algorithmus bei ihrem Eintreffen zugewiesen wurde. Der linke Teil des Bildes zeigt die augenblickliche Bedienung der ersten Nachricht in der Warteschlange WS1 mit der zugewiesenen Priorität 2, markiert durch den Besitz des umlaufenden Token. Während dieses Sendevorgangs trifft ein weiteres Paket in dieser Warteschlange ein, dem gemäß Glg.(25) die Priorität 10 zugewiesen wird, da sich noch zwei

Vorgängerpakete in der Warteschlange WS2 befinden. Es wird daher im übernächsten Token-Umlauf bedient.
So lassen sich auch die anderen Fälle der Glg.(25) und (26) veranschaulichen und der Algorithmus überprüfen.

5.3.5 Öffentliche Netze

Beim Ersatzmodell für öffentliche Netze kann in Analogie zu lokalen Netzen jeweils eine Bedienstation zur Nachbildung der Verbindungsaufbauzeit, der Datenübertragungszeit und der Verbindungsabbauzeit verwendet werden. Für ihre Kalibrierung können Mittelwerte dieser Zeiten den Leistungsdaten der Netzbetreiber zugrunde gelegt werden /FTZ85/.

5.4 Realisierung

Die Gesamtstruktur des Modellierungssystems NETSIM, seine Komponenten und ihre Interaktionen sind bei der Erläuterung der Systemarchitektur in Kap. 5.1.3 anhand Bild 30 auf Seite 69 schematisch dargestellt. Nun werden das seiner Realisierung zugrundeliegende IBM-Simulationspaket RESQ2, die darauf zugeschnittenen Werkzeuge der Benutzerschnittstelle mit der dazu erforderlichen Implementierungsumgebung, die bisher realisierten Netzwerkkomponenten der Modelldatenbank sowie die Kenngrößen des NETSIM-Systems aufgezeigt.

5.4.1 Simulationspaket RESQ2

Das IBM-Simulationspaket RESQ2 ist ein Programmierwerkzeug zur Modellierung von Rechnersystemen und Netzwerken auf der Basis erweiterter Warteschlangennetze. Gemäß der Charakterisierung einer anwendungsspezifischen Simulationssprache der 2. Generation - siehe Kap. 3.2.1 - bietet es eine Hochsprache mit mächtigen Elementen und Funktionen zur Unterstützung und Aufwandsreduktion bei der Modellerstellung, der Steuerung der Simulationsläufe und der Auswertung der Ergebnisse. Eine detaillierte Beschreibung der Sprachelemente ist in /SaMK82a/ und /SaMK82b/ gegeben, Anwendungsbeispiele sind in /SaNa83/ und /SaNa85a/ zu finden, Entwicklungstrends sind in /SaNa85b/ besprochen und ihre Konkretisierung in /GNGK88/ aufgezeigt. Es wird daher im folgenden nur ein kurzer Abriß der RESQ-Funktionen gegeben, um den Kontext zur Erläuterung der realisierten Werkzeuge der NETSIM-Benutzerschnittstelle zu schaffen.

Grundsätzlich stellt ein RESQ-Modell ein geschlossenes oder offenes Warteschlangennetz dar, in dem sich *Jobs* bewegen. Ein solcher Job wird durch eine *Jobvariable* charakterisiert, die ein eindimensionales Parameterfeld aufspannt. In einem offenen Warteschlangennetz werden Jobs in Quellen erzeugt, durchlaufen das Netz auf vordefinierten Pfaden, werden an Bedienstationen entlang eines Pfades verzögert und schließlich in Senken wieder vernichtet. Bei geschlossenen Netzen gibt es keine Quellen und Senken, sondern es zirkulieren eine initial vorgegebene Menge von Jobs, die sogenannte Population, in einer Schleife durch das Netzwerk. Das Routing von Jobs durch das Netz und ihre Verzögerung an Bedienstationen kann neben starr vorgegebenen Pfaden und festen Bedienzeiten dynamisch sowohl in Abhängigkeit von Zuständen des Netzwerks (erfaßt in globalen Variablen) als auch jobspezifisch (durch Parameter der Jobvariablen) gesteuert werden.

Zur Erstellung eines konzeptionellen Modells auf der Basis erweiterter Warteschlangennetze bietet die RESQ-Hochsprache *SETUP* dem Modellierer mächtige Sprachkonstrukte zur effizienten Modellierung von Warteschlangenelementen. Zudem wird der Modellentwurf durch eine graphische Notation dieser Elemente unterstützt (deren Symbolvorrat in Bild 55 auf Seite 108 dargestellt ist). Die graphische Darstellung eines RESQ-Modells muß jedoch durch den Modellierer manuell erfolgen und ist von seiner programmiersprachlichen SETUP-Spezifikation völlig entkoppelt. Die von SETUP unterstützten Warteschlangenelemente lassen sich wie folgt charakterisieren:

- *Source, Sink:* Quelle zur Erzeugung von Jobs und Senke zu ihrer Vernichtung. Die Erzeugung von Jobströmen wird durch Zufallszahlen und Zeitintervalle unterstützt, die verschiedenen parameterisierbaren Wahrscheinlichkeitsverteilungen entsprechen.

- *Split Node, Fission Node, Fusion Node:* Knoten zur Erzeugung unabhängiger Job-Duplikate sowie zur Erzeugung und Vereinigung abhängiger Job-Duplikate mit Vater-Sohn-Beziehung.

- *Global Variable, Job Variable, Numeric Identifier, Numeric Parameter:* Numerische Größen eines RESQ-Modells, die aus globalen Variablen, Jobvariablen, Konstanten und zur Laufzeit an das Modell übergebenen Parametern bestehen.

- *Set Node:* Knoten zur Berechnung arithmetischer und boolscher Terme bestehend aus RESQ-Modellparametern.

- *Wait Node:* Knoten zur Verzögerung von Jobs (Warteknoten) in Abhängigkeit von Zustandsbedingungen des Netzwerkmodells.

- *Active Queue:* Warteschlange mit Bedienstation, die eine beliebige Anzahl von Bedieneinheiten und eine Reihe von verschiedenen Bedienungsdisziplinen unterstützt.

- *Passive Queue:* Resource-Pool vorgebbarer Größe mit Elementen zur Zugriffsverwaltung und einer Reihe verschiedener Zugriffsdisziplinen.

- *Dummy Node:* Knoten zur dynamischen Festlegung des Job-Routing in Abhängigkeit von Modellparametern und Wahrscheinlichkeiten.

- *Submodel:* Teilmodell bestehend aus einzelnen Modellelementen. Vorgefertigte Teilmodelle können als Element in ein Gesamtmodell eingebettet und auch hierarchisch ineinander verschachtelt werden (Nesting).

Zur Modellierung von Rechnernetzen und Transportsystemen wie bei NETSIM wird ein offenes Warteschlangennetz verwendet. Jobs repräsentieren PDU's und Steuerinformationen, die sich durch das Netzwerk bewegen und bilden damit die abstrakten Informationseinheiten eines NETSIM-Modells. Quellen zur Erzeugung von Jobs befinden sich in den Lastmodulen von Endsystem-Modellen. Senken zur Job-Vernichtung befinden sich ebenfalls in Endsystemen, aber auch in möglichen PDU-Verlustquellen entlang des Übertragungsweges wie z.B. Modellen von Koppelsystemen oder unzuverlässigen Netzen.

RESQ2 unterstützt die Modularisierung eines Gesamtmodells durch die Bildung von Teilmodellen (submodels) und ihre hierarchische Einbettung. Diese Eigenschaft ist für die Implementierung des NETSIM-Systems von fundamentaler Bedeutung. Alle Netzwerkkomponenten (ES, KS, Netze), ihre Funktionseinheiten (TP-4, INP-CL, LAST, CPU, etc.) sowie die darin realisierten einzelnen Funktionen (PDU-Compose/Decompose, Window, Timer, etc.) sind als ineinander hierarchisch verschachtelte RESQ-Submodelle implementiert, um eine einfache Synthese der einzelnen Netzwerkkomponenten und ihre Konfiguration zu einem Gesamtmodell zu unterstützen.

Bild 52 zeigt die Struktur des Simulationspakets RESQ2 bestehend aus dem Compiler SETUP, der Laufzeitumgebung EVAL und den Dateien eines Modells, deren Bezeichner sich aus dem vom Modellierer gewählten Modellnamen und dem im Bild aufgeführten Dateityp zusammensetzt. Die RESQ2-Architektur hat noch weitere Dateien mit Steuerparametern für die Module SETUP und EVAL, die im aktuellen Kontext aber nicht von Interesse sind und hier nicht behandelt werden.

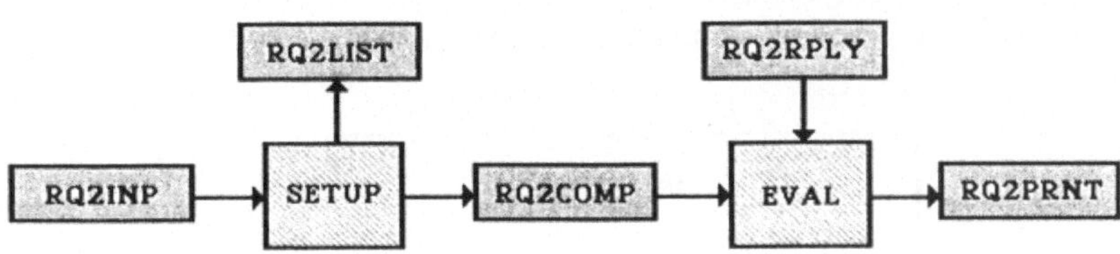

Bild 52. Struktur des Simulationspakets RESQ2

In der Datei *RQ2INP* legt der Modellierer die SETUP-Spezifikation des konzeptionellen Warteschlangennetzes fest. Diese Spezifikation wird vom RESQ-Compiler *SETUP* in ein ausführbares Simulationsprogramm übersetzt. Das erzeugte Übersetzungsprotokoll (Compiler Listung) wird in der Datei *RQ2LIST,* der Objektcode des Simulationsprogramms in der Datei *RQ2COMP* abgelegt. Die Ausführung des Simulationsprogramms wird durch die Laufzeitumgebung *EVAL* gesteuert. Sie bietet dazu ebenfalls eine Hochsprache mit Funktionen zur Experimentsteuerung und zur Ergebnisauswertung. Sie unterstützt sowohl einen interaktiven Dialogbetrieb als auch einen auf die Eingabedatei *RQ2RPLY* gestützten Stapelbetrieb. Der Dialogbetrieb wird vorwiegend zum Austesten erstellter Modelle genutzt. Der Stapelbetrieb dient i.d.R. zur Durchführung ganzer Experimentserien mit oft großen Mengen von Steuerparametern und langen Laufzeiten des Simulationsprogramms. Die Simulationsergebnisse werden in der Datei *RQ2PRNT* numerisch ausgegeben. Die EVAL-Funktionen lassen sich wie folgt zusammenfassen:

- Wertzuweisungen für *Numeric Parameters* eines RESQ-Modells, die als Eingabegrößen zur Laufzeit an das Simulationsprogramm übergeben werden.

- Spezifikation der *Kenngrößen von Warteschlangenmodulen* und von *globalen Variablen* eines RESQ-Modells, deren Werte nach Beendigung eines Simulationslaufes für eine Analyse ermittelt werden sollen. Berechenbare Leistungskenngrößen bei Warteschlangenmodulen (Active Queues) umfassen im wesentlichen Durchsatz, Bedienzeit und Auslastung von Bedienstationen, Länge und Belegung von Warteschlangen, Verweilzeit von Jobs in Warteschlangen sowie die Belegungszeit und Auslastung von Resource-Pools (Passive Queues). Für diese Kenngrößen können Maximalwerte, Mittelwerte, Varianzen, Vertrauensintervalle und Vertrauenswahrscheinlichkeiten ermittelt werden.

5.4.2 Benutzerschnittstelle

Das Simulationspaket RESQ2 ist für Rechner des Typs IBM-S/370 unter dem Betriebssystem VM/CMS /IBM-CMS/ konzipiert und läuft in einer *virtuellen Maschine* (VM) dieser Umgebung ab. Da das Betriebssystem VM/CMS kein Multitasking innerhalb einer virtuellen Maschine unterstützt, ist diese während der teilweise erheblichen Dauer eines RESQ-Laufes für andere Aktivitäten des Benutzers blockiert. Desweiteren bietet RESQ2 keinerlei Graphikunterstützung bei der Modellerstellung und der Ergebnisauswertung. Solche Funktionen sind zwar in der RESQ-Erweiterung RESQME /GNGK88/ vorgesehen, stehen gegenwärtig aber noch nicht zur Verfügung. Für die Realisierung einer graphikgestützten Benutzeroberfläche entsprechend den NETSIM-Entwurfskriterien - siehe Kap. 5.1 - ist die IBM-S/370-Umgebung zudem wenig geeignet.

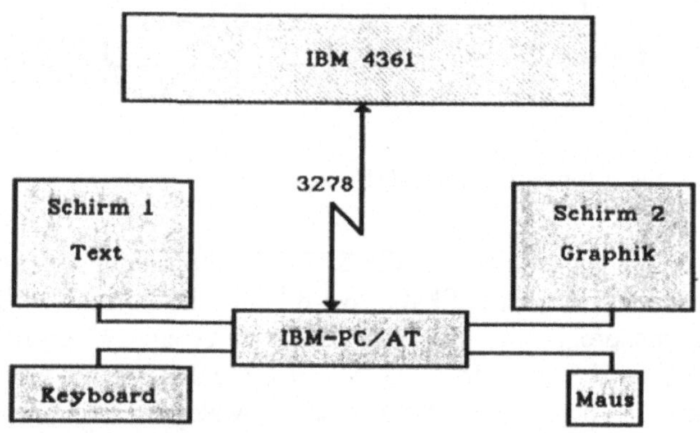

Bild 53. Gestaltung der Benutzerschnittstelle

Aus diesen Gründen wurden die auf die Oberfläche von RESQ aufgesetzten Werkzeuge der NETSIM-Benutzerschnittstelle auf einem IBM-PC/AT realisiert, der zugleich als Terminal eines S/370-Rechners fungiert. Dies ist in Bild 53 dargestellt. Zur Anbindung des PC's an den S/370-Rechner werden eine Adapterkarte mit zugehöriger Kommunikationssoftware für Terminal Emulation und Dateitransfer eingesetzt /IBM-3278/. Die Benutzerschnittstelle auf dem PC ist für den Einsatz von zwei Bildschirmen und einer Maus konzipiert. Ein Farbgraphik-Schirm gemäß IBM-EGA-Norm wird in Verbindung mit der Maus zur Erstellung der zu modellierenden Netzwerkkonfiguration sowie zur Darstellung von Ergebnisdiagrammen eingesetzt. Ein Monochrome-Schirm gemäß Hercules-Norm dient zur gleichzeitigen menü- und maskengesteuerten Bedienung des Systems mit alphanumerischen Texteingaben.

5.4.2.1 Modell-Konfiguration

Mit dem Werkzeug *CONFIG* erzeugt der NETSIM-Benutzer graphikgestützt ein konzeptionelles Warteschlangenmodell des zu untersuchenden Netzwerks in der RESQ-Spezifikationssprache SETUP. Dieser komplexe Vorgang läßt sich in folgende Teilschritte zerlegen:

- Erzeugung der graphischen Repräsentation des zu modellierenden Netzwerks gemäß der RESQ-Symbolnotation.

- Spezifikation (Typklassifikation) der Modellelemente.

- Spezifikation des Job-Routing im Modell.

- Umsetzung von Modellgraphik, Element- und Routingspezifikationen in Sprachkonstrukte der RESQ-Spezifikationssprache SETUP (Pre-Compilation, Stufe 1).

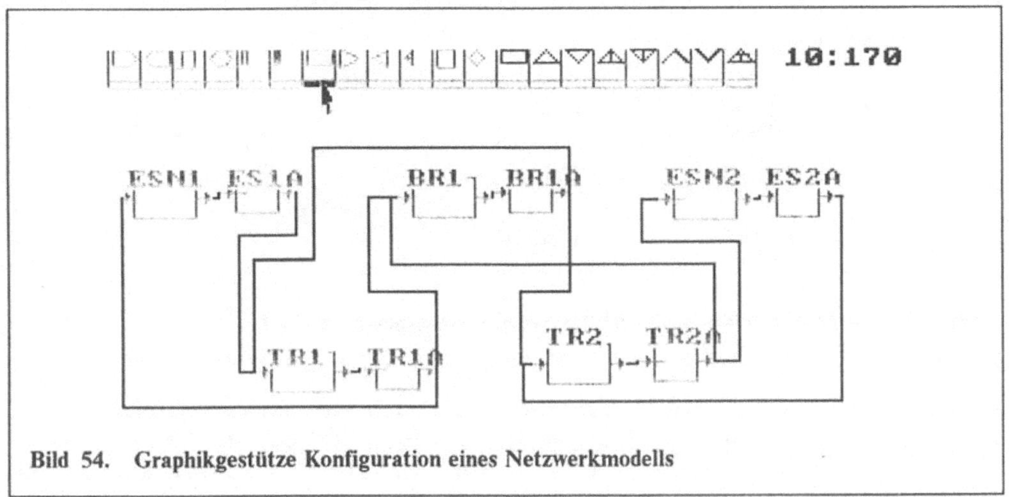

Bild 54. Graphikgestütze Konfiguration eines Netzwerkmodells

Bild 54 zeigt an einem Demonstrationsbeispiel die erzeugte *graphische Repräsentation* eines zu modellierenden Netzwerks auf dem Graphikschirm des PC′s. Die erzeugte Konfiguration besteht aus zwei Netzen TR1 und TR2, Endsystemen ESN1 und ESN2 an beiden Netzen sowie einem Koppelsystem BR1 zur Verknüpfung der Netze. Zur Vereinfachung der Graphik und der Parameterisierung des Modells sind die Endsysteme eines Netzes als RESQ-Submodelle in einem sie einbettenden Mutter-Submodell clusterartig zusammengefaßt.

Zur Spezifikation und Reduktion von Auswertedaten ist hinter jeder mit einem RESQ-Submodell realisierten Netzwerkkomponente ein RESQ-Set Node eingefügt, dessen Bezeichner mit dem Buchstaben A endet. An diesen Modellknoten kann eine Untermenge der in jedem Submodell erzeugten und in der Jobvariable mitgeführten lokalen Auswertedaten ausgewählt werden, die zur Analyse des Gesamtmodells im Modul AUSW der Endsysteme entsprechend den Untersuchungszielen benötigt werden (dies wird in Kap. 5.4.2.2 bei der Behandlung der Jobvariablenstruktur anhand Bild 58 auf Seite 112 noch genauer besprochen).

Die graphische Repräsentation der Modellelemente erfolgt entsprechend der *RESQ-Symbolnotation* und ist in Bild 55 dargestellt. Zur Erzeugung der Netzwerkgraphik werden die benötigten RESQ-Symbole (Submodels, Set Nodes) mit der Maus in der Symbolzeile am oberen Bildschirmrand in Bild 54 selektiert und auf dem Bildschirm plaziert. Dann erfolgen über den Monochrome-Schirm die menü- und maskengesteuerte Zuweisung von frei wählbaren und in die Graphik eingeblendeten Elementnamen (ESN1/2, TR1/2, BR1 und zugehörige Bezeichner der Set Nodes) mit nachfolgender Spezifikation der in der Jobvariablen zu erfassenden Auswertedaten an den Set Nodes und der Typklassifikation der Submodelle. Durch die Typklassifikation eines Submodells wird auf die vorgefertigten, in der Modelldatenbank exemplarisch bereitgestellten Typen von Endsystemen, Koppelsystemen und Netzen referenziert.

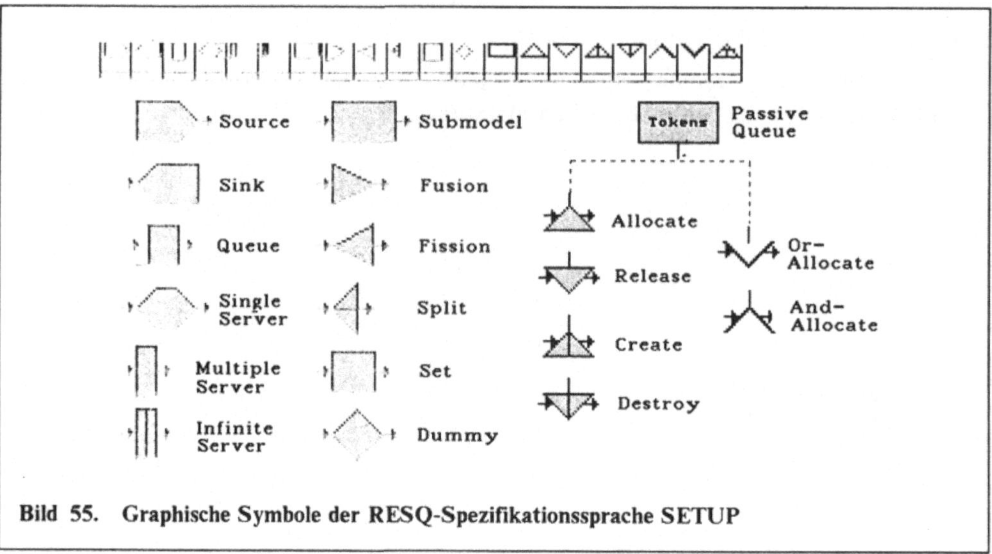

Bild 55. Graphische Symbole der RESQ-Spezifikationssprache SETUP

In diesem Demonstrationsmodell repräsentieren TR1 und TR2 vereinfachte Ersatzmodelle des IEEE-Token Ring, BR1 das Ersatzmodell eines Koppelsystems und ESN1 und ESN2 Endsystemcluster mit eingebetteten Ersatzmodellen eines Endsystems. Durch eine simple Änderung der Typklassifikation kann so vom Ersatzmodell auf ein detailliertes Modell einer Netzwerkkomponente übergegangen werden oder z.B. ein Token Ring durch ein Ethernet ersetzt werden, da ja alle Modellbausteine dieselben Modulschnittstellen aufweisen.

Alle Elemente eines RESQ-Modells werden durch *logische Verbindungen* miteinander verknüpft, welche die möglichen Pfade von Jobs festlegen. Diese im Bild durch Linien dargestellten Verbindungen werden vom Modellierer mit Hilfe der Maus erzeugt entsprechend dem in Bild 30 auf Seite 69 aufgezeigten einfachen Pfadschema von Informationseinheiten in einem abstrakten Netzwerkmodell. Das Routing der diese Informationseinheiten bildenden RESQ-Jobs innerhalb der Submodelle und zwischen den Elementen des Hauptmodells erfolgt dynamisch gesteuert anhand von in der Jobvariablen mitgeführten PDU-Kenngrößen (Quelladresse, Zieladresse, Datentyp, Lokal-Indikator). Als Routingbedingung im erzeugten Modell muß der NETSIM-Benutzer lediglich die Verzweigungsbedingung am Ausgang eines Netzes oder eines Koppelsystems festlegen. Dies erfolgt anhand der Parameter *LOCAL* und *LOCALNET* der Jobvariablen JV (siehe Bild 58 auf Seite 112) sinngemäß:

```
Netz:   If JV(LOCAL)    = ES      then ---> ESN1/2     Intranetzverkehr
                                  else ---> BR1        Internetzverkehr


KS:     If JV(LOCALNET) = NETZ 1  then ---> TR1        lokales Netz 1
                          NETZ 2  then ---> TR2        lokales Netz 2
```

Abschließend zur Konfiguration des Netzwerkmodells wird die *1. Stufe* eines realisierten *Pre-Compilers* aufgerufen, mit der aus den durch Graphik und Spezifikationsangaben erzeugten Dateien ein RESQ-Modell in der Spezifikationssprache SETUP erstellt wird.

5.4.2.2 Modell-Parameterisierung

Mit dem Werkzeug *PARAM* führt der NETSIM-Benutzer die Parameterisierung des in der Spezifikationssprache SETUP erzeugten RESQ-Modells aus. Dies läßt sich in folgende Teilschritte zerlegen:

- Erfassung aller Modellparameter in speziellen Parameterdateien.

- Belegung der Parameter entsprechend den Untersuchungszielen. Dies beinhaltet die Kalibrierung der Netzwerkkomponenten, die Spezifikation des Routing mittels Routingtabellen sowie die Anpassung der Jobvariablen an gegebene Untersuchungsziele.

- Parameterisierung des RESQ-Modells entsprechend den bearbeiteten Parameterdateien (Pre-Compilation, Stufe 2).

Die Erfassung der Modellparameter erfolgt mit einem Scanner-Programm, das alle Parameter eines RESQ-Modells aus der SETUP-Spezifikation herausfiltert und in einer Datei *Modellname.PAR* abgelegt. Einen Auszug dieser Parameterdatei für unser Demonstrationsmodell zeigt Bild 56.

Die Satzstruktur einer Parameterzeile ergibt sich zu:

```
Parametername+         : Parametertyp         * Parametername, SM-Name, SM-Typ
Invokationsnummer(I..)
```

Die Bedeutung der einzelnen *Parameter* kann der Beschreibung der Modellkomponenten entnommen werden, die im Anhang der Arbeit enthalten sind. Die *Invokationsnummer* dient zur Exemplaridentifikation eines Submodelltyps, da mehrere Exemplare eines Typs in einem Modell vorkommen können. In unserem Demonstrationsmodell weisen zum Beispiel die beiden Endsystemcluster (ESN1/2) und die beiden Netze (TR1/2) jeweils denselben Submodelltyp (stat_sim/tr_sim) auf. Der *Parametertyp* P kennzeichnet eine einfache Variable, der Typ A eine Array-Variable (Vektor). Der mit einem Stern beginnende *Kommentar* verweist auf Parametername, Exemplarname des Submodells sowie seine Typklassifikation.

Diese Parameter können entweder als Konstanten in das RESQ-Modell kompiliert werden oder als Parameter zur Laufzeit an das RESQ-Simulationsprogramm übergeben werden. Für die Umwandlung eines Modellparameters in eine Modellkonstante wird einfach der Parametertyp P durch ein K ersetzt und der Wert der Konstante dahinter angegeben. Die Parameter des Typs A sind in einer weiteren Datei *Modellname.ARR* abgelegt, deren Auszug Bild 57 zeigt.

```
send: K1                        *Hauptmodell-Parameter*
receive: K2                     *Hauptmodell-Parameter*
to_load: K1                     *Hauptmodell-Parameter*
to_tp4: K2                      *Hauptmodell-Parameter*
to_inp: K3                      *Hauptmodell-Parameter*
to_llc_1: K4                    *Hauptmodell-Parameter*
to_netac: K5                    *Hauptmodell-Parameter*
route: K6                       *Hauptmodell-Parameter*
speed: K200000                  *Hauptmodell-Parameter*
data: K1                        *Hauptmodell-Parameter*
ack: K2                         *Hauptmodell-Parameter*
tok: K3                         *Hauptmodell-Parameter*
buf_free: K4                    *Hauptmodell-Parameter*


no_netsI1: K2                   *Parameter no_nets des SM ESN1 vom Typ stat_sim*
netI1: K1                       *Parameter net des SM ESN1 vom Typ stat_sim*
nostatsI1: K11                  *Parameter nostats des SM ESN1 vom Typ stat_sim*
nets_dI1: A                     *Parameter nets_d des SM ESN1 vom Typ stat_sim*
stats_dI1: A                    *Parameter stats_d des SM ESN1 vom Typ stat_sim*
arrtimeI1: P                    *Parameter arrtime des SM ESN1 vom Typ stat_sim*
burst_tI1: A                    *Parameter burst_t des SM ESN1 vom Typ stat_sim*
burst_lI1: A                    *Parameter burst_l des SM ESN1 vom Typ stat_sim*
loadtypI1: K1                   *Parameter loadtyp des SM ESN1 vom Typ stat_sim*
datatypI1: K0                   *Parameter datatyp des SM ESN1 vom Typ stat_sim*
pack_lI1: P                     *Parameter pack_l des SM ESN1 vom Typ stat_sim*
pack_prI1: K8                   *Parameter pack_pr des SM ESN1 vom Typ stat_sim*
h_lengI1: K72                   *Parameter h_leng des SM ESN1 vom Typ stat_sim*
windsizI1: P                    *Parameter windsiz des SM ESN1 vom Typ stat_sim*
timeoutI1: P                    *Parameter timeout des SM ESN1 vom Typ stat_sim*
tsfixI1: K0.006                 *Parameter tsfix des SM ESN1 vom Typ stat_sim*
tscopyI1: K0.00000025           *Parameter tscopy des SM ESN1 vom Typ stat_sim*
routtabI1: A                    *Parameter routtab des SM ESN1 vom Typ stat_sim*


no_netsI2: K2                   *Parameter no_nets des SM BR1 vom Typ ks_sim*
routsI2: A                      *Parameter routs des SM BR1 vom Typ ks_sim*
subn_idI2: A                    *Parameter subn_id des SM BR1 vom Typ ks_sim*
buf_sizI2: A                    *Parameter buf_size des SM BR1 vom Typ ks_sim*
ch_factI2: K0                   *Parameter chan_fact des SM BR1 vom Typ ks_sim*
ov_fact: K0                     *Parameter over_fact des SM BR1 vom Typ ks-sim*
frame_t: K0.002                 *Parameter frame_t des SM BR1 vom Typ ks-sim*
copy_t: K0.00000025             *Parameter copy_t des SM BR1 vom Typ ks-sim*


netI4: K1                       *Parameter net des SM TR1 vom Typ tr_sim*
no_statI4: K11                  *Parameter no_stat des SM TR1 vom Typ tr_sim*
distanceI4: A                   *Parameter distance des SM TR1 vom Typ tr_sim*
```

Bild 56.   Auszug aus der Parameter-Datei DEMO.PAR zur Modellkalibrierung

```
nets_dI1(nostatsI1): 2$          *Parameter nets_d des SM ESN1 vom Typ stat_sim*
stats_dI1(nostatsI1): 1 2 3 4 5 6 7 8 9 10$     *Par. stats_d des SM ESN1 vom *
burst_tI1(nostatsI1): 0.1$        *Parameter burst_t des SM ESN1 vom Typ stat_sim*
burst_lI1(nostatsI1): 1000$       *Parameter burst_l des SM ESN1 vom Typ stat_sim*
routtabI1(no_netsI1): 0 11$       *Parameter routtab des SM ESN1 vom Typ stat_sim*
routsI2(2*no_netsI2;4): 0 0 0 0 2 1 0 11 1 1 0 11 0 0 0 0$     Parameter routs
subn_idI2(2): 1 2$                *Parameter subn_id des SM BR1 vom Typ ks_sim*
buf_sizI2(2): 64000$              *Parameter buf_size des SM BR1 vom Typ ks_sim*
distanceI4(no_statI4): .1$        *Parameter distance des SM TR1 vom Typ tr_sim*
```

Bild 57.   Auszug aus der Array-Datei DEMO.ARR zur Modellkalibrierung

Die Satzstruktur einer Parameterzeile ist im wesentlichen gleich geblieben, doch ist jetzt die Dimension des Arrays mit angegeben. Diese mit dem Parametertyp $ gekennzeichneten Array-Variablen müssen als Konstanten zur Übersetzungszeit festliegen und werden hier wie abgebildet mit Werten vor dem $-Zeichen belegt.

Bei der Bearbeitung der Datei Modellname.PAR ist zu beachten, daß sämtliche Parameter, welche die Dimension eines Parameter-Arrays in der Datei Modellname.ARR festlegen, in Modell-Konstanten umgewandelt werden müssen, da RESQ die Handhabung dynamischer Felder nicht unterstützt.

Durch entsprechende Wertzuweisungen in diesen beiden Parameterdateien können alle als Konstanten zu behandelnden Parameter der Netzwerkkomponenten (Bearbeitungszeiten, Puffergrößen, Protokollparameter) sowie die Werte der Routingvektoren zur Festlegung der Nachrichtenpfade für den Internetzverkehr spezifiziert werden. Sie werden bei der Erzeugung des Simulationsprogrammes durch den RESQ-Compiler als *Numeric Identifiers* (Konstanten) behandelt und in das Modell hineinkompiliert. Die Restmenge der nicht belegten Parameter des Typs P wird vom Compiler als Numeric Parameters behandelt und muß zur Laufzeit an das Simulationsprogramm übergeben werden.

Nach der Bearbeitung der Parameterdateien kann noch die RESQ-Jobvariable den Analyse-Erfordernissen angepaßt werden. Sie ist dazu in einer Definitionsdatei *JVDEF.PAR* abgelegt und weist die in Bild 58 gezeigte Struktur auf.
In Sektion 1 sind die Kenngrößen einer Protokolldateneinheit spezifiziert. Sie werden in allen Netzwerkkomponenten (ES, KS, Netze) zur Steuerung der PDU-Bearbeitung und auch zur Netzwerkanalyse benötigt. Die Parameter der Sektion 2 sind reserviert für die Steuerung der PDU-Bearbeitung innerhalb einer Netzwerkkomponente. Die Parameter der Sektion 3 werden zur Erfassung komponentenspezifischer Analysedaten benötigt. Bei Verwendung der vorgefertigten Netzwerkmodule der Modelldatenbank sind keine Veränderungen dieser drei Sektionen erlaubt.
In Sektion 4 erfolgt die Erfassung der für eine Analyse des globalen Netzwerks benötigten Zeitstempel und Statusinformationen. Dazu werden die beim Durchlaufen einer Netzwerkkomponente in Sektion 3 bereitgestellten lokalen Analysedaten am nachfolgenden Set Node in Sektion 4 abgelegt (siehe Bild 54), sofern sie für die Leistungsbewertung des globalen Netzwerks benötigt werden, da die lokalen Daten der Sektion 3 von der nachfolgenden Komponente überschrieben werden. Die Dimension der Sektion 4 kann in dieser Definitionsdatei der Menge der insgesamt benötigten Analysedaten angepaßt werden.

```
pack_typ: 1         Jobtyp (Data, Ack, Conn, Disc, ..      Sektion 1:
sour_adr: 2         Globale Quelladresse                   Kenngrößen einer
dest_adr: 3             "      Zieladresse                 repräsentierten PDU
orig_intra: 4       Lokale  Quelladr.                      oder Steuerinformation
dest_intra: 5           "      Zieladr.
data_leng: 6        Länge erzeugter Benutzernachricht
pack_prior: 7       Priorität   "          "
overhead: 8         Länge des generischen Protokollheaders
no_segment: 9       Anzahl Segmente bei Fragmentierung
pack_no: 10         Sequenznummer für Flußkontrolle
localnet: 11        Routingsteuerung am Ausgang eines Koppelsystems
local: 12               "                               Netzes
lifetime: 13        verbleibende Lebensdauer
----------------------------------------------------------------------------
modul_id: 14        Modulidentifikation                    Sektion 2:
cpu_time: 15        Bearbeitungszeit einer PDU             Lokale Daten einer
cpu_pri: 16             "      priorität    "              Netzwerkkomponente
mode: 17                                                   zur internen Steuerung
----------------------------------------------------------------------------
modev_0: 18                                                Sektion 3:
modev_1: 19                                                Lokale Analysedaten
modev_2: 20                                                eines Netzwerkmoduls
modev_3: 21
m....
----------------------------------------------------------------------------
glev_0: 22                                                 Sektion 4:
glev_1: 23                                                 Globale Analysedaten
glev_2: 24                                                 für das Netzwerk
glev_3: 25
g....
```

Bild 58. Struktur der RESQ-Jobvariablen in der Definitionsdatei JVDEF.PAR

Mit diesem Mechanismus ist die Größe der Jobvariablen und damit die daraus resultierenden Anforderungen an Speicherbedarf und Laufzeit des Simulationsprogrammes den Analyse-Erfordernissen anpaßbar.

Abschließend zur Parameterisierung wird die *2. Stufe* des *Pre-Compilers* durchlaufen, um die Werte dieser Parameterdateien in die SETUP-Spezifikation des RESQ-Modells umzusetzen.

5.4.2.3   Erzeugung des Simulationsprogramms

Die Umsetzung des mit den Werkzeugen CONFIG und PARAM erzeugten konzeptionellen Warteschlangenmodells in ein ausführbares Simulationsprogramm erfolgt durch den RESQ-Compiler SETUP gemäß Bild 52.

5.4.2.4   Simulationssteuerung

Die Steuerung eines RESQ-Simulationslaufs kann interaktiv oder im Stapelbetrieb erfolgen. Der interaktive Betrieb wird hauptsächlich zum Austesten erstellter Modelle verwendet. Der Stapelbetrieb ist wichtig zur Durchführung ganzer Experimentserien. Die Werte der Eingabeparameter und die Spezifikation der Auswertegrößen werden in der RESQ-Datei *Modellname.RQ2RPLY* abgelegt (siehe Bild 52). Es können dabei beliebig viele Einzelexperimente spezifiziert werden, die nacheinander ausgeführt werden. Einen entsprechenden Auszug für unser Demonstrationsmodell zeigt Bild 59.

```
0.008           /* arrtimeI1: ZWA zwischen Paketen bei Lastgen. im ES1 */
8000            /* pack_li1:  Länge des Datenfeldes im ES1            */
0.008           /* arrtimeI3: ZWA zwischen Paketen bei Lastgen. im ES2 */
8000            /* pack_li3:  Länge des Datenfeldes im ES2            */
3               /* windsizi1: Fenstergröße ES1                       */
1               /* timeouti1: Timeoutgröße ES1                       */
3               /* windsizi3: Fenstergröße ES2                       */
1               /* timeouti3: Timeoutgröße ES2                       */


50              /* no_depart: Run Limit:Ankünfte am Meßmodul ES2.stat10 */
20000           /* cp_seconds: Run Limit                             */


qt(esn2.auswmod.class1(10) /* Verweilzeit zw.Sender/Empf. Station10   */
qt(esn2.auswmod.time_queue /* Verweilzeit zw.Sender/Empf.für ES1->ES2 */
gv(esn2.auswmod.durchsatz) /* Durchsatz ES1->ES2                      */
gv(br1.in_perc(1) /* Bridgeverluste 1->2 */                          */
gv(br1.in_perc(2) /* Bridgeverluste 2->1 */                          */
```

Bild 59.   Auszug aus der Datei DEMO.RQ2RPLY zur Simulationssteuerung

Eingabegrößen sind Werte für die *Numeric Parameters* des Modells. Sie beinhalten im wesentlichen Parameter zur Laststeuerung und zur Variation von ausgewählten Systemvariablen des modellierten Netzwerks, deren Einfluß auf seine Leistungskenngrößen ermittelt werden sollen, wie unser Demonstrationsbeispiel zeigt: Zwischenankunftszeit und Länge von zu übertragenden Nachrichten sowie Werte für die Protokollparameter Fentergröße und Retransmission Timeout des Transportprotokolls in den Endsystemen.

Hinzu kommen Werte für im Modell spezifizierte Abbruchkriterien eines Simulationsexperiments wie z.B. der Umfang einer Stichprobe, die Konfidenz eines statistischen Ergebnisses, oder Limits für Simulationszeit und Rechenzeit. Im abgebildeten Beispiel sind Abbruchkriterien die Anzahl (50) angekommener Nachrichten an Station 10 des Netzes 2 oder eine maximale CPU-Zeit von 20 000 Sekunden.

Spezifizierte Auswertegrößen sind bei einer Leistungsprognose i.d.R. Durchsatz und Verweilzeit von Nachrichten im Transportsystem. Bei einer Leistungsanalyse kommen noch Leistungskenngrößen und Statusinformationen einzelner Netzwerkkomponenten hinzu. In unserem Beispiel wird die Umlaufverzögerung (round trip delay) von gesendeter Nachricht und empfangener Quittung an Station 10 des Netzes 2 sowie die mittlere Verzögerungzeit aller Internetz-Transportverbindungen zwischen Ring 1 und Ring 2 ermittelt. Zusätzlich wird der Prozentsatz von Nachrichtenverlusten in der Bridge ermittelt.

5.4.2.5 Auswertung

Mit dem Werkzeug *DIAGR* kann der NETSIM-Benutzer eine graphische Darstellung der in der RESQ-Ergebnisdatei *Modellname.RQ2PRNT* abgelegten Simulationsergebnisse in Form von Diagrammen erzeugen. Beispiele solcher Diagramme zeigen Bild 47 auf Seite 97 und Bild 48 auf Seite 98. Für ihre Erzeugung ergeben sich folgende Teilschritte:

- Ermittlung der darstellbaren Ergebnisgrößen in der RESQ-Ergebnisdatei.

- Auswahl der darzustellenden Größen aus der Gesamtheit der Ergebnisgrößen.

- Erzeugung und Sicherung des Diagramms.

Im ersten Schritt erfolgt die Bearbeitung der RESQ-Ergebnisdatei zur Erfassung vorhandener Ergebnisgrößen, die dem Benutzer auf dem Schirm angezeigt werden.
Im zweiten Schritt erfolgt die Auswahl der in einem Diagramm als Kurve(n) darzustellenden Größen aus der aufgezeigten Gesamtheit. Dies beinhaltet die Größen für Abszisse und Ordinate sowie die Angabe von Scharparametern bei der Darstellung einer Kurvenschar.
Im dritten Schritt erfolgt die Erzeugung des Diagramms auf dem Graphikschirm des PC's. Der Benutzer kann hierzu Wertebereich und Skalierung des Diagramms beliebig festlegen. Darstellbar sind die Einzelergebnisse einer Experimentserie als Punkte einer Kurve, die durch einen Polygonzug verbindbar sind. Zudem kann die Breite von Konfidenzintervallen eingeblendet werden. Abschließend kann das Diagramm ausgedruckt oder in einer Datei gesichert werden für spätere Wiederaufbereitungen auf dem Schirm.

Das Werkzeug DIAGR unterstützt sowohl einen interaktiven Dialogbetrieb als auch einen dateigestützten Stapelbetrieb. In der dazu benötigten Steuerdatei werden die zur Erzeugung eines Diagramms benötigten Steuerbefehle abgelegt. Dies erlaubt es, ganze Diagrammserien zur Auswertung eines Simulationslaufes automatisch erzeugen zu lassen.

5.4.2.6 Implementierung

Zur Realisierung der Werkzeuge für die NETSIM-Benutzerschnittstelle konnten wesentliche Teile einer interaktiven, intelligenten und integrierten Modellierungsumgebung *INT3* /LeSz88/ entnommen werden, die am Institut für Rechnerentwurf und Fehlertoleranz (Prof. Dr. D. Schmid) der Universität Karlsruhe ebenfalls im Rahmen des HECTOR-Projekts entwickelt wurde. Diese INT3-Modellierungsumgebung stellt ein interaktives wissensbasiertes System (Expertensystem) zur Unterstützung von Anwendern in den verschiedenen Phasen eines Modellierungsprozesses dar.

Aus diesem INT3-System konnten die Funktionen des Werkzeuges CONFIG /Frei85/, /Reck87/ zur graphikgestützten Modellsynthese und des Werkzeuges DIAGR zur graphischen Darstellung der Simulationsergebnisse entnommen werden, die für die Erfordernisse des NETSIM-Systems angepaßt und erweitert wurden.

Es sei an dieser Stelle allen Entwicklern und Betreuern des INT3-Systems, insbesondere Frau Dr. H. Sczcerbicka und Herrn Dr. A. Lehmann sowie den beiden Studenten G. Recktenwald und A. Freiberg, für ihre Unterstützung zur Weiterentwicklung und Integration dieser Funktionen in das NETSIM-System herzlich gedankt.

5.4.3 Modelle der Datenbank

In der NETSIM-Modelldatenbank sind bisher die in Bild 60 aufgeführten Modelle von Netzwerkkomponenten als RESQ-Submodelle in Dateien bereitgestellt. Dabei handelt es sich um parameterisierbare *detaillierte* Modelle mit der in Kap. 5.2 gezeigten Struktur und mit dem Funktionsumfang gemäß der jeweils aufgeführten Spezifikation. Sie wurden großenteils durch ihm Rahmen dieser Arbeit betreute Studien- und Diplomarbeiten erstellt und nach einer Überarbeitung zur Anpassung von Modellfunktionen und Modulschnittstellen in die Datenbank eingegliedert.

Diese detaillierten Modelle sind vor allem zur Funktionsanalyse und Optimierung der einzelnen Netzwerkkomponenten geeignet. Zusammen mit den durchgeführten Vermessungen und Leistungsanalysen des HECTOR-TS bilden sie die Grundlage für die Entwicklung der vereinfachten Ersatzmodelle. Bei der Leistungsbewertung komplexer Netzwerke sollten sie hauptsächlich im Sinne des in Kap. 2.2.3.1 definierten *Lupeneffektes* eingesetzt werden.

```
LAN:    CSMA/CD Bus        (Ethernet)              IEEE 802.3      /Hins87/
        Token Ring                                 IEEE 802.5      /Schi86/
        FDDI Ring                                  ANSI X3T9.5     /Schi86/


WAN:    X.25               (Datex-P)               CCITT X.25      /Rose87/
        X.21               (Datex-L)               CCITT X.21      /Zitt87/


KS:     MAC-Layer-Bridge                           IEEE 802.1      /Schi86/
        OSI-Gateway                                OSI-RM          /Hins87/


ES:     Lasterzeugung                                              /Schi86/
        Flußkontrolle und Fehlerkorrektur          OSI-TP4         /Roll88/
        Paketzerlegung und -Zusammensetzung        OSI-INPCL       /Hins87/
        Netzwerkzugriff                                            /Schi86/
```

Bild 60.   Detaillierte Modelle der NETSIM-Modelldatenbank

Zudem werden eine Reihe von entwickelten Ersatzmodellen mit einer Struktur gemäß Kap. 5.3 bereitgestellt. Sie umfassen die lokalen Netze Ethernet, IEEE-Token Ring und FDDI-Token Ring, ein Koppelsystem zur Verknüpfung von zwei verbindungslosen Subnetzen, und ein Endsystem mit Funktionen zur Lasterzeugung, Flußkontrolle und Fehlerbehandlung. Mit diesen Ersatzmodellen kann die Leistungsprognose für ein komplexes lokales Internetzwerk bestehend aus mehreren gekoppelten LAN bei verbindungslosem Netzwerkdienst durchgeführt werden.

5.4.4 Kenngrößen

Interessierende Kenngrößen beim NETSIM-System sind Abschätzungen über die Anzahl modellierbarer Netzwerkkomponenten (ES, KS, Netze) in einem Gesamtmodell sowie benötigte Laufzeiten des entsprechenden Simulationsprogramms.

5.4.4.1 Anzahl modellierbarer Netzwerkkomponenten

Die Anzahl modellierbarer Komponenten hängt wesentlich von der *Komplexität* der verwendeten Modellbausteine ab. Als Maß für die Komplexität dieser Modellbausteine kann die Anzahl der für ihre Modellierung verwendeten RESQ-Nodes herangezogen werden. Bild 61 zeigt hierzu eine Gegenüberstellung der Anzahl *RESQ-Nodes* für Endsysteme, MAC-Layer-Bridge, OSI-Gateway sowie verschiedene LAN-Typen bei detaillierter Modellierung (DM) mit einer Struktur gemäß Kapitel 5.2 und mit vereinfachten Ersatzmodellen (EM) gemäß Kap. 5.3. Diese Zahlen sind den im Anhang aufgeführten Modellbeschreibungen entnommen. Zudem ist die darauf basierende *Komplexitätsrelation* (KR) als Verhältnis der Node-Mengen bei detaillierter und vereinfachter Modellierung angegeben. Der Faktor n in dieser Tabelle beziffert die Anzahl modellierter Stationen (ES, KS) an einem lokalen Netz.

Anzahl n = Stationen am LAN	RESQ-Nodes Detailliertes Modell (DM)	RESQ-Nodes Ersatzmodell (EM)	Komplexitäts- Relation (KR)
Endsystem	135	69	2 : 1
IEEE-Token Ring	23 + n * 18	12	n * 1,5 : 1
FDDI-Token Ring	19 + n * 32	45	n * 0,7 : 1
MAC-Bridge	80	24	3 : 1
OSI-Gateway	124	24	5 : 1

Bild 61. Anzahl von RESQ-Nodes zur Modellierung verschiedener Modellkomponenten

Wie bereits bei der Behandlung der vereinfachten Ersatzmodelle aufgeführt, ergibt sich beim Endsystem ein KR-Faktor von ca. 2.5:1, bei Koppelsystemen zwischen 3:1 und 5:1, und bei LAN von ca. n:1. Diese Komplexitätsreduktion ist für die Modellierbarkeit großer Netze mit einer Vielzahl von Stationen von wesentlicher Bedeutung.

Experimentelle Untersuchungen mit dem RESQ-Simualtionspaket haben ergeben, daß ca. *8000* RESQ-Nodes in einem Gesamtmodell enthalten sein können. Diese Obergrenze resultiert aus Begrenzungen RESQ-interner Listen zur Verwaltung der Modellelemente. Bei genauer Kenntnis des Simulationspakets kann sie durch eine Anpassung seiner Steuerdateien an die jeweilige Modellstruktur eventuell optimiert werden, da sich bei den verschiedenen RESQ-Nodes Unterschiede bezüglich ihres Verwaltungsaufwandes ergeben. Bei einer großen Zahl von RESQ-Nodes und einer zufälligen Mischung von Node-Typen stellt die ermittelte Obergrenze von 8000 Nodes jedoch einen guten Mittelwert dar.
Begründet auf diese Obergrenze und bekannter Komplexität der Modellkomponenten gemäß obiger Tabelle lassen sich Abschätzungen über die Anzahl modellierbarer Netze und Stationen eines Netzwerkmodells durchführen.

Hierzu wurde am Beispiel des in Bild 54 dargestellten Demonstrationsmodells experimentell ermittelt, wieviele Endsysteme sich in dieser Netzkonfiguration modellieren lassen. Bei Verwendung detaillierter Modelle ergaben sich 25 Stationen pro Ring, bei vereinfachten Ersatzmodellen mehr als 60 Stationen. Eine zusätzliche Elementreduktion auf 50 Nodes in den Endsystem durch weitere, hier nicht besprochene Vereinfachungen bei Lastgenerierung und Auswertung hat sogar 80 Stationen pro LAN ergeben.
Eine entsprechende Abschätzung der Anzahl von RESQ-Nodes im Gesamtmodell ergibt:

	Endsysteme		Token Ringe		Bridge		Gesamtmodell
DM:	50*135	+	(2*23+52*18)	+	80	=	7812
EM:	120*69	+	2*12	+	24	=	8328
EM:	160*50	+	2*12	+	24	=	8048

Bild 62. Maximale Anzahl Stationen beim Demonstrationsmodell DEMO

Damit ist die Obergrenze von ca. 8000 RESQ-Nodes für ein Netzwerkmodell bestätigt und die Anwendbarkeit der darauf basierenden Abschätzung gezeigt.

5.4.4.2 Laufzeit

Die Ausführungszeit eines Simulationsexperiments wird geprägt durch die Modellstruktur, die Untersuchungsziele und die geforderte Genauigkeit (Konfidenz) der Ergebnisse. Eine allgemein anwendbare Abschätzung wie bei der vorher behandelten Modellkomplexität kann hier nicht angeben werden.

Aber auch hier spielt die Modellkomplexität eine gewichtige Rolle. Zur Veranschaulichung werden hierzu die CPU-Zeiten betrachtet, die zur Übertragung von 2500 Internetz-Nachrichten zwischen Endsystemen des Demonstrationsmodells bei 25 Stationen pro Ring mit detaillierten und vereinfachten Modellkomponenten benötigt wurden.

CPU-Zeit DM:	CPU-Zeit EM:	Zeit-Relation
90 000	6000	15 : 1

Bei Verwendung vereinfachter Ersatzmodelle ergibt sich eine Reduktion der benötigten CPU-Zeit von *15:1* , was für die Durchführung ganzer Experimentserien von signifikanter Bedeutung ist.

5.5 Zusammenfassung

In diesem Kapitel wurden Architektur und Realisierung des *simulativen* Modellierungssystems NETSIM behandelt, dessen Modellkomponenten zur Untersuchung heterogener Internetzwerke und Transportsysteme gemäß *OSI-Standards* ausgelegt sind.

Wichtigstes Merkmal dieses Modellierungssystems ist die sogenannte *Lupencharakteristik* , um den Anforderungen an die Modellierung großer Internetzwerke zu genügen. Diese Lupencharakteristik wird durch die beliebige Mischbarkeit gleicher und verschiedener Modellkomponenten mit beliebigem Detaillierungsgrad in einem Gesamtmodell des zu untersuchenden Netzwerks erzielt. Hierzu wurde eine geeignete modulare Modellstruktur der verschiedenen Netzwerkkomponenten (ES, KS, Netze) mit vereinheitlichten Modulschnittstellen sowohl für detaillierte Modellbausteine als auch für vereinfachte Ersatzmodelle entwickelt.

Die *vereinfachten Ersatzmodelle* stellen ein wichtiges Ergebnis dieser Arbeit dar. Ihr Entwurf wurde sowohl von simulativen Untersuchungsergebnissen mit detaillierten Modellbausteinen als auch von Vermessungsergebnissen der implementierten Netzknoten des HECTOR-TS geprägt.

Die realisierte *Benutzerschnittstelle* des NETSIM-Systems weist die in Kap. 2.2 aufgeführten Merkmale zukünftiger Entwicklungen bei Modellierungssystemen und -Umgebungen auf. Diese Merkmale beinhalten graphikgestützte Werkzeuge für die Modellsynthese gestützt auf eine Modelldatenbank mit vorgefertigten parameterisierbaren Modellbausteinen sowie für die Aufbereitung der Simulationsergebnisse zur Unterstützung ihrer Auswertung.

Als Modellierungssystem zur Unterstützung der Entwurfsplanung und Leistungsoptimierung komplexer OSI-Netzwerke und Transportsysteme stellt es durch die hier aufgeführten Merkmale eine wesentliche *Neuerung* auf diesem Sektor dar und es sind keine ähnlichen Realisierungen oder zumindest Konzepte aus der Literatur bekannt.

6 Anwendung von NETMON und NETSIM

In diesem Kapitel wird zuerst eine Anwendungsmethodik zum kombinierten Einsatz der realisierten Werkzeuge NETMON und NETSIM vorgestellt und nachfolgend werden entsprechende Anwendungen insbesondere bei der Realisierung und Leistungsoptimierung des in Kapitel 3 vorgestellten prototypischen heterogenen OSI-Transportsystems HECTOR-TS aufgezeigt.

6.1 Methodik der Anwendung

Ziel dieser Anwendungsmethodik für den kombinierten Einsatz der Werkzeuge NETSIM und NETMON ist die Funktionsanalyse und Leistungsbewertung von komplexen OSI-Transportsystemen und ihrer Komponenten zur Unterstützung der Auslegungsplanung des Gesamtsystems sowie des Entwurfs, der Implementierung und der Leistungsoptimierung einzelner Netzwerkkomponenten. Diese Phasen werden nun einzeln erläutert.

6.1.1 Auslegungsplanung

Ziel bei der Planung eines komplexen OSI-Transportsystems ist es, seine Auslegung so zu gestalten, daß die gestellten Funktions- und Leistungsanforderungen erfüllt werden. Diese Auslegungsplanung wird durch den Einsatz des Modellierungssystems *NETSIM* unterstützt, das eine Funktionsanalyse und Leistungsprognose eines sich in der Planung befindlichen Transportsystems ermöglicht.

Die Durchführung dieser Modellierung im Planungsstadium erfolgt sinnvollerweise mit vereinfachten Ersatzmodellen des NETSIM-Systems, die unabhängig von der konkreten Implementierungsstruktur lediglich das Außenverhalten der einzelnen Netzwerkkomponenten nachbilden und nur wenige Parameter für ihre Kalibrierung benötigen. Zudem liegt hier der Schwerpunkt der Untersuchungen auf der Betrachtung des modellierten Netzwerks in seiner Gesamtheit und nicht auf der Optimierung einzelner Komponenten. Dabei interessieren vor allem die Leistungsfähigkeit einzelner Übertragungswege im Netzwerk, die Leistungsfähigkeit des Netzwerks in seiner Gesamtheit und die Erkennung von potentiellen Verkehrsengpässen und daraus resultierenden Nachrichtenverlustquellen. Zur Durchführung solcher Planungsstudien mit vereinfachten Ersatzmodellen werden i.d.R. folgende Vorgaben benötigt:

- Konfiguration des Netzwerks bestehend aus Endsystemen, Koppelsystemen und Teilnetzen.

- Funktionalität (Typen von Koppelsystemen und Teilnetzen) und Kenngrößen (Bearbeitungszeit einer Nachricht, Pufferkapazität des Knotens, Topologie des Teilnetzes) der einzelnen Netzwerkkomponenten.

- Werte für Protokollparameter (Fenstergröße der Flußkontrolle, Timeouts zur Fehlerbehandlung, Nachrichtengrößen zur Segmentierung).

- Werte zur Lasterzeugung in den Endsystemen (Zwischenankunftszeit und Länge von Nachrichten samt Verteilungscharakteristik sowie Priorität beim Netzwerkzugriff).

Dabei ergeben sich verschiedene Einzelziele:

- Für eine *konkrete Auslegung* eines Transportsystems (ein konkreter Satz von Vorgaben im obigen Sinne) wird eine Leistungsprognose erstellt. Dieses Verfahren wird auch häufig zur Auswahl alternativer Auslegungen genutzt.

- Die Auslegung wird variiert, um eine *konkrete Leistungsfähigkeit* des geplanten Transportsystems zu erzielen und hieraus den entsprechenden Satz von Vorgaben (Entwurfsanforderungen) für die Realisierung der einzelnen Netzwerkkomponenten abzuleiten.

- Neben der Auslegungsplanung konkreter Transportsysteme interessieren *Fallstudien* zur Ermittlung des Einflusses einzelner Protokollfunktionen oder ganzer Protokollarchitekturen auf die Funktionalität und Leistungsfähigkeit eines Transportsystems. Diese Fallstudien können sowohl zur Weiterentwicklung von Protokollfunktionen als auch zur Auswahl bereits genormter Funktionsvarianten genutzt werden und wertvolle Hinweise für den Entwurf davon betroffener Netzwerkkomponenten liefern. Hierzu kann auch der partielle Einsatz detaillierter Modellkomponenten erforderlich sein im Sinne der in Kap. 2.2.3.1 erläuterten Lupencharakteristik.

6.1.2   Entwurfsunterstützung

Nach der Ermittlung konkreter Leistungskenngrößen (Durchsatz und Verweilzeit von Nachrichten) als Entwurfsvorgaben für zu implementierende Netzwerkkomponenten kann ihr Entwurf ebenfalls durch den Einsatz von *NETSIM* unterstützt werden. Dazu werden sinnvollerweise ein detailliertes Modell für die zu entwerfende Netzkomponente und vereinfachte Ersatzmodelle zur Schaffung ihrer Umgebung (Testbett) eingesetzt. Diese Vorgehensweise nutzt die Lupencharakteristik des NETSIM-Systems aus, die durch eine beliebige Verknüpfbarkeit detaillierter und vereinfachter Modellkomponenten ermöglicht wird.

Durch den Einsatz einer detaillierten Modellkomponente lassen sich folgende Einflüsse auf die Funktionalität und Leistungsfähigkeit eines zu entwerfenden Netzknotens untersuchen:

- Prozeßstruktur der Implementierung und Prozessorarchitektur des Knotenrechners (multi-tasking, multi-processing) einschließlich Overheads des Betriebssystems (task-switching),

- Ausführungszeit von Protokollfunktionen,

- Puffergrößen und Pufferverwaltung,

- Datenkopiervorgänge zwischen Puffern (und Zeiten zu ihrer Organisation).

6.1.3 Implementierungstest

Zur entwicklungsbegleitenden Unterstützung bei der Implementierung komplexer Kommunikationsprotokolle sind geeignete Hilfsmittel zur Durchführung von Funktions- und Leistungstests in unterschiedlichen Stufen der Implementierung und insbesondere zur Unterstützung der Fehlerdiagnose der hier auftretenden komplexen Abläufe sowohl innerhalb einzelner Netzknoten als auch zwischen kommunizierenden Knoten erforderlich. Hierzu ist das verteilte Leistungsmeßsystem *NETMON* hervorragend geeignet.

Entsprechend der vorgenommenen Code-Instrumentierung ermöglicht eine erstellte *NETMON-Ereignisliste* die verfälschungsfreie und genaue zeitliche Erfassung des Ablaufgeschehens in allen beobachteten Netzknoten mit fast unbegrenztem Detaillierungsgrad und stellt somit einen in vielerlei Hinsicht auswertbaren *System-Trace* des beobachteten Kommunikationssystems dar.
Hier ist anzumerken, daß die von Entwicklungsumgebungen häufig als Testhilfen bereitgestellten *Debugger* das Laufzeitverhalten untersuchter Programme erheblich verfälschen. Dieser Effekt ist für Funktions- und vor allem Leistungstests um so kritischer, je mehr asynchrone Nebenläufigkeiten in einem Netzknoten ablaufen und je wichtiger die Realzeiteigenschaften der untersuchten Software sind. Sie sind daher für solche Tests wenig geeignet.

Für den Funktionstest und die Fehlerdiagnose der implementierten Kommunikations-Software erfaßt die NETMON-Ereignisliste

- das Auftreten einzelner Protokollfunktionen und ihre Ausführungszeit
- sowie ganze Funktionsfolgen
- innerhalb einzelner Protokollinstanzen,
- zwischen Instanzen innerhalb eines Knotens
- und zwischen Instanzen in verschiedenen Knoten.

Neben der Verfolgung der eigentlichen Protokollaktivitäten in beobachteten Netzknoten lassen sich auch die Einflüsse der jeweiligen Laufzeitumgebung (Betriebssystem) ermitteln, die für das Realzeitverhalten der Implementierung wichtig sind. Einzelpunkte hierzu sind:

- Dauer von Interrupt Service Routinen,
- Task-Umschaltzeiten,
- Größe der Zeitscheibe und
- Dauer der Intertask-Kommunikation bei Multitask-Systemen.

6.1.4 Leistungsanalyse und Optimierung

Sowohl NETSIM als auch NETMON kann zur Leistungsanalyse und Optimierung (Tuning) eines realen Netzwerks eingesetzt werden. Jedes dieser Werkzeuge bedingt aber Voraussetzungen für seinen Einsatz, die oft nur unzureichend erfüllt sind und daher nur eine beschränkte Anwendung ermöglichen. Erst durch den kombinierten Einsatz der beiden sich ergänzenden Werkzeuge läßt sich ihr Analysepotential zur Optimierung eines konkreten Transportsystems und/oder seiner Komponenten voll nutzen.

Das Leistungsmeßsystem *NETMON* eignet sich vor allem zur Messung konkreter Leistungskenngrößen eines solchen Objekts durch die Bildung von Histogrammen für gesuchte Kenngrößen. Die Analyse dieser Kenngrößen wird durch die Auswertung der Ereignisliste unterstützt, die Einzelheiten über ihr Zustandekommen liefert wie z.B.

Ausführungszeiten von Protokollfunktionen, Verweilzeiten von Nachrichten in Puffern oder Übertragungszeiten von Nachrichten zwischen einzelnen Netzknoten. Die Ereignispaarliste ermöglicht zudem die Ermittlung der relativen Häufigkeit aufgetretener Ereignispaare sowie die Ausführungsdauer der damit markierten Funktionen und gibt damit wertvolle Hinweise, an welchen Stellen des Objektcodes eine Optimierung lohnenswert erscheint.

Die Effizienzsteigerung von Optimierungsmaßnahmen wie z.B. Änderungen bei Werten von Protokollparametern oder in der Kommunikations-Software sind bei solch komplexen Objekten jedoch schwierig abzuschätzen und können mit Leistungsmeßsystemen zumeist nur nach ihrer Durchführung durch eine Neuvermessung quantitativ erfaßt werden. Die Nutzen/Aufwand-Abschätzung ist für die Praxis aber von großem Interesse. Zudem ist eine weitgehend vollständige Vermessung des untersuchten Objekts bei allen möglichen Betriebsbedingungen (Systemlasten und -Konfigurationen) aus Aufwandsgründen (Gerätschaft, Zeit, Personal) zumeist nicht durchführbar.
Das Modellierungssystem *NETSIM* ist für diese Zwecke wesentlich besser geeignet. Unabdingbare Voraussetzung für seinen Einsatz zur Prognose von Effizienzsteigerungen durch Optimierungsmaßnahmen bei einem konkreten Objektsystem sind allerdings konkrete und möglichst detaillierte Kenndaten des Objekts zur Kalibrierung und Gültigkeitsbestätigung (Validierung) der eingesetzten Modellkomponenten.

Und nun schließt sich der Kreis. Aus der Kombination der beiden Werkzeuge läßt sich ihr Analysepotential in zweierlei Hinsicht wesentlich erweitern:

- Gerade zur genauen Messung von teilweise sehr detaillierten Parametern und zugehörigen Leistungskenngrößen des Objektsystems ist NETMON hervorragend geeignet und schafft somit in idealer Weise die Voraussetzungen zum Einsatz des Modellierungssystem NETSIM, mit dem dann eine Abschätzung der Leistungssteigerung von Optimierungsmaßnahmen (Designänderungen der Software, Konfigurationsänderungen des Netzwerks und Änderungen der Betriebsbedingungen (Protokollparameter, Systemlasten) erfolgen kann.

- Eine weitere Ergänzung ergibt sich aus der Analyse der mit NETMON ermittelten Meßdaten. Die Ereignisliste ermöglicht detaillierte Aufschlüsse über die Zusammensetzung der gemessenen Leistungskenngrößen. Dies gibt wichtige Hilfestellungen für den Entwurf und die Validierung vereinfachter Ersatzmodelle des NETSIM-Systems, deren Ziel ja gerade die Aggregierung vieler Einzeleffekte in abstrakte Funktionen und Kenngrößen zur Reduzierung der Modellkomplexität ist.

6.2   Planung

In diesem Unterkapitel werden zwei exemplarische Beispiele des NETSIM-Einsatzes für Fallstudien im Sinne der erläuterten Auslegungsplanung vorgestellt. Die erste Studie befaßt sich mit der Analyse von Flußkontrolle und Fehlerbehandlung des OSI-Transportprotokolls Klasse 4 bei gekoppelten lokalen Netzen mit ungesicherter Datagrammübertragung.
Die zweite Studie befaßt sich mit prioritätsgesteuerten Mediumzugriffsmechanismen bei lokalen Netzen, wobei insbesondere der sich gegenwärtig in der Normung befindliche FDDI-Ring untersucht wurde. Die Ziele und wichtigsten Ergebnisse dieser beiden Studien werden nun kurz behandelt.

6.2.1 OSI-Transportprotokoll Klasse 4

Für die Leistungsfähigkeit und Stabilität eines OSI-Transportsystems bestehend aus gekoppelten lokalen Netzen und verbindungslosem Netzwerkdienst sind die Mechanismen des OSI-Transportprotokolls für Flußkontrolle und Fehlerbehandlung von wesentlicher Bedeutung. Hierzu mit NETSIM durchgeführte Untersuchungen sind in /Schi86/, /Zieh87/ und /Roll88/ dokumentiert.

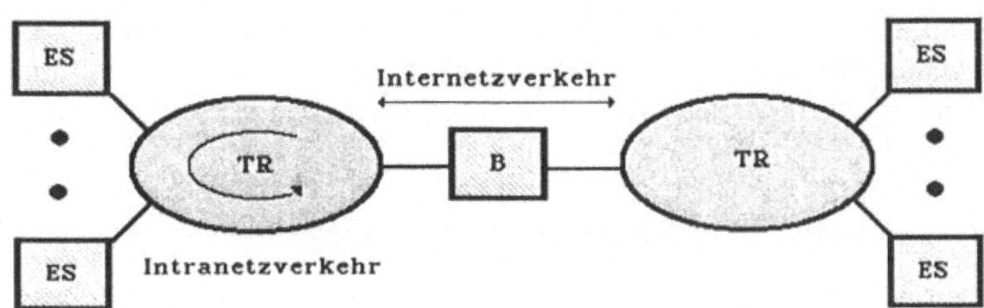

Bild 63. Netzkonfiguration für die Analyse des Transportprotokolls

Bild 63 zeigt die diesen Analysen zugrundeliegende Netzkonfiguration bestehend aus Endsystemen (ES) an zwei IEEE Token Ringen (TR), die durch eine transparente MAC-Layer-Bridge (B) miteinander gekoppelt sind. Die angenommene Protokollarchitektur in den Endsystemen umfaßt der Einfachheit halber nur das OSI-Transportprotokoll, das direkt über dem Mediumzugriff der LAN operiert. Die Modellierung erfolgt mit vereinfachten Ersatzmodellen gemäß Kap. 5.3.
Die Bridge stellt einen Verkehrsknotenpunkt dar und bildet bei einem festgelegten Grenzdurchsatz von 1,3 Mbit/s einen potentiellen Verkehrsengpaß für den Internetzverkehr. Sie verursacht im Überlastfall Nachrichtenverluste und hat keine Möglichkeit, eine Drosselung des Internetzverkehrs durch eine Backpressure der sendenden Endsysteme zu erzielen. Die *Protokollparameter*

W   Fenstergröße (window size) und
T   Zeitintervall für die Sendewiederholung (retransmission timeout)

zur Flußsteuerung und Fehlerkorrektur des Transportprotokolls beeinflussen hier wesentlich die Leistungsfähigkeit einzelner Transportverbindungen sowie die Leistungsfähigkeit und Stabilität des gesamten Transportsystems im Überlastbereich. Es wurde daher zunächst der prinzipielle Einfluß dieser Parameter auf das Verhalten eines solchen verlustbehafteten Transportsystems aufgezeigt und nachfolgend Möglichkeiten zur Leistungsoptimierung untersucht. Die wichtigsten Ergebnisse hierzu werden nun kurz erläutert, die eine Zusammenfassung der in /Schi86/, /Zieh76/ und /Roll88/ dokumentierten Einzelergebnisse bilden.

6.2.1.1 Einfluß der Protokollparameter

Zu kleine *Fenstergrößen* führen zu einer nicht optimalen Leistungsfähigkeit einzelner Transportverbindungen aufgrund der *Umlaufzeit* (round trip delay) zwischen abgesendeter Nachricht und empfangener Quittung zur Fortschaltung der Flußkontrolle. Zu große Fenstergrößen eliminieren zwar den hemmenden Einfluß der Umlaufzeit und führen zu einer hohen Auslastung des Übertragungsweges, führen im Überlastfall der Bridge aber zu vielen Nachrichtenverlusten, die ebenfalls den erzielbaren Durchsatz reduzieren. Diese Effekte sind in Bild 64 sichtbar, werden aber später bei der Besprechung des Bildes noch diskutiert.

Zu große *Timeout-Werte* führen im Verlustfall auch zu einer Reduzierung des erzielbaren Durchsatzes aufgrund der verspätet einsetzenden Sendewiederholungen. Zu kleine Timeout-Werte können zum Auftreten von Sendewiederholungen führen, bevor die Bridge ihre Überlast abgebaut hat und diese somit noch vergrößern. Im stationären Fall führt dies zum totalen Zusammenbruch des Transportsystems, bei dem der Nutzdurchsatz gegen Null strebt und das System nur noch mit erfolglosen Sendewiederholungen beschäftigt ist. Einzeluntersuchungen dieser Mechanismen sind in /Schi86/ dokumentiert und eine Zusammenfassung in /Zieh87/ gegeben.

6.2.1.2   Vergleich genormter Varianten zur Fehlerbehandlung

In /Roll88/ erfolgt zunächst ein Vergleich der beiden in der Protokollnorm definierten Funktionsvarianten

FV1:   *paket-orientierte* Zeitüberwachung und
FV2:   *verbindungs-orientierte* Zeitüberwachung

gesendeter Datenpakete (TPDU's). Hierbei ergeben sich neben Unterschieden in der eigentlichen Funktionalität der Fehlerbehandlung große Auswirkungen für eine Implementierung des Transportprotokolls hinsichtlich der Anzahl benötigter Zeitgeber (Timer): bei FV1 wird ein *Retransmission-Timer* pro gesendetem Datenpaket benötigt, bei FV2 nur ein solcher Timer pro bestehender Verbindung.

Hier hat sich gezeigt, daß die wesentlich weniger aufwendige Lösung FV2 nur geringfügig (< 10 %) schlechtere Durchsatzwerte einer Transportverbindung als Lösung FV1 erzielt. Aus obigen Aufwandsgründen wurde sie für die Implementierung des HECTOR-TS gewählt, was damit (im nachhinein) gerechtfertigt ist.

6.2.1.3   Verbesserung der Protokollmechanismen

Weitere Teilziele dieser Studie beinhalten die Untersuchung einer *dynamischen Anpassung* der Fenstergröße W und des Retransmission Timeout T an die aktuelle Netzauslastung, um die Leistungsfähigkeit einzelner Transportverbindungen zu optimieren und die Stabilität des gesamten Transportsystems unter allen Lastbedingungen zu gewährleisten. Aufgrund der vorhergehenden Ergebnisse wurden sie mit der Lösung FV2 (ein Timer pro Verbindung) durchgeführt.

a) Adaptiver Timeout

Der gewählte Adaptionsmechanismus für den *Timeout* der Sendewiederholung entstammt /Jain85a/ und basiert auf der im Sender gemessenen Umlaufzeit zwischen gesendeter Nachricht und empfangener Quittung (round trip delay) als Maß für die Auslastung des Netzwerks gemäß folgendem Algorithmus, der dem Prinzip der *linearen Regression* entspricht:

$$E(n) \quad = \quad a * E(n-1) \quad + \quad (1-a) * S(n-1) \qquad \text{mit} \qquad 0 < a < 1 \qquad (27)$$

$$T(n) \quad = \quad k * E(n) \tag{28}$$

Bei dieser Adaption ist E(n) der Schätzwert für die erwartete Umlaufzeit der aktuell auszusenden Nachricht n, E(n-1) der Schätzwert der Umlaufzeit der Vorgängernachricht (n-1), S(n-1) der tatsächlich gemessene Wert der Umlaufzeit der Vorgängernachricht (n-1), und a eine wählbare Konstante zur Wichtung der beiden Anteile E(n-1) und S(n-1). Sie wirkt als Dämpfungsfaktor und steuert die Anpassungsgeschwindigkeit des aktuell erwarteten Schätzwerts E(n) an die zuletzt gemessene Umlaufzeit S(n-1).

Der aktuelle Timeout T(n) für die auszusendende Nachricht ermittelt sich aus dem Schätzwert E(n), wobei der Multiplikationsfaktor k einen Sicherheitszuschlag bildet. Zusätzlich kann noch ein Wiederholungsfaktor eingeführt werden, der T(n) mit steigender Wiederholungszahl linear oder wie beim CSMA/CD-Verfahren /IEEE-3/ exponentiell erhöht. In /Jain85a/ ist dokumentiert, daß bei geeignet gewähltem k kein Wiederholungsfaktor erforderlich ist.

b) Adaptives Fenster

Der Algorithmus zur dynamischen Anpassung der *Fenstergröße* entstammt /BuGr85/ und wird dort zur Optimierung des LLC-2 Protokolls bei der MAC-Layer-Kopplung von lokalen Netzen eingesetzt. Bei diesem Algorithmus wird die bei Übertragungsbeginn vorgegebene Fenstergröße W = Wi nach dem Auftreten eines Nachrichtenverlustes (TP4-PDU) auf eine untere Grenze Wu reduziert und sukzessive nach der Anzahl m erfolgreich übertragener Nachrichten um den Wert j erhöht, bis die zu Beginn festgelegte Fenstergröße Wi wieder erreicht ist. Dadurch wird nach dem Auftreten einer Überlastsituation die Verkehrslast der Bridge zunächst drastisch reduziert, um ihr Gelegenheit zum Überlastabbau (Aussendung zwischengespeicherter Nachrichten) zu geben. Nach erfolgtem Abbau (keine Verluste mehr) kann ihre Last durch die sukzessive Vergrößerung der Fenstergröße auf ihren initialen Wert Wi wieder erhöht werden.

Mit diesem Verfahren ist eine allen Betriebsbedingungen angepaßte Auslastung des Netzwerks bei gleichzeitiger Stabilität im Überlastbereich möglich. Der Adaptionsbereich kann durch die maximale und minimale Fenstergröße Wi und Wu festgelegt werden, die Adaptionsgeschwindigkeit durch die Konstanten m und j. Zudem erfordert er keinen Austausch von Protokollkontrollinformation zwischen Partnerinstanzen. Netzknoten mit dynamischer Fenstersteuerung sind daher voll kompatibel zu solchen mit starrem Fenster und können uneingeschränkt miteinander kommunizieren; dasselbe gilt auch für die dynamische Fehlerbehandlung. Dieses Verfahren ist auch in /Jain85b/ zur Lösung von Staukontrollproblemen für die Rechnernetzarchitektur Digital Network Architecture (DNA) untersucht worden.

c) Ergebnisse

Die wichtigsten Ergebnisse dieser Studien sind in Bild 64 zusammengefaßt, das den Durchsatz des Internetzverkehrs über der angebotenen Last bei statischen und adaptiven Lösungen aufzeigt.
Die mit durchgezogenen Linien dargestellten Scharkurven 1, 2, 3, 4 und 8 zeigen den Summendurchsatz aller Internetz-Transportverbindungen bei *starrer Fenstergröße* (Kurvenindex = Fenstergröße W) und einem starren Timeout T = 0.5 Sekunden, der stabile Verhältnisse im Sättigungsbereich garantiert. Wie erwartet begrenzt bei Fenstergröße

W = 1 die Flußkontrolle aufgrund der Umlaufverzögerung von gesendetem Datenpaket und empfangener zugehöriger Quittung den erzielbaren Durchsatz. Ein zunehmendes Fenster ermöglicht eine höhere Auslastung der Verbindungen und bewirkt dadurch zunächst ein Ansteigen des maximalen Durchsatzes. Bei Annäherung der Netzlast an den Grenzdurchsatz der Bridge (1,3 Mbit/s) setzt das Auftreten von Nachrichtenverlusten im Koppelsystem ein, die zu einem Absinken des erzielbaren Durchsatzes der Internetz-Transportverbindungen führen bedingt durch verzögerte Sendewiederholungen und den Einsatz der Flußkontrolle. Im vorliegenden Fall ergibt sich daher ein Durchsatzoptimum bei Fenstergröße W = 3, da Nachrichtenverluste erst ab Fenstergröße W = 4 auftreten, was in Bild 65 gezeigt wird.

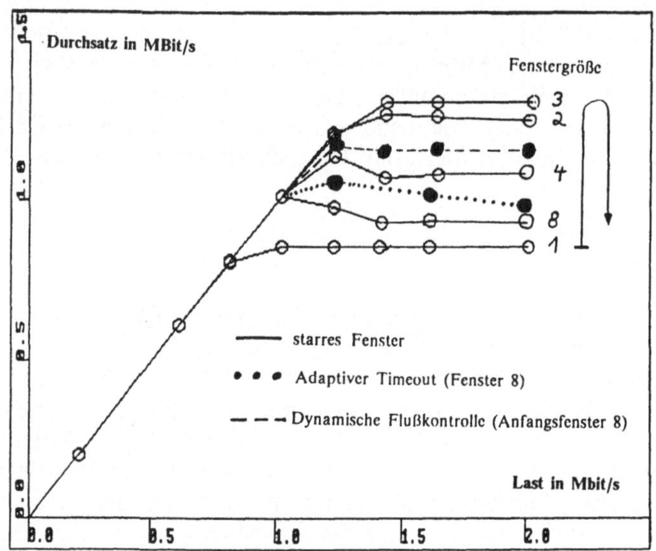

Bild 64. **Durchsatz der Internetz-Transportverbindungen bei statischer und adaptiver Flußsteuerung und Fehlerbehandlung**

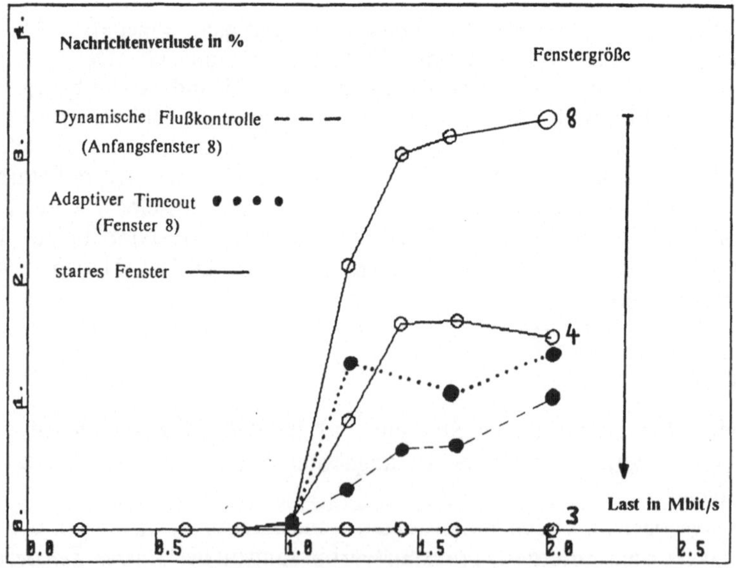

Bild 65. **Prozentsatz der Nachrichtenverluste des Internetzverkehrs**

Mit weiter zunehmender Fenstergröße steigen die Nachrichtenverluste stark an und der Durchsatz sinkt im Sättigungsbereich unter einmal erreichte Grenzwerte ab. Bei großen Fenstern kommt es hier zum verstärkten Auftreten von Mehrfachwiederholungen, die bei völlig fehlender Flußkontrolle (Fenstergröße -- > OO) zu einem Absinken des Nutzdurchsatzes gegen Null und damit zu einem völligen Zusammenbruch des Transportsystems führen.

Die gestrichelt dargestellte Kurve zeigt den optimalen Fall bei *adaptivem Fenster* und starrem Timeout T = 0,5 Sek. Parameter des Adaptionsmechanismus sind Wi = 8, Wu = 1, m = 8 und j = 1. Wie in /BuGr85/ erweisen sich eine kleinste untere Fenstergröße (Wu = 1) und eine langsame Vergrößerung des Fensters nach erfolgter Sendewiederholung (m > = 8, j = 1) als günstig für den Stauabbau und führen zu einer Optimierung des Verfahrens. Der hier erzielte Grenzdurchsatz ist zwar geringer als bei starrer Fenstergröße W = 3, da dort überhaupt keine Nachrichtenverluste auftreten. Dies gilt jedoch nur für den hier vorliegenden Fall symmetrischer Lastverhältnisse. Bei asymmetrischer Auslastung der Internetztransportverbindungen bietet die adaptive Variante bessere Ergebnisse. Die Durchsatzsteigerung gegenüber dem Fall eines gleichgroßen starren Fensters W = 8 ist jedoch signifikant und beträgt im vorliegenden Fall ca. 25%, was durch die drastisch reduzierten Nachrichtenverluste um den Faktor 4 bewirkt wird.

Die gepunktet dargestellte Kurve zeigt zum Vergleich den Fall des *adaptiven Timeouts* bei starrer Fenstergröße W = 8. Für den Adaptionsmechanismus gemäß Glg.(27) und (28) wurden ein Dämpfungsfaktor a = 0,8 und ein Multiplikationsfakter k = 3 gewählt. Auch hier zeigen Durchsatz und Nachrichtenverluste Verbesserungen gegenüber konstanten Timeout-Werten, die jedoch unter denen des vergleichbaren adaptiven Fensters bei Wi = 8 liegen.

d) Zusammenfassung

Bei den hier betrachteten Studien wurden bereits Verbesserungen der Leistungsfähigkeit bei der Kopplung von zwei gleichartigen Teilnetzen erzielt. Bei einem komplexen Internetzwerk mit stark verschiedenartigen Teilnetzen (*schnelle* LAN, *langsame* WAN) und vielen möglichen Netzpfaden mit unterschiedlicher Übertragungszeit gewinnen solche adaptiven Mechanismen noch eine weit größere Bedeutung, um die verschiedenenartigen Übertragungswege optimal auszunutzen und die Stabilität des Transportsystems unter allen Lastbedingungen zu gewährleisten.
So liegen die Übertragungszeiten des Datagrammdienstes im HECTOR-TS im lokalen Bereich in Abhängigkeit der Puffergrößen und der Auslastung der Koppelelemente Bridge und Gateway unter 400 ms. Bei der LAN/WAN/LAN-Strecke ergeben sich hier Zeiten bis zu mehreren Sekunden, da neben der eigentlichen Übertragungszeit noch Zeiten für das Verbindungsmanagement (Auf- und Abbauzeiten) hinzukommen, was in Kap. 6.3.2 noch näher behandelt wird. In solchen Fällen ist die Kombination beider Adaptionsmechanismen wünschenswert, wie es in /Jain85b/ für die Optimierung der DNA-Architektur untersucht wird.

6.2.2 MAC-Protokolle

Ein weiteres Beispiel einer Fallstudie mit NETSIM sind die Funktions- und Leistungsanalyse der MAC-Protokolle bei IEEE- und und FDDI-Token Ring, wobei insbesondere
die Prioritätsmechanismen dieser Zugriffssteuerungen und ihr Realzeitverhalten untersucht
wurden. Ergebnisse hierzu sind in /Schi86/ und /ScZi87/ dokumentiert. Dabei hat sich
gezeigt, daß beim FDDI-Ring eine Leistungsoptimierung (Tuning) mit zwei alternativen
Zielsetzungen durchgeführt werden kann:

- Optimierung des Durchsatzes (Auslastung des Ringes),
- Optimierung seiner Realzeiteigenschaften.

Zudem haben diese Fallstudien gezeigt, daß der für Realzeitanwendungen benötigte
Prioritätsmechanismus des FDDI-Ringes nur dann in der geforderten Weise arbeitet, wenn
seine Steuerparameter geeignet gesetzt werden. Hierzu wurde ein adaptiver Mechanismus
vorgeschlagen, der sehr einfach zu realisieren ist. Diese Ergebnisse werden nun kurz
erläutert.

6.2.2.1 Token-gesteuerte Mediumzugriffsmechanismen

Bei Token-gesteuertem Mediumzugriff wird das durch eine Marke repräsentierte Zugriffs-
recht zyklisch zwischen den Stationen des LAN herumgereicht. Nur eine sich im Besitz
dieser Marke befindliche Station darf eine Datenübertragung durchführen und muß sie
anschließend an eine Nachfolgerstation weiterreichen. Diese Marke wird durch ein spezi-
elles Bitmuster auf dem Medium repräsentiert, welches das sogenannte *Token-Frame* bildet. Seine prinzipielle Struktur ist in Bild 66 dargestellt.

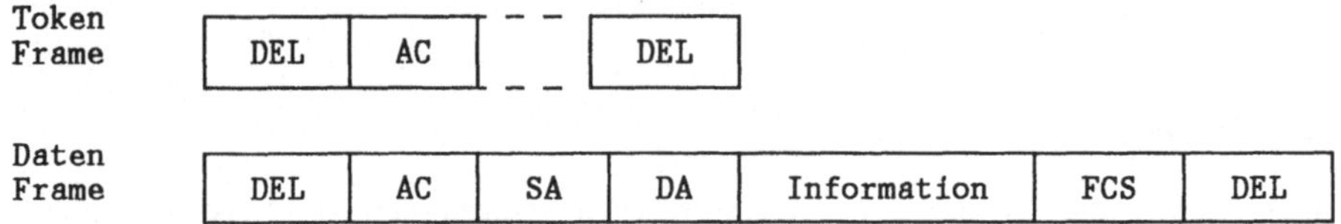

Bild 66. Grundstruktur von Token- und Daten-Frame

Ein *Token-Frame* besteht aus einem Begrenzerfeld (delimiter: DEL) am Anfang und am
Ende des Frames und einem eingeschlossenen Steuerfeld (access control: AC), welches den
aktuellen Token-Status kennzeichnet (Frei/Belegt-Token, Prioritätsinformation, Frame-
Typ). Abhängig von der jeweiligen Ausprägung der Token-Steuerung können noch
Zusatzfelder erforderlich sein, die im aktuellen Kontext aber nicht von Interesse sind. Ein
Daten-Frame enthält Begrenzer (DEL), Steuerfeld (AC), Quelladresse (source address:
SA), Zieladresse (destination address: DA), Informationsfeld und ein Prüffeld (frame
check sequence: FCS).
Token-gesteuerte Mediumzugriffsmechanismen sind deterministisch, weisen daher ein de-
finiertes Realzeitverhalten auf und zeichnen sich durch ein stabiles Verhalten im
Überlastbereich aus.

Beim *IEEE-Token Ring* /IEEE-5/ zirkuliert ein im Steuerfeld AC als frei gekennzeichnetes
Token-Frame auf dem Ring. Eine sendewillige Station wartet auf das Erscheinen eines
solchen freien Tokens, markiert ihn beim Passieren der Station durch eine Veränderung
des Token-Bits in seinem Steuerfeld AC als belegt und erzeugt daraus durch das Einfügen

von Quelladresse, Zieladresse, zu übertragender Information und Prüfsumme (FCS) ein Daten-Frame, dessen Struktur ebenfalls in Bild 66 dargestellt ist. Dieses Einfügen erfolgt innerhalb Bitzeit und wird als *im Fluge-* Operation (on the fly) bezeichnet. Adressierte Empfänger kopieren die Nachricht ebenfalls *im Vorbeiflug*. Nach erfolgtem Umlauf nimmt die aussendende Station das Daten-Frame vom Ring und sendet ein neues als frei markiertes Token-Frame aus.

Das Informationsfeld eines MAC-Frames kann bis zu 2 KBytes betragen. Bei einer Datenrate von 4 Mbit/s auf dem Ring resultiert daraus eine Sendezeit von $<= 4$ ms/Frame. Bei einer Signalausbreitungsgeschwindigkeit von ca. 200 000 km/s auf dem Medium und einer Bitzeit von 250 ns (Bitrate = 4 Mbit/s) belegt ein Bit ca. 50 Meter auf dem Medium. Bei typischen Ringlängen von wenigen Kilometern kann sich also nur der Bruchteil eines Frames auf dem Ring befinden. Die physikalischen Laufzeiten zur Token-Weitergabe an eine Nachfolgerstation und zum Umlauf eines Frames um den Ring bewegen sich im Bereich von wenigen Mikrosekunden. Gegenüber der Sendezeit von 4 ms/Frame sind sie gering und beeinflussen die Leistungsfähigkeit des Ringes nur unwesentlich.

Der *FDDI-Token Ring* /FDDI-1/ arbeitet mit einer Datenrate von 100 Mbit/s und kann eine Ringlänge bis zu 200 km aufweisen. Damit lassen sich bis zu 100 000 Bits auf einem Ring unterbringen. Bei einer maximalen Informationslänge von von 4,5 KBytes ist daher die gleichzeitige Übertragung mehrerer Frames möglich. Hier spielen Token-Weitergabezeit und physikalische Frame-Umlaufzeit eine gewichtige Rolle für die Leistungsfähigkeit des LAN.

Das FDDI-Token Protokoll /FDDI-3/ basiert zwar auf dem IEEE-Token Protokoll, weist jedoch aus obigen Gründen Abweichungen insbesondere bei der Token-Weitergabe und dem verwendeten Prioritätsmechanismus auf. Hier nimmt eine sendewillige Station ein zirkulierendes freies Token-Frame vom Ring, sendet ein oder auch mehrere Daten-Frames hintereinander aus und erzeugt sofort anschließend ein neues Token-Frame auf dem Ring. Das Frei-Token wird also im Gegensatz zum IEEE-Ring nicht zurückgehalten, bis die abgesendeten Daten-Frames den Ring umlaufen haben, um der Nachfolgerstation so schnell wie möglich den Ringzugriff zu ermöglichen und damit die Übertragungsleistung des Ringes maximal zu nutzen. Zudem ergeben sich durch diese in Abweichung zum IEEE-Ring asynchrone Token-Handhabung geringere Anforderungen an die Reaktionszeit einer Station, die bei einer Datenrate von 100 Mbit/s sonst 10 ns betragen würde.

Diese Operation wird von zwei in jeder Ringstation vorhandenen Zeitgebern gesteuert: dem sogenannten *Token Holding Timer* und dem *Token Rotation Timer*. Die *Token-Umlaufzeit* (token rotation time: TRT) wird in jeder Station als die Zeitdifferenz zwischen dem Auftreten von zwei aufeinanderfolgenden freien Token gemessen und reflektiert die aktuelle Auslastung des Ringes. Die *Token-Haltezeit* (token holding time: THT) begrenzt die Zeit zur Aussendung von Daten-Frames einer Station und wird wie folgt berechnet (siehe Bild 69):

$$THT = TTRT - TRT \tag{29}$$

Die Größe TTRT (target token rotation time) ist ein bei der Initialisierung des FDDI-Ringes zwischen allen Ringstationen ausgehandeltes Maximum der Token-Umlaufzeit TRT und bestimmt die Realzeiteigenschaften des Ringes. Durch diese TTRT wird jeder Ringstation eine Mediumzugriffszeit TMZ garantiert:

$$TMZ \; <= \; 2 * TTRT \tag{30}$$

6.2.2.2 Optimierung des FDDI-Ring

Einer sendewilligen Station steht gemäß Glg.(29) bei einer aktuell gemessenen Token-Umlaufzeit TRT eine Token-Haltezeit THT zur Aussendung von Daten-Frames zur Verfügung, die von der initial festgelegten maximalen Token-Umlaufzeit TTRT abhängt. Der durch die Token-Weitergabe verursachte Overhead bei der Datenübertragung gemäß der Relation R

$$R \;=\; \text{Token-Weitergabezeit / Sendezeit der Nachricht(en)} \qquad (31)$$

sinkt daher bei großen TTRT-Werten ab und führt so zu einer Optimierung des Ringdurchsatzes. Bild 67 aus /ScZi87/ zeigt hierzu den Durchsatz des FDDI-Ringes über der angebotenen Last in Abhängigkeit der initial festgelegten maximalen Token-Umlaufzeit TTRT bei einer Ringlänge von 200 km, 10 Ringstationen und einer symmetrischen Lastverteilung mit maximalen Paketgrößen von 4,5 KBytes.

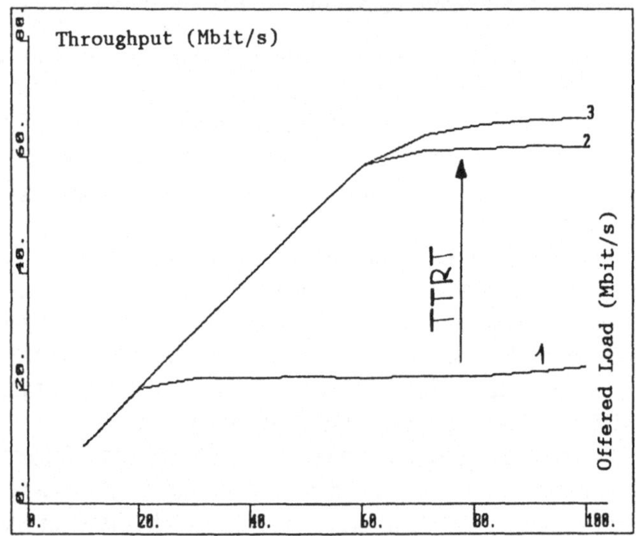

Bild 67. Einfluß der maximalen Token-Umlaufzeit TTRT auf den Durchsatz des FDDI-Ringes

Bei einer kleinen TTRT von 1,5 ms (Kurve 1) wird nur ein Grenzdurchsatz von ca. 20 Mbit/s erzielt. Bei TTRT = 10 ms (Kurve 2) ergibt sich eine gewaltige Steigerung auf ca. 60 Mbit/s. Eine weitere Erhöhung von TTRT auf 50 ms bewirkt lediglich noch einen geringfügigen Anstieg auf 65 Mbit/s, die bei dieser Konfiguration die Obergrenze darstellen bedingt durch die großen Token-Weitergabezeiten und die symmetrische Lastverteilung.
Da sich die garantierte Zugriffszeit TMZ einer Station gemäß Glg.(30) proportional zur TTRT verhält, kann der Ring also entweder hinsichtlich des erzielbaren *Durchsatzes* oder alternativ exklusiv hinsichtlich seiner *Realzeiteigenschaften* optimiert werden.

Es ist noch anzumerken, daß bei der Festlegung der TTRT zur Optimierung des Ringbetriebes die minimale Ringumlaufzeit berücksichtigt werden muß, die sich aus Mediumlaufzeit und Stationsverzögerungen (Verzögerungszeit VZ < = 40 Bit = 400 ns/Station) zusammensetzt. Liegt die TTRT nicht wesentlich über der Ringumlaufzeit, so spielt die Ringlänge eine erhebliche Rolle für die Leistungsfähigkeit des Ringes, was in /ScZi87/ ausführlich behandelt wird und sich auch anhand Bild 67 zeigen läßt. Die Ringumlaufzeit RLZ beträgt hier aufgrund der großen Ringlänge von 200 km ca. 1 ms, wobei die Stationsverzögerungen mit insgesamt 4 us vernachlässigbar sind. Bei Kurve 1 liegt die TTRT = 1,5 ms nur wenig über dieser Ringumlaufzeit RLZ = 1 ms. Die einer Station verbleibende Sendezeit THT = TTRT - TRT ist daher relativ klein und bedingt im Vergleich zu einer TTRT > > RLZ (Kurven 2, 3) viele Token-Weitergaben, woraus der schlechte Durchsatz des Ringes resultiert.

6.2.2.3 Prioritätsmechanismen

Die Prioritätsmechanismen von IEEE- und FDDI-Ring weisen erhebliche Unterschiede auf, die nachfolgend erläutert werden.

Beim *IEEE-Ring* wird die höchste Prioritätsanforderung aller sendewilligen Stationen im Steuerfeld AC des aktuell um den Ring laufenden Frames (Daten-Frame = Belegt-Token) ermittelt und der nächste ausgegebene freie Token mit dieser Priorität markiert. Diese Prioritätssteuerung arbeitet unter allen Lastsituationen in der gewünschten Weise: die höchstpriore Anforderung wird immer zuerst bedient und bei gleichprioren Anforderungen erfolgt eine zyklische Bedienung dieser Stationen. Zur Veranschaulichung dieser Charakteristik sind hierzu in Bild 68 die Verweilzeiten für die 8 Prioritätsstufen des IEEE-Token Ring über dem Ringdurchsatz abgebildet, wobei jede Prioritätsstufe dasselbe Lastaufkommen aufweist. Über den ganzen Durchsatzbereich findet eine saubere Trennung aller Prioritätsstufen statt, wobei sich die Differenzen zwischen den einzelnen Stufen mit zunehmender Auslastung erhöhen.

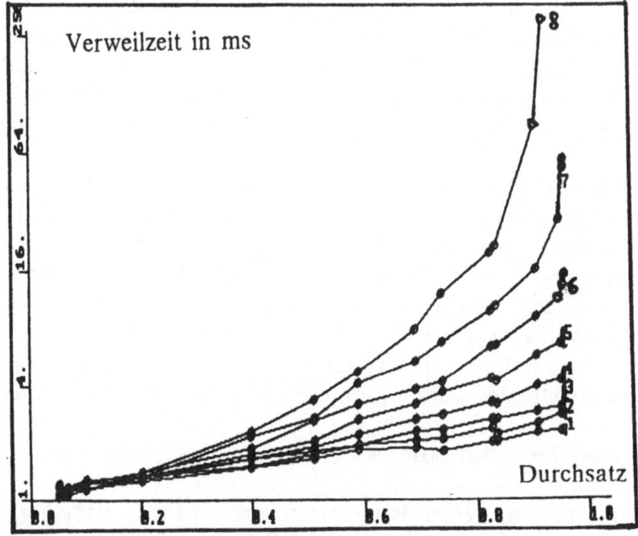

Bild 68. **Verweilzeiten bei prioritätsgesteuertem IEEE-Token Ring**

Beim *FDDI-Ring* erfüllt die Erfassung der höchstprioren Zugriffsanforderungen im Steuerfeld eines den Ring umlaufendes Daten-Frames (Belegt-Token) nicht den gewünschten Zweck, da sendende Stationen die Token-Freigabe sofort nach dem Aussenden ihrer Daten-Frames vornehmen. Wie beim IEEE-Token Bus /IEEE-4/ wird hier die bei der Ergreifung des Tokens aktuell ermittelte Token-Haltezeit THT zur Prioritätssteuerung verwendet, was in Bild 69 dargestellt ist.

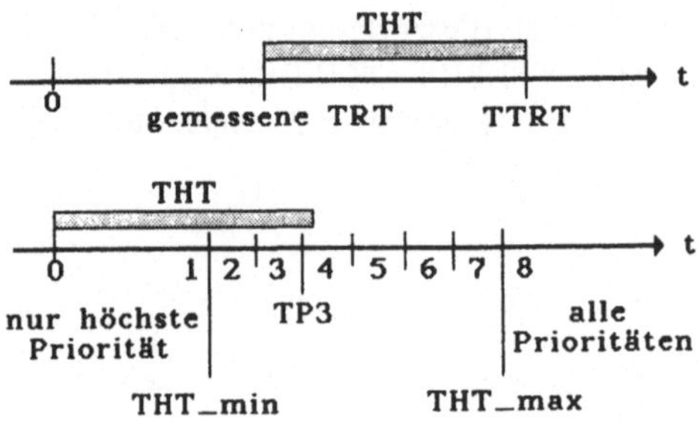

Bild 69. Prioritätssteuerung beim FDDI-Ring anhand der Token-Haltezeit THT

Dabei werden den einzelnen Prioritätsstufen Pi (i = 1 - 8) feste Prioritätszeiten TPi zugewiesen. Beim Mediumzugriff einer Station dürfen dann nur Nachrichten derjenigen Prioritätstufen ausgesendet werden, deren Prioritätszeiten unterhalb der aktuell ermittelten Token-Haltezeit THT gemäß Glg.(29) liegen. Dies entspricht nicht der strengen Prioritätsregelung des IEEE-Token Ring, da hier sendefähige Nachrichten (ab der erlaubten Prioritätsstufe) in FCFS-Reihenfolge und nicht entsprechend ihrer Prioritätsreihenfolge ausgesendet werden.

Die FDDI-Norm /FDDI-3/ macht jedoch keine Aussagen, wie diese Prioritätszeiten TPi zu ermitteln und festzulegen sind. Untersuchungen mit dem im Anhang enthaltenen detaillierten FDDI-Modell haben gezeigt, daß der Prioritätsmechanismus des FDDI-Rings nur dann zufriedenstellend arbeitet, wenn diese Prioritätszeiten TPi den jeweiligen Ringparametern (TTRT, Ringlänge) und Lastsituationen angepaßt sind, welche die aktuelle Token-Haltezeit THT bestimmen. Es wurde daher ein *adaptives Verfahren* für die dynamische Anpassung dieser Prioritätszeiten TPi entwickelt, das wie folgt arbeitet:

* Jede Station ermittelt während einer vorgebbaren Anzahl k von auftretenden freien Token (z.B. k = 20) das Minimum THT_min und das Maximum THT_max der zur Verfügung stehenden Token-Haltezeit THT. Das damit aufgespannte Zeitintervall (THT_min, THT_max) wird gleichmäßig entsprechend der Anzahl vorhandener Prioritätsstufen unterteilt und so die Prioritätszeiten TPi festgelegt, wobei der höchsten Priorität (P1) die kleinste Zeit TP1 zugewiesen wird (siehe Bild 69). Zudem kann die untere Intervallgrenze THT_min mit einem zusätzlichen Adaptionsfaktor g festgelegt werden, um die Effizienz des Algorithmus zu steuern:

$$\text{THT\_min} \quad = \quad \text{THT\_min} \quad + \quad (\text{THT\_max} - \text{THT\_min}) * g \qquad (32)$$

Untersuchungen mit verschiedenen Ringparametern (TTRT, Ringlänge) haben gezeigt, daß für g = 0,5 eine relativ gute Adaption der Prioritätssteuerung für verschiedene Auslastungen erzielt wurde. Dies wird durch die in Bild 70 gezeigten Diagramme aus /ScZi87/ verdeutlicht, die den Verlauf der Verweilzeit bei starren und adaptiven Intervallgrenzen (THT_min, THT_max) über der Auslastung des Ringes zeigen. Dabei wurden folgende Experimentparameter verwendet:

```
- 10 Stationen an einem Ring mit 20 km Länge,
- burstartiges Lastprofil mit bimodal verteiler Nachrichtenlänge,
- Maximale Token-Umlaufzeit TTRT = 1,5 ms >> RLZ = 0,1 ms
```

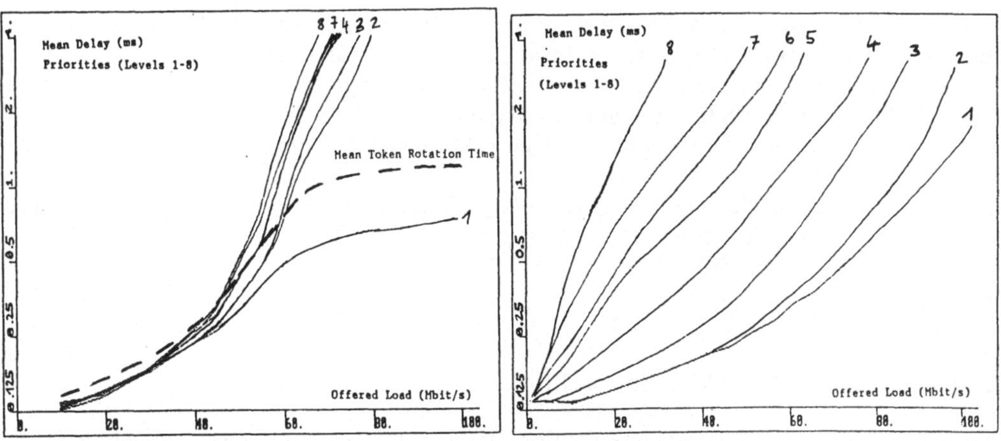

Bild 70. Verweilzeiten bei starren und adaptiven Intervallgrenzen

Sind die Prioritätszeiten TPi durch starre Intervallgrenzen (THT_min = 0,5 ms, THT_max = 0,7 ms) ungeeignet gesetzt, so ergibt sich der im linken Diagramm gezeigte Verlauf. Unterhalb einer Ringlast von ca. 50 Mbit/s weisen alle Prioritätsebenen in etwa dieselbe Verweilzeit auf, weil alle Prioritätszeiten TPi innerhalb der Token-Umlaufzeit THT liegen. Daher findet praktisch keine prioritätsgesteuerte Übertragung statt. Oberhalb dieser Auslastung wird die Prioritätsstufe 1 deutlich bevorzugt behandelt, zwischen den anderen Stufen findet jedoch kaum noch eine Differenzierung statt.

Das rechte Diagramm zeigt den Fall der adaptiv angepaßten Intervallgrenzen bei einem Adaptionsfaktor g = 0,5. Hier ist die saubere Auffächerung der Verweilzeit für die verschiedenen Prioritätsstufen deutlich erkennbar, wenngleich auch die Verweilzeiten der höchsten Prioritätsstufe bei zunehmender Auslastung durch den nicht strengen Prioritätsmechanismus in Abweichung zum IEEE-Token Ring (Bild 68) erheblich ansteigen.
Wie weitere Simulationsstudien gezeigt haben, ist eine noch bessere Adaption zu erwarten, wenn für die Ermittlung der Intervallgrenzen neben den THT-Extremas die Verteilung der THT-Werte herangezogen wird.

6.3   Entwurfsunterstützung

Jetzt wird der NETSIM-Einsatz zur Entwurfsunterstützung von Netzwerkknoten an zwei exemplarischen Beispielen aufgezeigt. Es handelt sich hierbei um den Entwurf der MAC-Layer-Bridge und der Dienstanpassungen des OSI-Gateways im HECTOR-TS.

6.3.1   MAC-Layer-Bridge

Der Entwurf der MAC-Layer-Bridge zur Kopplung von zwei IEEE-Token Ringen ist wesentlich durch die Ergebnisse ihrer detaillierten Modellierung mit NETSIM geprägt worden. Die hierzu verwendete Simulationskonfiguration entspricht Bild 63. Für die Bridge wird ein detailliertes Modell verwendet, die LAN und Endsysteme sind mit vereinfachten

Ersatzmodellen realisiert. Endsysteme erzeugen entweder Internetzverkehr zur Auslastung der Bridge oder Intranetzverkehr zur zusätzlichen Auslastung der Teilnetze. Die Token Ringe arbeiten mit einer Datenrate von 4 Mbit/s, die Bridge ist für einen Grenzdurchsatz von 1,3 Mbit/s ausgelegt. In den Endsystemen werden Lasten mit poisson- und burstartigen Zwischenankunftszeiten und gleichverteilten Nachrichtenlängen im Intervall (0,5-1,5)KB erzeugt.
Im folgenden werden die wichtigsten Resultate dieser Untersuchungen zur Beantwortung der in Kap. 3.2.3 aufgeworfenen Fragen bei der Entwurfsplanung der Bridge zusammengefaßt /Zieh87/. Eine ausführliche Diskussion der Einzelergebnisse ist in /Schi86/ zu finden.

6.3.1.1 Priorität beim Mediumzugriff

Die Bridge wirkt als Verkehrskonzentrator und repräsentiert an einem Teilnetz alle am Internetzverkehr beteiligten Endsysteme des jeweiligen Nachbarnetzes. Für eine optimale Aufteilung der verfügbaren Übertragungsleistung eines Teilnetzes in Intra- und Internetzverkehr wird der *Bridge* daher eine *höhere Priorität* beim Mediumzugriff als den jeweiligen Endsystemen zugewiesen. Da der Grenzdurchsatz und damit der Lastausstoß eines Koppelsystems i.d.R. unterhalb der Übertragungsleistung eines LAN liegt (hier 1,3 Mbit/s gegenüber 4 Mbit/s), erfolgt dadurch keine Monopolisierung des Mediumzugriffs und eine daraus resultierende Blockierung des Intranetzverkehrs. Diese Priorisierung von MAC-Layer-Bridges beim Mediumzugriff wird auch in /BuGr85/ untersucht und für ein *Bandbreiten-Sharing* vorgeschlagen.

6.3.1.2 Puffergrößen und Verwaltung

Die bei der Initialisierung starr angebbare Aufteilung des *Pufferspeichers der Netzwerkadaptoren* in Sende- und Empfangsteil ergibt sich wie folgt. Der Empfangspuffer sollte so groß wie möglich konfiguriert werden, um insbesondere bei burstartiger Last ein Maximum an Empfangsfähigkeit zu erzielen und somit durch einen Überlauf des Empfangspuffers bedingte Nachrichtenverluste zu minimieren. Bild 71 zeigt hierzu Durchsatz und Nachrichtenverluste der Bridge über der angebotenen Last bei Variation der Empfangspuffergröße. Die angebotene Last ist poissonartig mit gleichverteilter Nachrichtenlänge im Intervall (0,5 - 1,5 KB). Die Kurven 1 bis 3 indizieren eine Empfangspuffergröße von 20, 50 und 80% der Kapazität des Adapterpuffers von 8 KBytes. Die Durchlaufzeit (Bearbeitungszeit) von Nachrichten in der Bridge ist für einen Grenzdurchsatz von 1,3 Mbit/s ausgelegt.

Die minimale Größe des lokalen Sendepuffers ergibt sich aus der maximalen Paketlänge einer Übertragung. Weist der insgesamt vorhandene lokale Speicher der Netzwerkadaptoren größere Kapazitäten auf und erlaubt die Speicherung vieler Nachrichten maximaler Größe (> 10), so empfiehlt sich eine Verdopplung der minimalen Sendepuffergröße, um ein paralleles Laden des Sendepuffers und Aussenden von Nachrichten im Wechselpufferbetrieb (Ping-Pong-Betrieb) zu ermöglichen. Dies kann vor allem bei nicht vorhandenem Hauptspeicherpool zur Vermeidung von Leerlaufzeiten des Koppelprozessors und damit zu wesentlichen Durchsatzverbesserungen des Koppelsystems führen, was in Kap. 6.5.1 noch genauer behandelt wird.

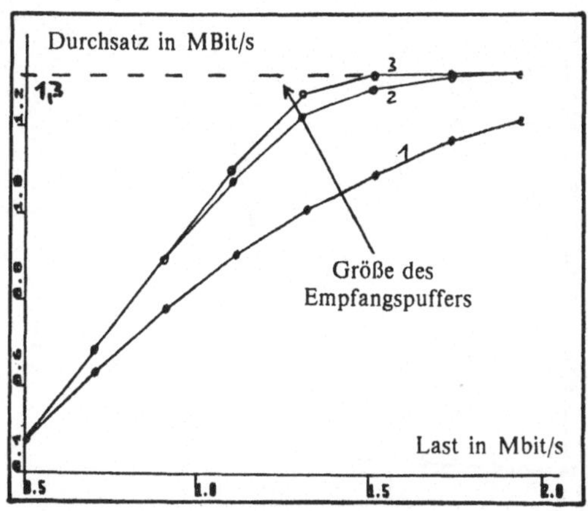

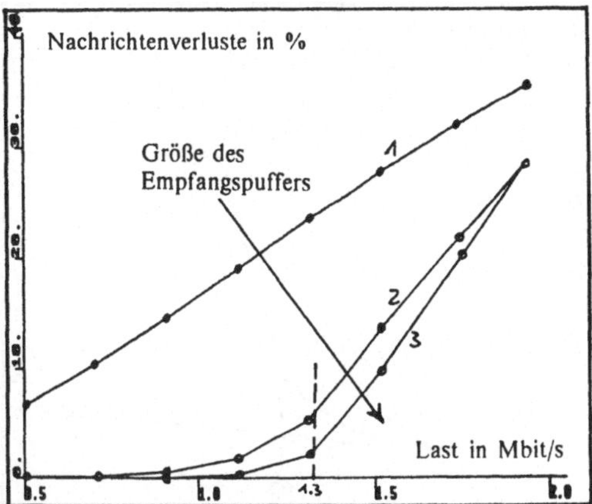

Bild 71. Durchsatz und Nachrichtenverluste bei Variation des Empfangspuffers

Die Größe des *Pufferpools im Hauptspeicher* spielt für den erzielbaren stationären Grenzdurchsatz der Bridge keine Rolle, erhöht aber ihre Pufferkapazität und damit ihre Fähigkeit zur zeitlichen Entkopplung der verbundenen Netze. Dies wirkt sich insbesondere vorteilhaft bei kleinen lokalen Empfangspuffern und burstartiger Last mit längeren Nachrichtenbursts oder bei temporär ausgelastetem Nachbarnetz aus, um Nachrichtenverluste zu vermeiden.

Andererseits steigt mit wachsender Speicherfähigkeit die Verweilzeit von Nachrichten bei gefüllten Puffern im Netzknoten an. Aus der Vorgabe von stationärem Grenzdurchsatz und maximaler Nachrichtenverweilzeit des Koppelsystems ermittelt sich bei bekannten Puffergrößen der Netzwerkadaptoren die Obergrenze für diesen Pool gemäß den Berechnungen in Kap. 5.3.3.2, Glg.(8), Glg.(10) und Glg.(18). Diese maximale Nachrichtenverweilzeit ist wichtig für die Berechnung von starren Timeout-Werten höherer Protokolle wie z.B. des Retransmission Timeouts beim OSI-Transportprotokoll Klasse 4.

Die Verwaltung des Hauptspeicherpools sollte eine faire Aufteilung der Puffer an die möglichen gerichteten Nachrichtenströme im Koppelsystem leisten. Dies kann einfach und damit effizient durch voneinander entkoppelte einzelne Pools erzielt werden, wofür heutige Hauptspeicherkapazitäten mehr als ausreichend sind.

6.3.1.3 Priorität der Bridge-Operationen

Die Priorisierung der Bridge-Operationen *Empfang einer Nachricht* (Nachrichtentransfer vom lokalen Empfangspuffer in den Hauptspeicher des Koppelrechners) gegenüber *Senden einer Nachricht* (Nachrichtentransfer vom Hauptspeicher in den lokalen Sendepuffer) und umgekehrt hat folgende Auswirkungen, die anhand der in Bild 72 gezeigten Verweilzeit von Nachrichten in der Bridge und der Auslastung ihres Hauptspeicherpools erläutert werden. Kurve 1 zeigt hier den Fall der priorisierten Empfangsoperation, Kurve 2 den der priorisierten Sendeoperation.

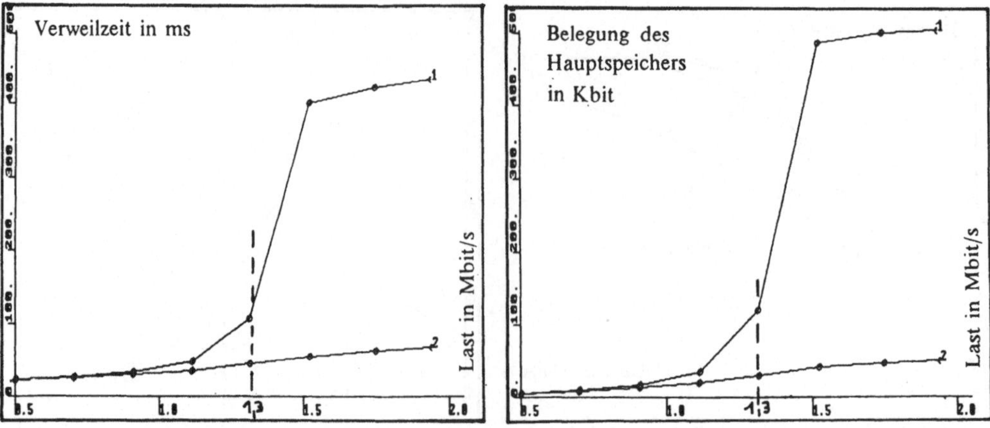

Bild 72. **Nachrichtenverweilzeit und Pufferauslastung bei priorisierter Sende- und Empfangsoperation**

Bei *priorisierter Empfangsoperation* füllt der Koppelprozessor bei Annäherung an den Grenzdurchsatz zuerst den gesamten Hauptspeicherpool, bevor eine Sendeoperation ausgeführt wird. Bei einer kurzfristigen Überlast (Burst) weist dies zwar den Vorteil geringster Nachrichtenverluste auf, da die gesamte Prozessorkapazität zum schnellstmöglichen Absaugen des Empfangsstromes und Füllen des Hauptspeichers eingesetzt wird (Vollpumpen des Knotens). Dafür ergeben sich im stationären Fall extrem hohe Nachrichtenverweilzeiten im Koppelsystem.

Bei *priorisierter Sendeoperation* kommt es hingegen auch bei stationärer Überlast gar nicht zum starken Füllen des Hauptspeichers und somit nur zu einem sehr geringen Anstieg der Nachrichtenverweilzeiten, sofern das Zielnetz nicht überlastet ist. Der Hauptspeicherpool wird hier also im wesentlichen nur für diesen Fall des temporär überlasteten Zielnetzes benötigt, um als vergrößerter Empfangspuffer eine bessere zeitliche Entkopplung der verknüpften Teilnetze zu ermöglichen.

Da der Grenzdurchsatz des Koppelsystems unabhängig von der jeweiligen Bedienstrategie ist, erscheint die Priorisierung der Sendeoperation aufgrund der auch im Überlastfall kleinen Nachrichtenverweilzeiten vorteilhaft gegenüber der etwas besseren Burstverarbeitung bei priorisierter Empfangsfunktion.

6.3.1.4 Prozeßstruktur

Die Implementierung der Bridge soll auf einem IBM-PC/AT mit nur einem Prozessor und dem Single-Task Betriebssystem DOS erfolgen. Nebenläufigkeiten durch parallele Tasks spielen für den Entwurf des Bridgeprogramms hier also keine Rolle.

6.3.2 OSI-Gateway: Dienstanpassungen

Ein weiteres Beispiel des NETSIM-Einsatzes ist die Entwurfsunterstützung der Dienstanpassungen im OSI-Gateway mittels Harmonisierungsprotokollen (SNDCP's), um die verbindungsorientierten WAN Datex-L (X.21) und Datex-P (X.25) als verbindungslose Teilnetze in das HECTOR-TS (siehe Kap. 3.2.4, Bild 13 auf Seite 42) einzubinden. Die Aufgaben dieser teilnetzspezifischen Harmonisierungsprotokolle beinhalten primär das zur (vom Internetzwerkprotokoll geforderten) Datagrammübertragung benötigte *Verbindungsmanagement* sowie zusätzliche Funktionen für die Netzwerkzugangskontrolle und die Kostenabrechnung (Accounting).

Das Verbindungsmanagement umfaßt die Verwaltung einzelner Verbindungen sowie ein Multiplexverfahren zur quasi-simultanen Übertragung von Datagrammen zu verschiedenen Zielstationen eines WAN.

Die Funktionen zur Verwaltung einer einzelnen Verbindung umfassen die Steuerung

- des Verbindungsaufbaus zur Zielstation des WAN,
- der Übertragung von Datagrammen über eine aufgebaute Verbindung und
- des Verbindungsabbaus.

Das Multiplexverfahren beinhaltet die geeignete Verwaltung möglicher Verbindungen im WAN. Dabei ergeben sich nachfolgende Optimierungskriterien für den erbrachten Datagrammdienst:

- Durchsatz und Verweilzeit,
- Übertragungskosten,
- Fairneß.

6.3.2.1 Funktionsprinzip der Dienstanpassungen

Das Funktionsprinzip einer solchen Dienstanpassung zeigt Bild 73. Das Internetzwerkprotokoll (SNICP) übergibt ein Datagramm DG(Z1) an die Dienstanpassung (SNDCP), das zur Zielstation Z1 am WAN übertragen werden soll. Das SNDCP überprüft zunächst anhand interner Tabellen, ob bereits eine Verbindung V1 zur Zielstation Z1 aufgebaut ist. Ist dies nicht der Fall, erteilt es dem Teilnetzzugriffsprotokoll (SNACP) den Auftrag zur Einrichtung dieser Verbindung V1 und aktualisiert seine internen Tabellen. Ansonsten übergibt es das Datagramm sofort dem SNACP zur Übertragung und setzt nach seiner erfolgten Aussendung einen verbindungsspezifischen Zeitgeber TV1 (Timer) mit der Haltezeit Th. Nach Ablauf dieser Haltezeit Th (Timeout) wird das SNACP zum Abbau der Verbindung V1 veranlaßt und anschließend die Tabellen zur Verbindungsverwaltung aktualisiert. Übergibt das SNICP während dieser Haltezeit Th ein weiteres Datagramm für die Zielstation Z1 an das SNDCP, wird es über die nun bereits aufgebaute Verbindung V1 übertragen und der Zeitgeber TV1 wird erneut gesetzt. Ist das vom Internetzwerkprotokoll erzeugte Lastaufkommen zu groß, werden Datagramme in der Dienstanpassung verworfen.

Für das von der Dienstanpassung zu leistende Verbindungmanagement ergeben sich verschiedene Verwaltungsstrategien, die wesentlich von folgenden Eigenschaften des unterliegenden Teilnetzes beeinflußt werden:

- Zeiten für den Auf- und Abbau einer Verbindung,

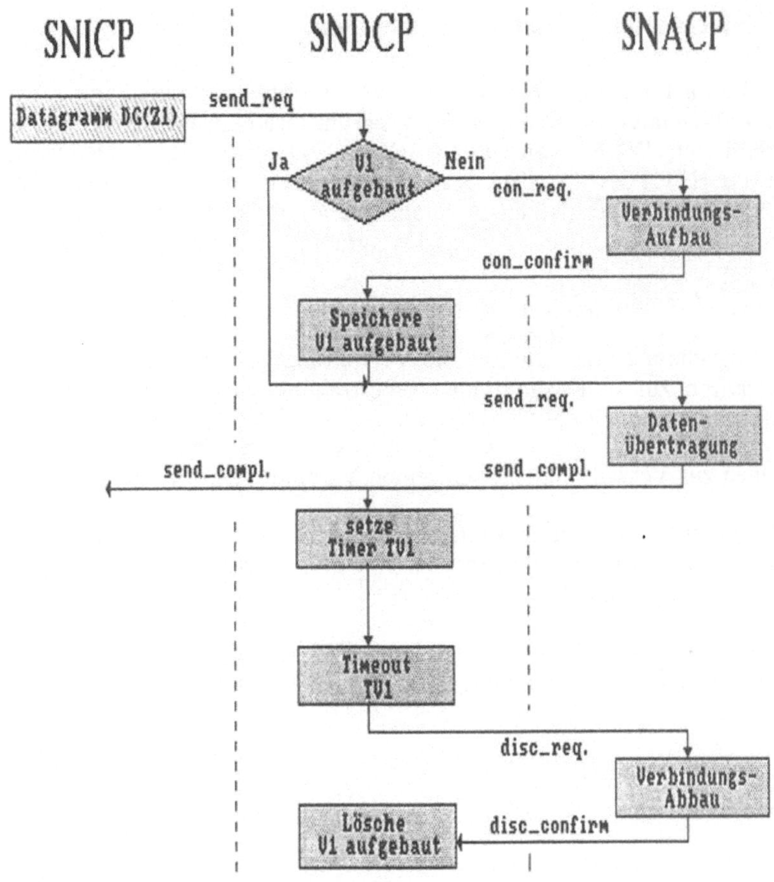

Bild 73. Funktionsprinzip einer Dienstanpassung im HECTOR-TS

- Kosten für den Auf- und Abbau einer Verbindung sowie das Halten einer ungenutzten Verbindung,
- Fähigkeit des Netzes zur gleichzeitigen Unterhaltung mehrerer logischer Verbindungen auf einer Teilnehmerschnittstelle (Multiplexfunktion).

Die wichtigsten Ergebnisse zur Entwurfsplanung dieses Verbindungsmanagements für das X.21- und das X.25-Netz werden nun kurz behandelt. Eine ausführliche Behandlung ist den beiden am Institut für Telematik durchgeführten Diplomarbeiten /Rose87/ und /Zitt87/ zu entnehmen, die im Rahmen dieser Arbeit durchgeführt wurden.

6.3.2.2 Datex-L-Netz

Beim Datex-L-Netz (X.21) liegt die Verbindungsaufbauzeit im Bereich (100 - 2500) Millisekunden (ms) in Abhängigkeit der Anzahl netzinterner Übermittlungsabschnitte. Die Zeit für einen Verbindungsabbau beträgt weniger als 100 ms /FTZ85/.
Die Übertragungskosten Kü einer Verbindung setzen sich aus einer Verbindungsaufbaugebühr Ka und einer zeitabhängigen Gebühr Kt zusammen, die linear

mit der Lebensdauer der Verbindung ansteigt. Eine Abhängigkeit vom übertragenen Datenvolumen ist daher nur indirekt über die Übertragungsrate gegeben.

$$Kü(t) \quad = \quad Ka + Kt \quad = \quad Ka + k * t \hspace{4cm} (33)$$

Für die Optimierung der verbindungsspezifischen Übertragungskosten ergibt sich aus dem *Break-Even-Point* (BEP) zwischen der Verbindungsaufbaugebühr Ka und den zeitabhängigen Kosten Kt eine optimale Haltezeit Th(K)=2,5 Sekunden zur Aufrechterhaltung einer ungenutzten Verbindung, was in Bild 74 dargestellt ist.

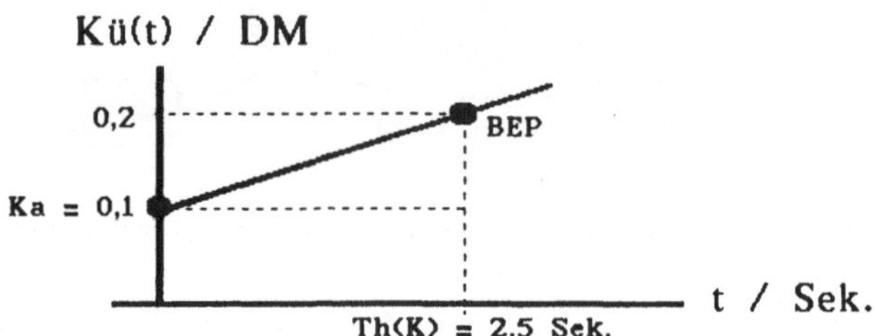

Bild 74. Übertragungskosten einer Datex-L-Verbindung

Für die Optimierung des Durchsatz und der Verweilzeit einer Verbindung ist natürlich die ständige Existenz der Verbindung gefordert (Th -- > OO), da dann keinerlei Verbindungsauf- und Abbauzeiten anfallen.

Beim leitungsvermittelnden X.21-Netz kann zu einer Zeit immer nur eine Verbindung zu einer Zielstation aufgebaut sein, da das Netz keine entsprechende Multiplexfunktion an der Teilnehmerschnittstelle bereitstellt. Für das quasi-simultane Übertragen von Datagrammen zu verschiedenen Zielstationen am WAN ist also ein ständiger Verbindungswechsel mit den Phasen Verbindungsaufbau, Datenübertragung und Verbindungsabbau erforderlich, was sowohl für die Übertragungskosten als auch den Durchsatz und die Verzögerungszeit des Datagrammdienstes sehr ungünstig ist, wie obige Daten zeigen.
Zur Reduzierung dieser häufigen Verbindungswechsel wurde daher ein *Multiplexverfahren* entworfen, welches die Datagramme in zielspezifischen Blöcken zusammenfaßt. Um eine faire Aufteilung der vom Netz angebotenen Übertragungsleistung an die zielspezifischen Datagrammströme zu gewährleisten, erfolgt ein Verbindungswechsel entweder nach der Übertragung eines vollen Blocks (festgelegte Anzahl von Datagrammen) oder nach dem Ablauf der Haltezeit Th einer ungenutzten Verbindung. Bei hoher Datagrammlast zu vielen Zielstationen erfolgt der Verbindungswechsel vorwiegend blockgesteuert, bei niedriger durch die Haltezeit Th.
Es ist hier anzumerken, daß ein Verbindungsabbau nur in Absprache mit der Dienstanpassung der Gegenstation durchgeführt wird und hierzu ein Protokoll zwischen den Dienstanpassungen abgehandelt wird. Dies hat sich als notwendig erwiesen, um Datagrammverluste im Netz zu vermeiden, die sich bei einem unsynchronisierten Verbindungsabbau ergeben. Ebenfalls ist zu bemerken, daß die Dienstanpassung im Überlastfalle Datagramme verwirft.

Zur Entwurfsunterstützung und Leistungsoptimierung des mit diesem Block-Multiplex-Verfahren erbrachten Datagrammdienstes über einem durchschaltevermittelnden Netz wurde der Einfluß folgender *Parameter* auf seine Kenngrößen (Durchsatz, Verweilzeit,

Übertragungskosten) mit detaillierten Modellkomponenten des NETSIM-Systems untersucht:

- Haltezeit Th einer ungenutzen Verbindung,
- Blockgröße Bg als Anzahl von Datagrammen/Block,
- Verbindungsaufbauzeit Ta des Netzes.

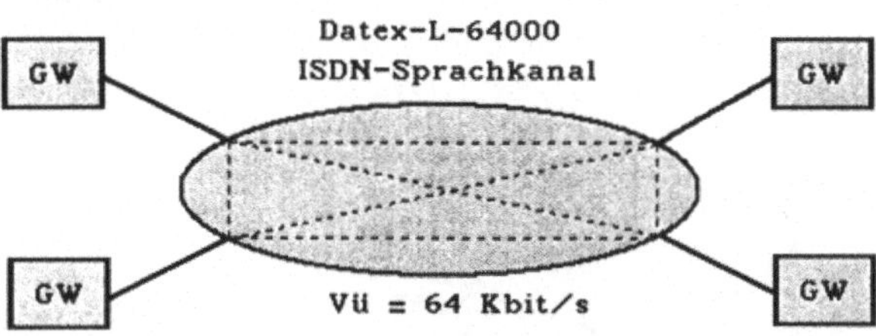

Bild 75. NETSIM-Konfiguration zur Analyse des Datagrammdienstes über dem X.21-Netz

Bild 75 zeigt die diesen Analysen zugrunde liegende Netzkonfiguration. Vier OSI-Gateways (GW) als Repräsentanten lokaler Netze tauschen Datagramme über das X.21-Netz untereinander aus. Die Übertragungsrate auf dem Netz beträgt 64 Kbit/s, was einem ISDN-Sprachkanal und dem Datex-L-64000 Dienst entspricht. Für die Datagrammerzeugung in den Gateways gelten folgende Werte:

```
- gleichverteilte Datagrammlänge,         MW              512 Bytes
- poissonverteilte Zwischenankunftszeit, MW        (2 - 0,06) Sek.
   ==> Erzeugte Last pro Gateway          MW          (2 - 64) Kbit/s
- Haltezeit Th einer ungenutzen Verbindung:     50, 100, 500 ms
- Blockgröße Bg                                  3,   6,  12 Datagramme
```

Die wichtigsten *Ergebnisse* dieser Untersuchungen werden nun kurz vorgestellt; ihre detaillierte Behandlung ist /Zitt87/ zu entnehmen. Als generelle Tendenz kann vorweg genommen werden, daß die Parameter Bg, Th und Ta erst mit zunehmendem Lastaufkommen an Einfluß gewinnen. Dabei ergeben sich folgende qualitative Aussagen:

- Eine kleine *Blockgröße Bg* verursacht viele Verbindungswechsel und wirkt sich dadurch negativ auf Übertragungsleistung und Kosten des Datagrammdienstes aus. Bei großen Blöcken steigt die Wahrscheinlichkeit, daß aufgrund nicht voll gefüllter Blöcke Haltezeiten auftreten, die ebenfalls in Leistungseinbußen resultieren. Zudem erfordern große Blockgrößen entsprechenden Pufferbedarf in der Dienstanpassung und erhöhen damit lastabhängig die Verweilzeit des Datagrammdienstes.

- Eine große *Haltezeit Th* ist bei verbindungsspezifischer hoher Last vorteilhaft, verursacht beim Multiplexbetrieb aber schlecht ausgenutzte Verbindungen und wirkt sich negativ auf die Kenngrößen des Datagrammdienstes aus.
  Als vernünftiger *Kompromiß* erweist sich, die Haltezeit Th in den Bereich (leicht größer) der Zwischenankunftszeit Tzwa von Datagrammen bei maximaler Netzlast (hier 64 Kbit/s) zu legen. Damit wird im Multiplexbetrieb einerseits ein rascher Verbindungswechsel bei erschöpftem Block erzielt und andererseits ein Verbindungsabbau bei hoher verbindungsspezifischer Last vermieden.

In der obigen Netzkonfiguration haben sich eine Haltezeit Th = 50 ms und eine Blockgröße Bg = 12 Datagramme als optimal erwiesen. Bei symmetrisch verteilter hoher Last auf die

drei Zielstationen bewirkt eine möglichst kleine Haltezeit Th (Th < Tzwa) bei erschöpftem Block einen sofortigen Verbindungswechsel zu einer Zielstation, für die ein nicht leerer Block existiert, und führt damit zu einer optimalen Auslastung der Übertragungsleitung. Bei dieser kleinen Haltezeit erweist sich gemäß den gemachten qualitativen Aussagen die Blockgröße Bg = 12 Datagramme als optimal. Wählt man die Haltezeit jedoch etwas höher im Sinne der vorgeschlagenen Kompromißlösung (um asymetrische Lastprofile besser zu unterstützen), so bringt eine kleineres Blockgröße bessere Werte, weil dann mehr blockgesteuerte Verbindungswechsel ohne Haltezeiten erfolgen.

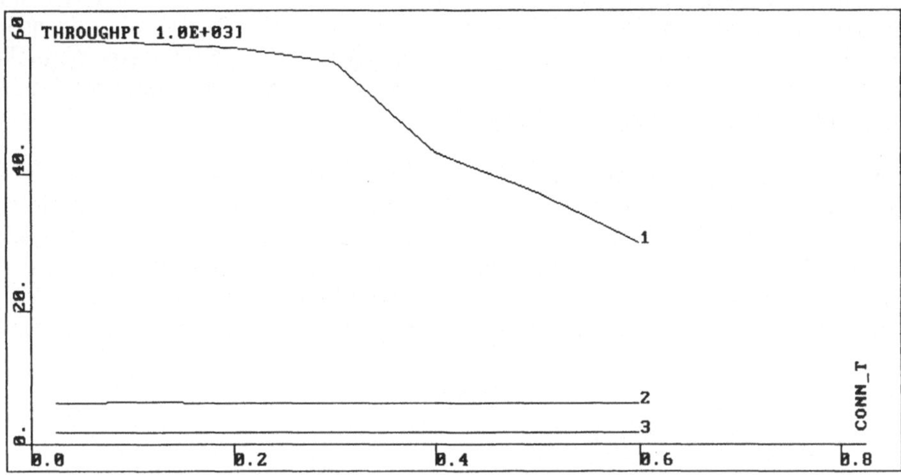

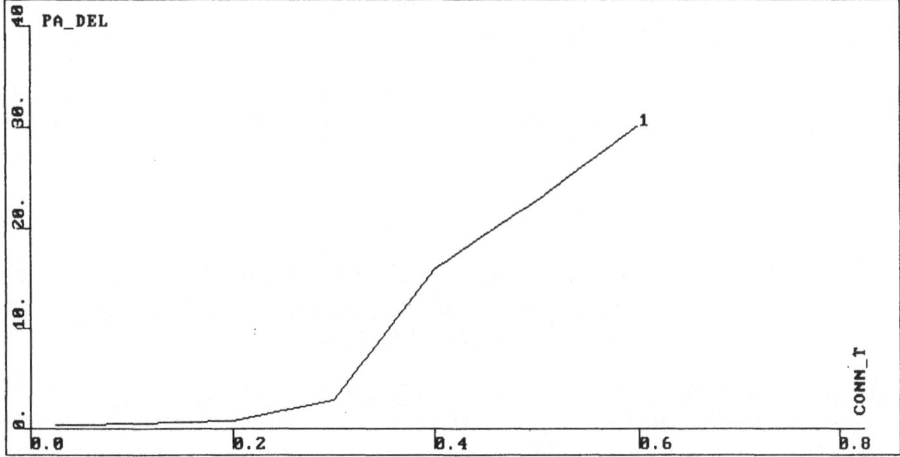

Bild 76. Durchsatz (THROUGHP: Kbit/s) und Verweilzeit (PA_DEL: Sekunden) des Datagrammdienstes als Funktion der Verbindungsaufbauzeit (CONN_T: Sekunden) des Netzes

Die *Verbindungsaufbauzeit Ta* des Netzes hat sich als sehr wesentlich für die Leistungsfähigkeit des Datagrammdienstes erwiesen. Bild 76 zeigt hierzu im oberen Diagramm den Durchsatz (THROUGHP: kbit/s) und im unteren Diagramm die Verweilzeit (PA_DEL: Sek) als Funktion der Verbindungsaufbauzeit (Conn_T: Sek) bei den Parametern Th = 50 ms und Bg = 6 DG/Block. Scharparameter dieser Diagramme ist die angebote

Datagrammlast des Internetzwerkprotokolls (Kurve 1: Last = 64 Kbit/s, Kurve 2: Last = 8 Kbit/s, Kurve 3: Last = 2 Kbit/s).

Wie bereits aufgeführt, ist der Einfluß der untersuchten Parameter bei kleinen Lasten vernachlässigbar, was die Kurven 2 und 3 belegen. Bei hohen Lasten (Kurve 1) spielen sie jedoch eine wesentliche Rolle. Hier wird bei kleinen Aufbauzeiten bis zu 0,2 Sek. ein fast maximaler Durchsatz von ca. 60 Kbit/s und eine kleine Verweilzeit von weniger als 1 Sekunde erzielt. Für größere Ta-Werte ab 0,3 Sek. fällt der Durchsatz stark ab und steigt insbesondere die Verweilzeit rapide an. Bei Ta = 0,4 Sek. erreicht sie mit ca. 15 Sekunden bereits mehr als den zehnfachen Wert.

Dies ist von großer Bedeutung für die Zeitgeber höherer Protokolle, die den hier auftretenden Übertragungszeiten Rechnung tragen müssen. Dies betrifft z.B. die Lebensdauer von IPDU's und insbesondere den Retransmission Timeout des OSI-Transportprotokolls. Diese Ergebnisse untermauern die bereits in Kapitel 6.2.1 gemachten Aussagen bezüglich einer dynamischen Anpassung dieser Zeitgeber.

Auf Leistungsmessungen beruhende Angaben des Netzbetreibers /FTZ85/ weisen eine mittlere Verbindungsaufbauzeit von Ta = 0,2 Sek. bei nur einem netzinternen Übermittlungsabschnitt aus, was 64% aller Verbindungen ausmacht. Für diesen Fall liefert der mit dem hier behandelten Multiplexverfahren realisierte Datagrammdienst noch sehr gute Leistungskenngrößen. Bei mehreren Übermittlungsabschnitten steigt sie allerdings bis auf 2,5 Sekunden an. Für solche Fälle ist diese Dienstanpassung nicht mehr geeignet.

6.3.2.3 Datex-P-Netz

Beim Datex-P-Netz (X.25) ergeben sich mittlere Verbindungsaufbauzeiten im Bereich von (340 - 420) ms und ein Maximum von 640 ms abhängig von der Anzahl der netzinternen Übermittlungsabschnitte. Die mittleren Verbindungsabbauzeiten betragen weniger als 100 ms, die maximale Abbauzeit ist kleiner als 200 ms.

Die Übertragungskosten Kü einer Verbindung setzen sich aus einer festen Verbindungsaufbaugebühr Ka, zeitabhängigen Kosten Kt und datenvolumenabhängigen Kosten Kd zusammen:

$$K\ddot{u} \quad = \quad Ka \quad + \quad Kt \quad + \quad Kd \tag{34}$$

Für die Optimierung der verbindungsspezifischen Übertragungskosten ergibt sich bei Ka = 0,05 DM und Kt = 0,01 DM/Minute eine optimale Haltezeit Th(K) = 5 Minuten für das Halten einer ungenutzten Verbindung gemäß Bild 74.

Das paketvermittelnde X.25-Netz ermöglicht die gleichzeitige Unterhaltung (Existenz) von bis zu 4096 logischen Verbindungen pro physikalischem Teilnehmeranschluß und erbringt damit die gewünschte Multiplexfunktion des Netzes, die beim X.21-Netz durch das behandelte Block-Multiplex-Verfahren der Dienstanpassung erbracht werden mußte. Damit ergibt sich hier rein theoretisch als optimale Haltezeit Th = 5 Min. gemäß obigen Ausführungen.

Reale Netzwerkadaptoren (Schnittstellenkarten) unterstützen jedoch häufig nur eine geringe Anzahl logischer Kanäle und begrenzen damit die Anzahl paraller Verbindungen. Die im HECTOR-TS verwendeten Netzwerkadaptoren /IBM-X.25/ unterstützen z.B. nur maximal 20 logische Kanäle. Für das Verbindungsmanagement der Dienstanpassung wurde daher folgendes *Verfahren* zur Verwaltung dieser logischen Kanäle realisiert:

Für jeden aktiven logischen Kanal (aufgebaute Verbindung) wird eine begrenzte Warteschlange verwaltet. Existiert für ein der Dienstanpassung übergebenes Datagramm aktuell keine Verbindung zu seiner Zielstation, wird diese Verbindung bei Vorhandensein eines freien Kanals aufgebaut. Steht dagegen kein freier Kanal zur Verfügung, wird das Datagramm verworfen. Ebenso werden Datagramme überlasteter Verbindungen verworfen. Für dieses Verfahren wurde der Einfluß der Parameter *Haltezeit Th* und *Kanalzahl Kz* mit detaillierten Modellkomponenten des NETSIM-Systems hinsichtlich folgender Kriterien untersucht:

- Prozentsatz der Datagrammverluste in der Dienstanpassung,
- Verweilzeit eines Datagramms in der Dienstanpassung,
- Kosten bedingt durch Verbindungsauf- und Abbauten sowie Haltezeiten.

Diesen Untersuchungen liegt die in Bild 77 gezeigte Konfiguration zugrunde. Die vom Internetzwerkprotokoll erzeugte Datagrammlast wird auf 9 Zielstationen verteilt und beträgt 95 % der maximalen Kanalkapazität. Bei einer Übertragungsrate von 9,6 Kbit/s und einer Paketlänge von 128 Bytes auf dem X.25-Netz ergibt sich für diese Kanalkapazität eine theoretische Obergrenze von ca. 9 Paketen/Sekunde.

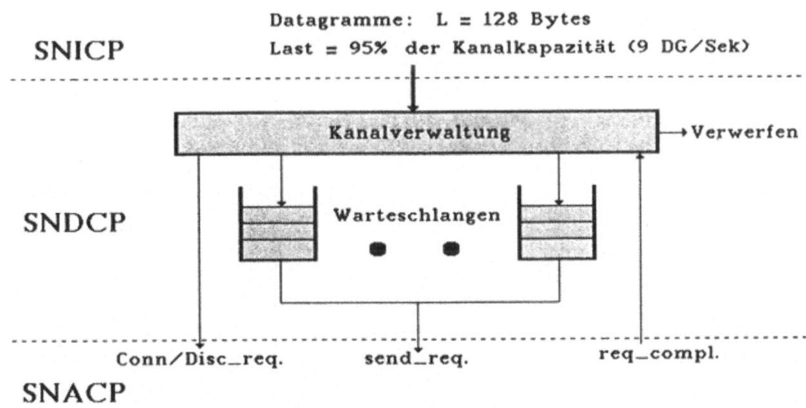

Bild 77. NETSIM-Konfiguration zur Untersuchung der X.25-Dienstanpassung

Die *Ergebnisse* dieser Untersuchungen zeigt Bild 78. Dabei sind die oben aufgeführten Größen (Prozentsatz der Datagrammverluste, Verweilzeit von Datagrammen in der Dienstanpassung, Übertragungskosten für Verbindungswechsel und Haltezeiten) als Funktion der auf die Zwischenankunftszeit Tzwa der Datagramme normierten Haltezeit Th einer logischen Verbindung mit dem Scharparameter Kanalzahl dargestellt. Die normierte Haltezeit umfaßt den Bereich 1 - 5, die Kanalzahl wurde zwischen 5 und 8 variiert.

- Die *Haltezeit Th* hat einen großen Einfluß auf die Übertragungskosten und nur relativ geringe Auswirkungen auf Verlustrate und Verweilzeit, wenn die Haltezeit im Bereich der Zwischenankunftszeit liegt. Beträgt die Haltezeit ein Vielfaches der Zwischenankunftszeit Tzwa, so werden die Übertragungskosten um mehr als den Faktor 10 reduziert.

- Bei der *Kanalzahl Kz* zeichnen sich umgekehrte Verhältnisse ab. Eine große Kanalzahl führt zu kleinen Verlustraten, beinflußt aber die Übertragungskosten nur geringfügig.

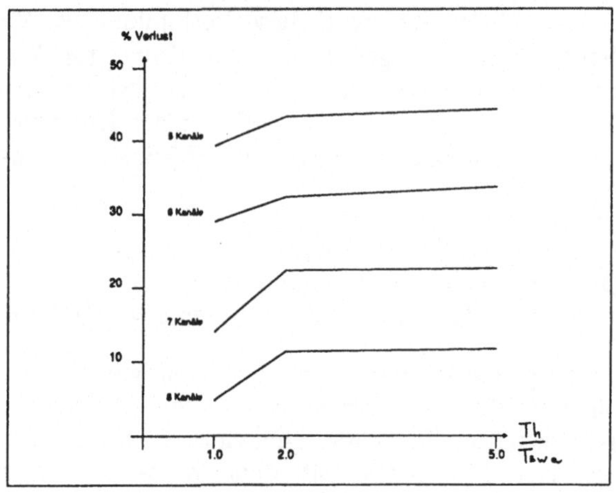

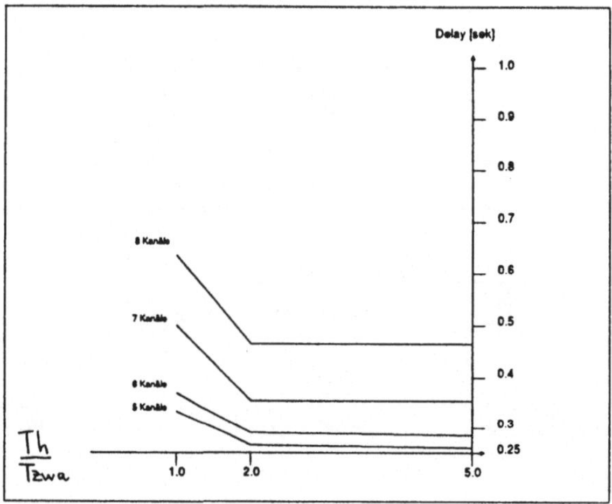

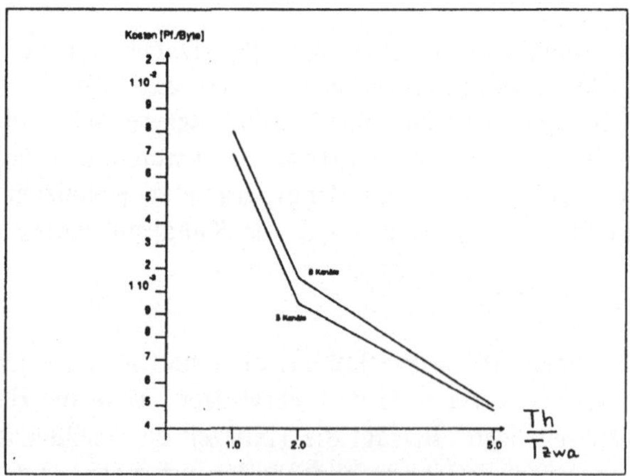

Bild 78. Einfluß von Haltezeit und Kanalzahl bei der X.25-Dienstanpassung

Natürlich steigt die Verweilzeit mit der Kanalzahl aufgrund des Multiplexens mehrerer logischer Kanäle auf einer physikalischen Leitung ebenfalls an.

Für eine *Optimierung* der Dienstanpassung ergibt sich daraus, eine möglichst große Haltezeit $Th = Th(K) = 5$ Min. zur Kostenminimierung zu wählen und die Verlustrate durch die Bereitstellung möglichst vieler logischer Kanäle zu reduzieren.
Eine Minimierung der Verweilzeit kann nur durch kleine Haltezeiten (Th ca. $Tzwa$) oder kleine Kanalzahlen erfolgen. Beides hat sehr negative Auswirkungen auf Übertragungskosten und Verlustraten zur Folge. Eine Lösung hierzu wäre, mehrere Netzwerkadaptoren an mehreren Teilnehmeranschlüssen parallel zu betreiben, was jedoch hinsichtlich der Anschluß- und Adapterkosten ebenfalls kritisch zu betrachten ist.
Die Haltezeit $Th(K) = 5$ Min. kann unter Berücksichtigung des Verhaltens höherer Protokolle noch weiter optimiert werden. Beim OSI-Transportprotokoll tauschen zwei Transportinstanzen bei aktuell nicht genutzter Verbindung in definierten Zeitintervallen Tw Quittungen aus (window timer). Hieraus kann eine Obergrenze $Th(TP4)$ für die Haltezeit abgeleitet werden, die einen gewissen Sicherheitszuschlag Tn beinhaltet, um Laufzeitverzögerungen des Netzes zu berücksichtigen:

$$Th(TP4) \quad = \quad Tw \quad + \quad Tn \hspace{3cm} (35)$$

Somit werden WAN-Verbindungen nur gehalten, wenn sie von Transportinstanzen auch wirklich benötigt werden.

6.4 Implementierungstest

Die Implementierung der Netzwerk-Software (OSI-Gateway und OSI-Endsystem) in der in Bild 13 auf Seite 42 aufgezeigten Multitask-Struktur unter DOS-CP88 in der Programmiersprache C ist durch den Einsatz von NETMON für Funktions- und Leistungstests und zur Fehlerdiagnose signifikant unterstützt worden.

Hier ist besonders aufzuführen, daß die von Entwicklungsumgebungen häufig als Testhilfen bereitgestellten *Debugger* das Laufzeitverhalten der untersuchten Programme erheblich verfälschen. Sie bieten damit keine Gewähr, daß in der Debug-Umgebung erfolgreich durchgeführten Tests die gewünschte Funktionalität des Codes nachweisen. Diese Effekte werden um so kritischer, je mehr asynchrone Nebenläufigkeiten in einem Knoten ablaufen.

Für einen aussagefähigen Funktions- und Leistungstest von OSI-Gateway und OSI-Endsystem mit mehreren nebenläufigen Tasks, Intertaskkommunikation und durch das Eintreffen von Nachrichten zu beliebigen Zeitpunkten ausgelöste Protokolloperationen ist das unverfälschte Erhalten seiner Realzeiteigenschaften durch das Testinstrument unbedingt erforderlich.

Solche Tests sind vorwiegend durch das Erstellen und Auswerten einer NETMON-Ereignisliste durchgeführt worden. Neben der Beobachtung der eigentlichen Funktionsabläufe und ihrer Ausführungszeiten, die in Sektion 6.2.5 behandelt werden - sind auch Tests zur Erfassung der vorher unbekannten Kenndaten der Multitask-Umgebung DOS/CP88 durchgeführt worden /Hins87/. Die nachfolgend aufgeführten Werte wurden später von IBM-Systementwicklern bestätigt:

- Dauer einer Task-Umschaltung = 0.5 ms

- Größe der Zeitscheibe = 54 ms

Die Ermittlung solcher Werte oder die Laufzeit einzelner Protokollfunktionen hat sich vor allem bei der Analyse von Laufzeitfehlern als sehr hilfreich erwiesen und die Fehlerdiagnose wesentlich erleichtert. Auf die exemplarische Behandlung solcher Fehlerfälle wird hier verzichtet, da sie ohne genaue Kenntnisse der Implementierung im Rahmen dieser Arbeit nur ungenügend nachvollziehbar sind.

6.5 Leistungsanalyse und Optimierung

Zur Leistungsanalyse und Optimierung des HECTOR-TS und einzelner Komponenten wurden beide Werkzeuge NETMON und NETSIM im erläuterten kombinierten Einsatz intensiv angewendet. Einzelergebnisse dieser Anwendungen sind in zahlreichen Studien- und Diplomarbeiten dokumentiert, die im Rahmen dieser Arbeit am Institut durchgeführt wurden, wie folgender Überblick zeigt:

- Vermessung der MAC-Layer-Bridge /Nock88/,

- Vermessung und Modellierung des OSI-Gateway /Hins87/,

- Realisierung und Leistungsbewertung (Modellierung und Vermessung) des Datagrammdienstes über dem X.21-Netz /Zitt87/,

- Realisierung und Leistungsbewertung (Modellierung und Vermessung) des Datagrammdienstes über dem X.25-Netz /Rose87/,

- Vermessung und Leistungsbewertung des HECTOR-TS /Gerb88/.

Die ersten beiden Arbeiten befassen sich mit der Analyse und Leistungsoptimierung der Koppelsysteme Bridge und Gateway, die in diesem Transportsystem Verkehrsknotenpunkte bilden und im Überlastfalle exzessive Nachrichtenverluste verursachen. Zwei weitere Arbeiten behandeln den Entwurf und die Leistungsbewertung des vom Internetzwerkprotokoll geforderten Datagrammdienstes über verbindungsorientierten Teilnetzen (WAN). Die letze Arbeit hat integralen Charakter und die Leistungsanalyse des gesamten Transportsystems zum Ziel.
Aus der Fülle dieser Einzelergebnisse werden nun einige exemplarisch herausgeriffen, die insbesondere den kombinierten Einsatz beider Werkzeuge verdeutlichen. So wird zum einen die Vermessung und Leistungsanalyse der MAC-Layer-Bridge mit NETMON aufgezeigt, deren Ergebnisse den Entwurf der vereinfachten Ersatzmodelle des NETSIM-Systems wesentlich geprägt haben. Dem folgen die Analyse und Leistungsoptimierung des OSI-Gateways im kombinierten Einsatz beider Werkzeuge.

6.5.1 MAC-Layer-Bridge

Die Implementierung der MAC-Layer-Bridge (siehe Bild 12 auf Seite 40) ist gemäß den in Sektion 6.2.3 vorgestellten Ergebnissen der mit NETSIM durchgeführten Entwurfsstudien erfolgt. Der lokale Pufferspeicher eines Token Ring Adapters hat eine sehr kleine verfügbare Kapazität von 6.5 KBytes und ist daher in 4,5 KBytes Empfangspuffer und 2 KBytes Sendepuffer konfiguriert. Der implementierte Hauptspeicher-Pool weist eine Größe von 64 KBytes auf. Die Sendeoperation in der Bridge ist gegenüber der Empfangsoperation priorisiert und ihre beiden Token Ring Adaptoren sind beim Mediumzugriff gegenüber Endsystemen priorisiert.

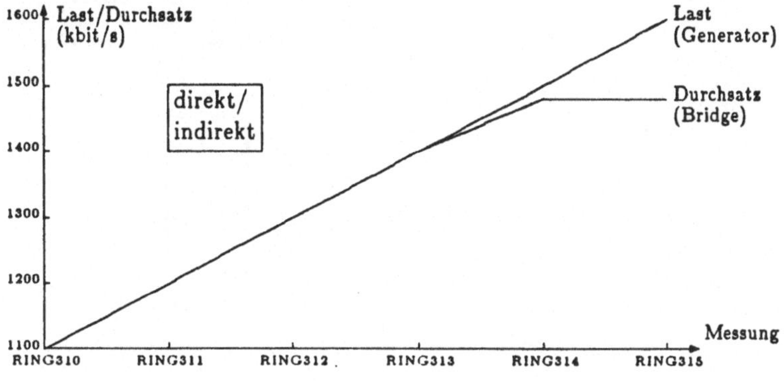

Durchsatzkurven Transfer 0 → 1

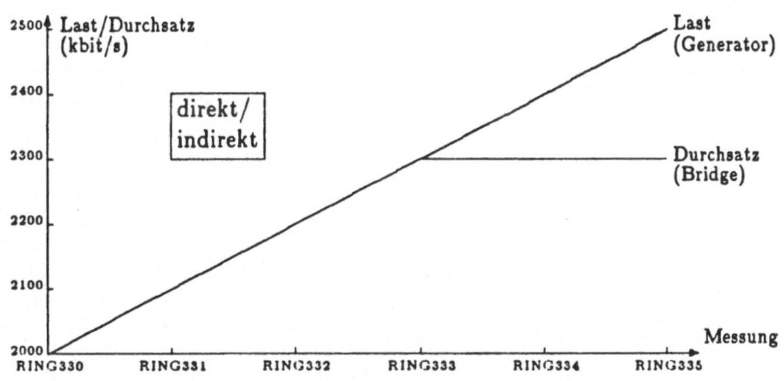

Durchsatzkurve Transfer 0 ↔ 1

Bild 79. Durchsatz der Bridge bei Simplex- und Duplexbetrieb

Bild 79 zeigt den *Grenzdurchsatz Dg* der Bridge im Simplex- und Duplexbetrieb bei der maximalen Dienstdatenlänge (Nachrichtenlänge) L = 2040 Bytes eines MAC-Frames. Dieser Grenzdurchsatz wurde mit einer *Black Box* -Messung gemäß Kapitel 5.3.3.2 mit der in Bild 45 auf Seite 93 gezeigten Meßanordung ermittelt, wobei zwei Endsysteme zur Vermessung eingesetzt wurden. Bei undidirektionalem Internetzverkehr (Simplexbetrieb) wird ein Grenzdurchsatz von 1,485 Mbit/s erzielt, bei bidirektionalem (Duplexbetrieb) 2,3 Mbit/s /Nock88/.

Eine mit NETMON durchgeführte Vermessungen der Bridge zur Analyse der Nachrichtenweiterleitung anhand von Ereignis- und Paarlisten erbringt das in Bild 80 dargestellte Ergebnis, womit sich die obige Leistungsdifferenz zwischen Simplex- und Duplexbetrieb erläutern läßt. Dazu sind im Bild die konstante Zeit Tp zur Verwaltung des Datentransfers und die längenabhängige Kopierzeit Tc sowohl für den direkten Weg Empfangspuffer-Sendepuffer als auch für den indirekten Weg Empfangspuffer-Hauptspeicher-Sendepuffer eingezeichnet und die Sendezeit der Nachricht auf dem Token Ring angegeben.

Beim *Simplexbetrieb* kann aufgrund des kleinen, nur eine Nachricht fassenden Sendepuffers kein gleichzeitiges Aussenden einer Nachricht durch den Token Ring Adapter und

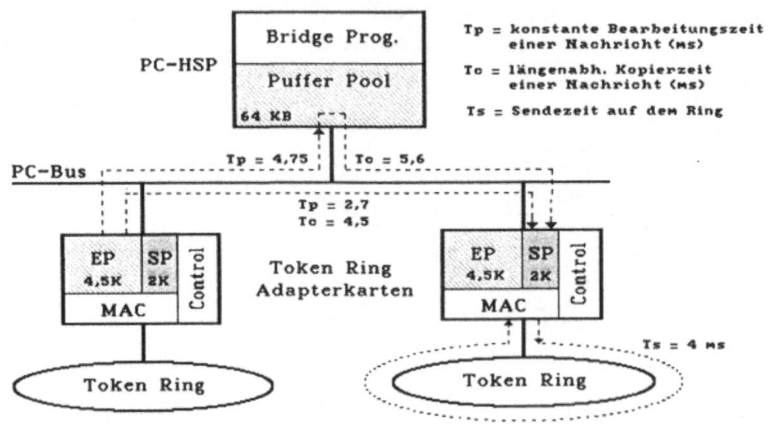

Bild 80. Analyse der Nachrichtenweiterleitung in der Bridge mit NETMON

Nachladen seines Sendepuffers durch den Bridge-Prozessor im Ping-Pong-Betrieb erfolgen. Während des Sendevorganges ist der Bridge-Prozessor (PC-CPU) daher im Wartezustand. Für den *direkten Pfad* ergibt sich somit eine insgesamte Nachrichtenbearbeitungszeit Tb = Tp + Tc + Ts = 11,2 ms und ein daraus errechenbarer Grenzdurchsatz Dg = L / Tb = 1,47 Mbit/s bei einer Nachrichtenlänge von 2040 Bytes.

Beim *indirekten Pfad* ergeben sich zwar zwei Kopiervorgänge, doch ist die Kopierzeit Tc = 5,6 ms gegenüber Tc = 4,5 ms im direkten Pfad nur wenig größer, da der Hauptspeicher eine kleinere Zugriffszeit als die Pufferspeicher der Netzwerkadaptoren aufweist. Dementsprechend steigt die Verwaltungszeit Tp auf 4,75 ms an und die gesamte Bearbeitungszeit Tb summiert sich hier zu 14,35 ms auf. Doch während der Sendezeit Ts = 4 ms kann bereits der 1. Kopiervorgang vom Empfangspuffer in den Hauptspeicher begonnen werden, so daß sich eine mittlere Bearbeitungszeit von Tb - Ts = 10,35 ms und daraus ein Grenzdurchsatz von 1,55 Mbit/s errechnet, der sogar geringfügig höher als beim direkten Weg ist.

Bei stationärer Grenzlast oder Überlast gehen alle Nachrichten bedingt durch den immer belegten Sendepuffer des Zieladapters den indirekten Weg. Die geringfügige Abweichung von 4% zwischen dem aus der Analyse hochgerechneten Wert Dg = 1,55 Mbit/s und dem gemessenem Grenzdurchsatz Dg = 1,485 Mbit/s der Black-Box-Messung ist der Genauigkeit der verwendeten Lastgeneratoren und Meßempfänger zuzurechnen.

Im *Duplexbetrieb* kann der Koppelprozessor während der Sendeaktivität eines Netzwerkadaptors den Sendepuffer des anderen Adapters füllen. Damit werden Wartezeiten des Koppelprozessors vermieden und es wird nur noch der direkte Pfad benutzt. Die Bearbeitungszeit einer Nachricht reduziert sich zu Tb = Tp + Tc = 7,2 ms und es errechnet sich ein theoretischer Grenzdurchsatz von 2,27 Mbit/s, der durch die Black-Box-Messung (2,3 Mbit/s) bestätigt ist.

Diese Ergebnisse sind durch vergleichende Messungen von drei verschiedenen Bridge-Versionen untermauert worden (siehe Bild 81):

V1: nur direkte Datentransfers zwischen den beiden Netzwerkadaptoren,
V2: nur indirekte Datentransfers über den Hauptspeicher,
V3: bedarfsorientierte gemischte Transfers.

Abschließend zur Bridge-Analyse zeigt Bild 81 im oberen Teil die gemessene Bearbeitungszeit Tb einer Nachricht und im unteren Teil den gemessenen Grenzdurchsatz Dg in Abhängigkeit der Paketlänge L. Für die **Bearbeitungszeit Tb** läßt sich daraus ein konstanter Anteil Tp = 2,5 ms zur Organisation des Nachrichtentransfers zwischen Empfangs- und Sendepuffer und ein von der Paketlänge abhängiger Anteil Tc zur Ausführung des Kopiervorgangs ermitteln, der bei einer Paketlänge von 2 KBytes 4,5 ms aufweist. Hieraus berechnet sich auch die Kopierrate von 3,5 Mbit/s.

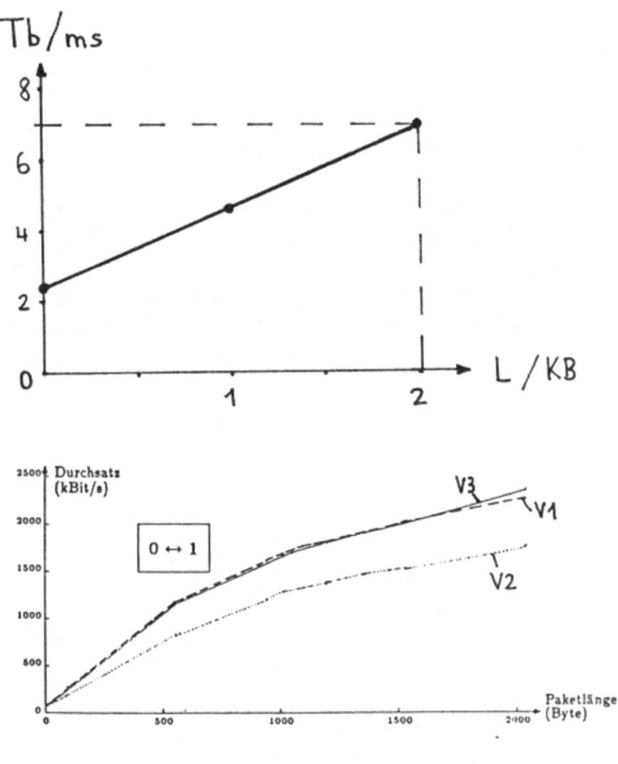

Bild 81. Bearbeitungszeit und Grenzdurchsatz von Nachrichten in der Bridge

Der **Grenzdurchsatz Dg** steigt vom Nullpunkt (L = 0) mit zunehmender Nachrichtenlänge L aufgrund des sinkenden Overheads pro weitergeleitetem Bit stetig bis auf 2,3 Mbit/s (L = 2040 Bytes) an. Bei unbegrenzter Nachrichtenlänge würde er sich der Kopierrate von 3,5 Mbit/s annähern, die eine theoretische Obergrenze darstellt.

a) Vergleichende Messungen

Zu Vergleichszwecken wurde eine Token Ring Bridge des Herstellers IBM /IBM-TRB/ im *Black Box* -Verfahren vermessen, die auf derselben Hardware beruht. Die in /Zieh89/ dokumentierten Ergebnisse haben alle hier aufgezeigten Einflüsse unserer Prototyp-Implementierung bestätigt, die zudem auch bei der im folgenden noch behandelten Vermessung des OSI-Gateways beobachtet wurden:

- Leistungsdifferenzen im Simplex- und Duplexbetrieb sowie
- Verlauf von Bearbeitungszeit und Grenzdurchsatz als Funktion der Nachrichtenlänge.

b) Ergebnis für Modellierung

Diese Analyse-Ergebnisse haben den Entwurf des vereinfachten NETSIM-Ersatzmodells eines Koppelsystems (Kap. 5.3.2) bei verbindungslosen Teilnetzen wesentlich geprägt. Eine mit beiden Vermessungsergebnissen durchgeführte Validierung dieses Ersatzmodells hat eine sehr gute Übereinstimmung bei kongruenten Experimenten gezeigt und seine Konzeption und praktische Anwendbarkeit bestätigt.

6.5.2 OSI-Gateway

6.5.2.1 Leistungsvergleich von Bridge und Gateway

Bridge und Gateway sind beide auf einem IBM-PC/AT realisiert und wurden zu direkten Leistungsvergleichen mit 2 Token Ring Adaptern zur Kopplung von zwei Token Ringen ausgerüstet. Bild 82 zeigt eine Gegenüberstellung der in *Black Box*- Manier (siehe Bild 45 auf Seite 93) ermittelten Meßergebnisse der *Bearbeitungszeit Tb* und des *Grenzdurchsatzes Dg* von Nachrichten in Bridge und Gateway im Simplexbetrieb /ZiGS88/. Beide Diagramme zeigen denselben prinzipiellen Verlauf, der soeben bei der Behandlung der Bridge erläutert wurde.

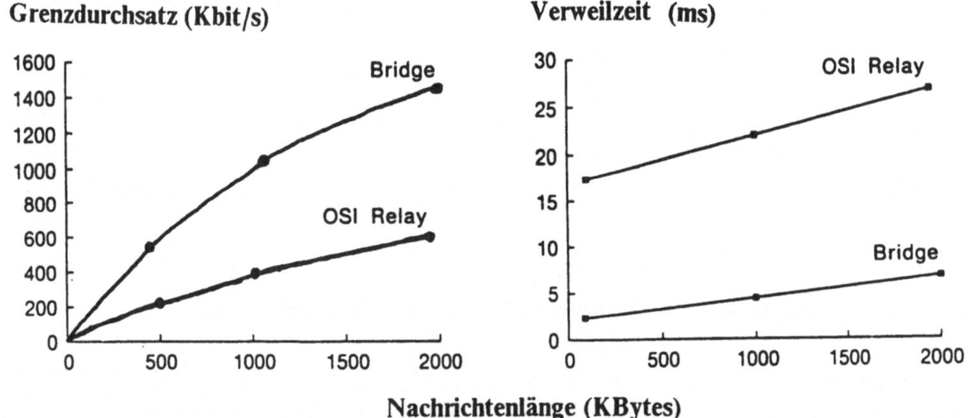

Bild 82. **Bearbeitungszeit Tb und Grenzdurchsatz Dg von Nachrichten als Funktion der Nachrichtenlänge L in Bridge und Gateway**

Der daraus ablesbare *konstante Anteil Tp* der Bearbeitungszeit Tb(L = 0) pro Nachricht beträgt im Gateway (Kurve 1) 18 ms gegenüber 2,5 ms bei der Bridge (Kurve 2) und steigt linear bis auf 27 ms bzw. 7 ms bei einer Nachrichtenlänge von L = 2 KBytes an.

Die daraus errechnete *Kopierrate* beträgt beim Gateway 1,77 Mbit/s gegenüber 3,55 Mbit/s bei der Bridge. Wie ein Strukturvergleich beider Koppelsysteme (Bild 12 und Bild 14) zeigt, resultiert diese Differenz aus zwei zusätzlichen Datenkopiervorgängen im Hauptspeicher des Gateways bedingt durch die privaten Sende- und Empfangspuffer der beiden Token Ring Treiber.

Neben den direkten Vergleichswerten zeigen diese Diagramme folgendes *Ergebnis:*

- Die Relation der Tp-Werte von Gateway und Bridge ergibt ein Verhältnis von 7:1 und zeigt deutlich den Zeitaufwand für das Abhandeln des Internetzwerkprotokolls und der Organisation der zusätzlichen Datenkopiervorgänge in den Teilnetztreibern des Gateways gegenüber der einfachen Forward-Funktion der Bridge.

- Das vereinfachte NETSIM-Ersatzmodell eines Koppelsystems ist für Bridge und Gateway anwendbar (bei verbindungslosem Netzwerkdienst).

6.5.2.2   Leistungsanalyse des Gateways

Bild 83 zeigt die durch Vermessungen mit NETMON ermittelte Zusammensetzung der *Bearbeitungszeit Tb* einer Nachricht (IPDU) mit einer Dienstdatenlänge von 1950 Bytes beim Durchlaufen des Gatways, die vom vom linken zum rechten Token Ring weitergeleitet wird.   Wie Bild 80 stellt es ein exemplarisches Beispiel für solche mit NETMON durchgeführte Analysen der Netzwerk-Software dar.   Aus diesem Bild sind die Zeitanteile zur Ausführung von Funktionen des Internetzwerkprotokolls, der von ihm durchgeführten Pufferverwaltung des globalen Pools, der Datenkopiervorgänge in den Netzwerktreibern und die dabei auftretenden Kommunikations- und Verwaltungszeiten sowie der Einfluß der Prozeßstruktur des Codes zu entnehmen, die in /Hins87/ detailliert untersucht wurden. In den *Netzwerktreibern* der beiden Token Ringe ergeben sich konstante Zeitanteile Tp pro Nachricht   für   die   Verwaltung   der   internen   Kopiervorgänge   und   der Intertaskkommunikation (Interfacing) zum Internetzwerkprotokoll sowie für die Kommunikation mit dem unterliegenden Token Ring Adapter, die sich für beide Treiber zu insgesamt 6,25 ms aufsummieren.
Hinzu kommen längenabhängige Zeitanteile Tc für die Datenkopiervorgänge zwischen Puffern des globalen Pools (GP) und privaten Puffern (PP) der Token Ring Treiber innerhalb des Hauptspeichers sowie zwischen diesen privaten Puffern und und den lokalen Puffern (LP) der Token Ring Adaptoren, die bei einer Nachrichtenlänge von 1950 Bytes 8,83 ms ergeben.   Daraus errechnet sich eine summarische Kopierrate von ca. 1,77 Mbit/s. Es ist noch anzumerken, daß die Verwaltungs- und Datenkopierzeiten in Empfangs- und Sendepfad bezüglich der Datentransfers zwischen privaten Treiberpuffern (PP) im Hauptspeicher und lokalen Puffern (LP) der Token Ring Adaptoren äquivalent, die internen Bearbeitungs- und Kopierzeiten in den Netzwerktreibern jedoch unsymmetrisch sind.
Da Kopierzeiten im Hauptspeicher bei gegebener Datenlänge nicht verschieden sein können, indiziert dies einen Implementierungsfehler im Sendepfad des rechten Token Ring Treibers. Nach Codeinspektion und Korrektur ergaben sich die erwarteten sysmmetrischen Verhältnisse.

Im *Internetzwerkprotokoll* treten keine Kopiervorgänge mehr auf, da zwischen ihm und den Netzwerktreibern Nachrichten nur durch Pufferzugriffsrechte übergeben werden. Ein vom empfangenden Netzwerktreiber erhaltenes Datagramm wird zunächst analysiert (A). Dies beinhaltet eine Formatprüfung des Headers und die Analyse der globalen Zieladresse. Ist der Empfänger nicht ein Benutzer im Gateway selbst, so muß eine Weiterleitung erfolgen. Dazu wird die Routingtabelle (R) durchlaufen, um Zieltreiber und lokale Zieladresse zu ermitteln.   Nachfolgend wird die Prüfsumme (C) im Header neu berechnet und das Datagramm dem zweiten Token Ring Treiber übergeben (F). Dazu werden insgeamt 6,79 ms benötigt.
Für die *Pufferverwaltung* des globalen Pools kommen die Zuteilung eines neuen Puffers an den empfangenden und die Rücknahme eines nicht mehr benötigten Puffers vom aussendenden Token Ring Treiber hinzu, was zusammen 5,28 ms dauert.

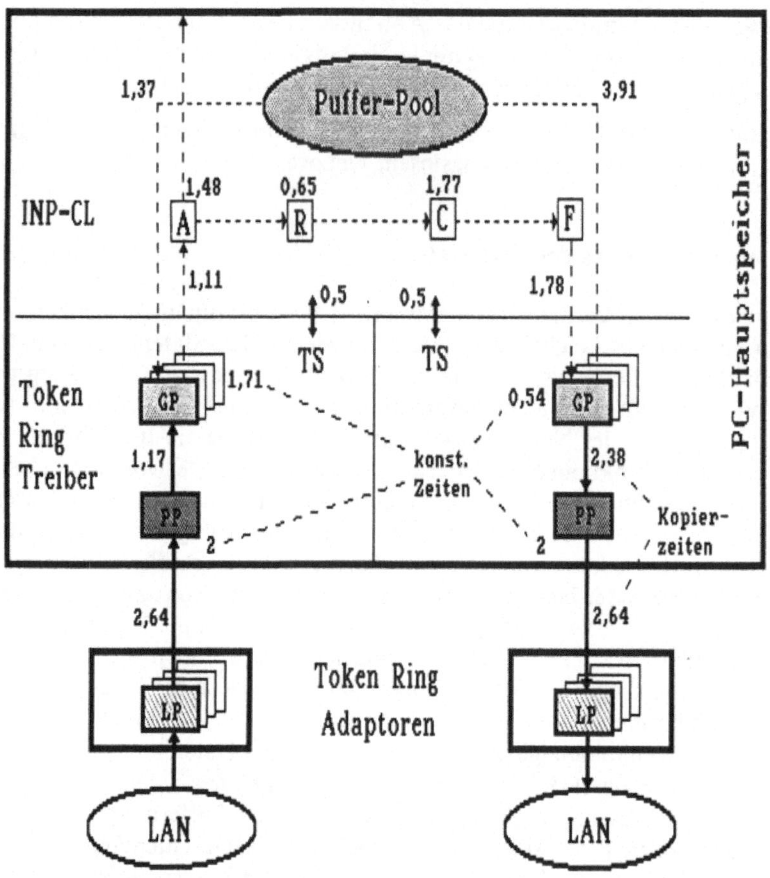

Bild 83. **Analyse der Nachrichtenweiterleitung im OSI-Gateway**

Für die *Multitask-Umgebung* DOS-CP88 wurde eine Task-Umschaltzeit (TS) von ca. 0,5 ms und eine Zeitscheibe von 54 ms gemessen (siehe Sektion 6.4.1). Der Einfluß zeitscheibenbedingter Task-Wechsel errechnet sich somit zu < = 1 % (0,5/54) und ist vernachlässigbar.

Der Einfluß von Taskumschaltungen bedingt durch eine vorzeitige Prozessorfreigabe von Tasks ist wesentlich größer, wie folgende Abschätzung zeigt. Beim Nachrichtendurchlauf treten maximal drei Taskwechsel auf: zuerst wird der empfangende Netzwerktreiber aktiviert, dann folgt das Internetzwerkprotokoll und abschließend der sendende Netzwerktreiber. Bei kurzen Nachrichten ergibt sich daraus ein Overhead von 1,5ms/18ms = 8,3%. Bei längeren Nachrichten und einer höheren Auslastung des Gateways sinkt er aber wesentlich ab, da dann die Bearbeitungszeit einer Nachricht ansteigt und jede Task die Bearbeitung gepufferter Nachrichten solange fortsetzt, bis die Zeitscheibe einen Wechsel erzwingt.

Die gesamte Bearbeitungszeit Tb einer weitergeleiteten Nachricht der Länge 1950 Bytes im Gateway summiert sich zu 27 ms auf. Daraus errechnet sich ein theoretischer Grenzdurchsatz von 577 Kbit/s. *Black Box* -Messungen des Grenzdurchsatzes haben einen Wert von 588 Kbit/s erbracht, was eine sehr gute Übereinstimmung zeigt. Abweichungen nach oben resultieren daraus, daß in der Kommunikationszeit (2 ms) zwischen Netzwerktreiber und Netzwerkadapter Wartezeiten von $< = 1$ ms enthalten sind, die der Netzwerktreiber zur parallelen Verarbeitung weiterer Nachrichten nutzen kann.

6.5.2.3 Optimierung des Gateways

Die Optimierung des Gateways stellt ein exemplarisches Beispiel für den kombinierten Einsatz von NETMON und NETSIM gemäß der in Kap. 6.1.4 behandelten Anwendungsmethodik dar. Die mit NETMON ermittelten Meßdaten des Gateways wurden zur Kalibrierung und Gültigkeitsbestätigung eines detaillierten Gateway-Modells von NETSIM mit einer Struktur gemäß Kap. 5.2 herangezogen. Die mit diesem Modell durchgeführten Untersuchungen haben zusammen mit den aus der Analyse der Meßdaten gewonnenen Erkenntnisse wertvolle Hinweise über Optimierungsmaßnahmen und die dadurch zu erwartenden Leistungsverbesserungen des Gateways erbracht. Diese Optimierungsmaßnahmen und die damit erzielten Leistungssteigerungen werden nun kurz vorgestellt. Eine ausführlichere Behandlung ist /Hins87/ und /Gerb88/ zu entnehmen.

a) Pufferverwaltung

Die Analyse des zeitlichen Ablaufgeschehens bei der Pufferverwaltung des Gateways anhand einer NETMON-Ereignisliste zeigte folgenden Sachverhalt. Ein empfangender Netzwerktreiber erhält nach der Übergabe des mit der Nachricht gefüllten Puffers des globalen Pools an das Internetzwerkprotokoll sobald als möglich einen freien Puffer aus diesem Pool zurück, um seine Mindestmenge an freien Puffern für den Empfang zu bewahren, was in Bild 14 auf Seite 44 dargestellt ist. Diese Pufferzuteilung wird durch die Erzeugung und Einreihung eines entsprechenden Auftrages (sn_lsn) in der Auftragsliste der INPCL-Task veranlaßt. Bei der Ausführung dieses Auftrages wird zunächst der Status des globalen Pufferpools überprüft. Sind freie Puffer vorhanden, wird dem Netzwerktreiber ein freier Puffer übergeben; sind alle Puffer belegt, wird der Auftrag erneut in die Auftragsliste zur späteren Wiederholung eingereiht.
Bei hohem Lastaufkommen im Gateway und dadurch erschöpftem Pool kann es zu einer häufigen erfolglosen Wiederholung dieses Auftrags kommen, der die Aktivitätszeit der INPCL-Task bis zum Ablaufen ihres Zeitschlitzes von 54 ms ausgedehnt. Während dieser nutzlos verbrauchten Prozessorzeit sind die Tasks der Netzwerktreiber blockiert.

Zur Behebung dieser *Blockierung* wurde die Pufferverwaltung wie folgt geändert: Bildet die erfolglose Pufferzuweisung die einzige Aktivität der INPCL-Task, so gibt sie den Prozessor frei. Damit haben die Netzwerktreiber die Möglichkeit, nicht mehr benötigte Puffer dem globalen Pool zurückzugeben.
Eine Untersuchung dieser Designänderung am Gateway-Modell hat gezeigt, daß damit die Anzahl erfolgloser Pufferzuweisungen im Hochlastfall innerhalb eines beobachteten Zeitintervalls von ca. 10 000 auf 500 (20:1) reduziert und dadurch der erzielbare Grenzdurchsatz von vorher 205 Kbit/s auf 576 Kbit/s gesteigert werden kann. Dies ist durch die bei der Gateway-Analyse im vorhergehenden Unterkapitel behandelten Meßdaten eindrucksvoll bestätigt worden, die nach erfolgter Ausführung dieser Optimierung ermittelt wurden.

Weiterhin spielt die *Priorität* der verschiedenen Aktivitäten innerhalb einer Task für ihre prioritätsgesteuerte Bearbeitung (Scheduling) eine wichtige Rolle, was anhand der Modellierung untersucht wurde. Beim Internetzwerkprotokoll kann hier zwischen den folgenden Aktivitäten unterschieden werden (siehe Bild 14 auf Seite 44):

1. Übergabe eines freien Puffers an einen Netzwerktreiber (sn_lsn),
2. Weiterleitung einer Nachricht (sn_ind, sn_req),
3. Rücknahme eines nicht mehr benötigten Puffers in den globalen Pool (sn_reqc).

Dabei hat sich in Analogie zu den Bridge-Untersuchungen die Aktivitätsreihenfolge 3 >
2 > 1 (1 = niedrigste Priorität) als optimal erwiesen gemäß folgendem Prinzip:
Die Priorität einer Aktivität richtet sich nach dem Umfang der durch sie belegten oder
freigegeben Betriebsmittel (Resourcen), wobei die Freigabe gegenüber der Belegung
priorisiert wird. Durch die daraus resultierende Priorisierung des Sendepfades gegenüber
dem Empfangspfad kann eine Verklemmung (Deadlock) unter allen Betriebsbedingungen
vermieden und zudem die Nachrichtenverweilzeit im Gateway minimiert werden.

Weiterhin wurde durch die Modellierung der Einfluß der *Größe des globalen Pufferpools*
und der Anzahl der pro Netzwerktreiber reservierten Puffer bei verschiedenen Lastprofilen
untersucht. Bild 85 zeigt hierzu Durchsatz (MEAN_TP: KBytes/s) und Verweilzeit
(MEAN_WT: ms) von Nachrichten einschließlich der prozentualen Nachrichtenverluste
(DCB_PERCEN: %) im Gateway bei konstanten und negativ exponentiell verteilten Zwischenankunftszeiten (IPD_1) und einer Nachrichtenlänge von 1 KByte. Für die Kurven
dieser Diagramme gelten die in nachfolgender Tabelle aufgeführten Parameter.

Kurve	Anzahl reservierte Puffer/Treiber	Anzahl Puffer des globalen Pools	Verteilung der Zwischenankunftszeit
1	4	8	konst.
2	8	24	konst.
3	4	8	neg.exp.
4	8	24	neg.exp.

Bild 84. Pufferkonfigurationen von Bild 85

Puffer haben die Aufgabe, eine zeitliche Entkopplung der verbundenen Netze zu
ermöglichen. Bei konstanten Zwischenankunftszeiten (Tzwa) können vergrößerte Puffer
daher keine Nachrichtenluste minimieren oder den Grenzdurchsatz steigern, was anhand
der Kurven 1 und 2 belegt wird. Das Durchsatzmaximum von 45 KBytes (360 Kbit/s)
ergibt sich hier bei Tzwa = 22,5 ms, was genau der gemessenen Bearbeitungszeit einer
Nachricht der Länge 1 KByte entspricht (siehe Bild 82) und die Gültigkeit des Modells
aufzeigt. Typisch für den Fall konstanter Zwischenankunftszeiten ist auch, daß unterhalb
des Grenzdurchsatzes keine Nachrichtenverluste auftreten. Bei der Verweilzeit ist durch
den Anstieg der Kurve 2 im Überlastbereich die Vergrößerung des Pufferpools jedoch
deutlich sichtbar.
Bei poissonartigem Ankunftsstrom wirkt sich dagegen die Pufferkonfiguration stark aus.
Bei Kurve 3 hat der globale Pool keine Reserven mehr zur dynamischen Zuteilung an die
Netzwerktreiber. Hier setzen bereits weit unterhalb Tzwa = 22,5 ms die Nachrichtenverluste aufgrund unzureichender Pufferung ein und der erzielbare Durchsatz fällt stark ab.
Die Verdreifachung der Poolkapazität bei Kurve 4 zeigt wesentliche Verbesserungen und
erbringt fast die maximal erzielbare Leistung bei konstanter Zwischenankunftszeit.
Zur Dimensionierung der Poolgröße und der Anzahl reservierter Puffer pro
Netzwerktreiber ist noch folgendes anzumerken. Jeder Netzwerktreiber sollte mindestens
zwei reservierte Puffer besitzen, um einen Wechselpufferbetrieb (Ping-Pong) zu
ermöglichen. Der Pool sollte jedoch noch zusätzliche freie Puffer haben, um eine
lastabhängige dynamische Pufferzuweisung vornehmen zu können, wie es bei den Kurven
2 und 4 der Fall ist.

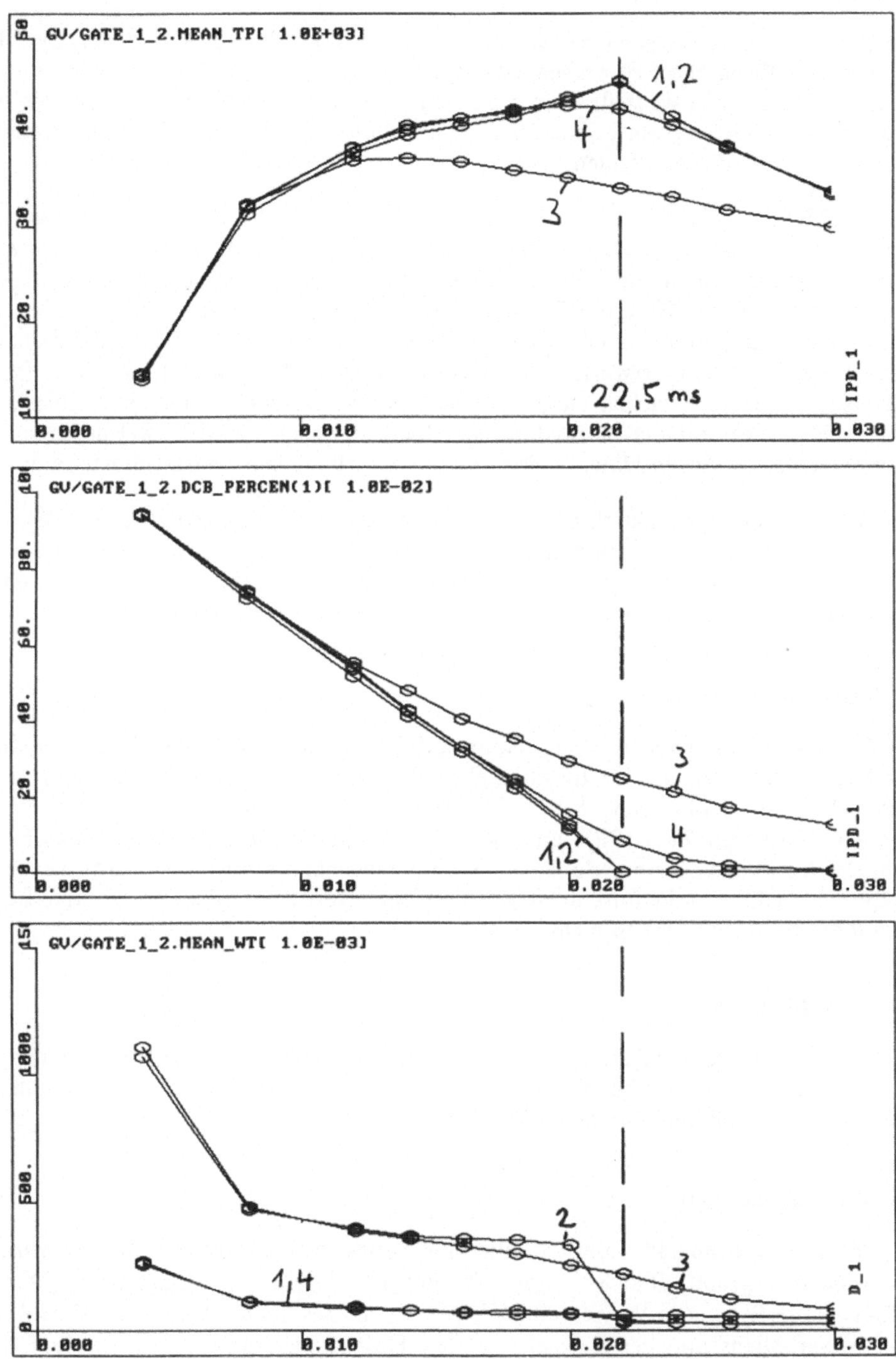

Bild 85. **Einfluß der Pufferkonfiguration des Gateways bei verschiedenen Lastprofilen: Durchsatz (MEAN-TP: Kbit/s), Verweilzeit (MEAN_WT: ms), Nachrichtenverluste (DCB_PERCEN: %), Zwischenankunftszeit (IPD_1: ms)**

b) Überlastverhalten

Alle Durchsatzkurven zeigen einen starken Abfall im *Überlastbereich* des Gateways. Diese sehr negative Eigenschaft ist besonders kritisch für die Zeitgeber des Transportprotokolls, da die Nachrichtenverweilzeiten einerseits stark ansteigen und zum anderen vor einem Stauabbau im Gateway einsetzende Sendewiederholungen zu einem Zusammenbruch des Internetzverkehrs führen können.

Eine Analyse dieses Überlastverhaltens ergab folgende Ursache: Netzwerkadaptoren lösen eine Unterbrechung im Koppelrechner (IBM-PC) aus, nachdem sie eine vom Netz empfangene Nachricht in ihrem lokalen Empfangspuffer (LP) gespeichert haben. Dadurch wird die aktuell aktive Task im PC suspendiert und der Transfer dieser Nachricht in seinen Hauptspeicher ausgeführt. Sind dort keine freien Puffer im globalen Pool mehr vorhanden, so wird die Nachricht verworfen und die suspendierte Task wieder aktiviert. In einer Überlastsituation verursachen diese nutzlosen Datentransfers den Durchsatzabfall. Dies wird auch am Verlauf der Verweilzeit im Überlastbereich deutlich, welche durch diese nutzlosen eingeschobenen Datenkopiervorgänge mit zunehmender Last drastisch ansteigt.

Eine Vermeidung dieser Durchsatzeinbußen kann dadurch erzielt werden, daß die Datentransfers zwischen lokalen Empfangspuffern (LP) der Netzwerkadaptoren und den privaten Treiberpuffern (PP) im Hauptspeicher nur dann ausgeführt werden, wenn die Netzwerktreiber über freie Puffer des globalen Pools (GP) verfügen.

c) Datenkopiervorgänge

Die Analyse der Meßergebnisse in Sektion 6.5.2.2 zeigt, daß die Datenkopiervorgänge in den Netzwerktreibern die Leistungsfähigkeit des Gateways erheblich beeinflussen. Eine Möglichkeit zur Optimierung bietet die *Einsparung* der Datenkopiervorgänge zwischen privaten Treiberpuffern (PP) und globalen Puffern (GP) im Hauptspeicher des Koppelrechners. Sie sind nur durch die Schnittstellencharakteristik der IBM Token Ring Adaptoren bedingt, rein funktional jedoch nicht erforderlich; die verfügbaren Ethernet Adaptoren benötigen sie z.B. nicht.

d) Protokollfunktionen

Auch wurde erwogen, auf die zeitintensive *Prüfsummenbildung* im Internetzwerkprotokoll zu verzichten, da sowohl beim MAC-Protokoll als auch beim Transportprotokoll schon eine Prüfsummenbildung durchgeführt wird.

e) Effizienzabschätzung

Vor der Durchführung all dieser Optimierungsmaßnahmen am realen Gateway wurden sie am Modell erprobt. Bild 86 zeigt als Beispiel hierzu die Ergebnisse (Durchsatz MEAN_TP/KBytes und Verweilzeit MEAN_WT/ms des Gateways) bei der Korrektur des Überlastverhaltens und der Einsparung eines HSP-Kopiervorganges im Sendepfad eines Netzwerkadapters (konst. Zwischenankunftszeit, Paketlänge = 1 KByte).
Kurve 1 zeigt den Fall vor der Optimierung, der mit Kurve 2 in Bild 85 übereinstimmt.
Kurve 2 zeigt den Fall der Unterbindung nutzloser Datenkopiervorgänge bei Überlast. Jetzt bleibt der Durchsatz und die Verweilzeit im Sättigungsbereich wie gewünscht stabil.
Kurve 3 zeigt den Fall des eingesparten Datenkopiervorganges in Sendepfad eines Netzwerktreibers, wodurch der Durchsatz um ca. 10% gesteigert werden kann. Eine

7 Zusammenfassung und Bewertung

Abschließend wird eine Zusammenfassung und Bewertung der vorliegenden Arbeit gegeben. Ausgehend von den in Angriff genommenen Problembereichen werden die wichtigsten Merkmale der zu ihrer Lösung entwickelten Richtlinien, Werkzeuge und Anwendungsmethoden aufgeführt und bewertet. Abschließend wird ein Ausblick auf mögliche Verbesserungen und Weiterentwicklungen gegeben.

7.1 Behandelter Problembereich

Ziel des im Jahre 1985 begonnenen Forschungsprojekts HECTOR-F2 war die Realisierung eines prototypischen OSI-Transportsystems in einer *heterogenen* Rechner- und LAN/WAN-Umgebung, dessen Architektur in Kapitel 3 behandelt ist. Für die beiden daran beteiligten Forschungsgruppen in Karlsruhe und Zürich ergaben sich hierbei eine Fülle von offenen Fragen aus allen Phasen seiner Realisierung, woraus folgende *Problembereiche* in dieser Arbeit behandelt werden:

- Planung des Gesamtsystems (Konfiguration des Netzwerks, Netzzusammenschluß, Protokollarchitektur)
- Entwurf der Systemkomponenten (Netzwerkknoten),
- Test der Implementierung,
- Leistungsanalyse und Optimierung von Komponenten und System.

Bei der *Systemplanung* ergeben sich Fragen aus der Funktionalität der noch in der Normung begriffenen oder erst seit kurzem definierten OSI-Standards. Sie sind informal spezifiziert und gewährleisten nicht immer eine eindeutige Interpretation. Zudem sind häufig mehrere Funktionsvarianten erlaubt und zahlreiche Optionen spezifiziert, unter denen der Systemplaner eine Auswahl treffen muß.
Hinzu kommen Probleme aus dem Zusammenschluß von Netzen zu einem OSI-Internetzwerk, da mittlerweile unterschiedliche Kopplungstechniken und Internetzwerkmodelle verschiedener Normungsgremien (ISO, ECMA, IEEE) mit ihren verschiedenen Typen von Koppelsystemen existieren, die den Charakteristiken der zu verknüpfenden Netze angepaßt sind. Zudem ergeben sich alternative Protokollarchitekturen für ein OSI-Transportsystem.

Bei der *Entwurfsplanung* der realen Systemkomponenten (Netzwerkknoten) kommen neben der Funktionalität der absichtlich implementierungsunabhängig gehaltenen OSI-Standards implementierungsspezifische Fragen hinzu. Sie betreffen insbesondere die Organisation der Flußkontrolle zwischen benachbarten Protokollen und die damit zusammenhängende Pufferverwaltung im Knoten sowie die Ausprägung der Prozeßstruktur der Implementierung unter Berücksichtigung der Eigenschaften der Laufzeitumgebung (Betriebssystem, Prozessorarchitektur).

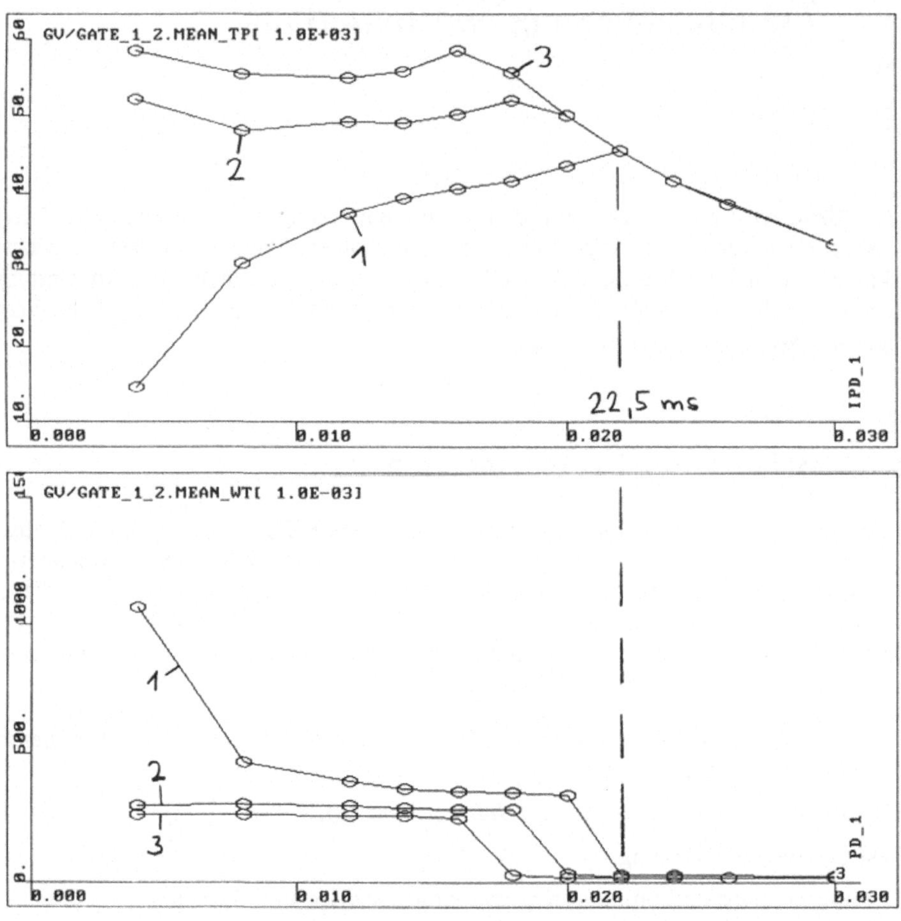

Bild 86. Effizienz von Optimierungsmaßnahmen beim OSI-Gateway anhand Durchsatz (MEAN_TP: KBytes/s) und Verweilzeit (MEAN_WT: ms)

Plausibilitätsbetrachtung anhand der Vermessungsergebnisse bestätigt diese Werte: die Kopier- und Verwaltungszeit für diesen Datenkopiervorgang beträgt bei 2 Kbytes ca. 2,8 ms. Damit wird die Bearbeitungszeit im Gateway um 2,8/27 = 10% verringert. In Analogie hierzu läßt sich auch der Gewinn durch die Einsparung der Prüfsumme abschätzen.

f) Erzielte Leistungssteigerung

Durch die Ausführung all dieser hier behandelten Optimierungsmaßnahmen (ohne Berücksichtigung der erfolglosen Pufferzuweisungen gemäß Abschnitt a) konnte der Durchsatz des Gateways von 580 kbit/s auf ca. 900 kbit/s bei stabilem Überlastverhalten erhöht werden, was einer *Effizienzsteigerung* von ca. *60%* entspricht und in /Gerb88/ ausführlich behandelt wird. Bezieht man die Optimierug der Pufferzuweisung mit ein, so ergibt sich eine Relation von *900/205 = 440 %*.
Dieses Ergebnis demonstriert eindrucksvoll die Mächtigkeit der hier verwendeten Werkzeuge zur Leistungsanalyse und Optimierung von Netzwerkknoten.

Zur entwicklungsbegleitenden Unterstützung bei der Implementierung komplexer Kommunikationsprotokolle sind geeignete Hilfsmittel zur Durchführung von *Funktions- und Leistungstests* in unterschiedlichen Stufen der Implementierung und insbesondere zur Unterstützung der Fehlerdiagnose der hier auftretenden komplexen Abläufe sowohl innerhalb einzelner Netzknoten als auch zwischen kommunizierenden Knoten erforderlich.

Bei der *Leistungsbewertung* eines realisierten Transportsystem und seiner Komponenten zum Zwecke der Funktions- und Leistungsoptimierung (Tuning) ergeben sich drei Problembereiche: Messung von Leistungskenngrößen, Analyse dieser Leistungskenngrößen (Ermittlung ihres Zustandekommens) und die Abschätzung des Leistungsgewinns von Optimierungsmaßnahmen.

7.2 Problemlösungen

Zur Lösung der hier aufgeworfenen Probleme wurden in dieser Arbeit

- Richtlinien für die Auslegung des Netzzusammenschlusses in einem OSI-Internetzwerk,

- das simulative Modellierungssystem NETSIM,

- das verteilte Leistungsmeßsystem NETMON sowie

- eine Anwendungsmethodik zum kombinierten Einsatz dieser beiden Werkzeuge für die Entwurfsplanung zukünftiger und die Leistungsoptimierung bereits realisierter OSI-Internetzwerke und Transportsysteme entwickelt.

Die wesentlichsten Aspekte dieser Methoden, Werkzeuge und ihrer Anwendung bei der Realisierung des im Forschungsprojekt realisierten OSI-Transportsystems HECTOR-TS werden nun kurz zusammengefaßt und bewertet.

7.2.1 Richtlinien für den Netzzusammenschluß

Zur Planungsunterstützung des Netzzusammenschlusses sind in Kapitel 2.1 alle bisher bekannten Kopplungstechniken und genormten Internetzwerkmodelle mit ihren verschiedenen Typen von Koppelsystemen aufgezeigt. Der Schwerpunkt liegt dabei in der Herausarbeitung der wesentlichen Eigenschaften der verschiedenen Internetzwerkmodelle und ihrer Verträglichkeit mit der OSI-Lösung. Damit werden dem Planer *Richtlinien* für die optimale Auslegung des Netzzusammenschlusses in einem OSI-Internetzwerk unter Berücksichtigung der Eigenschaften der zu verknüpfenden Teilnetze an die Hand zu geben. Zudem werden alternative Protokollarchitekturen für aus LAN und WAN zusammengesetzten OSI-Transportsystemen aufgezeigt und Kriterien für ihre Auswahl erläutert.

Eine solch zusammenfassende Darstellung und Bewertung dieses komplexen Gebietes ist aus der Literatur bisher nicht bekannt und liefert einen wichtigen Beitrag für das Verständnis und die Auslegungsplanung von OSI-Internetzwerken und darauf basierenden OSI-Transportsystemen. Die darin aufgezeigten Möglichkeiten und Richtlinien bildeten auch die Planungsgrundlage zur Auslegung des prototyoischen OSI-Transportsystems HECTOR-TS, das in Kapitel 3 behandelt wird. Dort werden auch wesentliche Fragen beim Entwurf seiner Netzwerkknoten aufgezeigt, zu deren Lösung die in dieser Arbeit behandelten Techniken und Werkzeuge entwickelt wurden.

7.2.2 Modellierungssystem NETSIM

In Kapitel 2.2 wird ein Überblick über heute bekannte Methoden und Werkzeuge zur Planung und Leistungsbewertung von Rechnernetzen gegeben. Dabei wird gezeigt, daß bisher keine geeigneten Modellierungssysteme zur Entwurfsplanung und Leistungsoptimierung von OSI-Internetzwerken und OSI-Transportsystemen existieren. Um dem bei der Modellierung großer Netzwerke auftretenden Komplexitätsproblem zu begegnen, werden für ein solches Modellierungssystem folgende *Anforderungen* abgeleitet:

- makroskopische Betrachtung des Gesamtsystems (Netzwerks) durch die Verwendung vereinfachter Komponentenmodelle,

- mikroskopische Betrachtung einzelner Komponenten oder Funktionen des Netzwerks durch die Verwendung detaillierter Komponentenmodelle,

- makroskopische Betrachtung des Gesamtsystems bei gleichzeitiger mikroskopischer Betrachtung ausgewählter Netzkomponenten (vertikale Ebene) oder ausgewählter Protokollebenen der Systemarchitektur (horizontale Ebene) durch die beliebige Kombination detaillierter und vereinfachter Komponentenmodelle, was als Lupencharakteristik bezeichnet wird.

Gemäß diesen Kriterien wurde das simulative Modellierungssystem *NETSIM* (NETwork SIMulator) entwickelt, dessen Architektur und Realisierung in Kapitel 5 ausführlich behandelt sind. Grundgedanke bei seiner Entwicklung ist die Schaffung eines Baukastensystems mit *OSI-Standards* entsprechenden vorgefertigten und parametrisierbaren Modellbausteinen für Endsysteme, Koppelsysteme, LAN und WAN, das die Synthese und Untersuchung beliebiger Netzkonfigurationen ermöglicht.

Die für NETSIM entwickelten *detaillierten Modellbausteine* der Netzwerkkomponenten berücksichtigen sowohl die in den OSI-Standards spezifizierten Protokollfunktionen als auch die aufgeführten implementierungsspezifischen Abhängigkeiten. Sie dienen vorwiegend zur Entwurfsplanung einzelner Netzwerkkomponenten (mikroskopische Betrachtung), bei der eine Vielzahl von Parametern zu ihrer Kalibrierung i.d.R. bekannt sind oder zur Entwurfsoptimierung variiert werden.
In den entwickelten *vereinfachten Ersatzmodellen* sind hingegen nur alle für die Leistungsfähigkeit der modellierten Netzwerkkomponenten wesentlichen Funktionen in aggregierter Weise nachgebildet. Wichtige Gesichtspunkte bei ihrem Entwurf sind eine *Komplexitätsreduktion* gegenüber den detaillierten Modellen sowie ihre *Kalibrierbarkeit* anhand weniger Kenndaten, die auch realen Systemen mit heute verfügbaren Meßwerkzeugen an zugänglichen Schnittstellen entnommen werden können. Mit diesen Ersatzmodellen wird vor allem die makroskopische Betrachtung eines gesamten Netzwerks ermöglicht, wie es zur Leistungsprognose und Erkennung von Verkehrsengpässen sowohl bei der Auslegungsplanung zukünftiger als auch der Leistungsanalyse und Optimierung bereits realisierter Netzwerke und Transportsysteme erforderlich ist.
Die Struktur dieser Modellbausteine ist so ausgeprägt, daß eine beliebige Mischung detaillierter Modelle und vereinfachter Ersatzmodelle der Netzwerkkomponenten in einem Netzwerkmodell möglich ist, um die mit dem Begriff *Lupencharakteristik* zusammengefaßten Entwurfsanforderungen zu erfüllen.

Alle vorgefertigten Modellbausteine werden in einer Modelldatenbank bereitgestellt. Gestützt auf diese Modelldatenbank bietet die fortschrittliche *Benutzerschnittstelle* des NETSIM-Systems graphikgestützte Werkzeuge zur Konfiguration und Parametrisierung des zu untersuchenden Netzwerkmodells, seiner Übersetzung in ein ausführbares Simulationsprogramm basierend auf dem IBM-Simulationspaket *RESQ2* , zur

Simulationssteuerung und zur Auswertung der Modellierungsergebnisse durch die die Erzeugung informationsintensiver Diagramme.

Als Modellierungssystem zur Unterstützung der Entwurfsplanung und Leistungsoptimierung von OSI-Internetzwerken und darauf basierenden OSI-Transportsystemen stellt es mit den hier aufgeführten Merkmalen eine wesentliche *Neuerung* auf diesem Sektor dar und es sind bisher keine ähnlichen Realisierungen oder zumindest Konzepte aus der Literatur bekannt.

7.2.3   Leistungsmeßsystem NETMON

In Kapitel 2.2 wird ein Überblick über heute bekannte Methoden und Werkzeuge für Leistungsmessungen in LAN-basierten verteilten Systemen gegeben, die auch mehrere lokal miteinander gekoppelte LAN umfassen können. Dabei wird dargelegt, daß für solche Messungen zur Ermittlung von Leistungskenngrößen des Objekts und ihrer Analyse bisher keine geeigneten Meßsysteme existieren. Ein solches Leistungsmeßsystem ist entsprechend der Natur des zu vermessenden Objekts selbst ein verteiltes System, für das folgende *Anforderungen* abgeleitet werden:

- verteilte Lastkomponente zur Erzeugung wohl definierter und reproduzierbarer Lasten in den Knoten des Objektsystems, die für die Ermittlung von Leistungskenngrößen geeignet sind.

- verteilte Monitorkomponente zur detaillierten und genauen zeitlichen Erfassung des Ablaufgeschehens in den Knoten des vermessenen Objektsystems als Basis seiner Funktions- und Leistungsanalye.

- zentralisierte Kontrolle des verteilten Meßsystems und durch die Steuerung der Lasterzeugung auch des Meßexperiments.

- minimierter Einfluß des Meßsystems auf das Laufzeitverhalten des Objektsystems zur Vermeidung von Funktions- und Leistungsbeeinträchtigungen.

- Funktionen zur Auswertung der Meßdaten, welche die Ermittlung von Leistungskenngrößen des vermessenen Objekts sowie die Analyse ihres Zustandekommens ermöglichen.

Gemäß diesen Kriterien wurde das verteilte Leistungsmeßsystem *NETMON* (NETwork MONitor) entwickelt, dessen Architektur und Realisierung in Kapitel 4 ausführlich behandelt sind. Es besteht aus Meßrechnern für die Vermessung zugeordneter Objektknoten, einem Leitrechner für die zentrale Systemkontrolle und Meßdatenauswertung, einem eigenen LAN für die systeminterne Kommunikation und einer Zweidrahtleitung für die Realisierung einer globalen Zeitbasis im verteilten Meßsystem.

Bei NETMON wird ein *knotenorientiertes Meßverfahren* zur Erfassung von Ereignissen in der Software beobachteter Objektknoten verwendet, um die Nachteile verbindungsorientierter Verfahren (Beobachtung der Übertragungswege zwischen den Netzknoten) bei der Objektanalyse zu vermeiden.
Bei diesem knotenorientierten Meßverfahren werden *hybride Techniken* für die Lasterzeugung und das Monitoring eingesetzt, um Interferenzen zwischen Objekt- und Meßsystem zu minimieren und dadurch das Laufzeitverhalten der vermessenen Objektknoten möglichst wenig zu beeinträchtigen. Wie die Erprobung des NETMON-Systems durch Tests bei der Vermessung des HECTOR-TS gezeigt hat, ist dies in ausgezeichneter Weise gelungen.

Die *Analysefunktionen* des Meßsystems ermöglichen sowohl die statistische Auswertung von Meßdaten zur Ermittlung von Leistungskenngrößen des Objektsystems als auch die detaillierte Ermittlung des zeitlichen Ablaufgeschehens in den Objektknoten zur Analyse dieser Leistungskenngrößen.

Zudem wird neben einer Offline-Auswertung der Meßergebnisse eine *Online-Auswertung* ausgewählter Objektereignisse ermöglicht, um die zeitliche Dynamik ihres Auftretens während einer laufenden Messung verfolgen zu können. Mit diesem Auswertemodus lassen sich unbrauchbare Meßexperimente durch die Inspektion von signifikanten Meßdaten frühzeitig erkennen oder die Auswirkungen von während der Vermessung durchgeführten Optimierungsmaßnahmen direkt verfolgen, was sich für die praktische Anwendung als äußerst wertvoll erwiesen hat.

Für die Handhabung und den Betrieb des verteilten Meßsystems ist seine zentralisierte Steuerung durch die Leitstation mit ihrer komfortablen *Benutzerschnittstelle* von großer Wichtigkeit. Sie ermöglicht einen interaktiven Dialog- und einen dateigestützten Stapelbetrieb, welcher insbesondere die *automatische* Ausführung vordefinierter benutzerspezifischer Meßszenarios, ihre Auswertung und ihre Dokumentation unterstützt.

Die Realisierbarkeit und Anwendbarkeit des NETMON-Systems stellen ebenfalls hervorzuhebende Gesichtspunkte dar. Seine Komponenten sind weitestgehend mit *standardisierter* Hardware realisiert (IBM-PC, IBM-Token Ring oder andere standardisierte LAN), die häufig bereits vorhanden ist. Zur Bereitstellung eines NETMON-Systems sind lediglich Zusatzkarten für die Lasterzeugung und das Monitoring in Meßrechnern sowie eine Zweidrahtleitung zwischen den Meßrechnern erforderlich.

Die Ankopplung der Meßrechner an die zu vermessenden Objektknoten erfolgt über *standardisierte* Parallelschnittstellen, welche an den Objektrechnern i.d.R. vorhanden sind. Dies ermöglicht ein breites Einsatzspektrum des NETMON-Systems unabhängig von der speziellen Hardware der jeweiligen Objektknoten.

In jüngerer Zeit wurden einige Ansätze für reine verteilte Monitorsysteme (ohne Lastkomponente) in der Literatur behandelt, die jedoch objektspezifische Hardware benötigen /HKLM87/, /HaWy88/. Im Vergleich zum NETMON-System weisen sie damit neben teilweise funktionalen Einschränkungen erhebliche Nachteile bezüglich ihrer Realisierbarkeit und Anwendbarkeit auf (siehe Kap. 2.2.2.2 und 4.5).

Als verteiltes Leistungsmeßsystem mit *integrierten* Komponenten für Lasterzeugung und Monitoring gemäß den hier aufgeführten Merkmalen stellt das NETMON-System eine wesentliche *Neuerung* dar und ähnliche Realisierungen oder zumindest Konzepte sind aus der Literatur bisher nicht bekannt.

Es sei hier nochmals wiederholt, daß der wesentliche Beitrag dieser Arbeit zur Entwicklung des NETMON-Systems nicht in der Entwicklung seiner einzelnen Bausteine besteht, sondern in der *Konzeption, Realisierung* und *Erprobung* des Gesamtsystems, wobei auf am Institut geleisteten Vorarbeiten aufgebaut werden konnte (siehe Kap. 4.2).

7.2.4   Anwendungen

Die in Kapitel 6 erläuterte Anwendungsmethodik für den kombinierten Einsatz der beiden Werkzeuge NETMON und NETSIM zur Entwurfsplanung und Leistungsoptimierung von OSI-Transportsystemen umfaßt die vier Realisierungsphasen:

• Planung des Gesamtsystems,

- Entwurfsplanung zu implementierender Netzwerkkomponenten,

- Funktions- und Leistungstest der Implementierung und

- Leistungsanalyse und Optimierung von Komponenten und System.

Für jede dieser Phasen wurden exemplarische Beispiele behandelt, welche einerseits die Anwendbarkeit und Qualität der beiden Werkzeuge demonstrieren. Andererseits stellen die bei diesen Anwendungen erzielten Ergebnisse einen Erkenntniswert an sich dar und haben wesentlich zur erzielten Funktionalität und Leistungsfähigkeit des HECTOR-TS beigetragen, was am Beispiel von Entwurf und Ptimierung der neuralgischen Netzknoten MAC-Layer-Bridge und OSI-Gateway deutlich gezeigt wurde.

Zur entwickelten *Anwendungsmethodik* ist hier nochmals hervorzuheben, daß zwar sowohl NETSIM als auch NETMON allein zur Leistungsanalyse und Optimierung eines realen Kommunikationssystems eingesetzt werden kann, aber erst durch den kombinierten Einsatz beider sich ergänzender Werkzeuge ihr Analysepotential in vollem Umfang genutzt werden kann.

7.3   Ausblick

Die aufgezeigten Möglichkeiten und *Richtlinien* für den Netzzusammenschluß müssen für die Einbeziehung zukünftiger Netze wie ISDN im öffentlichen Bereich oder FDDI im lokalen Bereich erweitert werden.

Bei der Weiterentwicklung des *NETSIM-Systems* ergeben sich Aspekte in der Systemarchitektur und den Modellbausteinen. Bei der Systemarchitektur wäre eine Umstellung der Benutzerschnittstelle auf die in Kürze verfügbare graphikgestützte RESQ-Modellierungsumgebung RESQME /GNGK88/ interessant, wodurch eine homogenere Systemumgebung und dadurch auch eine vereinfachte Wartbarkeit und Weiterentwicklung erzielt werden könnte.
Die bisher implementierten Modellbausteine sind für eine Protokollarchitektur mit verbindungslosem Netzwerkdienst ausgelegt. Hier müssen noch Bausteine für einen verbindungsorientierten Netzwerkdienst realisiert werden. Bei der Entwicklung vereinfachter Ersatzmodelle ergeben sich hierbei besondere Anforderungen bezüglich der Koppelsysteme, da sie dann von der Flußkontrolle und Fehlerbehandlung betroffen sind.

Für die Weiterentwicklung des *NETMON-Systems* ergeben sich wesentliche Aspekte beim Monitorpart und den Auswertefunktionen. Die Zeitauflösung des Monitorparts beträgt gegenwärtig 8 Mikrosekunden, was zur Vermessung bisheriger Netzknoten i.d.R. ausreichend war. Für die Vermessung zukünftiger Hochgeschwindigkeitsnetze wie FDDI und den dazu eingesetzten wesentlich leistungsfähigeren Knotenrechnern, die wahrscheinlich parallele Architekturen aufweisen, sollte diese Zeitauflösung wesentlich verbessert werden (< = 1 us).
Wie die Erprobung des NETMON-Systems bei der Vermessung des HECTOR-TS gezeigt hat, sind auch Verbesserungen bei der Offline-Auswertung wünschenswert. Hier ist vor allem an erweiterte Graphikfunktionen zur Ergebnisaufbereitung gedacht wie beispielsweise der Darstellung der NETMON-Ereignisliste in Form von sogenannten *GANT*- Diagrammen. Hierzu wäre der Einsatz des an der Universität Erlangen entwickelten monitorunabhängigen Auswertesystems *POET* (Problem Oriented Event Trace) /Mohr88/ sehr attraktiv.

Im Bereich der Anwendungen beider Werkzeuge ergeben sich vielfältige Möglichkeiten, wie es am Beispiel des HECTOR-TS in der Arbeit gezeigt wurde. Neben ihrer Anwendung zur Realisierung konkreter Systeme ergeben sich vor allem weitere Arbeiten aus der Untersuchung von Mechanismen zur dynamischen Betriebsmittelverwaltung in Netzknoten sowie der adaptiven Flußkontrolle und Fehlerbehandlung in OSI-Netzwerken, was sich gegenwärtig unter dem Begriff *Netzwerkmanagement* als eigenständiges Forschungsfeld etabliert.

A   Anhang

In diesem Anhang sind die in Kapitel 5 behandelten Modellbausteine des NETSIM-Systems (Endsystem, Koppelsysteme, Netze) mit ihren Funktionseinheiten beschrieben, die als RESQ-Submodelle realisiert wurden. Für diese Submodelle werden ihre Aufrufparameter angegeben und ihre interne Struktur aufgezeigt.

Die **Modell-Parameter** sind im jeweiligen Modulkopf in der RESQ-Spezifikationssprache SETUP als *Numerical Parameters* definiert. Sie können vom NETSIM-Benutzer gemäß Kap. 5.4.2.2 entweder in den Konfigurationsdateien *Modellname.PAR* bzw. *Modellname.ARR* mit konstanten Werten belegt oder gemäß Kap. 5.4.2.4 mit der Steuerdatei *Modellname.RQ2RPLY* zur Laufzeit an das Simulationsprogramm übergeben werden.

Die **interne Struktur** dieser RESQ-Submodelle wird durch eine graphische Darstellung gemäß der RESQ-Symbolnotation aufgezeigt. Diese Modellgraphiken sollen dem Benutzer das Verständnis ihrer SETUP-Spezifikation erleichtern, um Änderungen dieser Modelle gemäß Nutzungsform NF2 zu unterstützen. Zudem machen sie die Komplexität der einzelnen Modelle sichtbar, woran die Komplexitätsreduktion zwischen detaillierten und vereinfachten Modellkomponenten ersichtlich ist.

A.1 RESQ-Symbolnotation

Bild 87 zeigt die Node-Symbole der RESQ-Nodes. Die Funktionalität der einzelnen RESQ-Nodes ist in Kap. 5.4.1 behandelt.

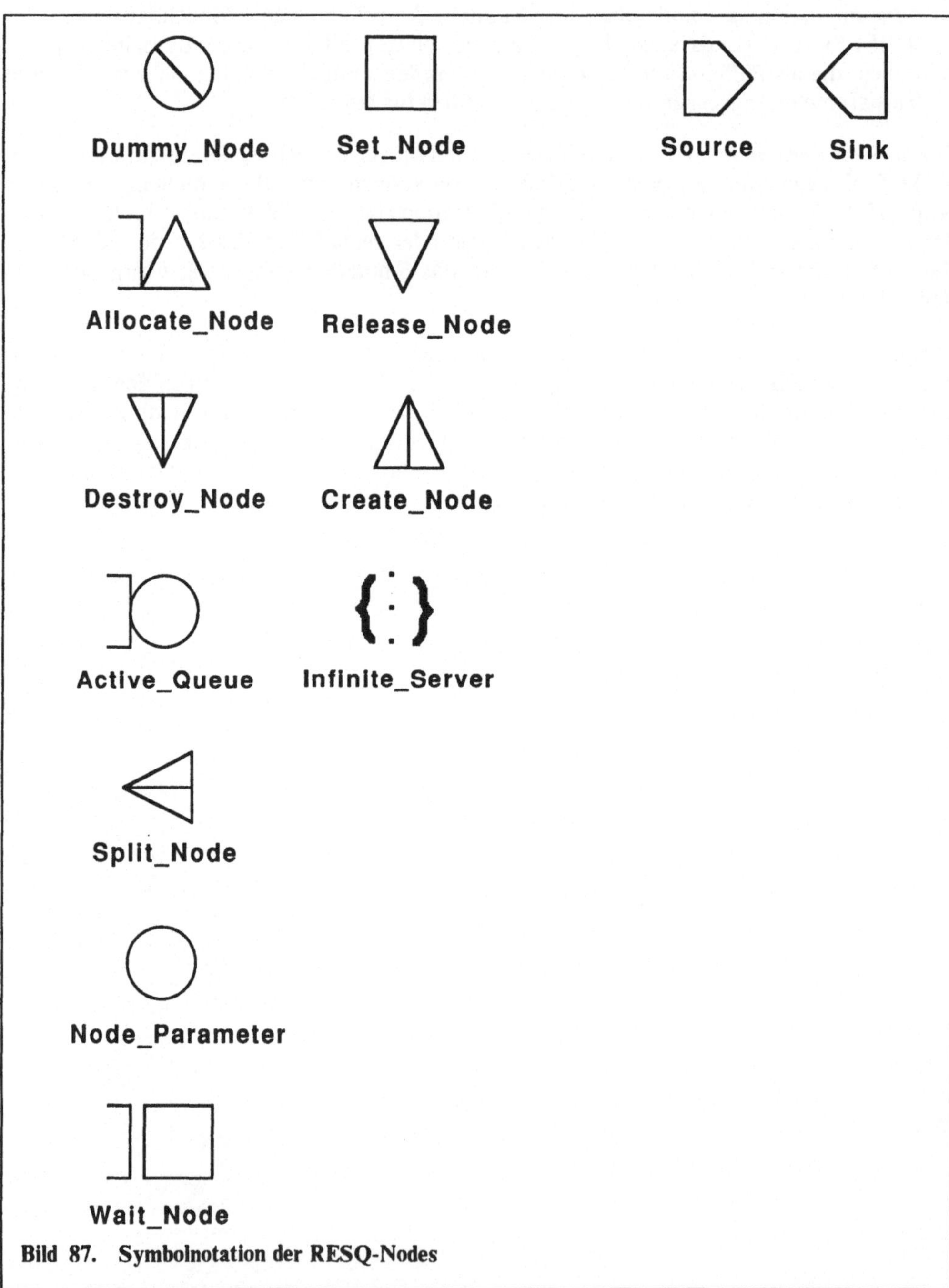

Bild 87. Symbolnotation der RESQ-Nodes

A.2 RESQ-Modelle für Endsysteme

A.2.1 Detailliertes Modell

Die Struktur eines detaillierten Endsystem-Modells mit seinen Funktionseinheiten ist in Kap. 5.2.1 behandelt und in Bild 32 auf Seite 72 abgebildet. Die Parameter und Strukturen seiner Funktionseinheiten LAST, AUSW, TP-4, INP-CL, LLC-1, NETACC und CPU werden nun aufgezeigt.

A.2.1.1 Funktionseinheit LAST

Die Funktionalität des Moduls LAST ist in Kap. 5.2.1.1 behandelt. Nachfolgend sind Parameter und Modellstruktur abgebildet.

```
SUBMODEL: load
/*=============================================================*/
/* Modul zur Erzeugung von kontinuierlicher oder burstartiger Last  */
/* Die erzeugten Pakete können konstante oder exponentiell Zwischen-*/
/* ankunftszeiten haben.                                        */
/* CPU-Zeit zur Erzeugung der Last kann simuliert werden.       */
/*=============================================================*/


NUMERIC PARAMETERS: arrtime /* Zwischenankunftszeit der Pakete      */
NUMERIC PARAMETERS: burst_t /* Zeit zwischen zwei Bursts           */
NUMERIC PARAMETERS: burst_1 /* Anzahl Pakete eines Bursts          */
NUMERIC PARAMETERS: pack_1  /* Paketlänge                          */
NUMERIC PARAMETERS: pack_pr /* Priorität des erzeugten Paketes     */
NUMERIC PARAMETERS: net     /* Netznummer der Quellstation         */
NUMERIC PARAMETERS: stat    /* Stationsnummer der Quellstation     */
NUMERIC PARAMETERS: destnet /* Netznummer der Zielstation          */
NUMERIC PARAMETERS: deststa /* Stationsnummer der Zielstation      */
NUMERIC PARAMETERS: loadtyp /* Verteilungstyp d.Zwischenankunftszeit*/
NUMERIC PARAMETERS: datatyp /* Verteilungstyp d. Paketlänge        */
NUMERIC PARAMETERS: loadcpu /* Zeitbedarf zur Erzeugung d. Paketes */
NUMERIC PARAMETERS: loadpri /* Priorität hierfür                   */
```

Bild 88. Parameter der Funktionseinheit LAST

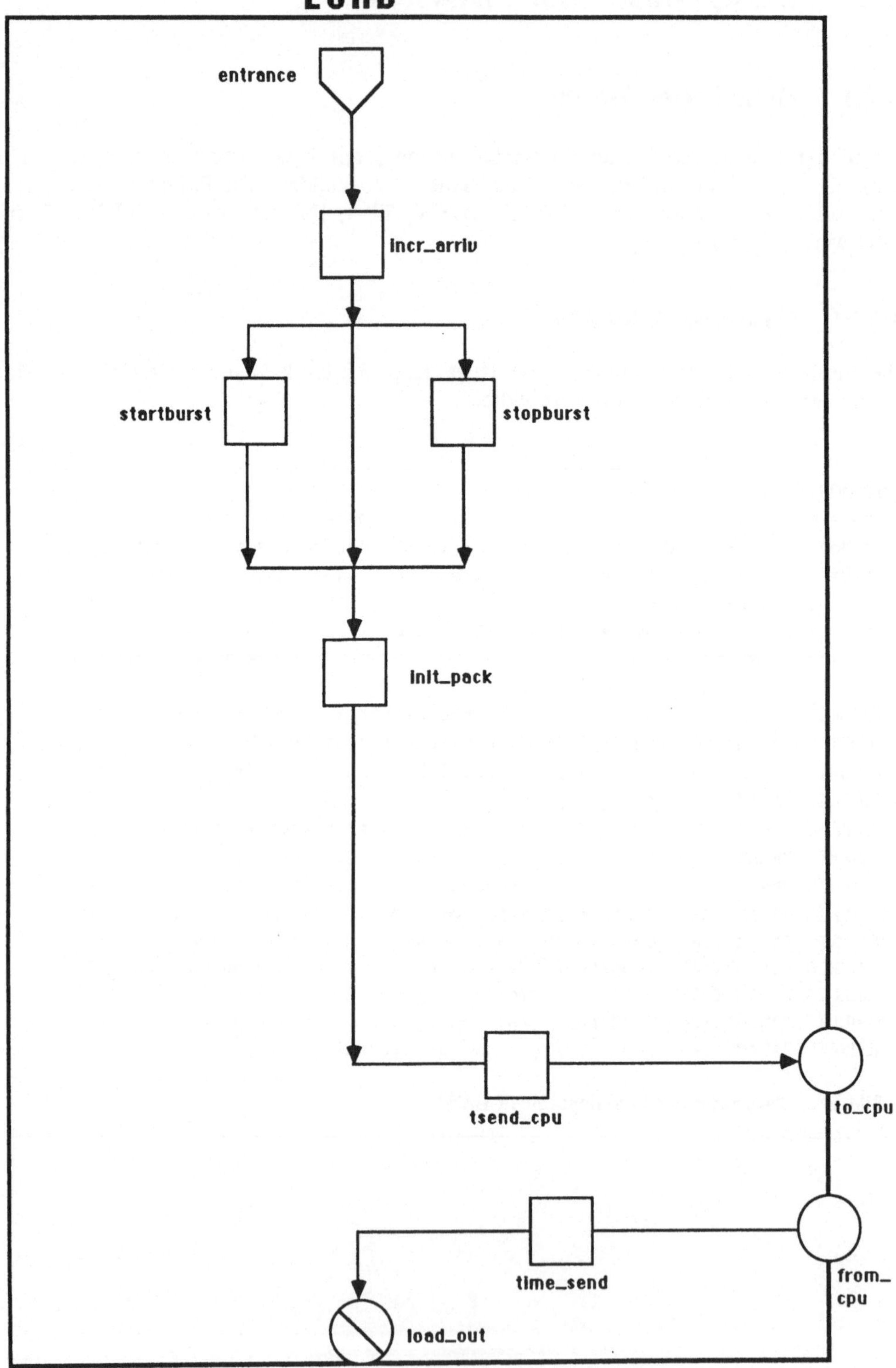

Bild 89. RESQ-Modellstruktur der Funktionseinheit LAST

A.2.1.2 Funktionseinheit TP-4

Die Funktionalität des Moduls TP-4 ist in Kap. 5.2.1.2 behandelt und in Bild 34 auf Seite 75 dargestellt. Nachfolgend sind Modellparameter und interne Struktur aufgezeigt.

```
SUBMODEL:tp-4

  /*================================================================*/
  /* Modul zur Abwicklung des Transportprotokolls Klasse 4.       */
  /*================================================================*/

  NUMERIC PARAMETERS: windsiz /* Fenstergröße                      */
  NUMERIC PARAMETERS: timeout /* Timeoutlänge                      */
  NUMERIC PARAMETERS: sendfix /* Fixzeit beim Aussenden von DT TPDUs */
  NUMERIC PARAMETERS: sendvar /* Längenabhängige Bedienzeit pro Bit */
                              /* beim Aussenden von DT TPDUs       */
  NUMERIC PARAMETERS: sendpri /* Priorität für Absenden von DT TPDUs */
  NUMERIC PARAMETERS: recfix  /* Fixzeit beim Empfangen von DT TPDUs */
  NUMERIC PARAMETERS: recvar  /* Längenabhängige Bedienzeit pro Bit */
                              /* beim Empfangen von DT TPDUs       */
  NUMERIC PARAMETERS: recpri  /* Priorität für Empfangen von DT TPDUs */
  NUMERIC PARAMETERS: sendack /* Zeit zum Absenden von ACK TPDUs   */
  NUMERIC PARAMETERS: ackpris /* Priorität für Absenden von ACK TPDUs */
  NUMERIC PARAMETERS: recack  /* Zeit zum Empfangen von ACK TPDUs  */
  NUMERIC PARAMETERS: ackprir /* Priorität für Empfangen von ACK TPDUs*/
```

Bild 90. Parameter der Funktionseinheit TP-4

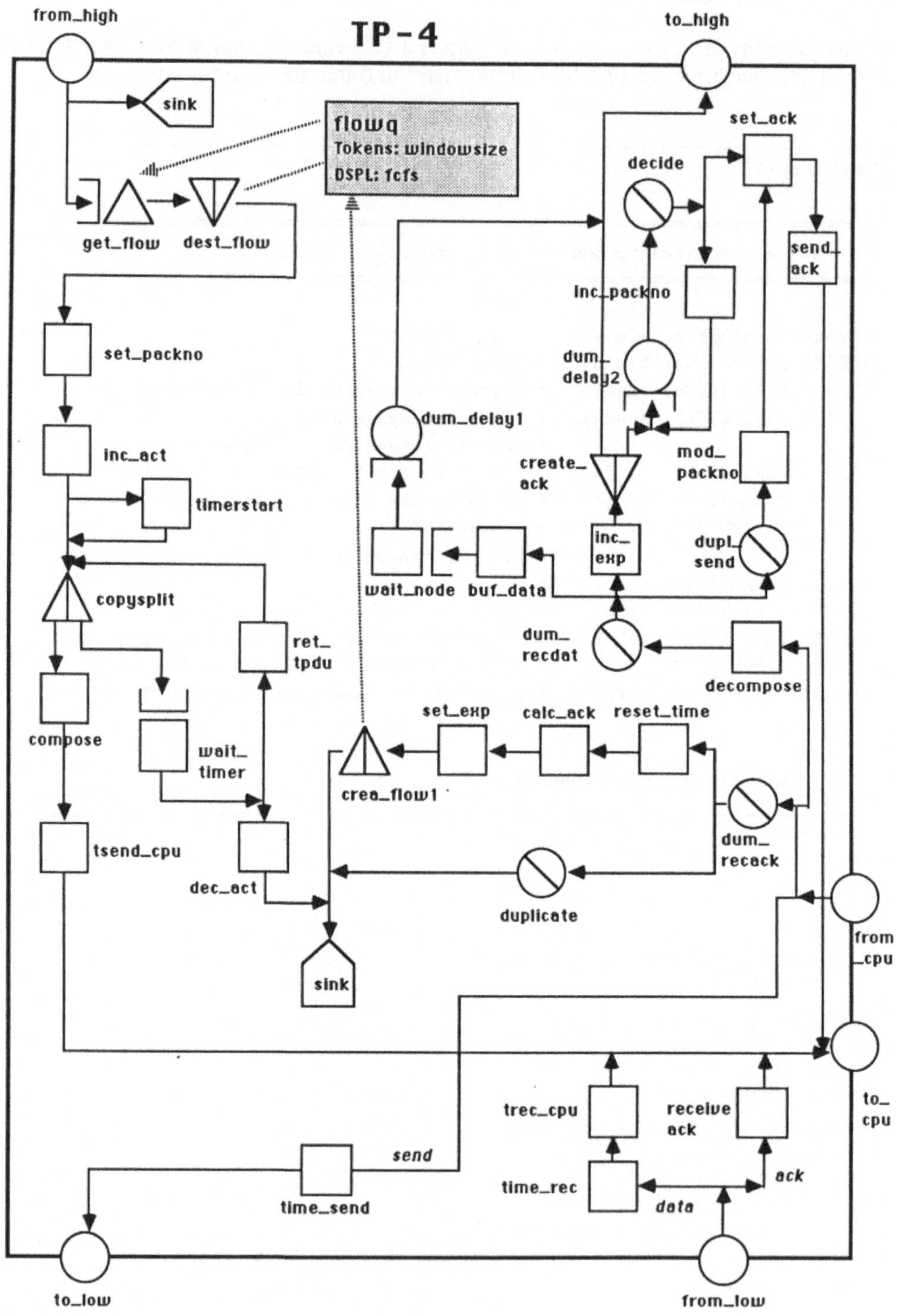

Bild 91. RESQ-Modellstruktur der Funktionseinheit TP-4

A.2.1.3 Funktionseinheit INP-CL

Die Funktionalität der Funktionseinheit INP-CL ist in Kap. 5.2.1.3 behandelt und in
Bild 35 auf Seite 76 dargestellt. Nachfolgend sind Modellparameter und -Struktur abgebildet.

```
SUBMODEL: inp_cl


  /*=================================================================*/
  /* Modul zur Abwicklung des verbindungslosen OSI-Internetzwerk-   */
  /* protokolls.                                                     */
  /*=================================================================*/


  NUMERIC PARAMETERS: ipdulen /* Länge des IPDU-Headers               */
  NUMERIC PARAMETERS: lifetim /* Startwert der Lifetime               */
  NUMERIC PARAMETERS: lifeint /* Zeitintervall für Dekr. der Lifetime */
  NUMERIC PARAMETERS: max_seg /* maximale Nachrichtenlänge des        */
                       /* Subnetzes zur Steuerung der Fragmentierung */
  NUMERIC PARAMETERS: max_no  /* maximale Paketlaufnummer              */
  NUMERIC PARAMETERS: sendfix /* Fixzeit beim Senden von IPDUs         */
  NUMERIC PARAMETERS: sendvar /* Bedienzeit/Bit beim Senden von IPDUs */
  NUMERIC PARAMETERS: sendpri /* Priorität für Senden von IPDUs        */
  NUMERIC PARAMETERS: recfix  /* Fixzeit beim Empfangen von IPDUs      */
  NUMERIC PARAMETERS: recvar  /* Bedienzeit/Bit beim Empfang von IPDUs*/
  NUMERIC PARAMETERS: recpri  /* Priorität für Empfangen von IPDUs     */
  NUMERIC PARAMETERS: routtab(no_nets) /* Routingtabelle für Station  */
```

Bild 92.   Parameter der Funktionseinheit INP-CL

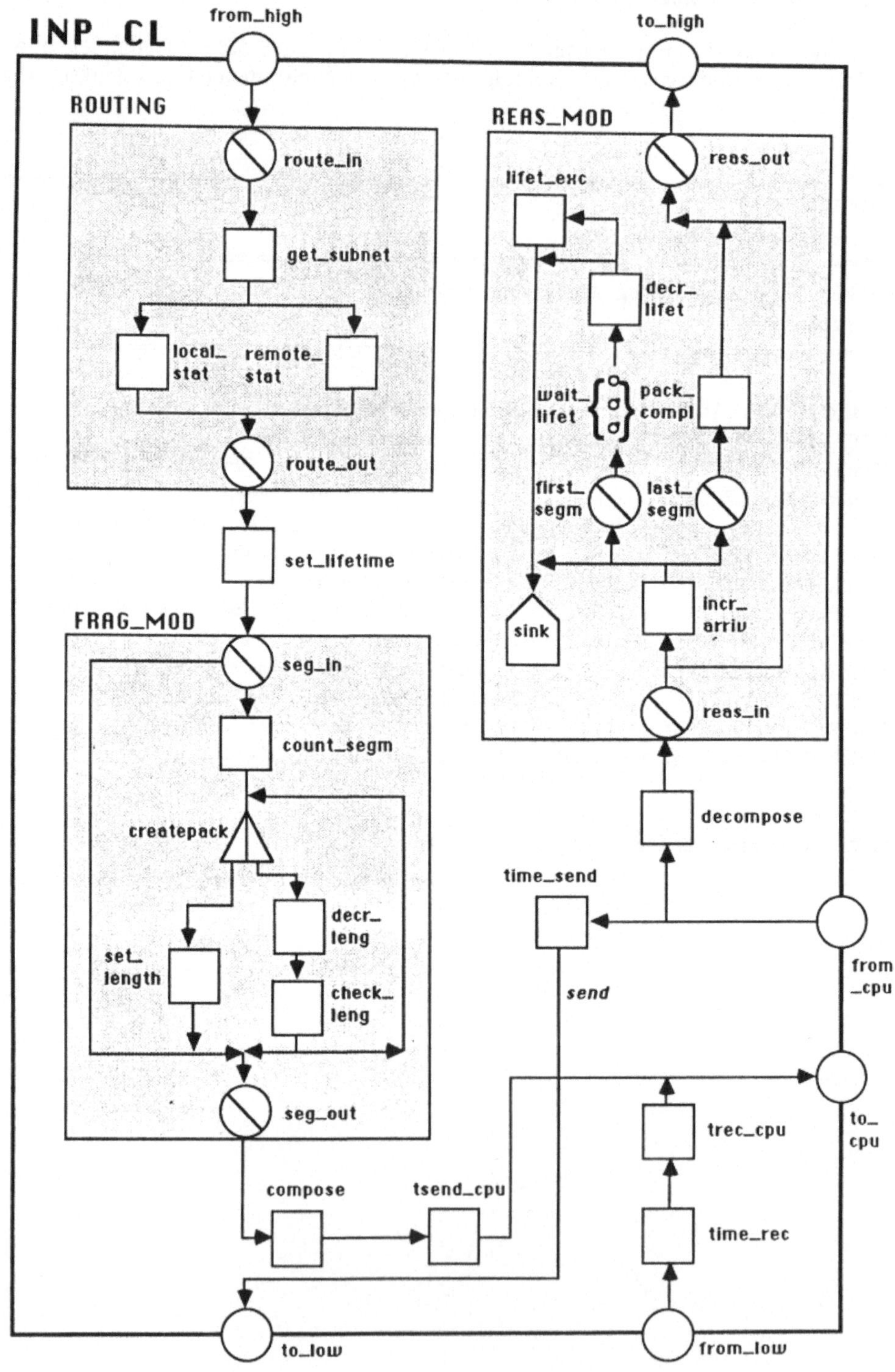

Bild 93. RESQ-Modellstruktur der Funktionseinheit INP-CL

A.2.1.4   Funktionseinheit LLC-1

Die Funktionalität der Funktionseinheit LLC-1 ist in Kap. 5.2.1.4 behandelt. Nachfolgend sind Modellparameter und -Struktur abgebildet.

```
SUBMODEL: LLC_1

  /*==============================================================*/
  /* Modul zur Abwicklung des Logical Link Protokolls Typ 1       */
  /*==============================================================*/


  NUMERIC PARAMETERS: llc_len /* Länge des LLC_1-Headers            */
  NUMERIC PARAMETERS: sendfix /* Fixzeit zur Erzeugung des Headers  */
  NUMERIC PARAMETERS: sendpri /* Priorität für Erzeugung des Headers */
  NUMERIC PARAMETERS: recfix  /* Fixzeit für Dekomposition d. Headers */
  NUMERIC PARAMETERS: recpri  /* Priorität für Dekompos. des Headers */
```

Bild 94.   Parameter der Funktionseinheit LLC-1

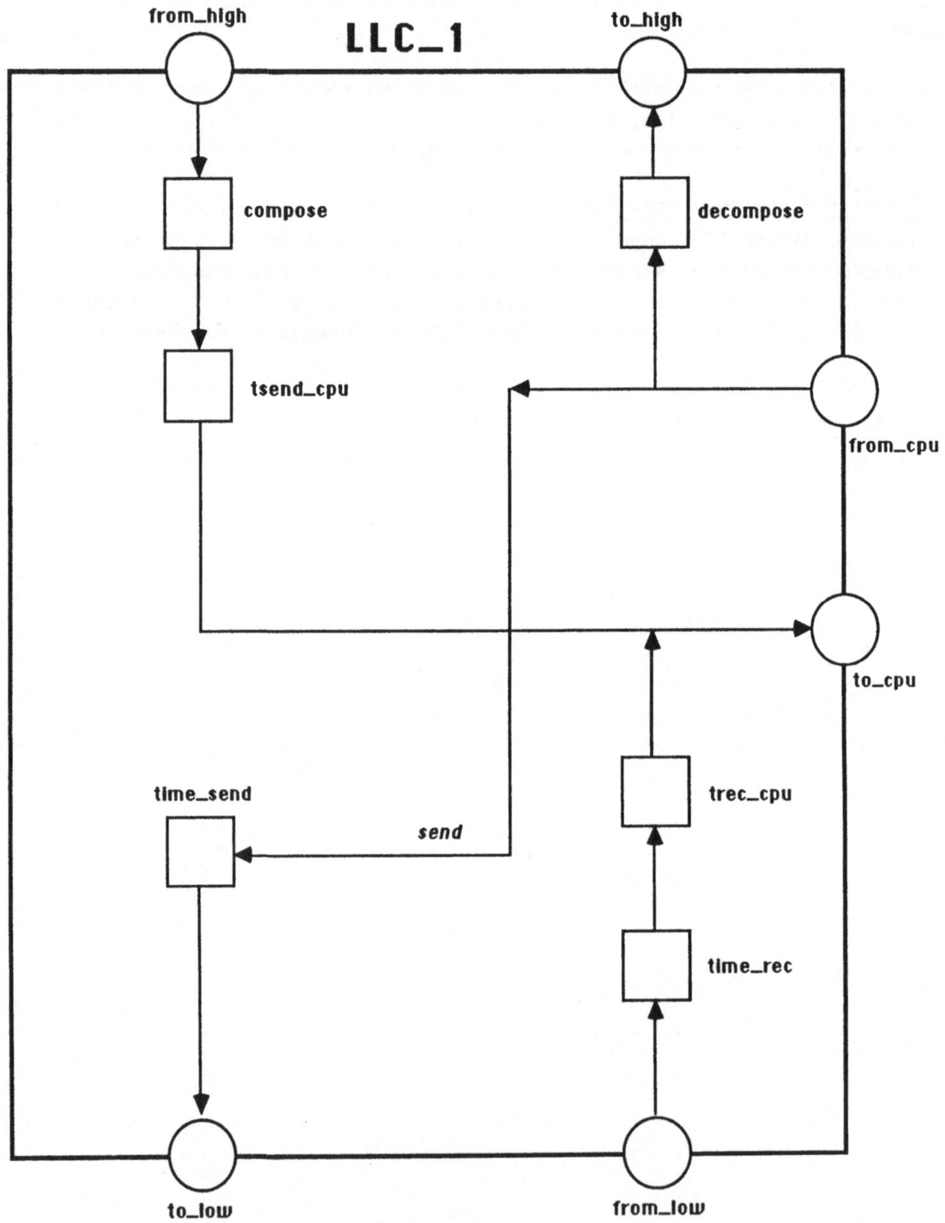

Bild 95.   RESQ-Modellstruktur der Funktionseinheit LLC-1

A.2.1.5   Funktionseinheit NETACC

Die Funktionalität der Funktionseinheit NETACC ist in Kap. 5.2.1.5 behandelt und in Bild 36 auf Seite 78 dargestellt. Nachfolgend sind Modellparameter und -Struktur abgebildet.

```
SUBMODEL: net_acc

/*=====================================================================*/
/* Modul zur Nachbildung des Netzwerkzugriffes                         */
/*=====================================================================*/


NUMERIC PARAMETERS:   hsp_cap /* Kapazität des Hauptspeichers in Bit  */
NUMERIC PARAMETERS:   sendcap /* Kapazität des Sendepuffers in Bit    */
NUMERIC PARAMETERS:   rec_cap /* Kapazität des Empfangspuffers in Bit */
NUMERIC PARAMETERS:   fix_in  /* Festzeitanteile der Einkopiervorgänge*/
NUMERIC PARAMETERS:   v_in    /* Movegeschwindigkeit der    "         */
NUMERIC PARAMETERS:   in_pri  /* Priorität für CPU-Modell             */
NUMERIC PARAMETERS:   fix_out /* Festzeitanteile der Auskopiervorgänge*/
NUMERIC PARAMETERS:   v_out   /* Movegeschwindigkeit der    "         */
NUMERIC PARAMETERS:   out_pri /* Priorität für CPU-Modell             */
```

Bild 96.   Parameter der Funktionseinheit NETACC

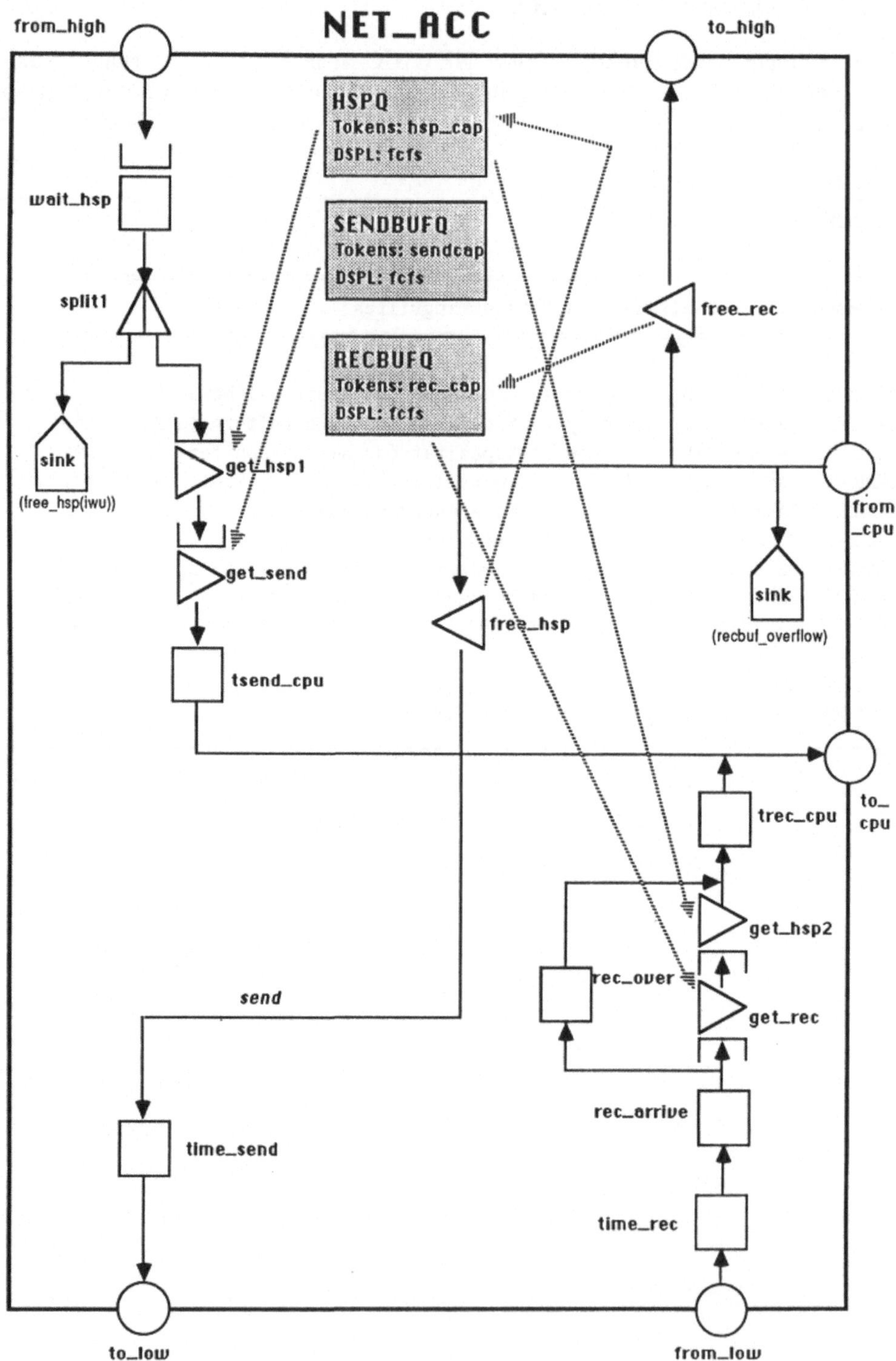

Bild 97. RESQ-Modellstruktur der Funktionseinheit NETACC

A.2.1.6 Funktionseinheit CPU

Für die Funktionseinheit CPU wurden zwei Modelle entwickelt, die den verschiednen Modellierungsanforderungen und Nutzungsformen NF1/2 entsprechen.
Im Modul CPU-Multi ist die volle, in Kap. 5.2.1.6 behandelte Funktionalität der Funktionseinheit CPU enthalten. Seine Parameterisierung muß gemäß Nutzungsform NF2 durchgeführt werden.
Für die Nutzungsform NF1 wird ein einfaches CPU-Modul bereitgestellt, welches zwar eine prioritätsgesteuerte Bedienung, aber keine Zeitscheibensteuerung eines Betriebssystems und auch keine Prozeßumschaltzeiten berücksichtigt; es benötigt nur einen einzigen Parameter:

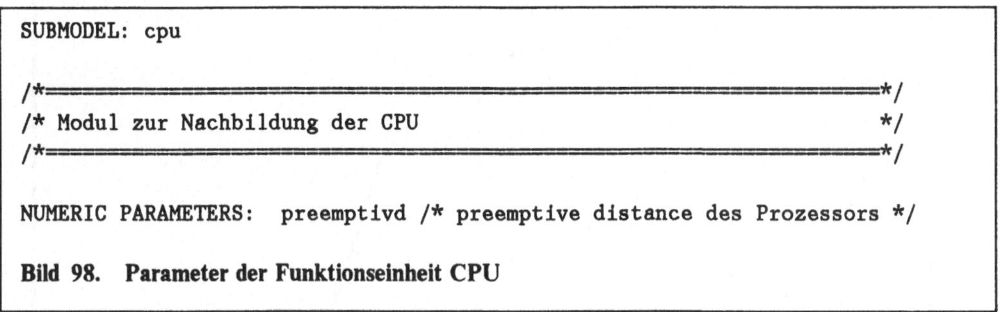

```
SUBMODEL: cpu

/*==================================================================*/
/* Modul zur Nachbildung der CPU                                    */
/*==================================================================*/

NUMERIC PARAMETERS:   preemptivd /* preemptive distance des Prozessors */
```

Bild 98.   Parameter der Funktionseinheit CPU

Nachfolgend sind die Strukturen der beiden RESQ-Modelle *CPU* und *CPU-Multi* abgebildet.

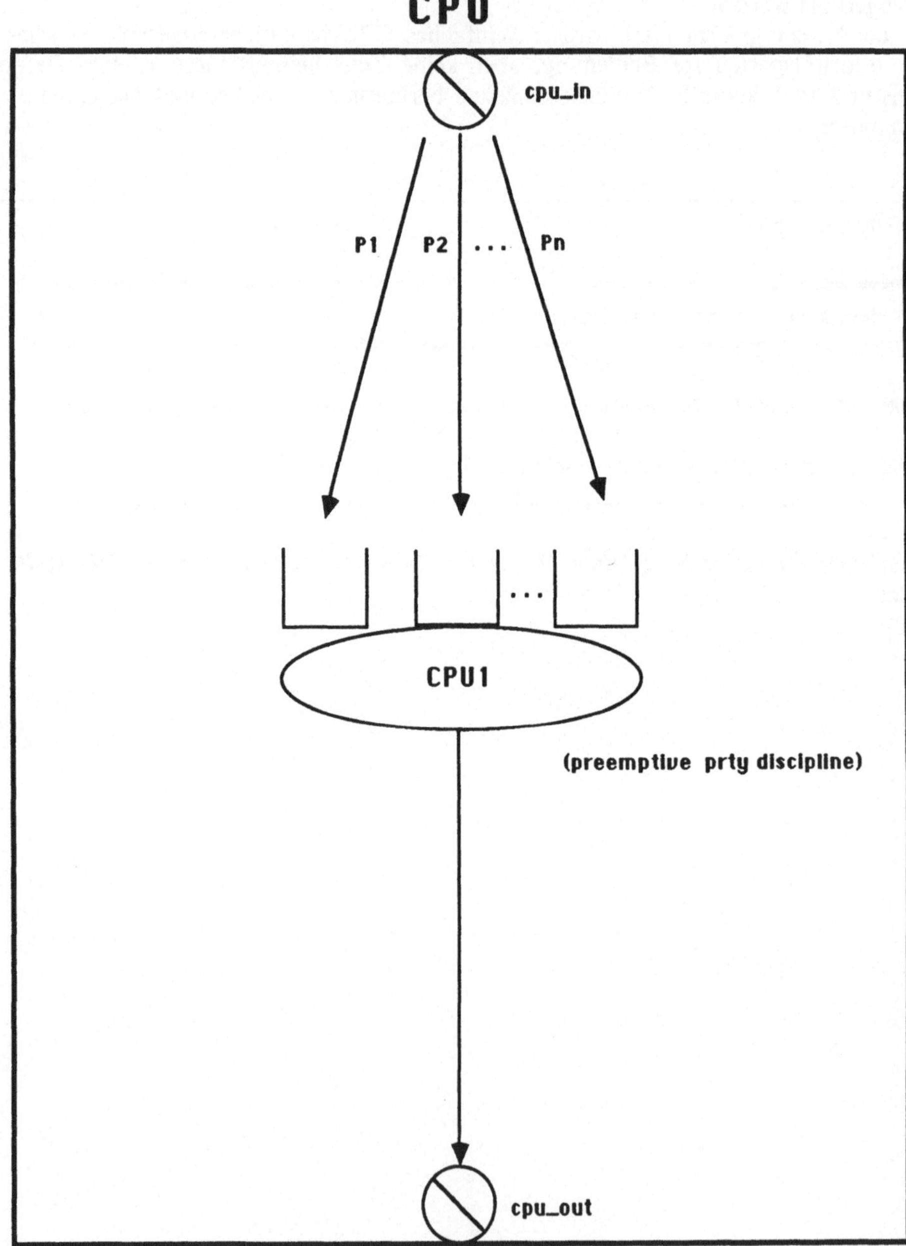

Bild 99. RESQ-Modellstruktur der Funktionseinheit CPU gemäß Nutzungsform NF1

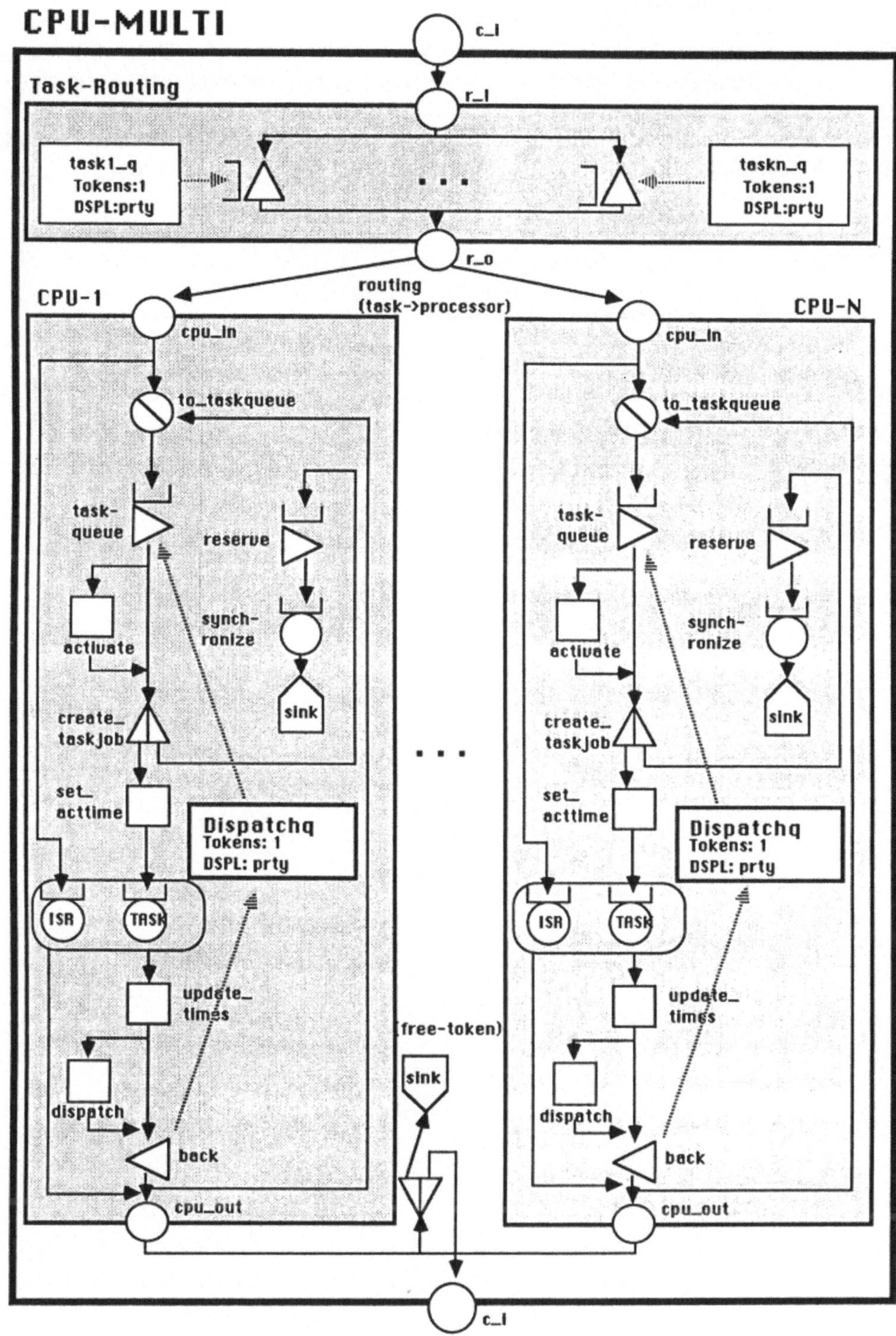

Bild 100. RESQ-Modellstruktur der Funktionseinheit CPU gemäß Nutzungsform NF2

A.2.1.7   Funktionseinheit AUSW

Die Funktionalität des Moduls AUSW ist in Kap. 5.2.1.7 behandelt. Dort wird erläutert, daß nur ein Rumpfmodul bereitgestellt wird, welches den verschiedenen Auswertezielen anzupassen ist. Diese Anpassung erfolgt durch Auswerteanweisungen an den beiden Elementen dieses Rumpfmoduls, die in der nachfolgenden RESQ-Modellstruktur abgebildet sind. Der ebenfalls abgebildete Modulkopf weist daher keine Parameter auf.

```
SUBMODEL: ausw

  /*==================================================================*/
  /* Auswertemodul                                                    */
  /*==================================================================*/
```

Bild 101.   Parameter der Funktionseinheit AUSW

AUSW

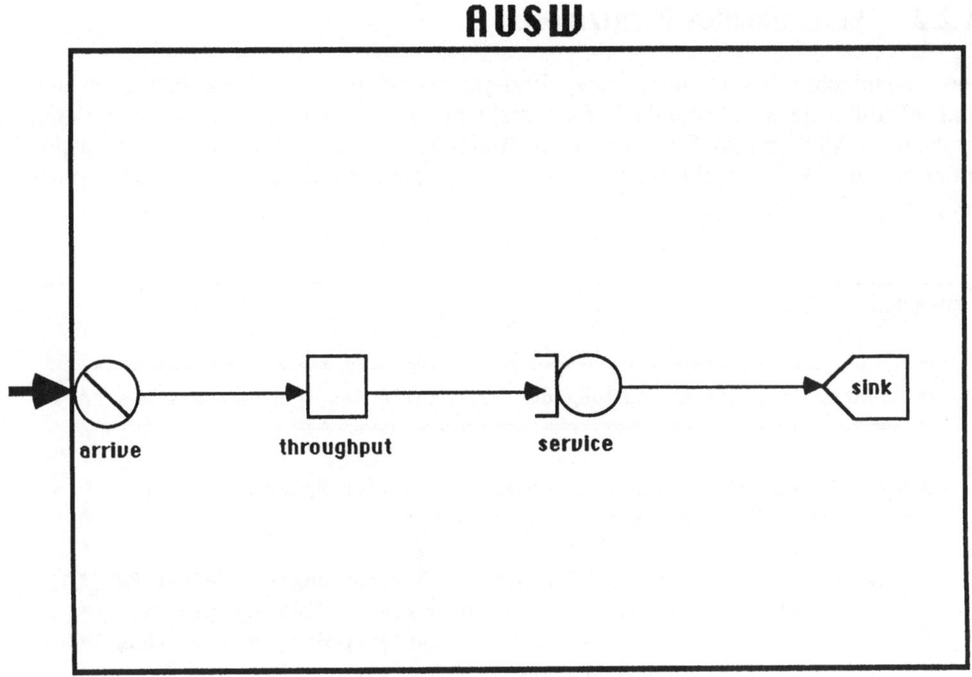

Bild 102.   RESQ-Modellstruktur der Funktionseinheit AUSW

A.2.2 Vereinfachtes Ersatzmodell

Das vereinfachte Ersatzmodell eines Endsystems ist in Kap. 5.3.2 behandelt und in Bild 42 auf Seite 87 abgebildet. Es besteht aus den bereits dokumentierten Funktionseinheiten LAST und AUSW sowie dem Modul TS, das die Funktionen der transportorientierten Protokolle nachbildet. Nachfolgend sind Modellparameter und -Struktur aufgeführt.

```
SUBMODEL:es_sim


  /*=================================================================*/
  /* Ersatzmodell zur Abwicklung der Protokolle des Transportsystems */
  /*=================================================================*/


  NUMERIC PARAMETERS: h_leng  /* Gesamtlänge aller Protokollheader    */
  NUMERIC PARAMETERS: windsiz /* Fenstergröße                         */
  NUMERIC PARAMETERS: timeout /* Timeoutlänge                         */
  NUMERIC PARAMETERS: tsfix   /* konstante Bearbeitungszeit einer PDE */
  NUMERIC PARAMETERS: tscopy  /* Längenabhängige Bedienzeit pro Bit   */
                              /* (Berücksichtigung der Kopiervorgänge)*/
  NUMERIC PARAMETERS: routtab(no_nets) /* Routingtabelle              */
```

Bild 103. Parameter des vereinfachten Transport-Moduls TS

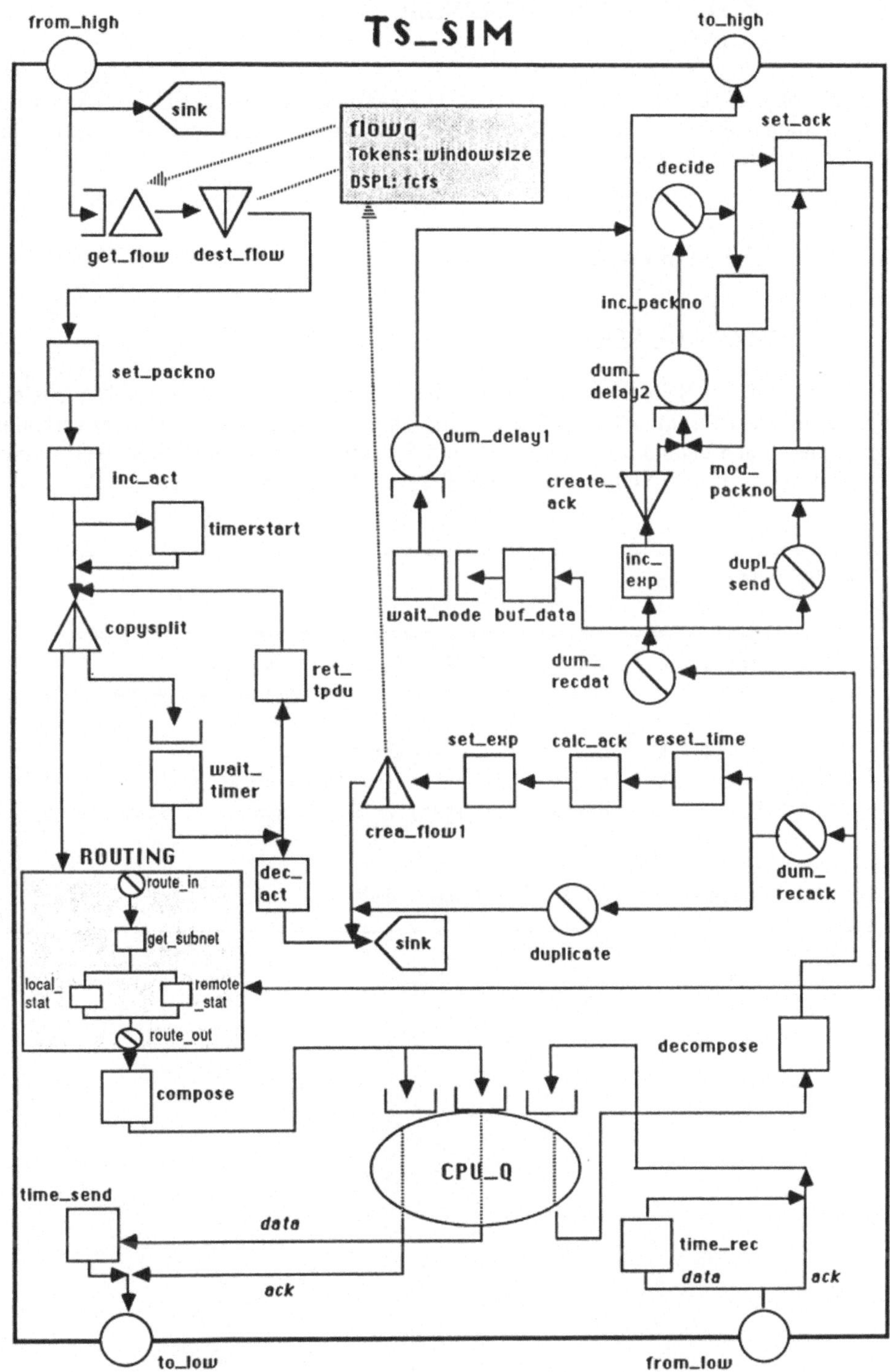

Bild 104. RESQ-Modellstruktur der Funktionseinheit TS für ein vereinfachtes Endsystem

A.3   RESQ-Modelle für Lokale Netze

Bei den lokalen Netzen wurden Ethernet, IEEE-Token Ring und FDDI-Token Ring detailliert modelliert. Für beide Token Ringe sind bereits vereinfachte Ersatzmodelle entwickelt, die zum Vergleich ebenfalls dargestellt sind.

A.3.1   IEEE-Token Ring

A.3.1.1   Detailliertes Modell

Die in Bild 38 auf Seite 81 dargestellte Struktur eines detaillierten LAN-Modells enthält pro Station das Submodell MAC-i, das die Zugriffsfunktionen eines Netzwerkadapters nachbildet. Nachfolgend sind Parameter und Strukturen der diesem Modellierungsprinzip entsprechenden RESQ-Submodelle *IEEE-Ring* und *MACMODIE* dargestellt.

```
SUBMODEL: ieee_ring


  /*=========================================================*/
  /* Simulationsmodell für einen IEEE-Ring mit n Stationen          */
  /*=========================================================*/


  NUMERIC PARAMETERS:   net      /* Netznummer                        */
  NUMERIC PARAMETERS:   no_stat /* Anzahl Stationen am Ring           */
  NUMERIC PARAMETERS:   distance(no_stat) /* Entfernungen d. Stationen */
```

Bild 105.   Parameter eines IEEE-Token Ring-Modells

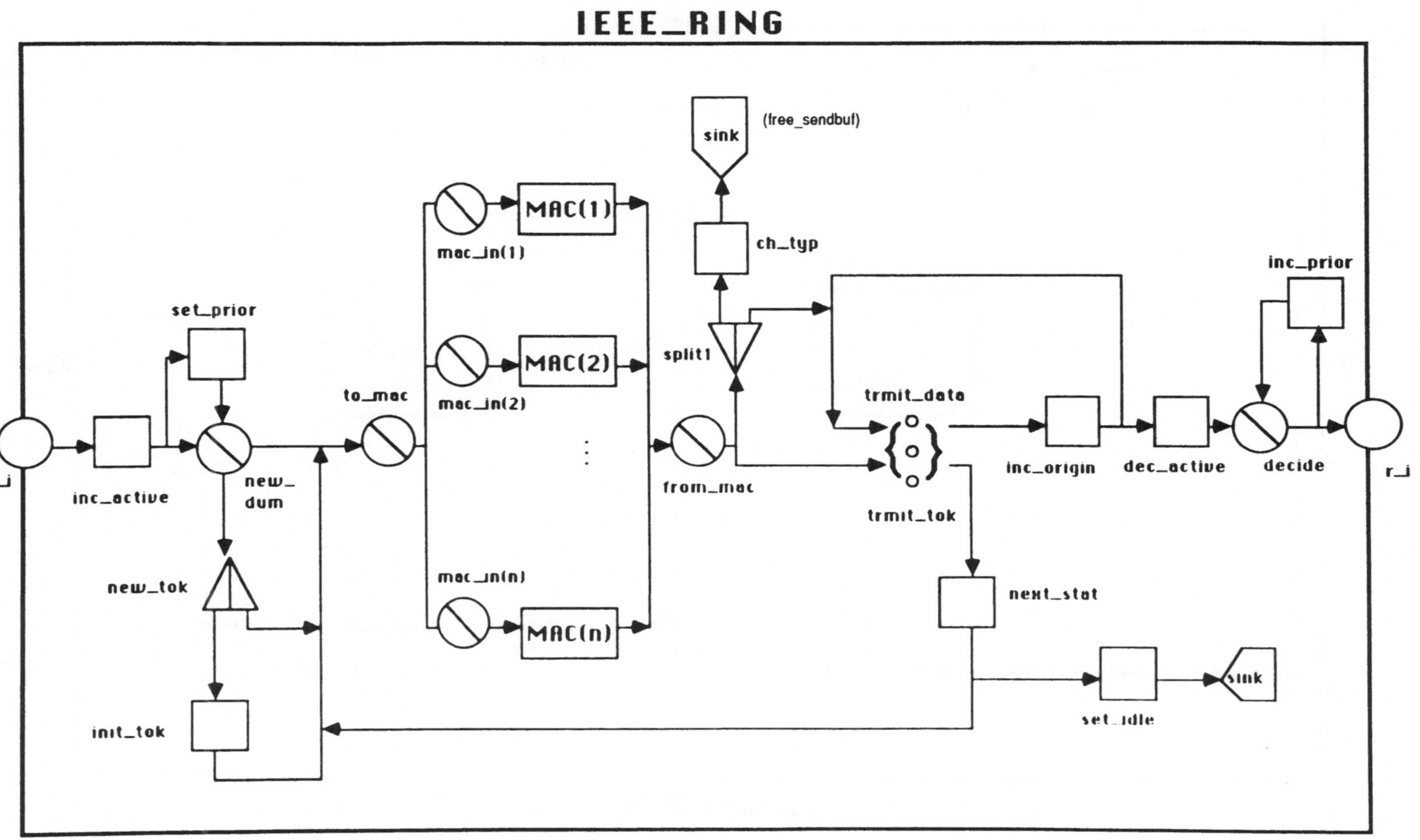

Bild 106. RESQ-Modellstruktur des detaillierten Modells für den IEEE-Token Ring

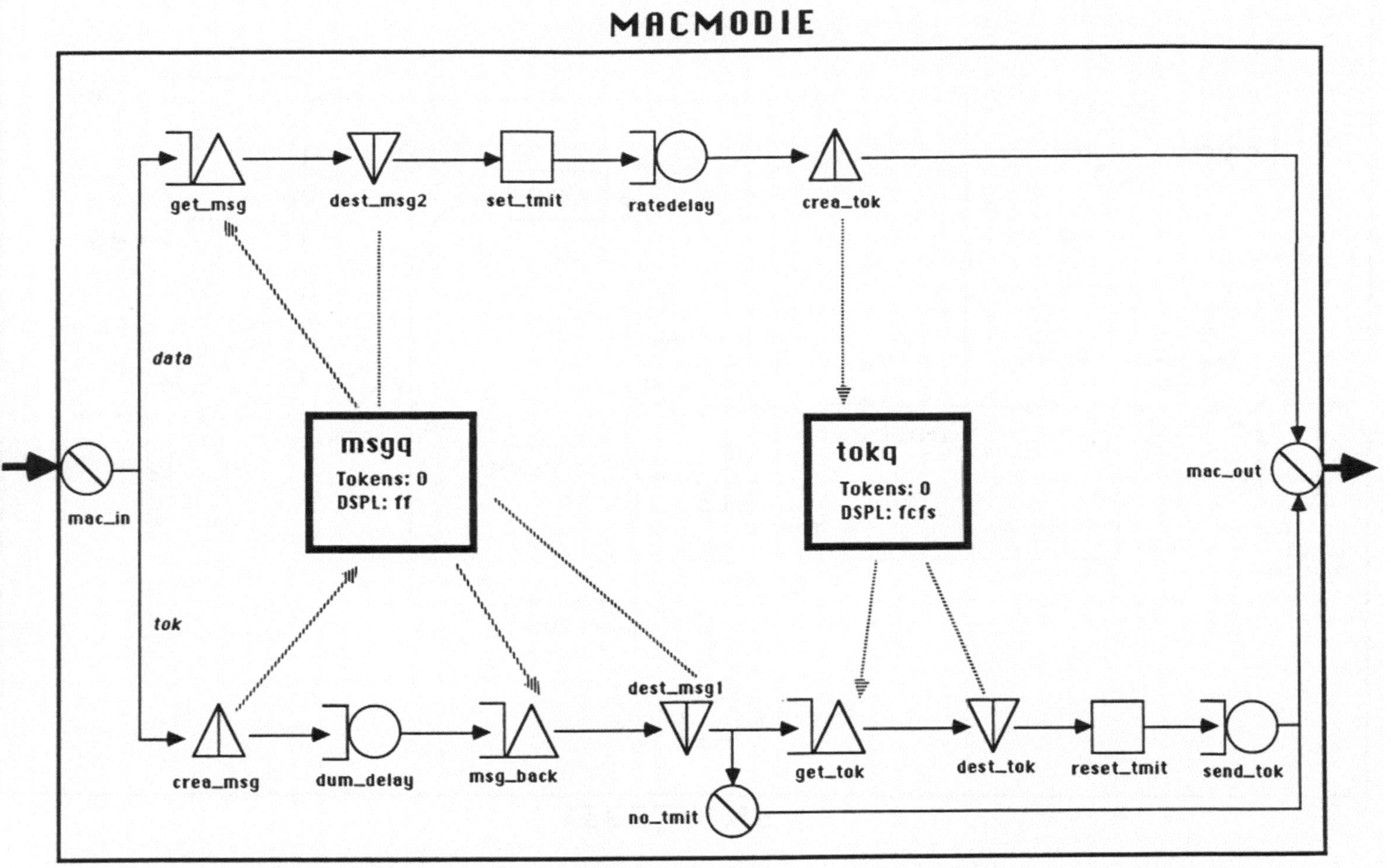

Bild 107. RESQ-Modellstruktur eines MAC-Moduls für den IEEE-Token Ring

A.3.1.2 Vereinfachtes Ersatzmodell

Das Modellierungsprinzip eines LAN-Ersatzmodells ist in Kap. 5.3.4 behandelt und in Bild 50 dargestellt. Struktur und Parameter des entsprechenden RESQ-Modells *TR-SIM* für den IEEE-Ring sind nachfolgend abgebildet.

```
SUBMODEL: tr_sim


   /*=============================================================*/
   /* Vereinfachtes Modell eines IEEE-Token Rings. Die physikalischen */
   /* Laufzeiten werden in diesem Modell nur vereinfacht simuliert.   */
   /* Sie sind bei max. 4 Mbit/sec vergleichsweise gering.            */
   /* Das Modell braucht im Vergleich zu dem ausführlicheren Modell   */
   /* weniger CPU-Zeit bei Simulationsläufen.Anzahl der Stationen     */
   /* beliebig.Eine Station kann priorisiert werden.                  */
   /* Die priorisierte Station ist die Station mit Nummer iwu_no.     */
   /* Die Pakete haben alle gleiche Priorität.                        */
   /*=============================================================*/


   NUMERIC PARAMETERS: net      /* Netznummer                        */
   NUMERIC PARAMETERS: no_stat /* Anzahl der Stationen               */
   NUMERIC PARAMETERS: distance(no_stat) /* Entfernungen der Stationen */
   NUMERIC PARAMETERS: iwu_no  /* Nummer des Koppelsystems am Ring   */
   NUMERIC PARAMETERS: iwu_pri /* Koppelsystem priorisiert (1=ja)    */
```

Bild 108.   Parameter eines vereinfachten IEEE-Token Ring-Modells

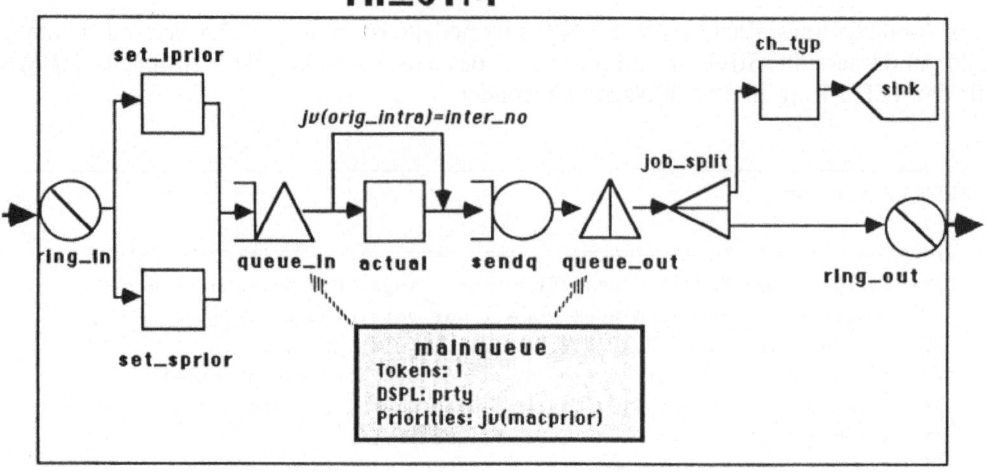

Bild 109. RESQ-Modellstruktur des Ersatzmodells für den IEEE-Token Ring

A.3.2   FDDI-Token Ring

A.3.2.1   Detailliertes Modell

Das detaillierte Modell des FDDI-Rings enthält wie beim IEEE-Ring pro Station das Submodell MAC-i, das die Zugriffsfunktionen eines Netzwerkadapters nachbildet. Parameter und RESQ-Modellstrukturen werden nun aufgezeigt.

```
SUBMODEL: fddi

  /*=======================================================*/
  /* Simulationsmodell für einen FDDI-Ring.                */
  /*=======================================================*/


  NUMERIC PARAMETERS: no_stat /* Anzahl der Stationen am Ring       */
  NUMERIC PARAMETERS: distance(no_stat) /* Entfernungen d. Stationen */
```

Bild 110.   Parameter eines FDDI-Token Ring-Modells

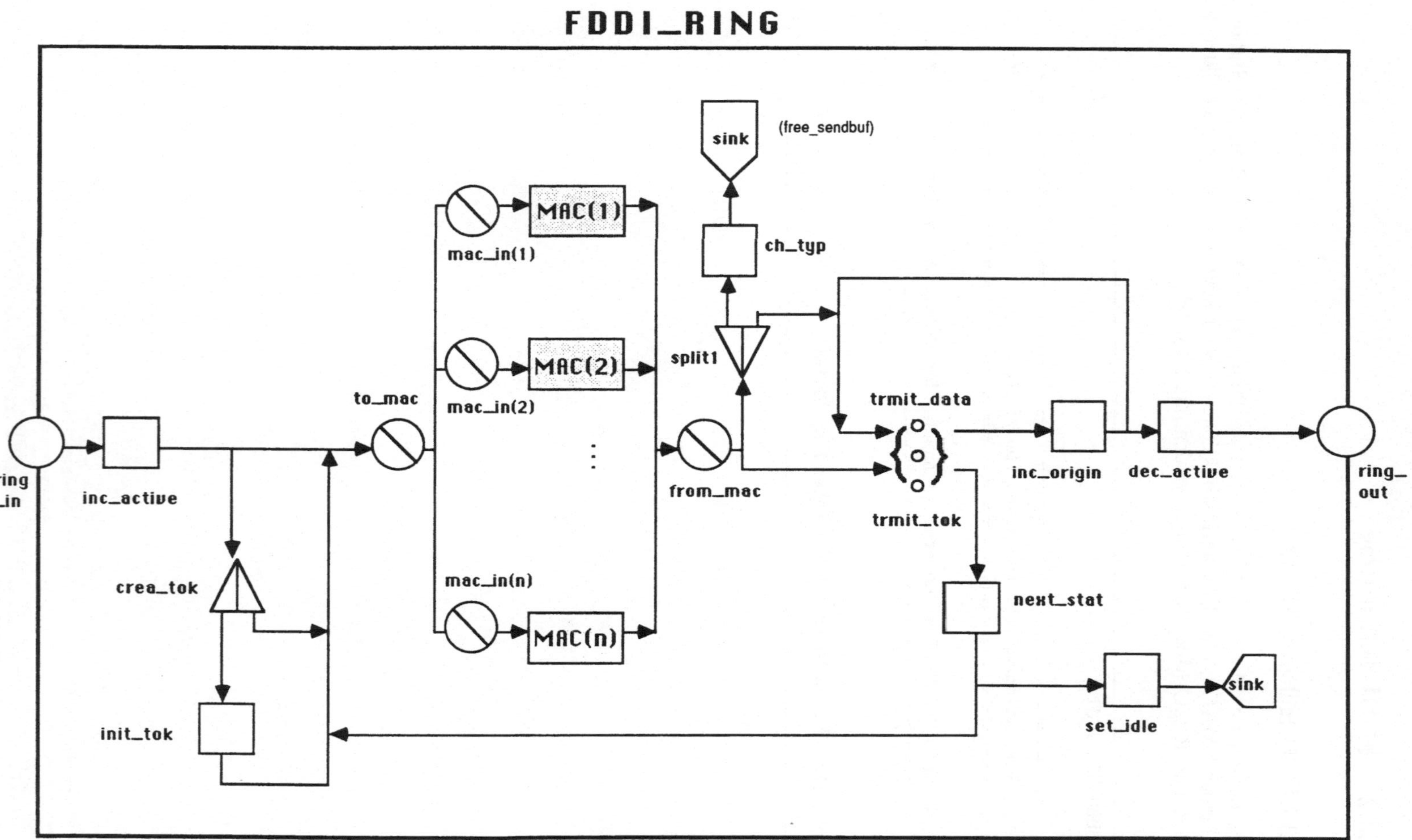

Bild 111. RESQ-Modellstruktur des detaillierten Modells für den FDDI-Token Ring

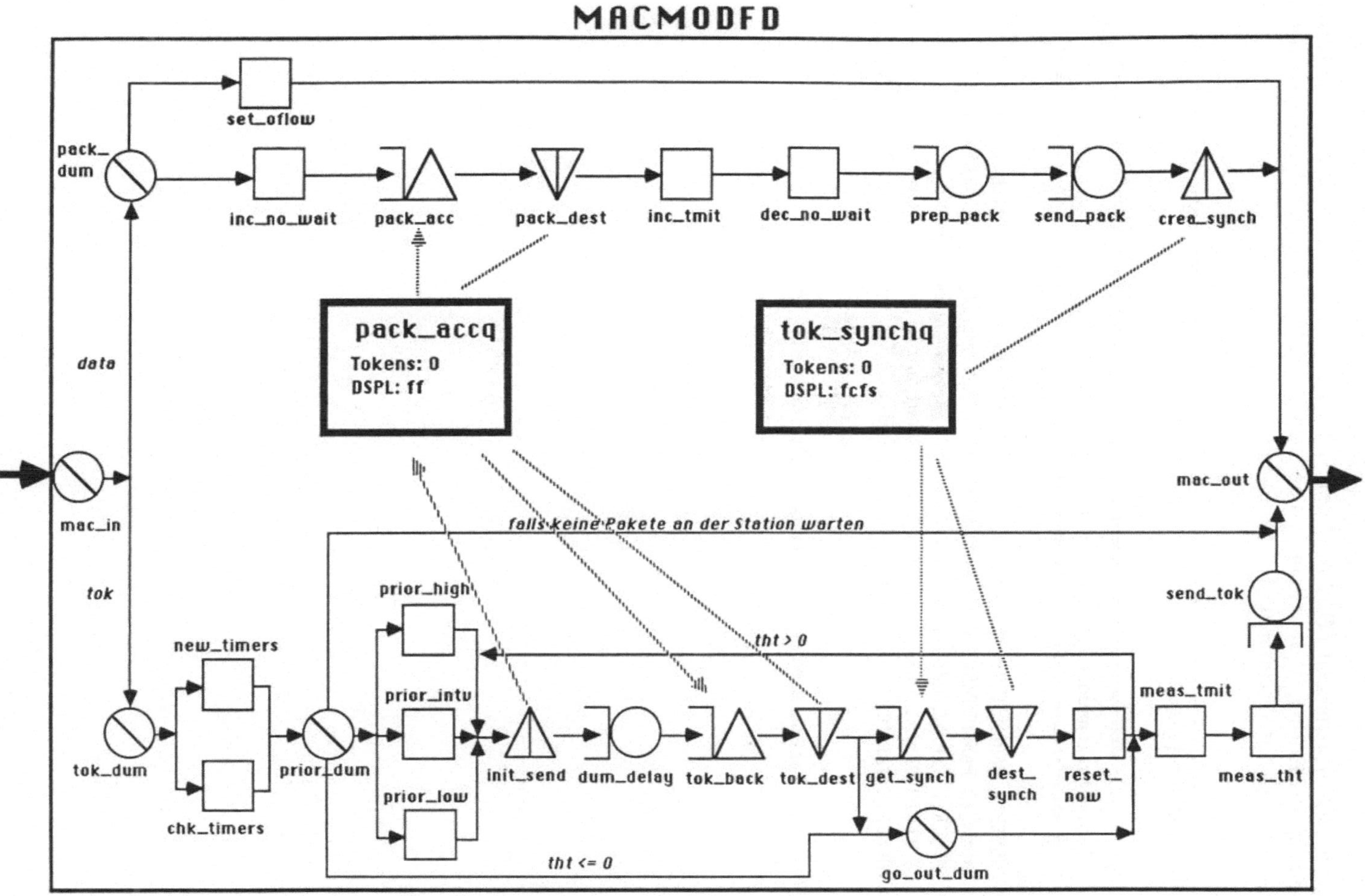

Bild 112. RESQ-Modellstruktur des MAC-Moduls für den FDDI-Token Ring

A.3.3.2 Vereinfachtes Modell

Das RESQ-Ersatzmodell *FDDI-SIM* des FDDI-Ring entspricht derselben Grundstruktur wie beim IEEE-Ring, ist aber aufgrund des weniger einfachen FDDI-Protokolls wesentlich komplexer als das vereinfachte IEEE-Modell.

```
SUBMODEL: fddi_sim


   /*==========================================================*/
   /* Simulationsmodell eines vereinfachten FDDI-Rings         */
   /*==========================================================*/


   NUMERIC PARAMETERS: no_stat              /* Anzahl der Ringstationen     */
   NUMERIC PARAMETERS: distance(no_stat) /*Entfernungen d.Ringstationen */
   NUMERIC PARAMETERS: max_trt              /* max. erlaubte TRT            */
   NUMERIC PARAMETERS: max_tht /* ab dieser tht alle Priorität        */
   NUMERIC PARAMETERS: min_tht /* unter dieser tht nur höchste Prorität */
```

Bild 113. **Parameter eines vereinfachten FDDI-Token Ring-Modells**

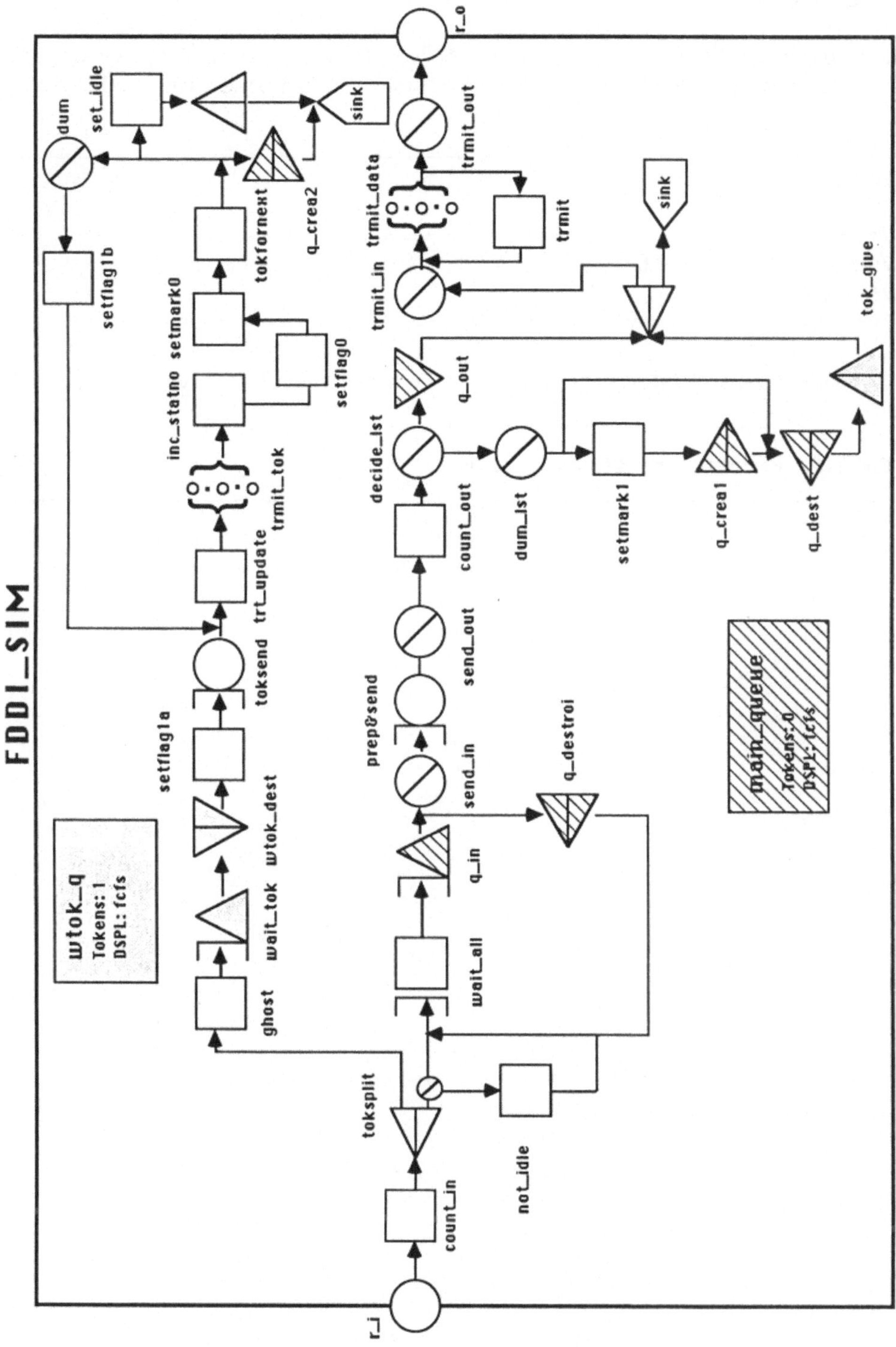

Bild 114.   RESQ-Modellstruktur des Ersatzmodells für den FDDI-Token Ring

A.3.3 Ethernet

Die Struktur des Ethernet-Modells ist ebenfalls in Kap. 5.2.3 behandelt. Sie weicht aufgrund des nichtdeterministischen Zugriffsverfahrens von den beiden Ringmodellen ab.

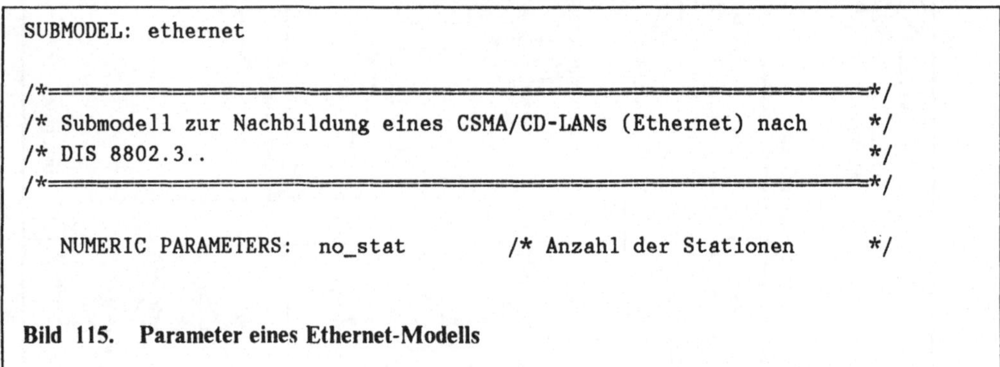

```
SUBMODEL: ethernet

/*===============================================================*/
/* Submodell zur Nachbildung eines CSMA/CD-LANs (Ethernet) nach  */
/* DIS 8802.3..                                                  */
/*===============================================================*/

   NUMERIC PARAMETERS:  no_stat          /* Anzahl der Stationen    */
```

Bild 115. Parameter eines Ethernet-Modells

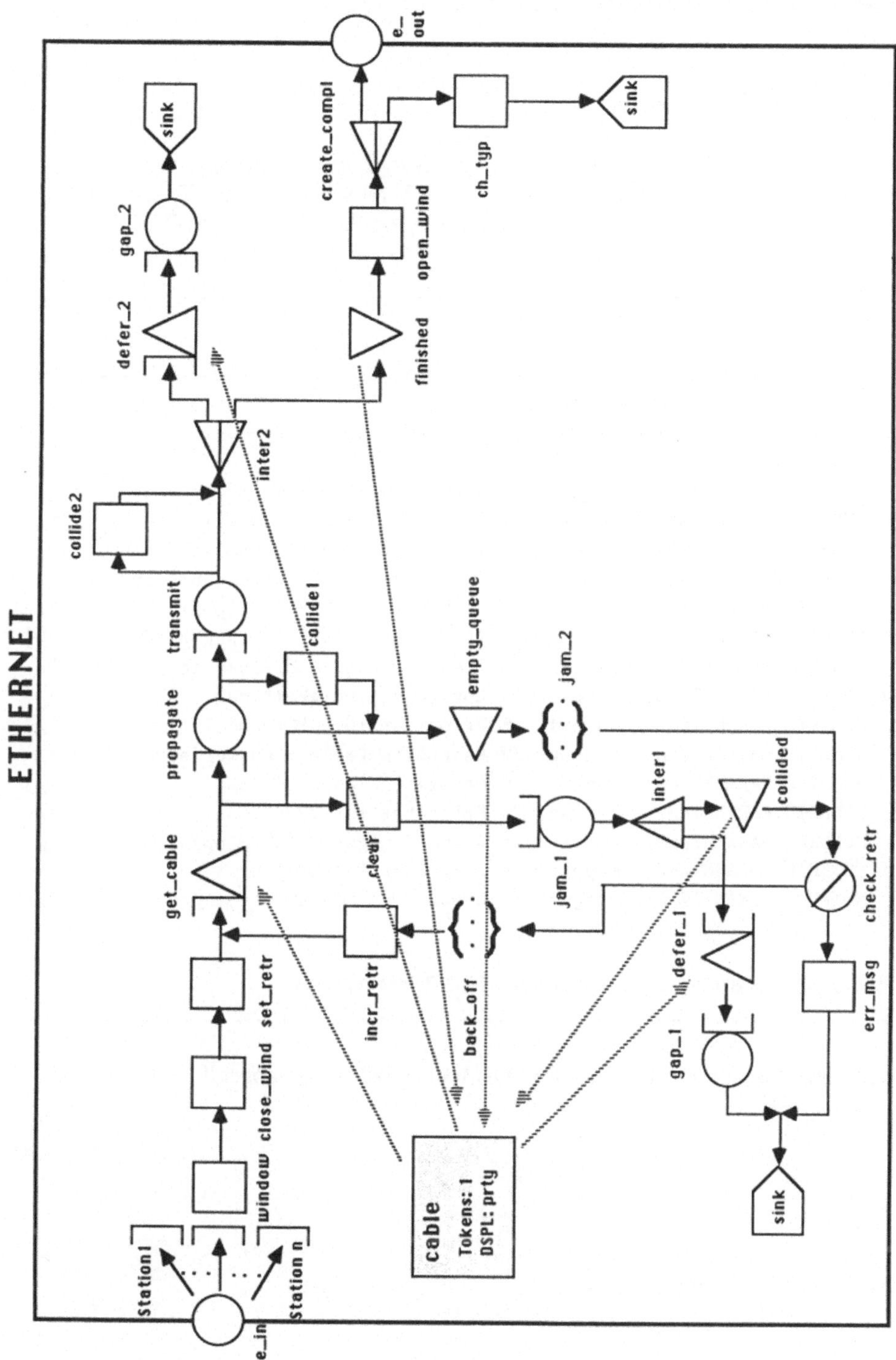

Bild 116. RESQ-Modellstruktur eines detaillierten Ethernet-Modells

A.4   RESQ-Modelle für Koppelsysteme

A.4.1   MAC-Layer-Bridge

Das detaillierte Modell einer MAC-Layer-Bridge zur Kopplung zweier LAN gemäß
Bild 40 auf Seite 83 umfaßt die Module der bereits behandelten Typen NETACC und
CPU sowie das sogenannte BRIDGE-RELAY; die Parameter dieses RESQ-Moduls sind:

```
SUBMODEL: n2bridge


   /*==========================================================*/
   /* MAC-Layer-Bridge für 2 Netze                             */
   /*==========================================================*/


   NUMERIC PARAMETERS:    no_nets  /* Anzahl Netze im Gesamtsystem       */
   NUMERIC PARAMETERS:    routs(2*no_nets;4) /* Routingtabelle           */
   NUMERIC PARAMETERS:    subn_id(2) /* Subnet_id d. Adaptoren 1 und 2   */
   NUMERIC PARAMETERS:    hsp_cap(2) /* Kapazität d. Bufferpools im HSP  */
   NUMERIC PARAMETERS:    sendcap(2) /* Kapazität der Sendepuffer        */
   NUMERIC PARAMETERS:    rec_cap(2) /* Kapazität der Empfangspuffer     */
   NUMERIC PARAMETERS:    fix_in   /* Festzeitanteile d.Einkopiervorgänge */
   NUMERIC PARAMETERS:    v_in     /* Movegeschwindigkeit der    "       */
   NUMERIC PARAMETERS:    in_pri   /* Priorität für CPU-Modell           */
   NUMERIC PARAMETERS:    fix_out  /* Festzeitanteile d.Auskopiervorgänge */
   NUMERIC PARAMETERS:    v_out    /* Movegeschwindigkeit der    "       */
   NUMERIC PARAMETERS:    out_pri  /* Priorität für CPU-Modell           */
   NUMERIC PARAMETERS:    maptime  /* Bearbeitungzeit für Mapping        */
   NUMERIC PARAMETERS:    mappri   /* Priorität für Mapping              */
   NUMERIC PARAMETERS:    preemp   /* preemptive distance for processor  */
```

Bild 117.   Parameter eines detaillierten MAC-Bridge-Modells

Nachfolgend ist die Struktur des RESQ-Modells *N2-Bridge* abgebildet.

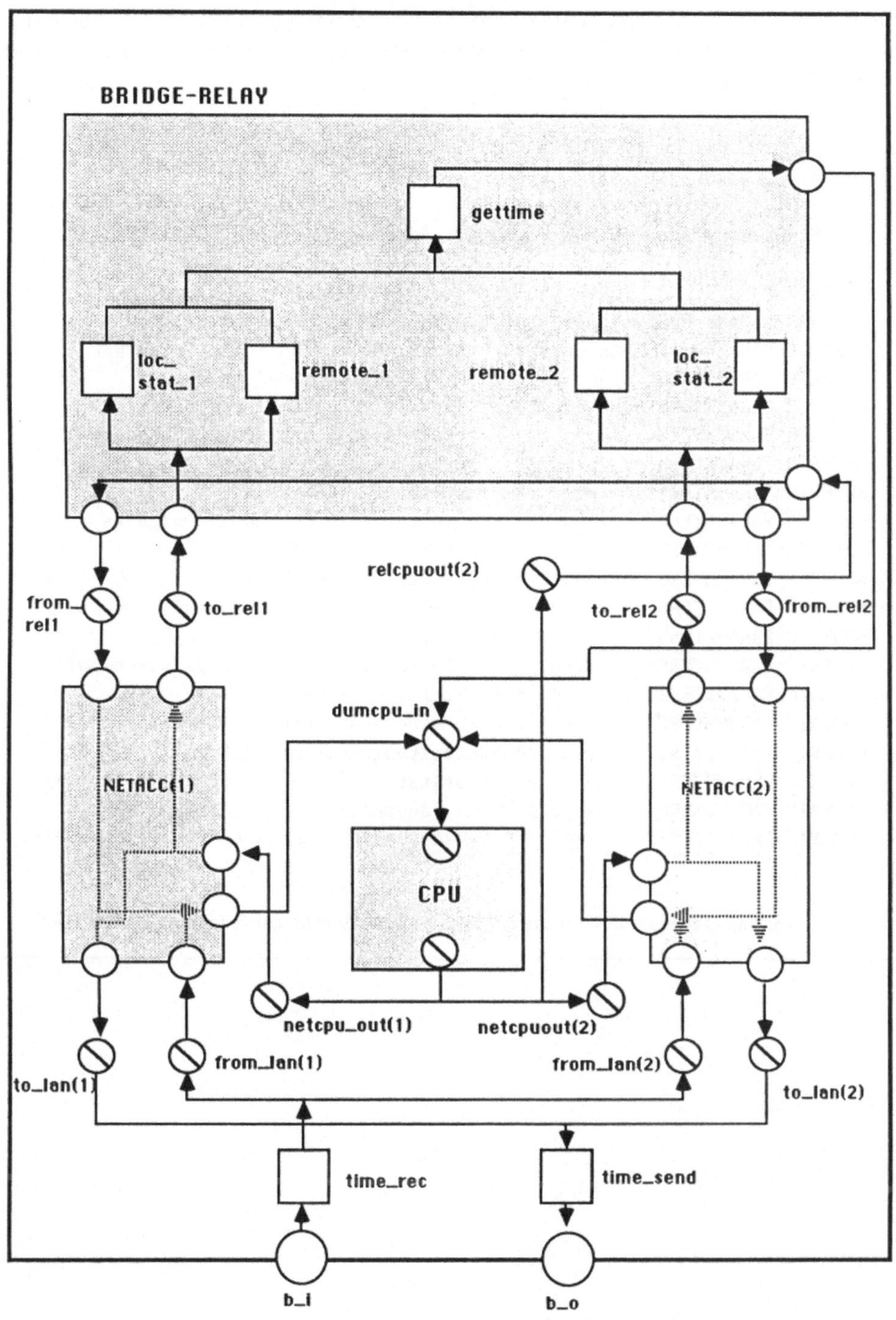

Bild 118. RESQ-Modellstruktur des detaillierten Modells für eine MAC-Layer-Bridge

A.4.2 OSI-Gateway

Die Struktur eines detaillierten Gateway-Modell ist in Kap. 5.2.4.2 behandelt und in Bild 41 auf Seite 84 abgebildet. Nachfolgend werden seine Parameter und RESQ-Struktur gezeigt.

```
SUBMODEL: osi_gw

   /* OSI-Gateway für LAN/WAN-Kopplung: Adapter 1 für LAN, 2 für WAN  */

   NUMERIC PARAMETERS: routs(2*no_nets;4) /* Routingtabelle            */
   NUMERIC PARAMETERS: subn_id(2) /* Subnet_id der Adaptoren 1 und 2   */
   NUMERIC PARAMETERS: hsp_cap(2) /* Kapazität der Bufferpools im HSP  */
   NUMERIC PARAMETERS: sendcap(2) /* Kapazität der Sendepuffer         */
   NUMERIC PARAMETERS: rec_cap(2) /* Kapazität der Empfangspuffer      */
   NUMERIC PARAMETERS: fix_in  /* Festzeitanteile der Kopiervorgänge   */
   NUMERIC PARAMETERS: v_in    /* Movegeschwindigkeit der    "         */
   NUMERIC PARAMETERS: in_pri  /* Priorität für CPU-Modell             */
   NUMERIC PARAMETERS: fix_out /* Festzeitanteile der Kopiervorgänge   */
   NUMERIC PARAMETERS: v_out   /* Movegeschwindigkeit der    "         */
   NUMERIC PARAMETERS: out_pri /* Priorität für CPU-Modell             */
   NUMERIC PARAMETERS: llcfixc /* Bearbeitungszeit im LLCModul(compose)*/
   NUMERIC PARAMETERS: llcpric /* Priorität hierfür                    */
   NUMERIC PARAMETERS: llcfixd /* Bearbeitungszeit im LLCModul(decompo)*/
   NUMERIC PARAMETERS: llcprid /* Priorität hierfür                    */
   NUMERIC PARAMETERS: inpfix  /* Fixbearbeitungszeit im INP-Relaymodul*/
   NUMERIC PARAMETERS: inpvar  /* Bearbeitungszeit pro Bit im "        */
   NUMERIC PARAMETERS: inppri  /* Priorität für Bearbeitung im "       */
   NUMERIC PARAMETERS: maxseg(2)/* max. Segmentlänge im LAN bzw. WAN   */
   NUMERIC PARAMETERS: preemp  /* Preemptive Distance des Prozessors   */
```

Bild 119. **Parameter eines detaillierten OSI-Gateway-Modells zur Kopplung zweier LAN**

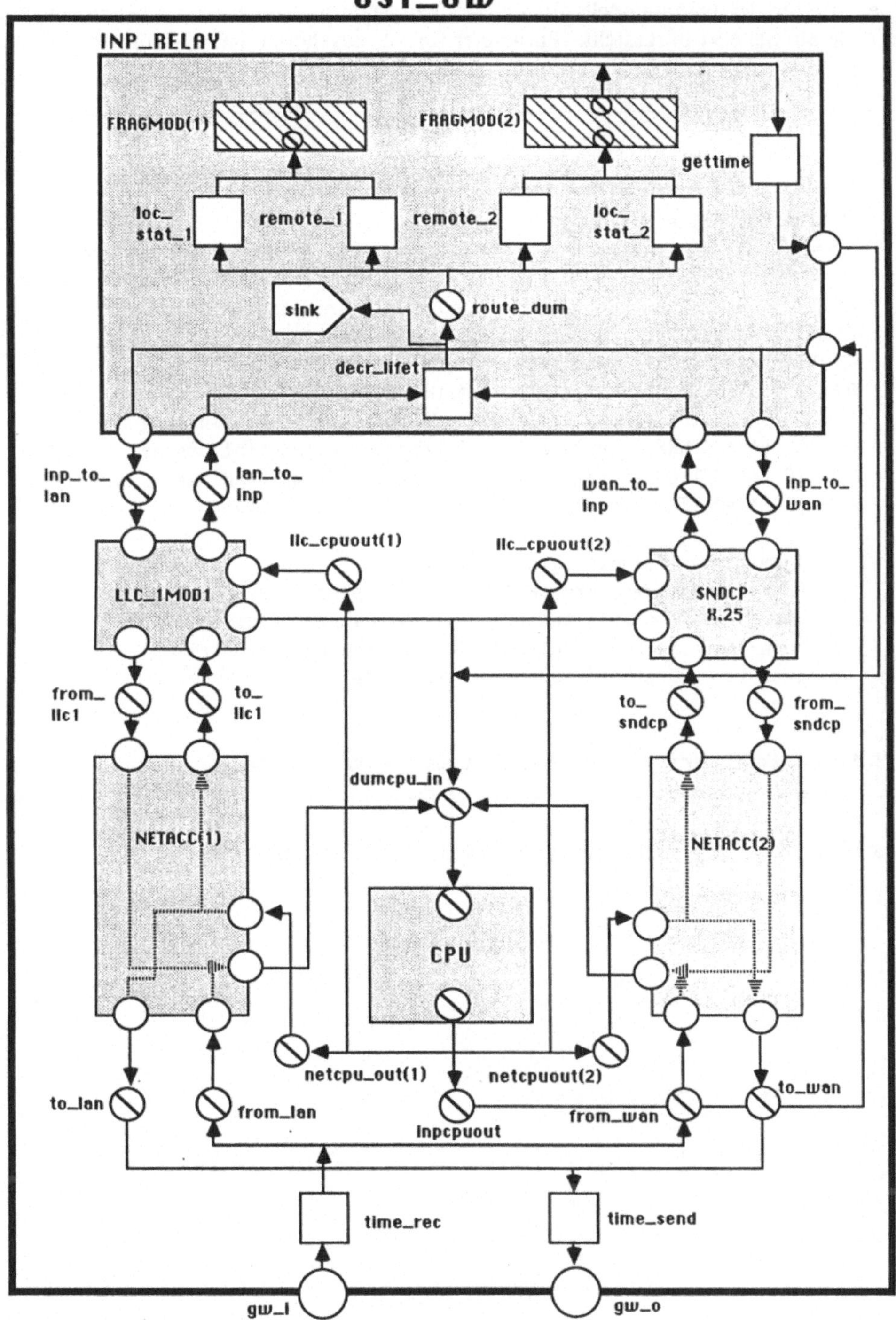

Bild 120. RESQ-Modellstruktur des detaillierten Modells für ein OSI-Gateway

A.4.3   Vereinfachtes Ersatzmodell eines Koppelsystems

Die Struktur des Ersatzmodells für ein Koppelsystem ist in Kap. 5.3.3 behandelt und in Bild 44 auf Seite 91 dargestellt. Parameter für das zugehörige RESQ-Submodell sind:

```
SUBMODEL:KS_SIM

  /*==================================================================*/
  /* Ersatzmodell eines Koppelsystems                                 */
  /*==================================================================*/


  NUMERIC PARAMETERS:   no_nets       /* Anzahl der Netze im Gesamtsystem */
  NUMERIC PARAMETERS:   routs(2*no_nets;4) /* Routingtabelle           */
  NUMERIC PARAMETERS:   subn_id(2)    /* Subnet_ID der Adaptoren 1 und 2 */
  NUMERIC PARAMETERS:   buf_siz(2)    /* Größe der Puffer             */
  NUMERIC PARAMETERS:   ch_fact       /* Nachbarkanal-Beeinflussung   */
  NUMERIC PARAMETERS:   ov_fact       /* Paketverlust-Beeinflussung   */
  NUMERIC PARAMETERS:   frame_t       /* Zeit für Frame-Handling      */
  NUMERIC PARAMETERS:   copy_t        /* Zeit für Data-Move           */


    /* frame_time: Beabeitungszeit pro Frame:                   */
    /* (Betriebssystem-, Protokoll-, Adreßmapping u. Synchronisierg) */
    /* copy_time: Kopierzeiten von Empfangs- in Sendepuffer     */
    /* chan-fact: Nachbarkanal-Beinflussung bei Duplex-betrieb  */
    /* over_fact: Overhead durch Paketverluste                  */
```

Bild 121.   Parameter des vereinfachten Ersatzmodells für ein Koppelsystem

Nachfolgend ist die Struktur des RESQ-Modells *KS-SIM* abgebildet.

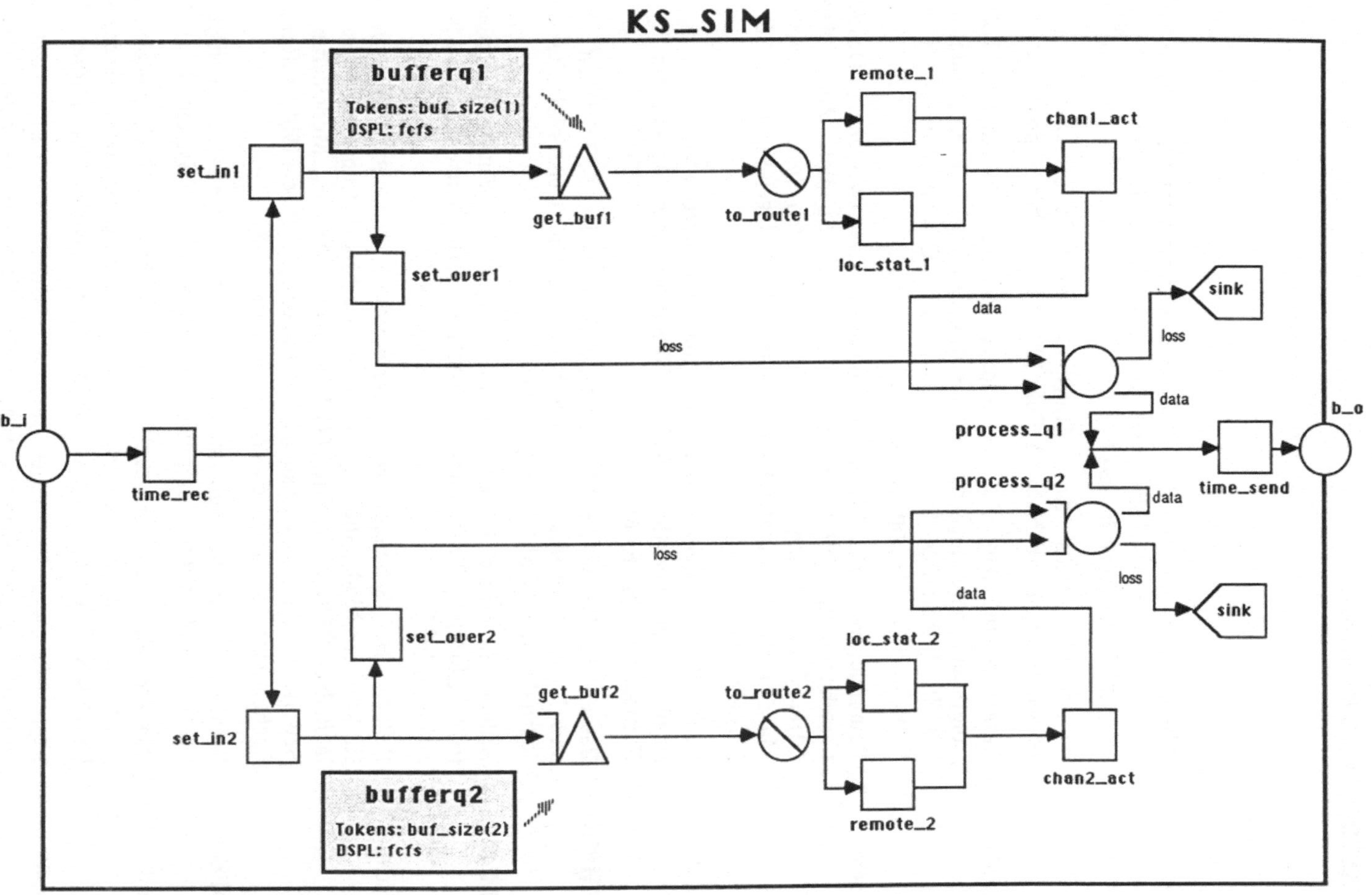

Bild 122. RESQ-Modellstruktur des Ersatzmodells für ein Koppelsystem

Literaturverzeichnis

Abra87   Abrams, M.: Design of a Measurement Instrument for Distributed Systems, RZ1639, IBM Research Division, Zurich Research Laboratory, Rüschlikon, October 30, 1987

ArMi87   Aronoff, R., Mills, K.: Transport Layer Performance Tools and Measurement, IEEE Network, July 1987 - Vol. 1, No. 3, pp. 13-20

BhAl86   Bathia, S. and Ally, A.: Performance Advisor: An Analysis Tool for Computer Communication Systems, Int. Conference on Communications ICC'86 Integrating the World Through Communications, Toronto, Canada, June 1986, pp. 206-211

Baue85   Bauerfeld, W.: Zur Einbettung von lokalen Netzwerken im Deutschen Forschungsnetz DFN, in Heger, Krüger, Spaniol, Zorn (Hrsg.): GI/NTG-Fachtagung Kommunikation in verteilten Systemen, Karlsruhe, März 1985, Informatik-Fachberichte 95, Springer-Verlag, 1985, pp. 527-542

Baue86   Baues, P.: The Behaviour of the Ethernet Protocol at the Limit to very small Network Lengths, EFOC/LAN86 Proceedings, Amsterdam, by IGI Europe, 1986, pp. 63-66

BCMP75   Baskett, F., Chandy, K.M., Muntz, R.R., Palacios, F.G.: Open, Closed and Mixed Networks of Queues with Different Classes of Customers, Journal of the ACM 22, 1975, p. 248

BeMä84   Beilner, H., Mäter, J.: COPE: Past, Presence and Future, in Potier, D. (ed.): Modelling Techniques and Tools for Performance Analysis, North-Holland, 1984

BeSc85   Beilner, H., Scholten, H.: Strukturierte Modellbeschreibung und strukturierte Modellanalyse: Konzepte des Modellierungswerkzeugs HIT, in Beilner (Hrsg.): 3. GI/NTG-Fachtagung Messung, Modellierung und Bewertung von Rechensystemen, Dortmund, Oktober 1985, Informatik-Fachberichte 110, Springer-Verlag, 1985, pp. 65-81

BDPS85   Berntsen, Davin, Pitt, Sullivan: MAC Layer Interconnection of IEEE 802 Local Area Networks, Computer Networks and ISDN Systems 10, 1985

Bier88   Biersack, E.: Techniken zum Zusammenschluß von Rechnernetzen und deren Anwendung auf Protokolle des Transportsystems, Technische Universität München, Institut für Informatik, Dissertation, Februar 1988

Boro85   Suppan-Borowka, J.: Modellierung realzeitspezifischer Verkehrslasten zur Untersuchung der Eignung von lokalen Netzen in verteilten Realzeit-Systemen, in Heger, Krüger, Spaniol, Zorn (Hrsg.): GI/NTG-Fachtagung Kommunikation in verteilten Systemen, Karlsruhe, März 1985, Informatik-Fachberichte 95, Band I, Springer-Verlag, 1985, pp. 38-55

BKMST83 Baues, P., Kellermayr, K.H., Mittelmann, R., Stock, P.A., Thinschmidt, H.: Simulation of Access Methods in LANs, Siemens Forschungs- und Entwicklungsberichte, Bd. 12, Nr. 1, 1983

Brin86 Brinksma, E.: On the Formal Specification of OSI Services and Protocols, in Kühn, J.P. (Ed): Proceedings of the 8th International Conference on Computer Communication, München, September 1986, New Communication Services: A Challenge to Computer Technology, North-Holland, ICCC 1986, pp. 159-164

BuGr85 Bux, W., Grillo, D.: Flow Control in Local Area Networks of Interconnected Token Rings, IEEE Transactions on Communications, Vol.Com-33, No.10, October 1985, pp. 1058-1065

BuMW83 Bux, W., Meister, B., Wong, J.W.: Bridges for Interconnection of Ring Networks - A Simulation Study, in R.E.A. Mason (Ed.): Information Processing 83, North-Holland, 1983, pp. 181-185

Burk85 Burket, T.G.: An Overview of Ultrashort CP/88 (USCP88), IBM T. J. Watson Research Center, Yorktown Heights, August 1985

BuTr83 Bux, W., Truong, H.L.: Token-Ring Performance: Mean-Delay Approximation, Proc. 10th Int. Teletraffic Congress, Montreal, Canada, 1983, pp. 3.1-3/1 - 3.1/3/6

Bux81 Bux, W.: Local Area Subnetworks: A Performance Comparison, IEEE Transactions on Communications, Vol. Com-29, No. 10, Oktober 1981, pp. 1465-1473

Bux87 Bux, W.: Modelling Token Ring Networks - A Survey, in Herzog, Paterok (Hrsg.): 4. GI/NTG-Fachtagung Messung, Modellierung und Bewertung von Rechensystemen, Erlangen, September 1987, Informatik-Fachberichte 154, Springer-Verlag, 1987, pp. 192-221

BuMü84 Burger, L., Mühlhäuser, M.: INSPECT - Ein Simulationssystem zur Leistungsanalyse von Rechnerverbunden mit interaktiver dynamischer Graphik, Universität Karlsruhe, Fakultät für Informatik, Bericht Nr. 21/84, Dezember 1984

ChJa84 Chlamtac, I., Jain, R.: A methodology for building a simulation model efficient design and performance analysis of local area networks, Simulation, February 1984, pp. 57-66

ChRo86 Chlamtac, I., Rozenboim, L.: CONSIP - A Concurrent Network Simulation Package for Local Area Networks, Schoemaker, S. (Ed.): Computer Networks and Simulation III, North-Holland, 1986, pp. 201-233

DaKS83 Dahmen, N., Killat, U., Stecher, R.: Mixed Traffic Performance Data of CSMA/CD and DSMA-Access Protocols derived from FORCASD Simulation Runs, Informatik-Fachberichte 60, Springer-Verlag, 1983

VyDa86 Vyncke, E., Danthine, A.: A Realistic Simulation of a Wideband Backbone Network, Proceedings EFOC/LAN86, Amsterdam, June 1986, IGI Europe, pp. 176-181

DATA87 LAN-Benchmarks: Vergleichstests als Hilfe für den Anwender, DATACOM 4/87

DATE85 Datel-Handbuch, Fernmeldetechnisches Zentralamt der Deutschen Bundespost, 6100 Darmstadt, BRD, 1985

DaZi83   Day, J.D., Zimmermann, H.: The OSI Reference Model, Proceedings of the IEEE, Vol.71, No.12, December 1983

DEC-MON   VAX/VMS-Monitor Utility Reference Manual, Order Number AA-Z423B-TE, Digital Equipment Corporation, Maynard, Massachusetts, USA, April 1986

DEC-VOTS   VAX OSI Transport Service, Version 1.0, DEC Software Product Description, AE-HI13A-TE, Digital Equipment Corporation, Januar 1986

Diet86   Dieterle, W.: Über die Leistungsfähigkeit virtueller Datenverbindungen entsprechend der CCITT-Empfehlung X.25, Universität Stuttgart, Institut für Nachrichtenvermittlung und Datenverarbeitung, Dissertation, 1986

Drob86   Drobnik, O.: Software-Technologie für Kommunikationstechnik, Informationstechnik, 28. Jahrgang, Heft 1/1986, pp. 44-52

DrSv88   Drobnik, O., Svobodova, L.: OSI Communication Services in an Heterogeneous Environment, in Krüger, G., Müller, G. (Hrsg.): HECTOR - Heterogeneous Computers Together A Joint Project of IBM and the University of Karlsruhe - Volume II: Basic Projects, Springer-Verlag, 1988

ECMA-FW   An Architectural Framework for Private Networks, ECMA TR/AFPN, Third Draft, January 1987

ECMA-TR21   Local Area Networks Interworking Units for Distributed Systems, ECMA Technical Report TR/21, March 1984

ECMA-TR25   OSI Subnetwork Interconnection Scenarios permitted within the Framework of the OSI Reference Model, ECMA Technical Report TR/25, March 1985

Endr87   Endriss, O.: Implementierung einer MAC-Layer-Bridge zur Kopplung von IBM-Tokenringen auf dem IBM-PC, Universität Karlsruhe, Institut für Telematik, Studienarbeit, 1987

Endr88   Endriss, O.: Realisierung und Leistungsbewertung des verteilten Monitorsystems NETMON auf der Basis standardisierter Hard- und Software-Komponenten, Universität Karlsruhe, Institut für Telematik, Diplomarbeit, Juni 1988

EXCELAN   Nutcracker User Manual, Excelan Inc., San Jose, CA, USA, 1985

FDDI-1   FDDI Token Ring Media Access Control (MAC), Draft Proposal ANSI X3T9.5, February 28, 1986

FDDI-2   FDDI Token Ring Physical Layer Protocol, Draft Proposal ANSI X3T9.5, July 15, 1986

FDDI-3   FDDI Token Ring Physical Layer Medium Dependent Draft Proposal ANSI X3T9.5, July 10, 1986

Feld86   Feldmeier, D.C.: Traffic Measurements on a Token Ring Network, Proceedings Computer Networking Symposium, Loews L'enfant Plaza, Washington DC, November 17-18, 1986, pp. 236-243

Flat86   Flatman, V. A.: Progress with FDDI, EFOC/LAN 86 Proceedings, Amsterdam, Netherlands, June 1986, Information Gatekeepers Inc., Boston, MA, USA, 1986

Frei85 Freiscis, C.: Interaktive graphische Generierung von Modellen zur Verkehrsanalyse, Universität Karlsruhe, Institut für Informatik IV, Diplomarbeit, 1985

FrSh86 Frost, V.S., Shanumgan, .S.: Hybrid Approaches to Network Simulation, Int. Conference on Communications ICC'86, Integrating the World Through Communications, Toronto, Canada, June, 1986, pp. 228-234

FTZ85 Dienstgüteuntersuchungen im Datex-L-Netz und Datex-P-Netz, Deutsche Bundespost, Fernmeldetechnisches Zentralamt, Referat T21, FTZ 44 TBR 97, Februar 1985

GaSZ87 Gantenbein, D., Stoll, W., Zieher, M.: OSI-Internetworking in a Heterogeneous LAN and WAN Environment, Proceedings EFOC/LAN87, Basel, Switzerland, June 1987, pp. 301-306

Gern87 Gerner, N.: Offene Netze und Systeme; Rückbesinnung, Standortbesinnung und Vorausschau, in Gerner, N., Spaniol, O. (Hrsg.): GI/NTG-Fachtagung Kommunikation in verteilten Systemen, Aachen, Februar 1987, Informatik-Fachberichte 130, Springer-Verlag, 1987

GGHST85 Giese, Görgen, Hinsch, Schulze, Truöl: Dienste und Protokolle in Kommunikationssystemen. Die Dienst- und Protokollschnitte der ISO-Architektur, Springer-Verlag, 1985

Gihr87 Gihr, O.: Vergleich der Kanalzugriffsverfahren CSMA/CD, Token-Bus, Token-Ring und Slotted-Ring für Poisson- und unterbrochene Poisson-Ankunftsprozesse, in Herzog, Paterok (Hrsg.): 4. GI/NTG-Fachtagung Messung, Modellierung und Bewertung von Rechensystemen, Erlangen, September 1987, Informatik-Fachberichte 154, Springer-Verlag, 1987, pp. 222-235

GNGK88 Gordon, R.F., MacNair, E.A., Gordon, K.J., Kurose, J.F.: Higher Level Modelling in RESQME, Proceedings of the European Simulation Multiconference 1988, Nice, France, June 1988, pp. 52-57

GoKö87 Gora, W., Körzdörfer, H.: Ein universeller Datenmonitor zur Netzdiagnose und Leistungsbewertung, in Herzog, Paterok (Hrsg.): 4.GI/NTG-Fachtagung Messung, Modellierung und Bewertung von Rechensystemen, Erlangen, September 1987, Informatik-Fachberichte 154, Springer-Verlag, 1987, pp. 100-117

Grav71 Grave, H.F.: Grundlagen der Elektrotechnik, Akademische Verlagsgesellschaft, Frankfurt a.M., 1971

Gree86 Green, P.E.: Protocol Conversion, IEEE Transactions on Communications, vol COM-34, no 3, March 1986

HaKS84 Hawe, W., Kirby, A., Stewart, B.: Transparent Interconnection of Local Networks with Bridges, Journal Telecommunication Networks, vol. 3, no. 2, 1984, pp. 116-130

HaKK86 Hawe, Kempf, Kirby: The Extendet Local Area Network Architecture and LANBridge 100, Digital Technical Journal, September 1986

HaWy86 Haban, D., Wybranietz, D.: Hardware Supported Monitoring in Distributed Computer Systems, Universität Kaiserslautern, SFB 124, Report No 23/86, 1986

HaWy88 Haban, D., Wybranietz, D.: A Tool for Measuring and Monitoring Distributed Systems during Operation, 10. GI/NTG-Fachtagung Architektur und Betrieb von Rechensystemen, Paderborn, März 1988, Informatik-Fachberichte 168, Springer-Verlag, 1988, pp. 307-323

HECTOR88 Krüger, G., Müller, G. (Hrsg.): HECTOR - Heterogeneous Computers Together - A Joint Project of IBM and the University of Karlsruhe, Springer-Verlag, 1988

HeWa83 Heger, D. und Watson, K.: Modelling of Load Patterns and Benchmarks for Performance Evaluation of Local Area Networks, Informatik-Fachberichte 61, Springer-Verlag, 1983, pp. 93-106

HeWa85 Heger, D., Watson, K.: Performance Analysis of Local Area Networks for Real Time Environments GI/NTG-Fachtagung Kommunikation in verteilten Systemen, Karlsruhe, März 1985, Informatik-Fachberichte 95, Band II, Springer-Verlag, 1985, pp. 93-107

Hein83 Heintz, C.: Entwicklung eines parameterisierbaren Zufallszahlen-Prozessors, Universität Karlsruhe, Institut für Informatik III, Diplomarbeit, 1983

Hins87 Hinsberger, M.: Simulative Modellierung und Vermessung eines Vermittlungsrechners zur Kopplung von Ethernet und Token Ring, Universität Karlsruhe, Institut für Telematik, Diplomarbeit, November 1987

Hirsch85 Aktives optisches Datennetzwerk (LAN) auf Ethernet-Basis, Produktbeschreibung, DS 280 710-705, Fa. Hirschmann, Esslingen, BRD, 1985.

HKLM87 Hofmann, R., Klar, R., Luttenberger, N., Mohr, B.: Ein Monitorsystem für das Hardware- und Hybrid-Monitoring von Multiprozessor- und Multicomputer-Systemen, in Herzog, Paterok (Hrsg.): 4. GI/NTG-Fachtagung Messung, Modellierung und Bewertung von Rechensystemen, Erlangen, September 1987, Informatik-Fachberichte 154, Springer-Verlag, 1987, pp. 79-99

IBM-CMS Virtual Machine/System Product - CMS Command and Macro Reference - Release 3, Document No: SC19-6209-2, IBM Corp., 1983

IBM-SMART VM-Real Time Monitor Program Description - Operations Manual Version 1, MOD-Level 4, Publication SH20-2337-3, IBM Corp., 1987

IBM-TR IBM-Token Ring Network Architecture Reference, Publication SC303374, IBM Corp., 1986

IBM-TRA IBM-PC Token Ring Network Adapter Card, IBM Corp., 1986

IBM-TRB IBM-Token Ring Network Bridge Program, IBM Corp., June 1986

IBM-TRM IBM-Token Ring Network Monitor Adapter and Control Program, IBM Corp., 1987

IBM-X25 IBM Personal Computer X.25 Communications Support: User's Guide, IBM Corp., Januar 1986

IBM-3278 IBM-3278/79 Emulation Adapter and Control Program, IBM Corp., 1984

IEEE-1 ANSI/IEEE Standard 802.1 - Overview, Interworking and Systems Management, IEEE Computer Society, Draft D, 1986

IEEE-1a Draft IEEE Standard 802.1: Part D - MAC Bridges - Working Draft, Revision A, October 1986

IEEE-2 ANSI/IEEE Standard 802.2-1985 and ISO/DIS 8802/2: Logical Link Control

IEEE-3   ANSI/IEEE Standard 802.3-1985 and ISO/DIS 8802/3:   Carrier Sense Multiple Access with Collision Detection (CSMA/CD) Access Method and Physical Layer Specifications

IEEE-4   ANSI/IEEE Standard 802.3-1985 and ISO/DIS 8802/4:   Tokenbus Access Method and Physical Layer Specifications

IEEE-5   ANSI/IEEE Standard 802.5-1985 and ISO/DIS 8802.5:   Tokenring Access Method and Physical Layer Specifications

IlMo85   Ilyas, M., Mouftah, H.T.:   Performance Evaluation of Computer Communications Networks, IEEE Communications Magazine, Vol.23, No.4, pp. 18-29, April 1985

ISDN-1   Diensteintegrierendes Digitalnetz ISDN, Telcom Report, Sonderheft Februar 1985, Fa. Siemens

Jain85a   Jain, R.:   Divergence of Timeout Algorithms for Packet Retransmission, Technical Report DEC-TR-329, Digital Equipment Corporation, 1985

Jain85b   Jain, R.:   A Timeout Based Congestion Control Scheme for Digital Network Architecture, DEC-TR-353, Eastern Research Laboratory, Digital Equipment Corporation, Massachusetts, USA, April 1985

JaRo85   Jain, R., Shawn, R.:   Packet Trains: Measurements and a new Model for Computer Network Traffic, Technical Memorandum TM-292, MIT Laboratory for Computer Science, November 1985

JGKLRSS87   Jacobson, D., Gaitonde, S., Kim, J., Lee, J., Rover, Sarwar, M., Shafiq, M.:   A Master/Slave Monitor Measurement Technique for an Operating ETHERNET Network, IEEE NETWORK, July 1987 - Vol. 1, No. 3, pp. 40-48

JüLe86   Jüchter, H., Lehnert, R.:   NETCON - An Integrated Tool for Planning and Configuration of Packet Switching Networks, in Kühn, J.P. (ed.): Proceedings of the 8th International Conference on Computer Communication, München, September 1986, New Communication Services: A Challenge to Computer Technology, North-Holland, ICCC 1986, pp. 741-746

KaKr87   Kast, H., Krummreich, I.:   Lastgenerator für beliebige Rechnernetze auf dem IBM-PC, Universität Karlsruhe, Institut für Informatik III, Studienarbeit, 1987

Kaud87   Kaudel, F.J.:   A Literature Survey on Distributed Discrete Event Simulation, Simuletters, Vo. 18, No. 2, June 1987, ACM Press

Kauf88   Kauffels, F. J.:   Lokale Netze: Systeme für den Hochleistungs-Informationstransfer, 3. Auflage, DATACOM Buchverlag, Pulheim, 1988

KFPS88   Körner, U., Fdida, S., Perros, H., Shapiro, G.:   End-to-End Delays in a Catenet Environment, Performance Evaluation Review, Vol. 15 3 and 4, Februar 1988, pp. 20-28

Kell86   Kellermayr, K., H.:   LAN Simulation For Performance Prediction and Evaluation, in L. Casaba, K. Tarnay, T. Szentivanyi (Eds.): COMPUTER NETWORK USAGE: Recent Experiences, North-Holland, IFIP 1986

Kirs86   Kirst, K.:   Entwurf und Implementierung von ISO/OSI-Protokollen der Netzwerkschicht, Universität Karlsruhe, Institut für Informatik III, Diplomarbeit, 1986

Klei75   Kleinrock, L.: Queueing Systems, Wiley-Interscience Publication, 1975

Klug87   Klug, G.: Entwurf und Implementierung einer Endsystemlösung für ein Internetzwerkprotokoll, Universität Karlsruhe, Institut für Telematik, Studienarbeit, Dezember 1987

Krum88   Krumm, H.: Spezifikation und Verifikation von Kommunikationsprotokollen, Universität Karlsruhe, Institut für Telematik, Skriptum zur Vorlesung im WS 1986/87

Kühn87   Kühn, P.: Integrated Services Digital Networks - Basic Performance Modelling and Traffic Engineering, in Herzog, Paterok (Hrsg.): 4.GI/NTG-Tagung Messung, Modellierung und Bewertung von Rechensystemen, Erlangen, September 1987, Informatik-Fachberichte 154, Springer-Verlag, 1987, pp. 41-64

Künk83   Künkele, M.: Implementierung eines Verfahrens für Leistungsmessungen in lokalen Rechnernetzen, Universität Karlsruhe, Institut für Informatik III, Diplomarbeit, 1983.

Küpf73   Küpfmüller, K.: Theoretische Elektrotechnik, 10. Auflage, Springer-Verlag, 1973

KüRi84   Kühn, M., Riehm, W.: Explanet II: Ein lokales Netzwerk mit verallgemeinerter Dienstschnittstelle, Universität Karlsruhe, Institut für Informatik III, Diplomarbeit, 1984

KuMo88   Kurose, F.K., Mouftah, H.T.: Computer-Aided Modelling, Analysis, and Design of Communication Networks, IEEE Journal on Selected Areas in Communications, Vol. 6, No. 1, January 1988, pp. 130-145

KuSh86   Kurose, F.K., Shen, C.: GENESIS: A Graphical Environment for the Modelling and Performance Analysis of Protocols in Multiple Access Networks, Int. Conference on Communications ICC'86 - Integrating the World Through Communications, Toronto, Canada, June 1986, pp. 222-227

Lack87   Lackner H.: Kopplung lokaler Netze in Ethernet-Technologie, DATACOM, 3/1987

Lam80   Lam, S.S.: A Carrier Sense Multiple Access Protocol for Local Networks, Computer Networks 4, 1980, pp. 21-32

LaOP86   Lauck, Oran, Perlman: A Digital Network Architecture Overview, Digital Technical Journal No. 3, Digital Equipment Corporation, September 1986, pp. 10-24

LAS-Z23   LAS-Z23 Ethernet Test Probe, Fa. Rhode & Schwarz, Produktinformation, 1986

LeBl85   LeBlanc, R., Robbins, A.: Event-Driven Monitoring of Distributed Computer Programs, The 5th International Conference on Distributed Systems, Denver, Colorado, May 1985

LeSz87   Lehmann, A., Szcerbicka, H.: Leistungsanalyse mit INT3: einer interaktiven, intelligenten und integrierten PC-Modellierungsumgebung, in Herzog, Paterok (Hrsg.): 4. GI/NTG-Fachtagung Messung, Modellierung und Bewertung von Rechensystemen, Erlangen, Oktober 1987, Informatik-Fachberichte 154, Springer-Verlag, 1987, pp. 279-293

Ludw87   Ludwig, P.: Statistische Auswertung mit dem Logikanalysator - Ein Mittel zur Software-Performance-Analyse, ELEKTRONIK, Nr. 8/87, 36. Jahrgang

MAP-V2   Manufacturing Automation Protocol, Version2.2, General Motors Corp., Warren, Michigan, 1986

MeLe83   Meditch, J.S., Lea, C.A.: Stability and Optimization of the CSMA and CSMA/CD Channels, IEEE Transactions on Communications, Vol. Com-31, No. 6, June 1983, pp. 763-774

MiMS85   Miller, B., Macrander, C., Sechrest, S.: A Distributed Programs Monitor For Berkeley Unix, The 5th International Conference on Distributed Computer Systems, Denver, Colorado, May 1985

Mohr88   Mohr, B.: Zählmonitor 4 - Quellbezogene Auswertung mit TDL und POET, Benutzerhandbuch Version 4.2, Universität Erlangen-Nürnberg, Interner Bericht IMMD 7 - 2/88, Februar 1988

Mühl86   Mühlhäuser, M.: Entwicklungsunterstützung für anwendungsorientierte verteilte Programme, Universität Karlsruhe, Fakultät für Informatik, Dissertation, Juli 1986

Mühl88   Mühlhäuser, M.: Einsatz verteilter DV-Systeme - Teil 1: Planung und Optimierung von Rechnernetzen, Universität Karlsruhe, Institut für Telematik, Vorlesungsmanuskript, Auflage WS1988/89

NaKo82   Nakamura, T., Kohichi, T.: Hybrid Simulation Approach to the Performance Evaluation of Large Scale Communication Networks, Proc. IEEE Compcon Fall '82, Washington, D.C, 20.-23.9.1982, pp. 657-663

NBS-OSI   Implementation Agreements Among Implementors of OSI Protocols, NBS Report ICST/SNA-85-1, revised May 1986

NHMWR87   Nehmer, J., Haban, D., Mattern, F., Wybranietz, D., Rombach, H.: Key Concepts of the INCAS Multicomputer Project, IEEE Transactions On Software Engineering, Vol. 13, No. 8, 1987, pp. 913-923

NMMT85   Nishida, T., Murata, M., Miyahara, H., Takashima, K.: PLANS: Modelling and Simulation System for LAN, in Potier, D. (Ed.): Modelling Techniques and Tools for Performance Analysis, North-Holland, INRIA 1985, pp. 236-254

Nock88   Nock, A.: Vermessung einer MAC Layer Bridge zur Kopplung von IBM Tokenringen mit dem Monitorsystem NETMON, Universität Karlsruhe, Institut für Telematik, Studienarbeit, Januar 1988

OSI-FW   Specification of Protocols to Provide the OSI Network Service, Part 1: General Principles and Conformance, ISO/TC97/SC6 N3781, September 1985

OSI-INLO   Final Text of ISO/DIS 8648: Information Processing Systems - Data Communications - Internal Organization of the Network Layer, ISO/TC97/SC6 N4531, May 1987

OSI-NPA   Information Processing Systems - Data Communications - Protocol for Providing the Connectionless-Mode Network Service - Addendum 1: Provision of the Underlying Service Assumed by ISO 8473, ISO 8473/DAD1, February 1986

OSI-NPCL   Final Text of ISO/DIS 8473: Information Processing Systems - Data Communications - Protocol for Providing the Connectionless-Mode Network Service, ISO/DIS 8473, March 1986

OSI-NPCO   Data Communication - X.25 Packet Level Protocol for Data Terminal Equipment, ISO/DIS 8202, June 1984

OSI-NSCL   Information Processing Systems - Data Communications - Network Service Definition - Addendum 1: Connectionless-Mode Transmission, ISO/DIS 8348/DAD1, February 1986

OSI-NSCO   Information Processing Systems - Data Communications - Network Service Definition, ISO/DIS 8348, April 1984

OSI-RM   ISO 7498: Basic Reference Model for Open Systems Interconnection, 1984

PSCo81   Postel, J. B., Sunshine, C. A., Cohen, D.: The ARPA Internet Protocol, Computer Networks 5, 1981, pp. 261-271

Pouz86   Pouzin, L.: OSI Progress and Issues, in Kühn, J.P. (Ed): Proceedings of the 8th International Conference on Computer Communication, München, September 1986, New Communication Services: A Challenge to Computer Technology, North-Holland, ICCC 1986

ReAm87   Regen, W., Ameling, D.: Hybride Modellierung zur Rechenzeiteinsparung bei Simulationsuntersuchungen mit Auswertenetzen, in Halin, J. (Hrsg.): 4. Symposium Simulationstechnik, Zürich, September 1987, Informatik-Fachberichte 150, Springer-Verlag, 1987, pp. 270-277

Reck87   Recktenwald, G.: Dialogorientierte Generierung von RESQ-Verkehrsmodellen ausgehend von einer graphischen Modellbeschreibung, Universität Karlsruhe, Institut für Informatik IV, Diplomarbeit, 1987

Reis85   Reisig, W.: Systementwurf mit Netzen, Springer-Verlag, 1985

RiSe87   Ritter, D., Seale, M.: A Multi-Purpose, Distributed LAN Traffic Monitoring Tool, IEEE NETWORK, July 1987 - Vol. 1, No. 3, pp. 32-39

Roll88   Roll, F.: Analyse von Flußkontrolle und Fehlerbehandlung des ISO/OSI-Transportprotokolls Klasse 4 bei gekoppelten lokalen Netzen, Universität Karlsruhe, Institut für Telematik, Studienarbeit, April 1988

Rose85   Rosenbrock, K.: ISDN - Die folgerichtige Weiterentwicklung des digitalisierten Fernsprechnetzes für das künftige Dienstleistungsangebot der Deutschen Bundespost, GI/NTG-Tagung Kommunikation in verteilten Systemen, Karlsruhe, März 1985, Informatik-Fachberichte Band 95, Springer-Verlag, 1985

Rose87   Rose, O.: Realisierung und Optimierung eines Datagrammdienstes auf dem verbindungsorientierten Datex-P-Netz, Universität Karlsruhe, Institut für Telematik, Diplomarbeit, September 1987

Rudi87   Rudin, H.: Tools for Protocols driven by Formal Specifications, in Kündig, Bührer, Dähler (Hrsg.): Embedded Systems, Lecture Notes in Computer Science 284, Springer-Verlag, 1987, pp. 127-152

Runk86   Runkel, D.: DATEX-P, the Public Packet Switching Network of the Deutsche Bundespost after five years of experience, in Kühn, J.P. (Ed.): Proceedings of the 8th International Conference on Computer Communication, München, September 1986, New Communication Services: A Challenge to Computer Technology, North-Holland, ICCC 1986, pp. 441-445

Salm86 Salmony, M.: Experiences in the Design of a Transport System for Heterogeneous Environments IBM European Networking Center, Technical Report No. 8601, April 1986

SaMK82a Sauer, C.H., MacNair, E., Kurose, J.: The Research Queueing Package Version 2: TSO Users Guide, IBM T.J.W. Research Center, Yorktown Heights, New York, December 1982

SaMK82b Sauer, C.H., MacNair, E., Kurose, J.: The Research Queueing Package Version 2: Introduction and Examples, IBM T.J.W. Research Center, Yorktown Heights, New York, December 1982

SaNa83 Sauer, C.H., MacNair, E.: Simulation of Computer Communication Systems, Prentice Hall, 1983

SaNa85a Sauer, C.H., MacNair, E.: Elements of Practical Performance Modelling Prentice Hall, 1985

SaNa85b Sauer, C.H., MacNair, E.: The Evolution of the Research Queueing Package RESQ, in Potier, D. (Ed.): Modelling Techniques and Tools for Performance Analysis, North-Holland, pp. 5-24, 1985

Schi86 Schill, A.: Simulative Modellierung von Lokalen Ringnetzen und ihrer Kopplung, Universität Karlsruhe, Institut für Informatik III, Diplomarbeit, September 1986

Schm84 Schmitt, W.: Verkehrsanalyse von Warteschlangennetzen mit Prioritäten, Universität Stuttgart, Institut für Nachrichtenvermittlung und Datenverarbeitung, Dissertation, 1984

Schu88 Schuler, R.: Realisierung einer Leitstation für NETMON auf der Basis eines Z80-Rechners, Universität Karlsruhe, Institut für Telematik, Studienarbeit, WS 1987/88

Schw78 Schwetman, H.D.: Hybrid Simulation Models of Computer Systems, Commmunication of the ACM, Vol.21, No.9, September 1978, pp. 718-723

ScZi87 Schill, A., Zieher, M.: Performance Analysis of the FDDI 100 Mbit/s Optical Token Ring, in Spaniol, O. und Danthine, A. (Hrsg.): Proc. IFIP TC6 WG6.4 International Workshop on High Speed Local Area Networks, Aachen, BRD, February 1987, North-Holland, 1987

SeSa85 Sethi, A.S., Saydam, T.: Performance Analysis of Token Ring Local Area Networks, Computer Networks and ISDN Systems 9, 1985, pp. 191-199

ShHu80 Shoch, J.F., Hupp, J.A.: Measured Performance of an Ethernet Local Network, Communications of the ACM, December 1980, Volume 23, Number 12, pp. 711-721

SiSS86 Simon, T., Spaniol, O., Suppan-Borowka, J.: Performance Measurements of Different Protocol Layers in an LAN Environment, Proceedings EFOC/LAN86, Basel, June 1986, pp. 198-204

Soha87 Soha, M.: A Distributed Approach to LAN Monitoring using Intelligent High Performance Monitors, IEEE Network, July 1987 - Vol. 1, No. 3, pp. 13-20

Stal87 Stallings, W.: Local Networks - An Introduction, Second Edition, Macmillan, New York, 1987

StMp87   Stoll, W., Mumprecht, E.:   Protocol Test Tools and Test Methods, in Krüger, G. und Müller, G. (Hrsg.): HECTOR, Springer-Verlag, 1987, Vol. II, pp. 270-285

SuRa86   Sundarajan, R., Rao, R.A.:   Network Simulation and Performance Evaluation (NETSAPE), in Kühn, J.P. (Ed.):   Proceedings of the 8th International Conference on Computer Communication, München, September 1986, New Communication Services: A Challenge to Computer Technology, North-Holland, ICCC 1986, pp. 572-576

ToHu80   Tobagi, A., Hunt, V.B.: Performance Analysis of Carrier Sense Multiple Access with Collision Detection, Computer Networks 4, 1980, pp. 245-259

VePo85   Veran, M., Potier, D.:   QNAP2: A Portable Environment for Queueing Systems Modelling, in Potier, D. (Ed.):   Modelling Techniques and Tools for Performance Analysis, North-Holland, 1985, pp. 25-63

Wolf80   Wolfinger, B.:   MOSAIC(BERNET): Ein Modellierungssystem zur Leistungsprognose und -Analyse für das BERNET-Rechnernetz, KFK 3024, Kernforschungszentrum Karlsruhe, August 1980

X25PLP   Data Communication - X.25 Packet Level Protocol for Data Terminal Equipment, ISO/DIS 8208, June 1984

Zieh85   Zieher, M.:   Hybrides Kupfer/Glasfaser Tokenring-LAN an der Universität Karlsruhe, Universität Karlsruhe, Fakultät für Informatik, Bericht No. 15/85, August 1985

Zieh86   Zieher, M.: Kopplung von Lokalen Netzen - Internetworking, Universität Karlsruhe, Fakultät für Informatik, Bericht Nr. 17/86, August 1986

Zieh87   Zieher, M.:   Simulative Modellierung und Vermessung von OSI-Transportsystemen aus gekoppelten lokalen Netzen, in Gerner, N., Spaniol, O. (Hrsg.):   GI/NTG-Fachtagung Kommunikation in verteilten Systemen, Aachen, Februar 1987, Informatik-Fachberichte 130, Springer-Verlag, 1987, pp. 465-477

Zieh89   Zieher, M.: Leistungsbewertung der IBM-Token Ring Bridge, Universität Karlsruhe, Fakultät für Informatik, Bericht No. 4/89, April 1989

ZiSG88   Zieher, M., Stoll, W., Gantenbein, D.: OSI-Internetworking: Realization and Performance Analysis, in Krüger, G., Müller, G. (Hrsg.): HECTOR, Vol. II, Springer-Verlag, 1988, pp. 242-269

Zitt87   Zitterbart, M.: Implementierung und Bewertung eines Datagrammdienstes über dem verbindungsorientierten Datex-L-Netz, Universität Karlsruhe, Institut für Telematik, Diplomarbeit, September 1987

ZiZi88   Zieher, M., Zitterbart, M.: NETMON - A Distributed Monitoring System, 6th European Fiber Optic Communication & Local Area Network Conference, Amsterdam, Juni 1988, EFOC/LAN88 Proceedings, IGI Europe, 1988, pp. 452-457

Abkürzungen und Symbole

Nachfolgend sind die in der Arbeit verwendeten Abkürzungen und Symbole verzeichnet.
Teil A enthält die Abkürzungen von verwendeten Begriffen und Definitionen. In Teil B
sind die Symbole verzeichnet, die für algebraische Operationen verwendet werden. Diese
Symbole sind entsprechend ihrer Verwendung in verschiedenen Unterkapiteln der Arbeit
in einzelnen Sektionen zusammengefaßt, um einen um eine inhaltsbezogene Referenzierung
zu unterstützen.

A   Begriffe

AW	Anwendungssystem
BEP	Break-Even-Point
CCITT	Committee Consultative International Telephone & Telegraphique
CP88	Control Program 88 (Multitask-Erweiterung des PC-Betriebssystems DOS)
DARPA	Defence Advanced Research Projects Agency
DEC	Digital Equipment Corporation
DES	Distributed OSI End System
DM	Detailliertes Modell (NETSIM)
DNA	Digital Network Architecture
DOS	Disk Operating System (Betriebssystem für IBM-Personal Computer)
ECMA	European Computer Manufacturers Association
ECMA-M1	ECMA-Koppelmodell 1: Kopplung geschlossener Transportsysteme
ECMA-M2	ECMA-Koppelmodell 2: Verteiltes OSI-Endsystem
ER	Ereignis-Record (NETMON)
ERK	Ereignis-Recorder-Karte (NETMON)
EK	Ereignis-Kennung (NETMON)
EM	Ersatz-Modell (NETSIM)
ES	Endsystem
FCFS	First-Come-First-Serve (Bedienungsdisziplin)
FE	Funktionseinheit (NETMON, NETSIM)
FIFO	First-In-First-Out (Dedienungsdisziplin)
FV1	Funktionsvariante 1: Paket-orientierte Zeitüberwachung beim OSI-Transportprotokoll Klasse 4

FV2	Funktionsvariante 2: Verbindungs-orientierte Zeitüberwachung beim OSI-Transportprotokoll Klasse 4
GP	Globale Puffer des gemeinsam genutzen globalen Pufferpools
HSP	Hauptspeicher
IEEE-M1	IEEE-Koppelmodell 1: Repeaterkopplung von LAN
IEEE-M2	IEEE-Koppelmodell 2: Bridge-Kopplung von LAN
IEEE-RM	IEEE-Referenzmodell für Lokale Netze
IBM	International Business Machines Corporation
IF	a) Interface (Schnittstelle) b) Informationseinheit in NETSIM-Modellen
INPCL	OSI Internetwork Protocol Connectionless: ISO/IS 8473
IPDU	Internetwork Protocol Data Unit
ISDN	Integrated Services Digital Network
ISO	International Organization for Standardization
IWU	Interworking Unit (Koppelsystem, Gateway)
KR	Komplexitätsrelation
KS	Koppelsystem
KT1	Koppeltechnik 1: Abbildung von Protokolldateneinheiten
KT2	Koppeltechnik 2: Abbildung von Dienstprimitiven
KT3	Koppeltechnik 3: Einbettung von Protokolldateneinheiten
LAN	Local Area Network
LAPB	Link Access Protocol Balanced
LLC	Logical Link Control
LLC-1	Logical Link Protocol, Typ 1 (connectionless): ISO/DIS 8802.2
LLC-2	Logical Link Protocol, Typ 2 (connection oriented): ISO/DIS 8802.2
LP	Lokale Puffer eines Netzwerkadapters
MAC	Media Access Control
MAP	Manufacturing Automation Protocols
MTK	Multi-Tasking Kernel (Erweiterung des PC-Betriebssystems DOS)
NA	Netzwerkadapter
NBS	National Bureau of Standards
NETMON	Network Monitor (Leistungsmeßsystem)
NETSIM	Network Simulator (Modellierungssystem)
NSDU	Network Service Data Unit
OSI	Open Systems Interconnection
OSI-M1	OSI-Koppelmodell 1: Verknüpfung von OSI-Teilnetzen
OSI-M2	OSI-Koppelmodell 2: Verknüpfung von harmonisierten Teilnetzen
OSI-M3	OSI-Koppelmodell 3: Internetzwerkprotokoll-Lösung

OSI-RM	ISO/OSI-Referenzmodell für offene Systeme
PA	Parameter, Anstösse (NETMON)
PC	Personal Computer
PCI	Protocol Control Information (Protokoll-Kontroll-Information)
PDN	Public Data Network
PDU	Protocol Data Unit
PP	Private Puffer eines Netzwerktreibers
PV1	Pufferverwaltungsstrategie 1: protokollspezifische Pufferpools
PV2	Pufferverwaltungsstrategie 2: globaler Pufferpool
RZU	Realzeituhr (NETMON)
(r + r)	Routing und Relaying innerhalb eines Teilnetzes
(R + R)	Routing und Relaying im globalen Internetzwerk
SAP	Service Access Point (Dienstzugangspunkt)
SDU	Service Data Unit (Dienstdateneinheit)
SL	Synchronisationslogik (NETMON)
SLP	Synthetisches Lastprogramm (NETMON)
SNACP	Subnetwork Access Control Protocol (Teilnetzzugriffsprotokoll)
SNDCP	Subnetwork Dependent Convergence Protocol (Teilnetzabhängiges Konvergenzprotokoll)
SNICP	Subnetwork Independent Convergence Protocol (Teilnetzunabhängiges Konvergenzprotokoll)
SP	Service Primitive (Dienstprimitiv)
TCP/IP	DARPA Transport Control Protocol / Internet Protocol: DARPA/RFC 792
TPn	OSI Transport Protocol Class n (0, 1, 2, 3, 4): ISO/DIS 8073
TPDU	Transport Protocol Data Unit
TS	Transportsystem
TSDU	Transport Service Data Unit
X.25-PLP	OSI X.25 Packet Layer Protocol: ISO/DIS 8208
VOTS	Vax OSI Transport Service
WAN	Wide Area Network
ZPK	Zufallsprozessor-Karte (NETMON)
ZZ	Zufallszahlen (NETMON)

B   Mathematische Symbole

B.1   Vereinfachte Ersatzmodelle (Kap. 5.3)

A1	Nachrichtenfluß (Last) am Eingang des Koppelsystems
A2	Nachrichtenfluß (Durchsatz) am Ausgang des Koppelsystems
Dmax	Maximaler Durchsatz (Grenzdurchsatz), des Koppelsystems
Dü	Durchsatz des Koppelsystems im Überlastfall
HL	Länge des Protokollheaders
Ki	Kanalinterferenz
L	Länge einer Nachricht
n	Anzahl von Nachrichtenverlusten pro übertragener Nachricht
N	Anzahl speicherbarer Nachrichten im Koppelsystem
P	Pufferkapazität eines Netzknotens
Rc	Kopierrate
T	Timeoutwert für Sendewiederholung (Retransmission Timeout)
Tb	Bearbeitungszeit einer Nachricht
Tbü	Bearbeitungszeit einer Nachricht im Überlastfall
Tbi	Bearbeitungszeit einer Nachricht bei Nachbarkanalbeeinflussung
Tc	Zeit zur Durchführung von Datenkopiervorgängen/Nachricht
Td	Verweilzeit von Nachrichten im Koppelsystem
Tdü	Verweilzeit einer Nachricht im Koppelsystem bei Überlast
Tf	Füllzeit für Pufferspeicher im Koppelsystem
Tp	Zeit zur Ausführung von Protokollfunktionen/Nachricht
Tr	Restzeit einer Nachrichtenbearbeitung bei Verlustbehandlungen
Tv	Zeit zur Behandlung eines Nachrichtenverlustes
Tw	Wartezeit von Nachrichten im Koppelsystem
Tzwa	Zwischenankunftszeit von Nachrichten
W	Fenstergröße bei fenstergesteuerter Flußsteuerung

B.2   OSI-Transportprotokoll (Kap. 6.2.1)

a	Wichtungsfaktor zur Berechnung des Erwartungswertes $E(n)$
E(n)	Erwartungswert der Umlaufzeit (round trip delay) der Nachricht n
j	Inkrementierungsintervall der Fenstergröße bei adaptiver Flußsteuerung
m	Zählerkonstante zur Einleitung der Fensterinkrementierung bei adaptivem Fenster
k	Proportionalitätsfaktor zur Berechnung des Timeouts $T(n)$

S(n)	Meßwert der Umlaufzeit der Nachricht n
T(n)	Timeout-Wert der gesendeten Nachricht n
W	Fenstergröße der Flußsteuerung
Wi	Initiale Fenstergröße bei adaptiver Flußsteuerung
Wu	Untergrenze der Fenstergröße bei adaptiver Flußsteuerung

B.3   MAC-Protokolle (Kap. 6.2.2)

g	Adaptionsfaktor zur Berechnung der Untergrenze THT-min
R	Relation zwischen Tokenweitergabezeit und Nachrichtensendezeit
RLZ	Umlaufzeit einer Nachricht um den Ring
THT	Token Holding Time
THT-max	Maximum des Zeitintervalls zur Prioritätssteuerung
THT-min	Minimum des Zeitintervalls zur Prioritätssteuerung
TMZ	Garantierte Zeit für den Mediumzugriff einer Station
TPi	Prioritätszeit der Prioritätsstufe i
TRT	Token Rotation Time
TTRT	Target Token Rotation Time

B.4   Dienstanpassungen des OSI-Gateways (Kap. 6.3)

Bg	Blockgröße beim Multiplexverfahren für das Datex-L-Netz
Ka	Verbindungsaufbaugebühr einer WAN-Verbindung
Kd	datenmengenabhängige Kosten einer WAN-Verbindung
Kt	zeitabhängige Kosten einer WAN-Verbindung
Kü	Übertragungskosten einer WAN-Verbindung
Kz	Anzahl logischer Kanäle am Teilnehmeranschluß für das X.25-Netz
Ta	Verbindungsaufbauzeit eines WAN
Th	Haltezeit ungenutzer WAN-Verbindungen durch Dienstanpassung
Th(K)	Optimale Haltezeit Th einer WAN-Verbindung bezüglich Verbindungskosten
Th(TP4)	Obergrenze der Haltezeit Th beim X.25-Netz und OSI-TP4
Tn	Netzlaufzeit
Tw	Timeout des Window Timers beim OSI-TP4

B.5 Leistungsanalyse und Optimierung (Kap. 6.5)

Dg	Grenzdurchsatz eines Koppelsystems
L	Länge einer Nachricht
Tb	Bearbeitungszeit einer Nachricht
Tc	Zeit zur Durchführung von Datenkopiervorgängen/Nachricht
Tp	Zeit zur Ausführung von Protokollfunktionen/Nachricht

Band 182: W. Barth (Hrsg.), Visualisierungstechniken und Algorithmen. Fachgespräch, Wien, September 1988. Proceedings. VIII, 247 Seiten. 1988.

Band 183: A. Clauer, W. Purgathofer (Hrsg.), AUSTROGRAPHICS '88. Fachtagung, Wien, September 1988. Proceedings. VIII, 267 Seiten. 1988.

Band 184: B. Gollan, W. Paul, A. Schmitt (Hrsg.), Innovative Informations-Infrastrukturen. I.I.I. – Forum, Saarbrücken, Oktober 1988. Proceedings. VIII, 291 Seiten. 1988.

Band 185: B. Mitschang, Ein Molekül-Atom-Datenmodell für Non-Standard-Anwendungen. XI, 230 Seiten. 1988.

Band 186: E. Rahm, Synchronisation in Mehrrechner-Datenbanksystemen. IX, 272 Seiten. 1988.

Band 187: R. Valk (Hrsg.), GI – 18. Jahrestagung I. Vernetzte und komplexe Informatik-Systeme. Hamburg, Oktober 1988. Proceedings. XVI, 776 Seiten.

Band 188: R. Valk (Hrsg.), GI – 18. Jahrestagung II. Vernetzte und komplexe Informatik-Systeme. Hamburg, Oktober 1988. Proceedings. XVI, 704 Seiten.

Band 189: B. Wolfinger (Hrsg.), Vernetzte und komplexe Informatik-Systeme. Industrieprogramm zur 18. Jahrestagung der GI, Hamburg, Oktober 1988. Proceedings. X, 229 Seiten. 1988.

Band 190: D. Maurer, Relevanzanalyse. VIII, 239 Seiten. 1988.

Band 191: P. Levi, Planen für autonome Montageroboter. XIII, 259 Seiten. 1988.

Band 192: K. Kansy, P. Wißkirchen (Hrsg.), Graphik im Bürobereich. Proceedings, 1988. VIII, 187 Seiten. 1988.

Band 193: W. Gotthard, Datenbanksysteme für Software-Produktionsumgebungen. X, 193 Seiten. 1988.

Band 194: C. Lewerentz, Interaktives Entwerfen großer Programmsysteme. VII, 179 Seiten. 1988.

Band 195: I. S. Bátori, U. Hahn, M. Pinkal, W. Wahlster (Hrsg.), Computerlinguistik und ihre theoretischen Grundlagen. Proceedings. IX, 218 Seiten. 1988.

Band 197: M. Leszak, H. Eggert, Petri-Netz-Methoden und -Werkzeuge. XII, 254 Seiten. 1989.

Band 198: U. Reimer, FRM: Ein Frame-Repräsentationsmodell und seine formale Semantik. VIII, 161 Seiten. 1988.

Band 199: C. Beckstein, Zur Logik der Logik-Programmierung. IX, 246 Seiten. 1988.

Band 200: A. Reinefeld, Spielbaum-Suchverfahren. IX, 191 Seiten. 1989.

Band 201: A. M. Kotz, Triggermechanismen in Datenbanksystemen. VIII, 187 Seiten. 1989.

Band 202: Th. Christaller (Hrsg.), Künstliche Intelligenz. 5. Frühjahrsschule, KIFS-87, Günne, März/April 1987. Proceedings. VII, 403 Seiten. 1989.

Band 203: K. v. Luck (Hrsg.), Künstliche Intelligenz. 7. Frühjahrsschule, KIFS-89, Günne, März 1989. Proceedings. VII, 302 Seiten. 1989.

Band 204: T. Härder (Hrsg.), Datenbanksysteme in Büro, Technik und Wissenschaft. GI/SI-Fachtagung, Zürich, März 1989. Proceedings. XII, 427 Seiten. 1989.

Band 205: P. J. Kühn (Hrsg.), Kommunikation in verteilten Systemen. ITG/GI-Fachtagung, Stuttgart, Februar 1989. Proceedings. XII, 907 Seiten. 1989.

Band 206: P. Horster, H. Isselhorst, Approximative Public-Key-Kryptosysteme. VII, 174 Seiten. 1989.

Band 207: J. Knop (Hrsg.), Organisation der Datenverarbeitung an der Schwelle der 90er Jahre. 8. GI-Fachgespräch, Düsseldorf, März 1989. Proceedings. IX, 276 Seiten. 1989.

Band 208: J. Retti, K. Leidlmair (Hrsg.), 5. Österreichische Artificial-Intelligence-Tagung, Igls/Tirol, März 1989. Proceedings. XI, 452 Seiten. 1989.

Band 209: U. W. Lipeck, Dynamische Integrität von Datenbanken. VIII, 140 Seiten. 1989.

Band 210: K. Drosten, Termersetzungssysteme. IX, 152 Seiten. 1989.

Band 211: H. W. Meuer (Hrsg.), SUPERCOMPUTER '89. Proceedings, 1989. VIII, 171 Seiten. 1989.

Band 212: W.-M. Lippe (Hrsg.), Software-Entwicklung. Fachtagung, Marburg, Juni 1989. Proceedings. IX, 290 Seiten. 1989.

Band 213: I. Walter, Datenbankgestützte Repräsentation und Extraktion von Episodenbeschreibungen aus Bildfolgen. VIII, 243 Seiten. 1989.

Band 214: W. Görke, H. Sörensen (Hrsg.), Fehlertolerierende Rechensysteme / Fault-Tolerant Computing Systems. 4. Internationale GI/ITG/GMA-Fachtagung, Baden-Baden, September 1989. Proceedings. XI, 390 Seiten. 1989.

Band 215: M. Bidjan-Irani, Qualität und Testbarkeit hochintegrierter Schaltungen. IX, 169 Seiten. 1989.

Band 216: D. Metzing (Hrsg.), GWAI-89. 13th German Workshop on Artificial Intelligence. Eringerfeld, September 1989. Proceedings. XII, 485 Seiten. 1989.

Band 217: M. Zieher, Kopplung von Rechnernetzen. XII, 218 Seiten. 1989.

Band 218: G. Stiege, J. S. Lie (Hrsg.), Messung, Modellierung und Bewertung von Rechensystemen und Netzen. 5. GI/ITG-Fachtagung, Braunschweig, September 1989. Proceedings. IX, 342 Seiten. 1989.

Band 219: H. Burkhardt, K. H. Höhne, B. Neumann (Hrsg.), Mustererkennung 1989. 11. DAGM-Symposium, Hamburg, Oktober 1989. Proceedings. XIX, 575 Seiten. 1989

Band 220: F. Stetter, W. Brauer (Hrsg.), Informatik und Schule 1989: Zukunftsperspektiven der Informatik für Schule und Ausbildung. GI-Fachtagung, München, November 1989. Proceedings. XI, 359 Seiten. 1989.

Band 221: H. Schelhowe (Hrsg.), Frauenwelt – Computerräume. GI-Fachtagung, Bremen, September 1989. Proceedings. XV, 284 Seiten. 1989.

Band 222: M. Paul (Hrsg.), GI – 19. Jahrestagung I. München, Oktober 1989. Proceedings. XVI, 717 Seiten. 1989.

Band 223: M. Paul (Hrsg.), GI – 19. Jahrestagung II. München, Oktober 1989. Proceedings. XVI, 719 Seiten. 1989.

Band 224: U. Voges, Software-Diversität und ihre Modellierung. VIII, 211 Seiten. 1989

Band 225: W. Stoll, Test von OSI-Protokollen. IX, 205 Seiten. 1989.

Band 226: F. Mattern, Verteilte Basisalgorithmen. IX, 285 Seiten. 1989.

Band 227: W. Brauer, C. Freksa (Hrsg.), Wissensbasierte Systeme. 3. Internationaler GI-Kongreß, München, Oktober 1989. Proceedings. X, 544 Seiten. 1989.

Band 228: A. Jaeschke, W. Geiger, B. Page (Hrsg.), Informatik im Umweltschutz. 4. Symposium, Karlsruhe, November 1989. Proceedings. XII, 452 Seiten. 1989.

Band 229: W. Coy, L. Bonsiepen, Erfahrung und Berechnung. Kritik der Expertensystemtechnik. VII, 209 Seiten. 1989.